일생과 법
일상과 법

LIFE
& LAW

일생과 법
일상과 법

LIFE
& LAW

권영태 지음

이담 Books

목 차

[일상과 법]

서문

대학 1학년 때 법은 정말 실망이었다. 벌써 30년도 넘은 일이다. 정의를 실현하는 판사가 되겠다는 청운의 꿈은 다른 곳에서 찾을 수밖에 없었다. 그때부터 학생운동과 시민운동 같은 공익 목적을 표방하는 활동에 열심히 참여했다.

어떻게 대학은 졸업했고 분명 행정상으로는 법학사였지만, 법에 대해선 거의 알지 못했다. 관심이 없었기에 당연했다. 알려고 하지도 않았다. 운동으로 눈을 돌린 이후, 법은 식민과 권력과 재벌의 도구로 더욱 격하됐다.

입학하고 얼마 지나지 않아 들은 수업이 아직도 잊히지 않는다. 강의실 문을 여는 순간부터 열변을 토해내는 분이셨다. 그런 스타일의 강의는 지금까지 다시 만나지 못했다. 따라 해볼까 생각한 적은 있지만 차마 실행은 못 했다.

죽음은 법률가에게는 상속의 개시일 뿐 다른 의미는 없다는 취지로 말씀하셨다. 얼마나 큰 충격을 받았는지, 아직까지도 그날의 기억이 생생하다. 수시로 떠오르는 인생의 큰 화두였다.

죽음이란 얼마나 숭고한 이벤트인가? 죽음으로 아쉬움을 남기는 이들도 많은데, 우리는 그들의 족적을 존경한다. 이미 누군가를 떠나보낸 경험이 있는 사람들은 다시 생각해도 가슴 절절하다. 부모님을 비롯해 언젠가 우리 곁을 떠난다는 점을 분명히 알지만 마음의 준비는 잘 되지 않는다. 그런데 겨우 상속이라는 세속적인 잣대로 죽음을 평가한단 말인가?

나의 죽음도 결국 상속 문제만 남게 되는 그런 무미건조한 현상일 뿐이라는 말이다. 나를 둘러싼 사람들 사이의 관계뿐만 아니라 정치적·경제적·사회적·문화적 온갖 의미를 갖다 붙여도 모자란다. 그런데 겨우 돈 문제를 갖다 댄단 말인가?

법을 제대로 공부하기 시작하기까지, 15년의 시간이 필요했다. 학자 또는 전문가의 길을 걷기 위해 어쩔 수 없이 선택한 법이었다. 그러고 다시 그만큼의 시간이 흘렀다. 법을 다시 보기 시작하니 그때까지 다른 곳에서 찾아 헤맨 모든 가치가 법에 담겨 있었다. 자유, 평등, 평화, 독립, 정의, 자율, 자치, … 온갖 좋은 세상이 다 들어 있었다.

그런데 아무도 그렇게 가르치지 않았다. 공무원시험과 자격시험 볼 때 쓰는 법과 시민운동과 노동조합에서 가르치는 법이 같은 맥락에 있다고 도저히 생각할 수 없었다. 법학을 다룬 전문서적들은 민주와 인권과 평화의 관점은 굳이 따로 언급하지 않았다. 어쩌면 이미 당연했기 때문인지도 모른다.

근로기준법을 불태운 전태일의 의미도 다르게 다가왔다. 평범한 기층의 시민이 법을 발견한 역사적 이벤트로 재평가하게 됐다. 법은 존재하기만 할 뿐 평범한 사람들에게는 전혀 의미가 없던 시절이었다. 자신을 불살라 살아 있는 법으로 만들었다. 숭고한 희생이었다. 그 방법밖에는 없었다. 민원도 내고 언론사도 찾아갔지만, 전태일은 목숨을 바쳐야 했다.

마르크스는 법을 오로지 지배세력의 도구일 뿐이라는 취지로 일갈했다. 명제는 여전히 유효한 측면이 있다. 그렇지만 전태일의 분신 항거를 통해 우리 사회에서 법은 그저 강자의 편으로 머무르지 않게 되었다.

변혁적 관점에서 우습게 봤던 시민단체의 입법청원이나 소송 같은 활동도 다시 보게 됐다. 아, 이제 시민들이 스스로 원하는 대로 직접 법을 만들고, 법을 활용할 수 있는 시대가 되었구나. 아직 기득권의 힘이 더 센 영역에서는 힘겨루기가 이뤄지고 있구나. 더 많은 시민들이 법을 활용하고 만들 수 있도록 교육하고 도움을 주는 일을 하면 되겠구나. 새로운 깨달음은 이어졌다.

대학에서, 시민교육의 현장에서, 법을 가르치면서 고민을 계속한다. 내가 공부하고 깨닫게 된 법에 대한 믿음을 어떻게 제대로 전달할 수 있을까? 법이 강자의 도구에서 머무르지 않고 약자의 무기로 될 수 있게 하려면 어떻게 해야 할까? 이 책은 이런 고민의 작은 표출이다.

이미 당연해서(?) 다른 학자들은 다루지 않았던 법의 철학과 역사를 녹여냈다. 그러면서도 현실적으로 수험용 법과는 동떨어진 시민교육 관점의 법교육과는 다르게 실용적인 도움도 얻을 수 있도록 구성했다.

이 책은 법학개론에 담기는 내용은 대부분 담으려고 시도하였고, 읽고 나면 수험 공부에 상당히 도움이 되리라 자부한다. 특히 민법과 행정법의 개론적인 내용을 최대한 담았다.

나아가 현대사회의 많은 변화들을 법의 관점에서 살펴보았다. 법과대학은 현재 적용되는 실정법의 내용을 제대로 가르치는 일을 기본 사명으로 한다. 그렇지만 오늘날 사회의 변화 방향과 주요 이슈에 대해 법적 관점으로 볼 수 있는 눈도 길러줘야 한다고 생각한다. 오늘의 철학과 이슈는 내일의 법으로 반영되기 때문이다.

글을 쓰면서 이렇게 세 가지 관점을 염두에 두었다. 한꺼번에 너무 많이 담으려고 하는 욕심이라는 생각은 당연했다. 그렇지만 오랫동안 법을 공부하고 가르치면서 지나치게 분절적으로 진행되는 현상에 불만이었다. 꼭 필요한 일을 하고 있다고 자위하였다.

사람은 누구나 태어나는 순간부터 죽는 순간까지 법과 함께한다. 죽음을 상속의 개시일 뿐이라고 하셨던, 스무 살 시절의 충격도, 이제는 이해할 수 있다. 이미 당연했기에 현실적인 필요성만 제자들에게 알려주셨다.

그렇지만 지난 수백 년간 민주주의를 위해서, 인권을 위해서, 평화를 위해서 흘린 누군가의 피와 땀과 눈물이 법에 담겨 있다. 선구자들의 노력에 감사를 표한다.

이 글을 위해 쏟은 피땀과 눈물은 앞선 피땀 눈물에 비하면 새 발의 피도 되지 않는다. 그렇지만 바람은 크다. 이 글을 통해 더 많은 사람들이 법의 참 의미를 제대로 알게 되기를 바란다. 나아가 새로운 법의 창조를 위해 훨씬 많은 피땀 눈물을 쏟게 되기를 고대한다.

[일생과 법]

출생

우리는 태어나 이 세상에 현재 살고 있다. 태어남은 내가 선택할 수 없다. 대부분의 죽음은 선택할 수 없지만 일부 죽음은 가능하다. 자살처럼 스스로 선택하는 죽음에 대해서 아직은 긍정적인 시각이 많지는 않다. 생과 사에 대해 철학적으로 복잡하고 어려운 논의들이 많다. 법의 관점에서는 죽음이 상속의 개시라는 교수님의 말씀이 틀리지는 않았다.

법은 권리와 의무의 문제를 다룬다. 물론 세상에 이런 법이 어디 있냐고 할 때는 다른 의미다. 법학자와 법조인이 다루는 법은 권리와 의무의 영역이 두 축이다. 사람과 법의 연관성을 한마디로 정리하면 어떻게 될까? 권리와 의무의 주체는 사람이라는 명제다.

태어나서 죽을 때까지 사람은 권리와 의무의 주체가 된다. 민법은 사람은 생존한 동안 권리와 의무의 주체가 된다고 규정하고 있다(제3조). 권리능력의 존속기간이라는 제목이다. 조문의 제목에서 알 수 있듯이 사람이 생존한 동안 권리와 의무의 주체가 된다는 말은 살아 있는 동안 권리능력을 갖는다는 말이다.

법으로 맺어지는 관계를 법률관계라고 하는데 그 내용도 권리와 의무다. 권리능력이 있는 사람이 법률관계를 맺을 수 있다. 살아 있는 동안 권리능력을 갖기 때문에 아직 태어나기 전이나 죽은 후에는 법률관계를 맺을 수 없다. 역사를 공부하다 보면 이미 죽은 사람에게 군포를 매겨 문제가 되었다는 식의 기록을 볼 수 있다. 요샛말로 하면 권리능력이 없는 자에게 병역의무를 부과한 셈이다.

권리는 크게 국가에 대해 갖는 권리와 개인 사이에 발생하는 권리가 있다. 국가에 대해 갖는 권리로는 국민으로서 정치 지도자를 선출할 수 있는 권리가 있다. 권리가 그냥 실현되지 않을 때는 법원에 소송을 내면 된다. 개인 간 권리의 대표적인 예가 매매이다. 물건을 사고파는 계약을 맺은 경우, 산 사람과 판 사람에게 모두 권리가 발생한다. 산 사람은 물건을 받을 권리가 있고 판 사람은 돈을 받을 권리가 있다.

누군가 권리를 가지면 대응하여 의무를 가지는 자가 있다. 정치 지도자를 선출할 수 있는 권리와 법원에 소송을 낼 수 있는 청구권은 국가가 보장해야 하는 의무가 된다. 물건을 받을 권리가 있는 사람은 돈을 줘야 할 의무가 있다. 돈을 받을 권리가 있는 사람은 계약대로 물건을 넘겨줘야 할 의무가 있다.

국가와 개인 간의 권리와 의무를 공권과 공의무라고 한다. 국가와 개인 간의 법률관계는 행정법관계라고도 하기 때문에 행정법상의 권리와 의무라고 해도 된다. 개인들 사이의 권리와 의무는 채권과 채무라는 개념을 쓴다. 국가와 개인 간의 법률관계는 공법적 관계라는 말도 쓴다. 개인들 사이의 법률관계는 민사관계 또는 사법적 관계라고 한다.

권리와 의무는 아주 다양하다. 생활하면서 스스로 인식하지 못하는 중에 엄청나게 많은 권리와 의무가 발생한다. 나도 모르는 새 권리를 누리고 의무를 이행하고 있다. 학교나 직장에 가기 위해 대중 교통을 타는 순간 서비스 이용 계약을 체결한 셈이다. 돈을 지불해야 한다. 버스나 지하철을 운영하는 회사는 서비스를 제공해야 하는 의무가 있고 돈을 받을 권리가 생긴다.

사람이 생존하는 동안 권리능력을 가지는데, 어떻게 회사는 빌딩을 소유할 수 있는가? 회사는 사람이 아닌데… 이런 궁금증이 생기지 않아도 상관없지만, 그런 사람은 법을 공부하기가 쉽지는 않다. 아무튼, 맞는 말이다. 회사는 사람이 모인 조직이지, 사람 그 자체는 아니다. 따라서 민법 제3조의 규정대로라면 권리와 의무의 주체가 될 수 없다.

그렇지만 민법은 사람에 준해서 권리능력을 가지는 주체를 따로 규정하고 있다. 바로 법인이다. 법이 인정하는 사람이라는 뜻이다. 생물학적으로 사람이 아니지만 법으로 사람과 동일한 권리와 의무를 수행할 수 있는 자격을 인정하는 제도다. 생물학적인 사람을 법인과 구분하기 위해 자연인이라는 말을 쓴다. 자연적으로 원래부터 사람이라는 의미다. 법에서 사람, 법조문상으로 '인'은 법인과 자연인을 모두 의미한다.

사람이 권리와 의무의 주체가 된다는 말은 사람이 아닌 존재는 권리능력이 인정되지 않는다는 말이다. 예컨대 동물이나 물건은 권리와 의무의 주체가 현행법상으로는 될 수 없다. 죽은 다음에 고양이에게 재산을 물려준다는 기사를 본 적이 있는데요? 고양이가 법적인 상속을 받을 수 있는 자격이 있다는 말이 아니다. 실제로는 그 고양이를 보호하고 길러줄 누군가에게 돈을 지급하게 된다.

권리능력이 있는 사람은 소송을 할 수 있다. 민주주의 법원리는 자신의 권리를 실현하고 타인의 의무를 이행하게 할 때 법원에 소송을 내는 방법을 쓰도록 하고 있다. 한때 환경운동가들이 도롱뇽 소송을 벌인 적이 있다. 대형 토목공사로 도롱뇽의 생존권이 침해된다는 취지였다. 현행법으로는 인정되지 않는다. 국민적 설득을 위한 일종의 홍보성 이벤트로는 훌륭했지만 법적으로 소송이 진행될 수는 없다.

제4차 산업혁명의 진행으로 향후에 문제 될 수 있는 지점은 바로 인공지능의 권리능력 인정 여부다. '바이센테니얼 맨'이라는 영화는 두 세기에 걸쳐 살고 있는 인공지능을 장착한 로봇의 소송을 다룬다. 사람과 같은 권리를 인정받기 위한 소송이다. 만약 인공지능이 사람과 똑같은 상태로 될 수 있다면 현실화될 수 있다. 권리와 의무의 주체로 인정을 할 수 있는가의 문제이다.

현실적 가능성은 없지만 둘리틀 선생의 항해기 같은 소설이나 영화에서는 동물도 권리능력을 인정해달라는 소송을 할 수 있다. 왜냐하면 이런 소설이나 영화의 설정은 앵무새가 사람과 똑같이 사고하고 말한다. 그렇기 때문에 법적인 권리능력도 인정해야 한다.

법학을 제대로 공부하면 권리능력을 가지는 생존한 동안의 의미에 대해서도 깊이 들어간다. 예컨대 뇌사자의 경우 죽은 사람으로 봐야 하는가, 산 사람으로 봐야 하는가? 오랫동안 심장이 멎은 경우 사망으로 봤기 때문에 뇌사자는 아직 살아 있다. 따라서 상속이 개시되지 않는다. 그렇지만 점차 뇌사를 사망으로 보자는 견해가 만만치 않다. 뇌사자를 싣고 가던 앰뷸런스에 누가 교통사고를 일으킨 경우를 생각해볼 수도 있다. 뇌사를 사망으로 보지 않는 지금의 견해에 따르면 뇌사자에 대해서도 불법행위를 저지른 셈이 된다.

태어난 시점도 견해가 다양하다. 현재 우리 법은 전부 노출설을 가장 많은 학자들이 지지한다. 태아가 임부의 몸에서 완전히 나왔을 때 출생했다고 본다. 임신 중인 여성을 친 교통사고의 경우에 임부만 피해자가 된다는 말이다. 혹시 태아가 죽거나 크게 다쳤을 텐데, 말이 안 된다는 느낌이 드는가? 그래서 이런 경우에는 태아를 사람으로 보는 특별한 규정을 따로 두고 있다.

학자들의 견해는 갈린다. 태아도 모든 경우에 사람으로 보자는 주장을 할 수도 있다. 그런데 이런 주장을 하는 분들은 소수이다. 일반적으로는 태아는 사람, 곧 법적인 권리와 의무의 주체로 보지 않지만, 교통사고를 당했을 때는 사람으로 특별히 봐주자는 식으로 이론을 구성한다.

태아가 사람으로 권리능력이 인정되는 특별한 경우는 그렇게 많지 않다. 교통사고 같은 불법행위를 당했을 때 사람으로 인정한다. 상속도 받을 수 있도록 했다. 임신 상태에서 아빠가 사망한 태아의 경우 이미 태어난 형제자매만 상속받을 수 있다면 부당하지 않겠는가?

죽음으로써 법적인 권리능력은 더 이상 존재하지 않는다. 영혼의 존재를 믿는 종교적 인식을 법에서도 인정한다면 사람이 죽어도 그대로 권리와 의무의 주체로 인정해야 한다. 그렇게 되면 영혼이 계약도 맺고 선거도 하고 재판도 하게 된다. 상속은 일어나지 않는다. 내가 가진 재산은 죽은 뒤에 영혼이 그대로 소유권의 주체로 갖고 있으면 된다.

대학 1학년 호기롭던 시절에 사람의 죽음이 법률가에게는 상속의 개시일 뿐이라던 교수님의 일갈을 이렇게 풀어서 이해하기까지는 오랜 시간이 필요했다. 보통의 경우 사람이 죽고 상속의 개시가 있어도 법률가가 나설 일은 많지 않다. 돈이 아주 많은 사람들은 변호사, 세무사들이 나서서 상속의 여러 법률적 문제를 처리해주어야 한다.

유아기

심리학이나 사회복지학 같은 데서는 다르게 볼 수 있겠지만, 초등학교에 입학하기 전까지를 유아기로 보자. 이때는 아직 법률관계를 직접 형성하지는 못한다. 물론 권리와 의무의 주체로는 당연히 인정된다. 그렇지만 기껏해야 할 수 있는 일이 엄마 젖을 빨거나 우는 정도다. 거의 모든 일은 엄마나 다른 양육하는 사람의 도움을 받아야 한다.

스스로 할 수 있는 일이 거의 없더라도 권리능력은 갖고 있다. 또한, 이미 대한민국 국민이다. 혹시 이 책을 외국인이 보고 있다면, 본인의 국적을 생각하시라. 현재 지구상에 많은 나라들이 따로 존재한다. 그래서 기본적으로 법은 해당되는 나라마다 내용이 다르다. 나라마다 어떤 권리를 인정하고 어떤 의무를 부여할지 다르다는 말이다. 어느 나라든 태어나는 순간 대부분은 국적을 갖는다.

대한민국 법처럼 한 국가 내에 존재하는 법을 국내법이라 한다. 국내법과 대응되는 개념은 국제법이다. 국제법은 국가 간에 맺는 조약이나 국가가 가입하고 있는 국제기구의 규정 등을 의미한다. 국제법은 보통 국가의 권리와 의무를 규정한다. 조약을 맺은 국가, 국제기구에 가입한 국가의 문제가 대부분이다. 그렇지만 점차 개인도 국제법을 활용해서 권리를 실현할 수 있는 영역이 늘어나고 있다. 독재정권하에서 국가폭력을 국내적으로 해결할 수 없을 때 국제법의 도움을 받을 수 있다. 난민의 권리가 대표적이다. 기업도 국제재판소에 제소할 수 있다.

권리와 의무의 주체로서 권리능력은 유아에게도 당연히 인정되지만, 실질적인 권리와 의무의 주체로서 활약(?)하기 위해서는 성년이 되어야 한다. 우리 민법은 현재 만 19세를 기준으로 한다. 성년이 되면 법이 인정하는 모든 권리를 누릴 수 있고 모든 의무를 수행해야 한다. 그렇지만 유아기를 포함하여 미성년 시절에는 여러 권리가 제약되고 많은 의무는 면제된다. 술집에 마음대로 갈 수 없지만, 범죄를 저질러도 아예 감옥에 가지 않거나 형벌을 줄여준다.

초등학생이 컴퓨터를 산 경우를 생각해보자. 이미 돈을 주었더라도 무를 수 있다. 법적으로는 취소할 수 있다고 규정되어 있다. 가게 주인은 황당하다. 이미 포장도 뜯었고 반나절 썼는데 토해내란다. 그렇지만 미성년자에게는 취소할 수 있는 권리가 인정된다. 물론 현실적으로는 가게 주인이 버틴다면 미성년자의 부모도 방법이 없다. 소송을 내면 무를 수 있지만, 소송까지 해서 컴퓨터 비용을 무르기에는 배보다 배꼽이 크다.

컴퓨터처럼 금액이 적은 경우에는 큰 의미가 없지만, 어린애가 집을 산다거나 회사를 판다거나 하는 큰 계약을 맺었을 때는 얘기가 달라진다. 술집 주인만 미성년자임을 확인하고 술을 팔지 말아야 한다? 아니다. 큰 금액이 오갈 때는 법적으로 무를 수 있는 권리가 있기 때문에 미성년자 여부를 잘 확인해야 한다. 나이는 어리지만 일반 성인보다 더 명석하고 일처리를 잘하더라도 상관없다. 오로지 출생신고를 기준으로 한 나이로만 판단한다.

선거권은 일반적인 미성년자 규정보다 어리다. 몇 살을 기준으로 할지는 나라마다 다르다. 국회나 행정부에서 선택할 문제일 뿐이다. 노동이 가능한 나이도 다르다. 범죄를 저질러도 처벌할 수 있는 나이가 있다. 형사미성년자라고 하는데, 현재 14세로 되어 있다. 과태료도 내지 않아도 된다. 중학생 시절에 잦은 왕따 가해자들의 경우를 감안하면 일률적으로 나이를 기준으로 하는 제도가 과연 타당한지에 대해선 따져볼 필요가 있어 보인다.

미성년자도 권리와 의무의 주체이지만, 여러 제한을 둘 수밖에 없는 현실을 고려하여 고안한 개념이 행위능력이다. 즉 사람은 누구나 권리능력을 갖지만, 행위능력은 다르다고 본다. 행위능력은 법률행위를 할 수 있는 자격이다. 법률행위는 법률관계를 형성하는, 곧 권리와 의무를 발생시키는 사람의 활동을 의미한다.

치매나 정신지체 등으로 나이는 성인이 되었어도 미성년자처럼 제한할 필요가 있는 사람에게도 같은 개념을 적용한다. 이런 분들은 의학적인 판정 이외에 법원에서 심판을 거쳐야 한다. 이 제도를 성년후견 또는 한정후견이라 한다. 누가 보더라도 치매 노인이 명확해도 법원의 심판을 받지 않았다면 집을 파는 계약서를 쓴 경우 상대방이 물러주지 않으면 법적인 효력은 발생한다. 상대방이 버티면 집을 넘겨주고 매매대금을 받는 수밖에 없다. 성년후견은 완전히 행위능력이 없다고 보는 경우이고, 한정후견은 미성년자와 비슷한 법적인 제한으로 보면 된다.

컴퓨터 구매처럼 미성년자의 법률행위를 취소할 수 있다고 법이 규정하고 있지만, 함부로 게임 아이템을 사는 경우에도 취소하면 된다고 착각하면 안 된다. 편의점이나 마트에서 함부로 용돈을 마구 쓰는 아이들도 마찬가지다. 민법 제6조는 처분을 허락한 재산은 미성년자가 임의로 처분할 수 있다고 규정하고 있다. 이 말은 게임 아이템을 판매한 회사나 과자를 판매한 편의점 주인이나 마트가 돌려주지 않아도 된다는 말이다.

미성년 시절에 하는 일들 중 대부분은 법적인 의미는 없다. 공부를 해야 하지만, 법적인 의무는 아니다. 부모의 강요가 있다고 하더라도 법으로 정해놓은 의무는 아니다. 공부를 하지 않을 수 있는 권리, 마음껏 뛰어놀 수 있는 권리, 다양한 체험을 할 수 있는 권리 같은 말을 많이 쓴다. 그렇지만 법원에 제기하면 소송으로 구제받을 수는 없다.

충분히 뛰어논다고, 피아노를 배운다고, 열심히 유튜브를 본다고 해서 법률관계가 형성되지는 않는다. 법적인 의미가 없는 활동은 사실행위라는 말로 구분한다. 놀이터에서 놀다가 다친 경우, 혹시 놀이터를 관리하는 자의 잘못이 있다면 배상을 청구할 수 있다. 구청에서 설치한 놀이터라고 가정해보자. 그런데 깨진 유리병이나 큼지막한 바윗돌이 놀이터에 상당히 오랫동안 방치되어 있었다면 관리 잘못이 인정된다. 구청에 치료비를 요구했는데, 안 주면 법원에 소송을 내면 된다. 놀이터에서 놀기는 사실행위지만 놀이터에서 누군가의 잘못으로 다치게 되었다면 법적인 의미가 있다.

어디까지 소송으로 구제받을 수 있는 법률관계인지, 곧 법적인 권리와 의무인지는 법원에서 최종 결정한다. 이를 위해 이론적인 연구를 하는 사람들이 법학자들이다. 친구와 영화를 보자고 약속했는데, 친구가 오지 않은 경우를 생각해보자. 미리 영화표를 사놓았고, 영화는 시작되어 환불을 하지 못했다. 손해는 발생했다. 친구에게 돈을 달라고 했는데 주지 않는다. 법원에 소송을 내는 사람이 현실적으로는 물론 없겠지만, 내더라도 받아들여지지 않는다. 법률관계로 보기 어렵기 때문이다.

음식점에서 밥을 먹고 돈을 안 내면, 현실에서는 고함을 치고 좀 싸우다가 도망을 가거나 포기하며 끝난다. 그렇지만 이런 경우 밥 먹고 도망가는 사람의 주소와 이름을 알면 법원에 소송을 내서 돈을 받을 수 있다. 현실에서는 이런 일로 소송까지는 가지 않겠지만, 이론적으로는 법률관계다. 멱살잡이까지 하게 된다면 형법이 개입한다. 멱살잡이는 엄연한 폭행이다. 워낙 사안이 약하니 훈방 정도로 끝날 가능성이 크지만, 법적인 의미는 분명하다.

사람이 하는 모든 활동이 법률관계는 아니기 때문에 구분하기 위해 생활관계, 호의관계라는 개념을 사용한다. 생활관계는 앞에서 사실행위라고 한 말과 대부분 통한다. 호의관계는 히치하이킹처럼 호의로 누군가를 도와주는 행위를 의미한다. 히치하이킹을 했는데 차량 운전자가 돈을 달라고 할 수는 없다. 운전자가 동의하지 않는데 원하는 데까지 데려다 달라고 할 수도 없다. 법원에 소송을 내봐야 받아들여지지 않는다는 말이다. 히치하이킹을 했더라도 가다가 교통사고가 나면 법률관계가 된다. 운전자의 불법행위다. 그렇지만 좋은 의도로 태워줬기 때문에 아무래도 일반적인 교통사고보다는 덜 물어줘도 된다는 판결을 받을 수 있다.

신사약정도 있다. 계약을 맺고 지키면 좋고 안 지켜도 그만이라고 서로 합의하면 법적인 권리와 의무는 발생하지 않는다. 당사자 간에 합의는 쉽지 않겠지만 이론상으로는 가능하다. 예컨대 집을 팔고사기로 했는데, 돈도 안 주고 등기도 안 줘도 상관없다고 합의하는 예를 들 수 있다. 신사약정은 국가 간에는 많이 쓴다. 조약을 맺으면 국제법상의 권리와 의무를 부담해야 한다. 이런 부담이 싫으므로 약속은 하되 법적인 효력은 없다고 본다. 정식 조약이나 계약을 맺기 전에 양해각서도 이런 성격이라고 보면 된다. 미수교국 간에는 뭔가 약속을 하더라도 지켜지지 않는 경우가 많기 때문에 신사협정으로 보는 경우가 대부분이다. 우리나라는 분단으로 남과 북이 갈려 있다. 남북 당국 간에 맺는 합의서도 조약이 아니라 신사협정으로 보는 학자들이 압도적으로 많다.

미성년 시절의 활동들이 법적인 의미가 없는 경우가 많긴 하지만, 부모의 책임까지도 법적으로 면제되지는 않는다. 예컨대 형사미성년자의 경우, 범죄를 저지른 14세 미만의 아이가 형사처벌을 받지 않는다는 말일 뿐이다. 다친 사람이 있다면 치료비를 내줘야 하고, 물건을 깼다면 물어줘야 한다. 당연하다.

초등학교 입학

이제는 나라가 살 만해져 초등학교 입학 전에 대부분 유치원이나 어린이집을 다닌다. 학원도 많이 가고 방과후 프로그램도 많다. 수십 년 전에는 학교에 가고 싶지만 가지 못해서 한이 쌓였다. 지금은 경쟁 없이 마음껏 놀게 하자는 시대가 되었다.

법이 바뀌어서 이제는 유치원도 유아학교가 되었다. 초등학교 이전의 교육은 모두 개인들이 각자 선택할 수 있다. 물론 미성년자 본인의 선택과 상관없이 부모가 결정한다. 그렇더라도 국가가 이래라 저래라 하는 의무는 규정되어 있지 않다.

초등학교 입학은 다르다. 초등교육은 헌법상의 의무다. 헌법이 직접 규정하고 있다. 물론 교육은 국민의 권리이기도 하다. 이 또한 헌법이 규정하고 있다. 초등학교에 들어가는 아이들이 주관적으로 어떻게 생각하는지는 상관없다. 법은 교육을 권리이자 의무로 규정하고 있다. 초등학교 입학은 권리의 행사이자 의무의 이행이다.

차이는 있다. 권리의 행사는 자녀의 입장이다. 의무의 이행은 부모의 입장이다. 헌법은 모든 국민은 그 보호하는 자녀에게 적어도 초등교육과 법률이 정하는 교육을 받게 할 의무를 진다(제31조 제2항)고 규정하고 있다.

교육 말고도 헌법상 권리이자 의무는 또 있다. 근로는 권리인 동시에 의무이다. 납세와 병역은 의무의 성격만 갖는다. 나도 세금 많이 내는 강남좌파가 되고 싶다는 바람은 권리가 아닐까? 사람에 따라 주관적으로는 다르게 볼 수 있겠다. 그렇지만 법적으로 세금은 의무일 뿐 권리는 아니다.

군복무를 하겠노라고 소송을 낸 여성이 있기도 했다. 병역을 권리로 볼 수 있는 여지가 있다. 여성의 경우 직업군인으로 선발되면 군복무가 가능하기 때문에, 여성의 병역의무를 규정하지 않았다고 해서 문제 될 소지는 없다. 주관적으로 조국을 위해 복무한다는 뿌듯한 자부심을 가진다고 해서 권리의 실현으로 보기엔 무리다.

국민의 헌법상 의무는 국가 입장에서는 권리에 해당한다. 국가는 세금을 받아서 국가를 조직, 운영한다. 국민의 병역의무 수행으로 국가를 지킨다. 헌법상 규정된 의무는 네 가지에 불과하지만 이 외에도 국민의 의무는 무수히 많다. 무단횡단을 해서도 안 되고 술을 마시고 운전을 해도 안 된다. 미성년자에게 술을 팔아서도 안 된다. 당연히 범죄를 저지르면 처벌 받는다. 국가에 대한 의무들을 규정하고 있는 법을 행정법이라고 한다. 개인 간에도 계약을 맺거나 해서 의무가 생기면 지켜야 한다. 안 지키면 국가가 개입해서 소송을 통해 의무를 이행하도록 한다.

헌법에 의무도 있지만 권리는 더 많다. 법학에서는 인권이라는 말보다는 기본권이라는 말을 많이 쓴다. 인권은 사람의 권리를 의미하지만, 기본권이라고 할 때는 사람의 권리와 함께 국가가 인정하는 조직이나 제도의 권리도 포괄하는 의미로 쓴다. 예컨대 대학의 권리는 대학의 자율성과 학문의 자유를 통해 보장된다. 기업의 경우 직업 선택의 자유와 연결될 수 있다.

헌법에 직접 규정되지 않은 권리도 인정받을 수 있다. 예컨대 인간다운 생활을 할 권리가 헌법에 명시되어 있다. 그 의미를 상당히 넓게 잡을 수 있다. 쉽지는 않지만 학계에 이론적인 뒷받침이 있고 법적 논리 구성을 잘하는 아주 유능한 변호사를 만나면 소송을 통해 인정된다. 또한 권리와 자유는 헌법에 열거되지 아니한 이유로 경시되지 않는다는 조문도 있다.

그렇지만 의무는 다르다. 의무는 헌법과 법률에 열거되지 않았으면 국민들에게 이행을 강제할 수 없다. 법에 근거가 없는데 의무를 집행한다면 법적인 효력은 없다. 소소한 위반은 국민이 소송을 통해 구제받을 수 있겠지만, 정도가 심해 독재의 단계로 들어서게 되면 국민들이 들고 일어나게 된다.

법에 근거가 있어야만 의무를 부과할 수 있다. 법 중에서도 국회가 제정한 법률에 근거가 뚜렷해야 한다. 국회가 국민의 대표이기 때문이다. 법치주의라고 한다. 히틀러 시대 같을 때는 법을 마구 만들어서 독재의 도구로 활용했다. 지금은 법에서 규정했더라도 내용적인 면에서 문제가 없어야 된다고 본다.

초등교육과 관련된 법으로 초중등교육법이 있다. 더 기본이 되는 법은 교육기본법이다. 교육기본법 제2조는 교육이념을 명시하고 있다. 홍익인간이 여기에 등장한다. 이 법에 따르면 교육은 인격 도야와 자주적 생활능력과 민주시민으로서 필요한 자질을 갖추게 하는 의미를 갖는다. 교육의 목적은 개인적인 차원과 공익적 차원으로 나눠 언급한다. 개인적 차원에서는 인간다운 삶의 영위다. 공익적 차원에서는 민주국가의 발전과 인류공영의 이상을 실현하는 데에 이

바지하게 함이 목적이다.

초등학생이 된다는 인생의 이벤트는 이렇게 거창한 의미가 있다. 그렇다고 직접적으로 어떤 권리와 의무가 구체적으로 발생한다는 말은 아니다. 민주국가의 발전과 인류공영의 이상 실현을 위해 교육을 받는 사람이 무엇을 어떻게 해야 한단 말인가? 그저 법으로 대한민국이라는 국가의 목적을 표방해놓았다. 국민 각자가 주관적으로 다른 생각을 하더라도 뭐라 할 수도 없다.

남녀평등교육의 증진, 건전한 성의식 함양, 안전사고 예방, 평화적 통일 지향 같은 내용이 교육 진흥의 방향성으로 명시되어 있다. 초등학교에 입학하면 이렇게 법에 정해진 큰 방향에 따라 편성된 커리큘럼을 따른다.

헌법은 초등교육과 법률이 정하는 교육을 무상교육으로 규정하고 있다. 교육기본법에 따라 지금은 중학교까지 무상으로 하고 있다. 헌법이 규정한 내용보다 더 많은 혜택을 국민에게 주면 당연히 더 좋다.

초등학교는 8살에 입학한다. 왜냐하면 초중등교육법에 규정된 취학의무의 나이이기 때문이다. 제13조 제1항의 표현은 이렇다. 모든 국민은 보호하는 자녀 또는 아동이 6세가 된 날이 속하는 해의 다음 해 3월 1일에 그 자녀 또는 아동을 초등학교에 입학시켜야 하고, 초등학교를 졸업할 때까지 다니게 하여야 한다. 법에서 나이는 만 연령을 기준으로 한다. 그래서 8살이 입학 나이가 된다.

언제부턴가 한 해 늦게 입학시키는 경우도 많아졌는데 법 위반이 아닌가요? 제2항에는 한 해 전이나 한 해 후에 입학시켜도 되도록 규정하고 있다. 입학하면 졸업할 때까지 초등학교에 다니게 하여야 한다는 조문도 있다. 중학교는 초등학교 졸업 후 몇 년 쉬었다가 하면 안 될까? 제3항에 초등학교를 졸업한 학년의 다음 학년 초에 중학교에 입학시켜야 한다고 명시되어 있다. 몇 년 쉬었다가 중학교에 보내면 의무 위반이 된다.

자녀를 초등학교에 보내야 하는 의무는 넓게 보아 부모의 친권과 연결된다. 민법은 친권자는 자를 보호하고 교양할 권리의무가 있다(제913조)고 규정하고 있다. 민법에 규정된 친권은 몇 가지 안 된다. 기본적으로는 법적인 권리, 의무와는 직접 관련이 없는 생활관계의 영역으로 봐도 무방하다. 자녀(민법 조문상으로는 '자')는 친권자가 지정한 장소에 거주하여야 한다(제914조). 자녀를 보호 또는 교양하기 위하여 징계권을 행사할 수 있다(제915조).

사립학교 입학과 공립학교 입학은 법적인 의미가 약간 다르다. 사립학교 입학은 사립학교와 계약관계가 된다. 공립학교는 행정상의 조직이기 때문에 특별행정법관계가 된다. 계약관계는 계약 내용에 따라 권리, 의무의 내용이 달라진다. 이미 학칙이 있기 때문에 직접적으로 계약 내용을 따로 정할 일은 없다. 특별행정법관계는 특별권력관계라고도 하는데 행정법상의 개념이다. 국가와 국민의 관계를 일반권력관계라고 설명하기 때문에 다르다는 의미에서 붙인 말이다. 특별행정법관계라는 거창한 말이 붙지만, 법에 정해진 권리, 의무의 내용이 그대로 적용된다는 말 정도로 보면 된다.

유치원과 학교는 정보공개법에 따라 정보공개 대상이 되는 공공기관으로 본다. 국공립이 아닌 사립학교도 포함이다. 따라서 초등학교 입학 이후에 교육과 관련된 정보는 정보공개청구를 통해 확인할 수 있다.

주민등록증 발급

학교를 다니는 동안 법에 대해서 실감할 수 있는 일은 별로 많지 않다. 이미 다양한 법률관계를 맺고 권리를 행사하고 의무를 이행하고 있음에도 그렇다. 10대 청소년 시절에 주민등록증을 발급받게 될 때 대체로 처음으로 법적인 존재로 자각하게 된다고 볼 수 있다. 주관적으로 법적인 의미를 느낀다는 뜻은 아니다. 대체로 주민등록증을 발급받을 때 무언가 특별한 느낌을 받게 되는데, 그 느낌을 말한다.

주민등록증은 주민등록에 따른 증명서다. 일상적으로 개인의 신분을 확인할 때 가장 많이 쓰이는 문서다. 플라스틱으로 만들어져 있지만 문서는 문서다. 주민등록증과 함께 운전면허증과 여권도 신분 확인에 통용된다. 주민등록은 말 그대로 국가가 행정적으로 주민을 등록하는 제도다. 주민등록법 제1조는 주민등록의 목적을 이렇게 설명한다. 주민의 거주관계 등 인구의 동태를 항상 명확하게 파악함이 우선적 목적이다. 이를 통해 주민생활의 편익을 증진시키고 행정사무를 적정하게 처리함이 근본적 목적이다.

국가 차원의 주민등록제도는 인권적이지 않다는 주장이 있다. 아예 국가 차원의 제도가 없는 곳도 있다는 주장을 한다. 박정희 정권 시절, 그러니까 군사독재 시절에 만들어진 제도라며 비판하는 시각도 있다. 미국은 운전면허번호와 사회복지번호 제도를 활용한다고 알려져 있다. 대부분 운전면허를 취득하고 사회복지 혜택을 받기 위해 등록을 하게 하는 시스템이다. 선거를 하기 위해서도 유권자로 등록을 해야 한다. 우리는 주민등록을 통해 일괄적으로 선거권 연령에 도달하면 유권자가 된다.

우리나라는 주민등록 시에 지문을 날인한다. 국가가 전 국민의 지문을 관리하는 제도에 대해서는 특히 비인권적으로 보는 시각이 강하다. 국민을 잠재적인 범죄자로 취급하는 발상이라는 비판이다. 지문은 사실 범죄의 입증에 강력하게 활용되기 때문에 이러한 비판이 일리가 없지 않다. 1980년대부터는 유전자 감식이 범죄자 구분에 유용하게 되었다. 효과적인 범죄 예방 차원에서는 지문과 함께 유전자 등록까지 의무화해야 한다는 주장도 나올 법하다.

주민등록법상 만 17세가 되면 주민등록을 해야 한다. 출생신고가 되어 있기 때문에 사실 주민등록을 하지 않더라도 대한민국 국민으로서 법적인 권리와 의무를 누리는 데는 문제가 없다. 주민등록은 시, 군, 구를 단위로 한다. 행정상의 편의를 위한 제도라고 볼 수 있다. 이사를 할 때 전입신고를 하는데 이 또한 주민등록법에 규정되어 있다. 하나의 세대에 속하는 자의 전원 또는 그 일부가 거주지를 이동한 경우, 신거주지에 전입한 날부터 14일 이내에 전입신고를 해야 한다(제16조).

법적인 권리와 의무의 내용이 주민등록에 따라 달라지지는 않는다. 예컨대 선거권은 어디에 주민등록을 하든 동일하다. 다만 주민등록이 된 곳의 유권자가 된다. 다른 지역의 후보자를 위해 표를 던질 수는 없다. 내가 대구에 주민등록이 되어 있다면 서울에 있는 후보를 더 좋아하고 지지하더라도 투표할 수 없다. 대통령 선거는 전국을 단위로 하지만 다른 선거는 모두 지역을 기준으로 하기 때문이다.

학교도 특별히 법적으로 인정되는 경우를 제외하면 주민등록에 따라 정해진 곳으로 가게 된다. 소송을 제기할 때도 제주도에 살면서 춘천 같은 엉뚱한 데 할 수는 없다. 회사 선택의 경우는 다르다. 학교를 간다거나 소송을 한다거나 선거는 공적인 영역이기 때문이다. 엄밀하게는 공법적인 영역이라고 한다.

취업은 사적인 영역이다. 정확한 개념은 사법적인 영역이다. 민사적인 영역이라고 해도 된다. 형법과 행정법과 관련된 영역이 공법적인 영역이다. 공법적인 영역은 대체로 주민등록에 따라 관련 지역에서 진행된다. 이런 내용을 주민등록법 제23조는 이렇게 표현한다. 다른 법률에 특별한 규정이 없으면 이 법에 따른 주민등록지를 공법 관계에서의 주소로 한다.

주민등록증을 늘 소지할 필요는 없다. 은행 거래나 집을 사고팔 때 신분 확인용으로 필요할 때만 갖고 다니면 된다. 독재 시절에는 소지 의무가 있기도 했다. 지금은 경찰이 주민등록증 제시를 요구할 수 있다는 규정만 있다(제26조). 범인을 체포하는 등 그 직무를 수행할 때에 17세 이상인 주민의 신원이나 거주 관계를 확인할 필요가 있으면 주민등록증의 제시를 요구할 수 있다는 내용이다.

이때 주민등록증을 제시하지 못하면 어떻게 되나? 신원을 증명하는 증표나 그 밖의 방법에 따라 신원이나 거주 관계가 확인되지 않으면 인근 관계 관서에서 신원이나 거주 관계를 밝힐 것을 요구할 수 있다. 그렇지만 아무 때나 그렇지는 않다. 범죄의 혐의가 있다고 인정되는 상당한 이유가 있어야 한다. 신원을 확인할 때도 경찰이 친절과 예의를 지켜야 한다고 규정하고 있다.

주민등록과 가족관계 등록 제도는 상당히 헷갈린다. 가족관계 등록은 국민의 출생·혼인·사망 등 가족관계의 발생 및 변동사항을 등록하는 제도다. 과거의 호적제도는 가족(법적인 표현은 '가')을 단위로 등록했다. 여러 비판이 제기되어 개인 단위로 등록하는 제도로 바뀌었다. 출생신고, 혼인신고, 사망신고 외에도 여러 신고 사항이 있다. 입양하거나 파양하는 경우, 개명한 경우, 국적을 취득하거나 상실한 경우 등이다.

출생하면서 법적인 권리와 의무의 주체가 된다. 가족관계 등록, 곧 출생신고를 하는 순간 법적인 권리와 의무의 주체가 된다는 말이 더 정확하다. 더 정확하게는 출생신고를 하는 날이 아니라 출생신고에 기재한 출생일부터 법적인 권리와 의무의 주체가 된다. 출생신고는 태어나고 1달 이내에 해야 한다. 실제 태어난 날과 가족관계 등록상의 출생일이 다른 사람도 많다. 모든 법적인 권리, 의무는 가족관계 등록에 따른 날짜를 기준으로 한다.

가족관계 등록에서 주소는 등록기준지라는 개념을 사용한다. 과거 호적법 시절에는 본적이라는 말을 썼다. 등록기준지는 가족관계 사항을 처리하는 행정의 기준 지역이라고 설명한다. 필요성은 의문이다. 과거 호적제도의 관성으로 보인다. 등록기준지는 당사자가 원하면 언제고 마음대로 바꿀 수 있다. 그렇기 때문에 독도에 본적을 두자는 캠페인이 가능했다. 독도를 등록기준지(본적)로 둔 호적자가 있으면 독도가 우리 땅이라는 증명이 된다고 생각하는 모양이다. 법적인 의미는 없다. 정치적·사회적인 의미가 있을 뿐이다.

대부분은 부모와 동일한 등록기준지를 갖게 된다. 북한이탈주민의 경우 등록기준지를 정하여 서울가정법원에 가족관계 등록 창설

허가 신청서를 제출하여야 한다(북한이탈주민의 보호 및 정착지원에 관한 법률 제19조). 기아(버려진 아이)는 성과 본을 창설하여 가족관계 등록을 새로 한다(가족관계의 등록 등에 관한 법률 제52조).

외국에서 살게 되면 해외이주신고를 하거나 원래 살던 곳(시장, 군수, 구청장)에 신고를 해야 한다. 국민으로서 권리와 의무는 그대로 갖는다. 국적이 변경되지 않는 한 그렇다. 대한민국 국적을 상실하면 대한민국의 국민만이 누릴 수 있는 권리는 누릴 수 없다(국적법 제18조). 대통령, 국회의원 선거권 같은 예를 들 수 있다. 지방선거는 외국인에게도 권리가 인정된다. 외국인이 우리나라에서 90일 넘게 살게 되면 주민등록과 유사하게 외국인 등록을 해야 한다. 주민등록증처럼 17세 이상의 외국인에게는 외국인등록증이 발급된다.

주민등록만큼 쉽지는 않지만 가족관계등록도 다 바꿀 수 있다. 법원의 허가를 받는 절차는 거쳐야 하지만 다 가능하다. 이름도 나이도 바꿀 수 있다. 주민등록번호도 특별히 예외적인 경우에는 바꿀 수 있다. 당연히 증거는 필요하다. 과거에는 허가받기가 쉽지 않았는데, 점차 수월해지는 경향이 있다.

대학 입학

　고등학교까지 마치면 대부분은 대학에 진학한다. 대학 관련법으로
는 고등교육법이 있다. 법적으로 고등학교는 중학교와 함께 중등교육
에 속한다. 중학교와 고등학교를 분리하지 않는 나라도 많다. 우리나
라도 법은 하나로 되어 있다. 고등교육을 위한 학교가 대학이다.

　대학은 일반대학과 산업대학·교육대학·전문대학·원격대학·
기술대학이 있다. 일반대학은 법조문에는 '일반'이 없이 그냥 '대학'
이라고만 되어 있다. 원격대학은 방송대학·통신대학·방송통신대
학과 사이버대학을 의미한다. 대학이라는 명칭은 쓰지 않지만 고등
교육 학력이 인정되는 각종 학교도 있다. 예컨대 충남에 있는 순복
음총회신학교의 경우 학력이 교육부 고시로 인정된다. 많지는 않기
때문에 주의해야 한다.

　대학 진학은 어떤 의미일까? 인생에서 성년이 되어 맞는 새로운
단계다. 본격적으로 진로를 준비해야 한다. 많은 사연이 있을 수밖
에 없다. 법적으로는 별 의미가 없다. 대학에 반드시 가야 한다는 의
무도 없다. 대학 교육을 누구나 받을 수 있다는 권리도 인정되지 않

는다. 당사자의 결심과 부모의 강요 또는 방임에 따라 달라질 뿐이다. 헌법에 명시된 교육의 권리는 모든 국민은 능력에 따라 균등하게 교육을 받을 권리다. 입시에 낙방하게 되면 원하는 대학에 가지 못한다.

대학은 설립 주체가 다르다. 국립은 국가에서 세우는 대학이다. 공립은 지방자치단체가 설립한다. 사립학교는 학교법인이 주체다. 학교법인과 학교는 다르다. 앞에서 권리와 의무의 주체로 자연인과 법인이 있다고 했다. 학교법인은 법인이다. 학교는 법인이 아니다. 국립대학과 공립대학을 세우는 국가와 지자체도 법인이다. 국가와 지자체를 법은 하나의 법인으로 본다. 그러면 학교는 법적으로 무엇일까?

공립학교는 영조물이다. 영조물은 국가 또는 공공단체에 의하여 공공의 목적에 공용되는 인적·물적 시설의 통일체를 말한다.[1] 예컨대 국립목포대학교는 법인이 아니기 때문에 별도로 권리와 의무의 주체가 될 수 없다. 국립목포대학교 소속 교직원은 국가의 공무원이다. 국가가 채용할 수 있는 권리능력을 갖기 때문이다. 과거에는 서울대학교도 영조물이었다. 이제는 별도로 법인으로 인정하는 법이 제정되었다. 서울대학교 교수들은 국가공무원이 아니라 서울대학교법인에 채용된 사람들이다. 서울대 이외에 국립대학법인으로는 인천대학교가 있다. 국공립학교는 영조물이면 사립학교는? 영조물은 행정법에서 나온 개념이고, 이에 대응하는 개념은 없는 듯하다.

바깥에서 일반인이 봤을 때는 구분하기 힘들고 구분할 필요도 없지만 국공립학교와 사립학교는 법적으로는 엄밀히 다르다. 고등교육제18조는 학교의 명칭을 정하는 방법에 대한 규정이다. 국립학교는 대통령령으로 정하고, 공립학교는 해당 지방자치단체의 조례로 정한

---

1) 네이버 지식백과. 검색일 2020. 3. 6.

다. 사립학교는 해당 학교법인의 정관으로 정한다. 예컨대 서울시가 설립한 서울시립대학교는 서울특별시 행정기구 설치 조례 제22조에 명칭이 규정되어 있다. 서울시립대학교를 시장 소속하에 설치하는 데, 거창한 목적을 덧붙여 놓았다. 국가와 인류사회 발전에 필요한 학술이론과 그 응용방법을 교수·연구하며, 사회가 요구하는 지도적 인재를 양성하기 위하여.

국공립대학 학생과 사립대학 학생은 법적인 신분도 다소 다르다. 국공립대학 학생은 특별행정법관계가 된다. 특별행정법관계는 앞에서도 잠깐 나온 적이 있다. 소송까지 가게 되는 일이 발생하지 않는 한 법적인 신분의 차이는 무의미하다. 학교와 크게 다툼이 생겨 소송을 하게 되면 행정소송으로 가게 된다. 사립학교 학생은 당연히 민사소송으로 해결한다. 사회학적 의미야 다를 게 별로 없다. 비용 면에서는 큰 차이가 있다. 아무래도 국가와 지자체 예산으로 운영하기 때문에 돈을 벌어서 써야 하는 사립학교 재단과는 다를 수밖에 없다.

고등교육법은 대학별로 목적과 수업연한 등에 대해 따로 규정한다. 공통 사항으로 학생과 교직원에 대한 내용이 있다. 학생과 관련된 조문은 학생자치활동과 징계, 2가지뿐이다. 학생자치활동을 어떤 목적에서 구체적으로 어떻게 할지 국가에서 관여하지 않는다는 의미다. 누군가 동아리 활동을 대학생활의 꽃으로 이야기한 적도 있었다. 한때는 학생운동이 대학 내의 학생자치활동을 완전히 압도하던 때도 있었다. 학생자치활동과 관련해서는 권장·보호된다는 원칙과 함께 조직과 운영에 관한 기본적인 사항을 학칙으로 정한다는 내용만 있다.

징계와 관련해서는 교육상 필요한 경우 법령과 학칙으로 정하는 바에 따라 학생을 징계할 수 있다는 내용과 적절한 절차를 거쳐야 한다는 내용이 있다. 적절한 절차로는 특히 의견 진술의 기회가 중요하다. 적절한 절차에 대한 특별한 언급은 최근 우리나라 법이 절차의 중요성을 강조하는 쪽으로 진전되었기 때문으로 보면 된다.

법에서 절차의 중요성과 관련해서는 미란다 원칙을 떠올리면 된다. 미란다는 흉포한 강간을 저지른 피의자였다. 강간을 저지른 증거는 명확했다. 그런데도 변호사들은 당시 미란다가 변호인 선임의 권리라든가 묵비권이라든가 하는 내용을 고지 받지 못해 헌법상 보장된 적법절차 원칙을 어겼다고 주장했다. 그래서 not guilty 판결이 나왔다. 실체적으로 강간은 분명히 존재하지만 형사절차를 불법적으로 했기 때문에 처벌할 수 없다는 뜻이다. 우리나라도 이런 원칙은 이제는 완전히 일반화되었다. 분명히 음주운전을 했어도 경찰관이 정해진 절차를 지키지 않았다면 운전면허 정지나 취소를 할 수 없다. 대학생 징계 시에도 이런 절차적 원칙의 중요성을 법이 요구하고 있는 셈이다.

요즘엔 대학에 교수, 강사, 조교 이외에 많은 직책의 교수들이 있다. 석좌교수, 특임교수, 겸임교수 등이다. 고등교육법상에는 명예교수와 겸임교원, 초빙교원만 규정되어 있다(제17조, 시행령 제7조). 명예교수는 교육 또는 학술상의 업적이 현저한 사람을 자격으로 한다. 통상 정년퇴임한 원로교수들을 명예교수로 임명하는데, 꼭 그래야만 할 필요는 없다. 겸임교원은 순수 학술 이론 과목이 아닌 실무·실험·실기 등 산업체 등의 현장실무 경험을 필요로 하는 교과를 교수하게 하기 위한 사람이다. 초빙교원은 조교수 이상의 자격기준을 갖추거나 이에 준하는 해당 분야 경력을 보유한 사람으로서 특수한 교과를 교수하게 하기 위한 사람을 의미한다. 법조문에 '등'이라는 말이 붙어 있어 나머지는 대학에서 자율로 결정하면 된다.

교수와 학생의 관계에 대해서는 지도한다는 내용뿐이다(제15조). 구체적으로 지도의 내용과 방법에 대해서는 전혀 언급하지 않았다. 대학이 자율로 정하면 된다. 이런 부분은 학칙도 사실 거의 내용이 없다. 해오던 관례대로 진행된다고 보면 된다.

한 사람의 인생에서 대학의 의미는 지대하다. 대학생이 되기까지 힘든 과정, 대학생으로서 재미와 애로, 대학 이후의 삶에 대한 진지한 고민과 노력들을 생각하면 그렇다. 그렇지만 법적으로는 큰 의미는 없다. 어떻게 보면 대학 시절에 별다른 법적 이벤트가 없으면 더 좋다. 상당수의 대학들에서 성희롱 교수의 문제, 부정입학의 문제 같은 법적 문제가 발생한다. 형사처벌이나 손해배상에 해당되는 이런 일들은 있는지도 모르고 지나는 순탄한 삶이 나은지도 모른다.

고등교육법 제28조는 대학의 목적을 이렇게 규정한다. 인격을 도야하고, 국가와 인류사회의 발전에 필요한 심오한 학술이론과 그 응용방법을 가르치고 연구하며, 국가와 인류사회에 이바지한다. 오늘 대학의 역할에 대해 이렇게 생각하는 학생들이 몇 명이나 있을까? 아마 총장쯤 되시는 분들도 이런 법이 있다는 점을 모를 가능성이 크다.

그렇다고 국가적으로 이런 법의 목적을 이루기 위해 시시콜콜 교과과정의 내용과 교육방법에 대해서 배 놔라 감 놔라 한다면 대부분은 독재로 느끼리라. 군사독재정권 시절에는 국민윤리와 교련이라는 과목이 있었다. 특히 안보와 관련된 내용을 전 국가적으로 통일적으로 교육했다. 지금은 모두 민간 자율로 바뀌었다. 80년대 대학생들은 모든 대학생이 의무적으로 전방에 입소하여 받는 군사훈련을 철폐하기 위해 많은 노력을 기울였다. 다시 그 시절로 돌아갈 수는 없는 노릇이다.

알바

요즘엔 중고등학교 때부터 알바를 하는 학생들도 많다. 누군가에게 고용되어 일을 하기 시작하면서 법을 직접 체험할 수 있다. 법은 눈에 보이지 않는 추상적인 존재여서 체험한다는 말은 사실 어불성설이다. 그렇지만 단기라도 직업을 갖게 되면 최소한 근로계약이 어떻고 최저임금이 어떻고 하는 말들을 듣게 된다. 갑질 횡포에 화가 나 자료를 찾아보기도 한다. 이런 모습들은 모두 법적인 의미가 있다.

민주주의사회에서 일하고 하지 않고는 모두 각자의 선택이다. 물론 헌법은 근로는 권리이면서 의무라고 규정하고 있다. 그렇지만 거지로 살아갈 자유가 헌법에 열거되지 않았다고 하여 근로의 의무보다 경시되어서는 안 된다. 북한 같은 사회주의국가나 종교적 경건성이 강한 나라들은 근로하지 않는 경우 형사처벌을 하기도 한다. 우리는 그렇지 않다.

세계사적으로 민주주의 혁명(부르주아혁명 또는 시민혁명과 같은 말)을 거치면서 국가와 국민의 관계와 개인 간의 관계를 명확히 나누어 보게 됐다. 삼국지나 초한지 같은 역사극을 보다 보면 싫은 데도 가서 일해야 하는 경우가 많다. 병역의무 말고도 궁궐을 짓거나 성을 쌓을 때 노역을 해야 한다. 한나라를 건국한 고대 중국의 유방은 노역에 끌려가는 인원들을 호송하는 말단 관리 출신이다.

특정한 제후 밑에 가서 관리로 일하라는 명령도 당연하게 받아들여졌다. 따르지 않으면 죽음을 당하기도 하던 시대였다. 현재 우리나라는 징병제를 통한 일정 기간의 병역의무 이행을 제외하면 없다. 분단이라는 특수한 상황 때문이다. 민주주의에 대한 인식이 더 철저해지면 기술적으로 (예컨대 A.I. 로봇 등을 활용하여) 의무 복무를 대체하는 방안이 가능하다. 국가적으로 큰 공사가 필요한 경우에도 과거처럼 사람들을 동원해서 일을 시키지는 않는다. 건설회사와 계약해서 공사를 하게 하거나, 원하는 사람들만 고용해서 작업을 진행하는 시스템이다.

알바는 개념은 소박하지만 법적으로는 근로이고 누군가에게 고용되는 관계다. 세계사적으로 민주주의가 시작된 이후에는 고용은 개인들 간에 자율적으로 알아서 하는 문제가 되었다. 누군가에게 고용되어 근로관계를 맺고 안 맺고는 각자의 자유의사에 맡겨져 있다. 민간에서 자율적으로 알아서 하는 법적 관계를 사법관계라고 한다. 따라서 근로계약과 임금은 원칙은 사법적인 문제이다.

그런데 자본주의가 발달하면서 어린애들을 고용한다든가 시키는 일에 비해 너무 적은 돈을 준다든가 하는 문제가 발생했다. 요샛말로 하는 갑질은 18세기, 19세기에는 더했다. 우리나라도 불과 70-80년 전인 해방 전후 기록을 보더라도 밥만 먹여주고 재워주면 감사히 여겨야 했다. 삯 없이 종살이를 해도, 기회가 생긴 데 대해 감사해야 했다. 이런 문제들 때문에 원칙은 여전히 사법적인 문제로 보지만 국가가 관여하기 시작했다.

근로기준법을 정해서 최소한의 기준은 고용하는 자가 지키도록 했다. 최저임금법도 별도로 만들었다. 각자가 회사와 계약을 맺으니까 을의 위치에서 사회적 약자가 될 수밖에 없다. 그렇기 때문에 근로자(노동자)의 단결권도 인정해주었다. 특별한 예외가 아니면 노동조합을 결성해서 조합원이 되어 함께 회사에 맞설 수 있다.

노동법은 점점 발전했다. 이제는 여성 근로자에 대해 불합리한 처우도 바로잡아야 한다. 문재인 정부는 근로시간도 줄이는 쪽으로 개입하기 시작했다. 과거에는 당연히 참고 넘겨야 했던 이른바, 갑질도 처벌하거나 배상을 받을 수 있다. 사회적 약자인 근로자를 국가 차원에서 도와준다.

사법적인 문제이지만 공법적으로 국가가 관여한다. 이론적으로 전통적인 공법관계, 사법관계와는 다르기에 사회법이라는 말을 만들어냈다. 노동법이 대표적인 사회법이다. 복지법과 경제법도 있다. 복지법은 근로도 못할 정도이거나 할 수 있더라도 최저의 인간다운 생활도 힘든 경우에 적용한다. 국가가 직접 돈을 주거나 각종 혜택을 제공한다. 경제법은 큰 기업의 경우에 각종 제한을 가해서 작은 기업과 소비자들의 권익을 보장한다.

알바를 통해 근로관계를 맺게 되면 누리게 되는 권리와 의무는 이런 역사적인 맥락에서 자리 잡고 있다. 알바도 근로관계이기 때문에 원칙은 사법관계이다. 고용 여부를 스스로 선택할 수 있다. 고용의 내용도 이론상으로는 상호 계약으로 형성된다. 현실적으로는 고용되는 자가 사회적 약자인 경우가 많다. 회사나 업주가 원하는 사항에 동의하지 않으면 채용되기 어렵다. 일하려고 하는 사람은 많은데 일할 곳은 적기 때문이다. 앞으로 인공지능이 노동력을 대체하게 되면 더욱 그렇게 될 수 있다. 그래서 일각에서는 이제 국가가 모든 국민들의 기본소득을 보장하여 최소한으로 먹고살 수 있게 하자는 주장을 하기도 한다.

근로계약은 상호 권리와 의무가 발생한다. 알바생은 근로를 제공해야 할 의무가 있고 급여를 받을 권리가 있다. 고용주는 돈을 줘야 하고 근로를 제공받을 수 있다. 공법적인 면에서 알바생도 당연히 노조를 만들 수 있다. 현실에서는 몇 명 되지 않는 업장에서 뭔 노조냐 하는 생각이 당연하다. 그렇지만 이미 알바노조라는 명칭의 노동조합이 있다. 일반조합이라는 곳도 가입해서 노동조합원으로서 함께 할 수 있다.

노조에 들고 안 들고도 본인의 선택이다. 우리나라는 노동조합에 가입한 사람만 채용되는 시스템은 도입되지 않았다. 미국 같은 곳도 예컨대 브로드웨이에서 뮤지컬 공연 스태프로 일하려면 노조에 먼저 가입해야 한다. 노조 가입도 일정한 자격을 요구하는 경우가 많다. 노조에 가입된 사람만 극단이나 극장에서 채용하는 구조다. 시스템의 차이는 장단점이 있다. 미국 같은 시스템은 조합원의 경우 일정 기준 이상의 근로조건을 보장받을 수 있다. 그렇지만 아무나 쉽게 해당 업계에 진입하기는 어렵다. 우리나라는 누구나 어떤 분야든지 일을 쉽게 시작할 수 있다.

근로계약서 작성은 당사자들이 계약내용을 명확히 하기 위해서 필요하다. 이론적으로는 계약서를 쓰든 안 쓰든 법적인 권리와 의무의 발생에 차이가 없다. 그렇지만 계약서가 없는 경우 서로 딴 얘기를 할 가능성이 커진다. 받기로 한 돈과 주기로 한 돈이 다르면 서로 언성이 높아질 수밖에 없다. 아직까지는 알바생들이 근로계약을 요구하도록 캠페인을 하고 있는데, 확실하게 근로권을 보장하려면 고용하는 업주들에 대해서 근로계약 작성을 의무화할 필요가 있어 보인다.

알바와 관련해서 큰 오해가 하루 종일 일도 안 했는데 돈 못 준다는 주장이다. 요즘엔 많이 줄어들었지만 옛날엔 많았던 모양이다. 손님이 없을 경우 기다리다 하루가 다 간다. 실제로 별 일도 안 했다. 하루 종일 같이 주인하고 얘기하고 TV를 봤다고 치자. 그렇지만 임금은 줘야 한다. 왜냐하면 고용은 일정 시간 동안 노무를 제공하기만 하면 임금을 받을 수 있는 권리가 생기기 때문이다. 근로시간 동안 일을 제대로 안 시킨 책임은 고용주에게 있다.

때론 이런 점을 악용하는 알바생도 많다. 주인이 늘 자리를 지킬 수 없는 형편이기 때문에 쉽게 말해 '땡땡이'를 치더라도 월급을 주지 않을 수 없다. 손님이 너무 많아 잠시도 쉴 틈이 없었던 경우에는 어떨까? 알바생은 억울하지만 사장이 알아서 보너스를 주는 시혜를 베풀지 않는 한 법적으로 돈을 더 받을 수도 없다.

서로 이런 불편한 경우를 피하기 위해서는 도급계약을 맺어야 한다. 도급은 일의 완성에 대해서 보수를 지급하는 계약이다. 예컨대 치킨집 알바도 저녁 때 4시간 근무에 얼마 식으로 계약하면 고용계약이다. 그런데 날마다 홀을 청소 1회 실시할 때 얼마 식으로 계약하면 도급계약이 된다. 우리나라는 아직 이런 식으로 계약하는 경우는 별로 없다. 미국 같은 곳은 예컨대 사무실마다 돌아다니며 식물에 물만 주는 아르바이트도 있다. 광고나 보험 같은 영업이 필요한 곳에서는 실적에 따라 얼마를 주는 내용의 계약을 맺는다. 도급계약의 일종이다.

노동법이 노동운동을 보장하고 노동운동가들의 영향력이 커지면서 상당수의 도급계약이 고용계약으로 법적으로 인정받고 있다. 과거에는 골프장 캐디, 학습지 교사, 화물트럭 기사 같은 직업이 모두 실적제로 계약을 맺었다. 근로자성이 인정되지 않았기 때문에 노조 가입 자격도 없었다. 그렇지만 그동안 노동운동가들의 노력으로 모두 근로자로 인정한다.

학생 시절에 알바는 좋은 기회다. 학비까지 스스로 벌어야 하는 힘든 경우에는 국가적 도움을 요구할 권리가 인정된다. 헌법에 명시되지 않았어도 모든 권리는 경시되지 않는다. 내가 소송까지 낼 수 있느냐 하는 의지와 능력의 문제이다. 지금 법에 존재하는 많은 제도들은 과거에는 없었다. 모두 누군가의 노력으로 하나씩 하나씩 생겨났다. 알바를 할 때 이미 있는 근로자의 권리를 충분히 활용하라. 없는 제도도 한 사람 한 사람을 설득하고 힘을 모아 새로운 권리를 확보하라. 물론 이마저도 하고 안 하고는 본인의 선택이다.

첫 선거

20대가 되면 선거를 하게 된다. 18세로 선거연령이 낮아졌으니 앞으로는 고등학교 때 첫 선거를 하게 되는 경우가 많아지겠다. 아무튼 선거를 하게 되면 보통 남다른 느낌이 든다. 주민등록이 뭔가 성인에 근접한 그런 느낌이라면, 이제는 뭔가 국가적으로 큰일에 동참할 수 있는 인정을 받았다고 할까?

모든 국민이 선거를 통해 정치 지도자를 선출할 수 있는 시대는 세계사적으로 보면 그리 오래되지 않았다. 여성의 선거권은 20세기에 들어와서야 본격적으로 인정되기 시작했다. 1970년대에도 아직까지 인정되지 않는 곳이 있었다.

미국은 일찍이 민주주의를 발달시킨 선진국이지만 선거권은 유권자 등록제도를 통해 상당히 제한되고 있다. 유권자 등록을 하려면 글을 알아야 하는데 배움이 없는 흑인들은 오랫동안 법이 허용하는 선거권을 가질 수가 없었다.

애초에 부르주아 민주주의는 상당한 자산을 보유하고 배운 사람, 그중에서도 남성만이 선거권을 가진 제도로 출발했다. 우리나라는 독립되고 첫 정부를 세울 때부터 모든 사람에게 자동으로 선거권이 부여됐다. 세계적으로 보면 오히려 예외적인 제도다. 우리나라는 주민등록을 국민이라면 의무적으로 해야 하는데, 주민등록에 따라 자동으로 선거인 명부가 정리된다.

선거권이 인정되어도 정치지도자 선출의 권리는 다양한 이유로 제한된다. 일본의 경우 제2차 세계대전에서 패배한 이후 민주주의 시스템은 도입됐지만 실질적으로는 자민당 일당 독재가 계속되고 있다. 그 이유 중 하나로 이름을 직접 투표용지에 써야 하는 선거방식을 꼽는 사람도 있다.

우리나라는 후보자별로 기호를 숫자로 부여해서 기호 1번, 기호 2번 하는 식으로 간단히 선택할 수 있다. 일본은 후보자 이름을 써야 하는데, 일본식 이름은 성과 이름이 각각 2자씩에다가 한자다. 한자를 잘 모르면 제대로 투표할 수가 없다.

북한 같은 사회주의국가는 공개투표를 해서 법적으로 부여된 선거권이 무의미해져 버린다. 99.99% 투표에 99.99% 찬성으로 일심단결의 위력을 보여줬다는 식으로 홍보하지만, 민주주의의 시각에서는 황당무계한 현상이다.

20대가 되어 치르게 되는 큰 선거로는 세 가지가 있다. 국회의원 선거, 대통령 선거, 지방선거. 국회의원 선거는 총선거라고 한다. 국회의원으로 구성되는 입법부가 국민의 대표라는 점이 민주주의 사상의 근간 중 하나이다. 국회는 현실에서 보면 치고받기나 하고 자기 이익이나 챙기는 것처럼 보인다.

그렇지만 마음에 들고 안 들고 간에 의회는 민주주의국가에서는 국민을 대표하는 조직이다. 대통령에게 국가원수의 명칭을 부여하고 있지만, 그렇다고 대통령이 국민 위에 있을 수 없고 국민을 대의하는 국회 위에 있지도 않다. 현실에서는 독재국가나 민주주의가 미발전된 곳에서는 괴리가 있다. 과거 왕이나 황제 같은 군주의 모습을 대통령에 투영하기 때문이다.

대통령 선거는 행정부의 수반을 뽑는 선거이다. 물론 국가원수라는 이중의 지위를 갖기 때문에 그런 의미도 있다. 우리나라는 1948년 정부 수립 후 대통령제를 채택했다. 4·19 이후에 1년여 의원내각제를 잠깐 한 시절을 제외하면 모두 대통령제였다. 제헌국회(첫 국회)에서는 국회에서 대통령을 뽑는 간접선거 제도였다. 1970년대 박정희 군사독재 시절에 체육관에서 대통령을 뽑았다. 87년 6월 항쟁은 인권과 민주주의의 많은 요구가 있었지만 직선제 쟁취가 핵심이었다. 우리 국민은 대통령을 직접 내 손으로 뽑기를 원했다.

국회의원과 행정부 수반인 대통령을 따로 뽑는 시스템은 민주주의의 중요한 이론적 근간인 권력분립에 근거한다. 영국이나 일본 같은 의원내각제 시스템은 국회 다수당에서 바로 내각 수상을 차지하여 우리와는 시스템이 다르다. 사법부와 이권분립 시스템이다. 사법부는 따로 선거를 하지 않는다. 나라에 따라서는 사법부의 높은 자리도 국민이 직접 선출하기도 한다.

먼 옛날 군주제 시절에는 왕이 모두 도맡았다. 법도 왕이 만들고 집행도 왕이 신하들을 시켜서 하고 재판도 최종 책임은 왕에게 있었다. 그렇지만 민주주의 혁명이 일어나면서 계급제도가 철폐되고 권력을 분립하는 사상이 일반적으로 자리 잡았다. 국민의 대표인 의회가 법을 만들고 그 법에 따라 행정부가 집행을 한다. 정치와 행정의 과정에서 잘못이 있으면 과연 법의 내용이 무엇인지를 밝히는 역할을 법원에서 맡도록 했다.

임기제도 민주주의에서 중요한 의미가 있다. 4년이나 5년은 개인의 인생에서 보면 상당히 긴 시간이다. 맘에 안 드는 지도자를 몇 년이나 계속 보아야 하고 불이익을 감수해야 한다는 생각이 든다. 그런데 과거에 왕은 수십 년 동안 죽을 때까지 온 나라를 통치했다. 뒤집어엎으려면 반역을 해야 했고, 오늘날 드라마에서 "역모다!" 같은 상상력으로 묘사된다. 민주주의는 마음에 안 들어도 몇 년마다 선거가 있으니 국민들이 다시 선택할 수 있다.

선거에 대한 역사적이거나 법철학적인 의미에 관심이 없어도 상관이 없다. 민주주의는 양심의 자유를 보장하기 때문이다. 국가에 대한 어떤 마음의 자세를 국가가 강요하면 독재가 된다. 국가적 캠페인은 할 수 있지만 법적인 의무로 강제할 수는 없다는 뜻이다. 북한 같은 사회주의국가나 종교적 경건성이 강한 나라들은 그렇지 않다.

북한 헌법의 경우 민주주의국가에서는 상상하기 힘든 조문이 있다. 공민(국민에 해당하는 북한말)은 조선민주주의인민공화국(북한의 국호이다)의 공민된 영예와 존엄을 고수하여야 한다(제82조). 언제나 혁명적경각성을 높이며 국가의 안전을 위하여 몸바쳐 투쟁하여야 한다(제85조). 북한 헌법은 로동(노동)은 공민의 그냥 의무가 아니라 신성한 의무로, 나아가 영예라고까지 규정하고 있다. 국방의 의무에 해당하는 조국보위 또한 공민의 최대의 의무이며 영예라고 명시했다(제86조).

선거일에 투표하지 않고 여행을 가도 상관없다. 민주주의국가에서는 국가가 할 수 있는 최선은 캠페인이다. 예컨대 선거했다는 증표를 갖고 오면 가격을 할인해준다든지 하는 식으로 자발적으로 참여케 하는 수밖에 없다. 그렇지 않으면 민주적이지 않기 때문이다. 선거권은 역사적으로는 그 쟁취를 위해 수많은 사람들이 피땀 눈물을 바쳐야 했다. 그렇지만 민주주의가 상당히 발전한 곳에서는 투표율이 낮은 현상이 나타난다. 어떻게 보면 당연한 현상이다.

선거를 통해 뽑은 지도자라도 임기가 끝나기 전에 탄핵할 수 있다. 민주주의는 선거를 통해 대표를 뽑고 다시 선거를 통해 정치적으로 심판하는 대의제 시스템이 기본이다. 그런데 탄핵은 헌법재판소라는 사법부에서 대통령을 파면해버린다. 선거를 통해 국민 대중의 의사를 확인해 지도자를 선출하지만, 다수의 선택이 늘 옳을 수는 없다는 전제가 있다. 20세기 초반 전 세계를 경악게 했던 히틀러의 나치즘은 민주주의 제도의 부산물이었다.

나치 집권 이전 독일의 바이마르공화국은 한 세기가 지난 지금도, 아직까지 그 정도 수준의 민주주의를 구현한 나라가 없다는 평가가 있을 정도다. 그렇지만 히틀러는 선거를 통해 집권하여 합법적으로 의회를 통해 법을 만들어 유대인을 가스실로 보냈다. 나치 시절에 민주주의는 극단적으로 악용됐다. 이후에 학자들은 실질적 법치주의니 저항적 민주주의니 하는 이론을 고안했다. 그저 다수의 결정대로 국가의사를 결정하는 기존의 민주주의를 보완한다.

대통령 탄핵은 지지자들로서는 마음에 들지 않았겠지만, 우리의 민주주의 제도가 상당히 발전했다는 증거가 된다. 삼권분립 원칙에 따라 입법부가 행정부의 수반에 대한 탄핵을 제안하면 사법부(헌법재판소)가 최종 결정을 하도록 하는 시스템이다.

역사적 의미는 인정하더라도 지금 국회의원들은 맘에 들지 않는데 어떻게 해야 할까? 이런 생각을 했다면 특급 칭찬을 해주고 싶다. 하나씩 하나씩 노력하여 바꾸어 갈 수밖에 없다. 김대중 대통령은 늘 행동하는 양심이라는 말을 좌우명처럼 하셨다. 선거권을 넘어 오늘 우리에게도 필요한 자세라고 하겠다.

신검과 군복무

　남성의 경우 20대가 되면 군복무를 준비해야 한다. 보통 대학교 1학년 때 신검을 받게 된다. 신체에 등급이 매겨지고 현역으로 갈지 공익으로 갈지 결정된다. 이제는 시대가 달라져서 공익으로 가더라도 불이익이 없다.

　수십 년 전에는 방위병 제도가 있었다. 공익처럼 신체 등급이 낮은 경우 현역보다 절반 정도 되는 기간만 복무했다. 그러다 보니 이런저런 핍박을 많이 받았다. 무언가 문제가 있다고 보고 취업이 제한되기도 했다.

　어쩌면 그 시절에는 의학이 요즘보다는 뒤떨어져서 당연히 그렇게 생각했을 법도 하다. 이런 사정이었기 때문에 현역 복무를 했는데도 병장 진급에서 누락되어 소송을 하는 사람도 있었다. 옛날 주민등록증에 전역 당시의 계급을 표시하던 시대의 에피소드다.

　신검 받으러 오라는 통지가 오면 아무래도 싱숭생숭하다. 당사자도 그렇지만 부모 마음도 그렇다. 아버지는 아무래도 본인도 30년쯤 전에 같은 과정을 거쳤기에 덜하다. 군대를 가본 적이 없는 어머니는 자식 걱정에 잠을 설친다. 어떨 때는 나라가 망해도 이럴까 싶다.

이래저래 편의를 봐주는 제도가 많이 생겼지만, 언젠가는 군대에 가야 한다. 대체복무제도도 있지만 어찌 되었든 의무적으로 마쳐야 하는 과정이기에 본질은 다르지 않다. 분단으로 인해 다른 나라에는 별로 없는 징병의 의무를 국가가 모든 남성 국민에게 부과한다.

선거가 국가에 대해 국민이 갖는 제대로 된 큰 권리의 행사라면, 신검으로 시작되는 군복무는 제대로 된 큰 의무의 이행이다. 군복무는 계절이 여러 번 바뀌는 장기간의 시간을 내 의지와 상관없이 해야 하기 때문에 큰 부담이다. 출생신고나 주민등록증 만들기와 마찬가지로 행정작용이지만, 군대 갈 때는 영장 나왔다는 말을 쓴다. 영장은 명령을 기록한 문서(장)를 의미한다. 영장이라는 엄청난 말을 쓰는 때는 구속영장이나 압수수색영장처럼 범죄자를 대할 때밖에 없다. 법적인 의무의 무게에 상응하는 무거운 개념이다.

신검과 군복무는 병역법에 규정되어 있다. 헌법상 권리와 의무는 법률을 통해 구체화된다. 헌법도 법률도 국회가 정한다. 그렇지만 근본적으로 국가의 원칙과 목적을 헌법으로 정하고 구체적인 내용은 그때그때 국회에서 법률로 정한다.

헌법에 조문이 명시되어 있더라도 법률이 제정되지 않으면 임의로 정부에서 정책을 시행해선 곤란하다. 의무의 부과는 국민 개개인에게 부담이 되기 때문에 당연하다. 복지 혜택이나 재난 시 구조 같은 수익적 행위는 법률에 근거가 없어도 된다는 주장도 행정법학자들 중에는 일부 있다. 그렇지만 정부가 마음대로 했을 때 결국 누군가가 부담한 세금으로 해야 한다. 혜택이나 구조를 받는 당사자는 이익이지만, 다른 국민 다수에게는 문제가 되기 때문에 권리의 실현도 법률에 근거를 둬야 한다.

병역법 제3조에는 병역의무를 상세히 규정하고 있다. 대한민국 국민인 남성은 병역법에 따른 병역의무가 있다. 여성은 지원에 의하여 현역과 예비역으로만 복무할 수 있다(제1조). 인종, 피부색 등을 이유로 차별하여서는 안 된다(제3조)는 내용도 있다. 병역의무가 있어도 6년 이상의 징역 또는 금고의 형(형벌)을 선고받은 사람은 복무할 수 없다(제4조).

80년대 초의 경우 6개월 이상만 형을 선고받으면 군대에 가지 않았다. 그러다 보니 상당수의 학생운동가들이 졸업을 앞두고 시위를 주동하여 6개월이나 1년 정도 잠깐의 형을 살고 군대에 가지 않았다. 당시 군복무는 만 3년이 넘었다. 90년대에는 2년 이상 실형을 살아야 군대에 가지 않아도 되도록 법이 바뀐 바 있다.

헌법은 제39조에 국방의무를 규정하고 있다. '법률이 정하는 바에 의하여'라는 표현이 들어가 있다. 법률에 따라 권리와 의무, 특히 의무의 이행을 하도록 하는 원칙은 법률유보라고 한다. 법률유보는 행정법에서 특히 중요하다. 법률 우위 원칙과 함께 법치주의의 양대 기둥이다. 법률 우위는 국회에서 제정한 법률이 다른 법보다 상위의 효력을 갖는다는 원칙이다.

국회에서 만드는 법 말고 어디에서 법을 만드는가 하는 의문을 갖는 사람도 있을 수 있다. 국회에서 제정한 법률의 시행을 위해서 행정부에서 법을 만든다. 시행령(대통령령), 시행규칙(총리령, 부령)이 있다. 지방자치단체에서 만드는 조례, 규칙도 법이다.

제2항은 병역의무의 이행으로 인한 불이익한 처우를 금지하고 있다. 제1항의 국방의무와 표현이 다른 이유는 뭘까? 병역의무 말고도 다른 국방의 의무가 있다고 보면 된다. 직업군인은 다른 성인 남성 병역의무자와 동일한 기간은 의무 이행이라고 볼 수 있지만, 추가적

기간은 의무 이행의 차원과는 다른 영역이다. 군인으로서 특별히 요구되는 의무가 있다. 6·25 이후에 오랫동안 전면전에 들어가지 않아서 다행인데, 전쟁이 나게 되는 경우 국민과 기업에 특별한 의무가 국방의 의무로 부과될 수 있다.

헌법재판소에서 병역의무에 따른 가산점 부과를 위헌으로 결정하여 크게 이슈가 된 적이 있다. 헌법 조문에 병역의무 이행자에게 특별한 혜택을 부여해야 된다는 내용은 없다. 가산점 부과는 불이익한 처우 금지에 해당된다고 보기 힘들다. 당시 위헌 판결에는 여성뿐만 아니라 아예 군복무를 할 수 없는 신체장애인과의 평등 문제도 고려됐다.

현재 병역법상에는 3년(제74조의 2)까지 응시상한연령을 연장하고 있다. 군대에 다니는 기간은 국가의 의무를 수행한 기간인데, 이에 대한 고려 없이 응시상한연령 제한을 획일적으로 적용하지 못하도록 했다. 당연한 원칙이다. 복학과 복직도 보장하고 있다. 복직은 기업의 입장에서는 원하지 않을 수도 있지만 불이익한 처우를 금지한 헌법의 원칙상 법에 명시되어 있다.

스무 살이 되어 받는 신검은 법적인 개념은 병역판정검사이다. 병역법에는 19세가 되는 해에 병역을 감당할 수 있는지를 판정받기 위하여 지방병무청장이 지정하는 일시·장소에서 병역판정검사를 받아야 한다(제11조 제1항)고 규정하고 있다.

병역판정검사는 신체검사와 심리검사가 있다(제3항). 병역판정검사에 따라 1급부터 7급까지 구분하여 신체등급을 판정한다. 7급은 질병이나 심신장애로 현재 판정이 어려운 경우인데, 다시 신체검사를 받아야 한다. 6급은 아예 병역을 감당할 수 없는 사람이다. 5급도 기본적으로는 병역을 이행하지 않아도 된다. 그렇지만 전시근로역은 면제되지 않는다. 전시근로역은 현역이나 보충역 복무는 하지 않지만 전시근로소집이 있는 경우 응해야 한다. 전쟁이나 준하는 비상사태가 나지 않으면 6급과 별 차이는 없다고 봐도 무방하다. 현역이나 보충역 복무를 할 수 있는 사람은 1-4급을 판정한다.

보충역에는 사회복무요원(구 공익근무요원) 외에도 여러 가지가 있다. 예술·체육요원, 공중보건의사, 병역판정검사전담의사, 공중방역수의사, 전문연구요원, 산업기능요원.

여호와의증인을 비롯하여 양심적 병역 거부를 인정해야 한다는 주장이 오랫동안 논란이 된 바 있다. 2019년 12월 31일 법률 제16851호로 대체역의 편입 및 복무 등에 관한 법률(약칭: 대체역법)이 제정되었다. 이에 따라 2020년 2월 13일 대법원에서 여호와의증인 신도 111명이 무더기로 무죄 확정 판결을 받았다.[2] 2000년대 들어 하급심에서 양심적 병역 거부에 대해 간간이 무죄 판결이 나왔다. 이에 따라 헌법재판소에서 2018년에 양심적 병역거부에 대한 대체 복무 제도를 마련해야 한다는 결정을 했다.

입영을 통해 군복무를 하는 동안 특별권력관계에 놓인다. 특별권력관계는 행정법상의 개념으로 일정한 범위 내에서 법률유보 원칙이 배제된다. 기본권을 근본적으로 제한할 정도가 아니라면 어느 정도는 상관의 명령에 법적인 근거가 없어도 된다는 의미다. 학계에서는 군인의 권리에 대한 연구도 상당히 진행되어 있다. 특히 독일에서는 많은 논의가 있다. 과거 서독은 분단 상황에서도 군인의 인권 보장에 대한 많은 논의를 진전시켰다. 우리나라도 아직 본격적인 교육은 이루어지지 않고 있지만 향후에 확충되어야 한다.

---

2) 한겨레신문
http://www.hani.co.kr/arti/society/society_general/928106.html. 검색일 2020. 3. 9.

방탄소년단의 세계적 성과에 힘입어 일부 국회의원이 병역 혜택을 주자는 주장을 한 바 있다. 오히려 팬클럽에서 그런 논의를 거부한다는 메시지를 냈다. 그런데 클래식 음악 등에만 병역 혜택을 주는 현 제도는 문제가 있다. 스포츠도 종목에 따라 차별의 소지가 있다. 2002년 월드컵 축구의 인기에 편승하여 16강에만 진출해도 병역 혜택을 주기도 했다. 논의가 필요하다.

　병역법의 전시특례(제83조)는 한반도의 평화 실현과 통일 문제에 관심 있는 사람은 한번 살펴볼 만하다. 전시, 사변이나 동원령이 선포된 경우 현역병 복무기간도 연장할 수 있고 여러 조치를 취할 수 있는 근거를 마련해두었다. 평소 36세면 면제되는 소집 의무도 전시에는 45세로 연장할 수 있다. 이 땅에 전쟁과 같은 위급한 일이 다시 발생하지 않도록 노력할 일이다.

　병역의무와 관련한 저열한 논쟁 중에 남자는 군복무를 하고 여자는 임신을 하니 상응한다는 취지의 주장이 있다. 임신과 같은 생리적 특성에서 오는 문제와 달리 병역의무는 사회적 문제다. 논의의 지평이 완전히 다르기 때문에 같은 선상에 놓을 수 없다. 새로운 생명의 출산은 특별히 법적으로 더 보호를 받아야 하는 영역이다. 병역의무는 국가안보의 더 효과적인 방법에 대한 정책적인 논의와 함께 분단 극복과 전쟁 방지를 어떻게 해야 할지에 관한 평화학적 논의의 문제이다.

군인의 인권

군에 입대하면 행정법상 개념으로는 특별권력관계에 놓이게 된다. 한 세기도 훨씬 전, 행정법 이론이 처음 정립되던 때는 과거 왕과 신하의 관계처럼 특별권력관계를 이해했다. 민주주의는 법치주의이지만 특별권력관계는 예외로 보았다. 따라서 법률에 근거가 없어도 권리를 제약해도 된다고 이론 구성을 했다. 당연히 소송으로 구제받을 수도 없다는 논리였다. 세월이 흘러 20세기 후반부터 독일에서 새로운 판례가 나왔고, 이론 구성도 달라졌다. 특별권력관계라는 말보다 특별행정법관계라는 새로운 개념을 쓰는 경우가 더 많아졌다.

독일은 우리처럼 상당한 기간 동안 분단을 겪었다. 분단으로 인해 공산 계열의 발호도 경계했지만, 나치의 아픈 역사로 인해 극우에 대해서도 마찬가지 태도를 취했다. 양극단을 모두 거부하면서도 군인의 인권 보호는 상당히 넓은 정도로 보장됐다. 관련 연구가 일찍부터 이뤄졌다. 양심적 병역 거부자의 대체 복무 같은 제도도 일찍부터 도입되었다. 우리나라의 경우 군인의 인권에 대한 교육은 별로 진행되지 않았다.

과연 군인에게 보장되는 법적인 권리는 무엇이 있을까? 다행히도 군인의 지위 및 복무에 관한 기본법이 2016년에 제정되어 시행되고 있다. 군인에는 흔히 '군바리'라고 하는 병(병사)도 당연히 포함된다 (제2조). 비록 짧은(당사자에게는 엄청나게 긴 의무의 제약이지만) 기간의 의무 복무라도 그렇다.

군인의 사명은 국가방위와 국민의 보호이다. 법은 군인의 기본권 보장과 함께 선진 정예 강군 육성을 목적으로 규정했다(제1조). 조문은 그리 많지 않다. 제1장 총칙에 이어 군인복무기본정책을 제2장에서 규정했다. 군인의 기본권(제3장)과 의무(제4장)에 관한 장이 각각 있고, 권리구제(제6장)에 대해 규정했다. 기타 병영생활(제5조)과 특별근무(제7장) 관련 내용이 있다.

군인의 기본권은 일반 국민과 동일하다(제10조 제1항). 다만 법률이 정한 군인의 의무에 따라 군사적 직무의 필요성 범위에서 좀 더 제한될 수 있다(제2항). 법률에 정한 데 따라, 곧 법률유보원칙은 그대로 적용된다. 제한을 하더라도 군사적 직무여야 한다.

이런 원론과 함께 평등대우(제11조), 사생활의 비밀과 자유(제13조), 통신의 비밀(제14조), 종교생활 보장(제15조)이 규정되어 있다. 이 외에 군인에게만 해당되는 특별한 권리 보장 조문이 추가되어 있다. 영내 거주 의무가 없는 군인의 영내 대기 금지(제12조), 대외발표 및 활동(제16조), 의료권 보장(제17조), 휴가 보장(제18조) 등이다. 종교생활 보장과 관련하여 자기의 의사에 반하여 종교의식에 참여하도록 강요받지 않는다는 내용도 2018년에 추가되었다(제15조 제3항). 비록 군인의 신분이지만 미세먼지 농도가 심각할 경우에는 외부활동을 제한할 수 있다는 내용도 2020년 5월부터 시행되고 있다(제17조의 2).

군인의 의무로는 상식으로 생각할 수 있는 군인의 의무가 다 규정되어 있다. 특기할 만한 사항은 전쟁법 준수 의무다(제34조). 전쟁법은 무력충돌 행위에 관련된 모든 국제법을 의미한다. 우리나라가 당사자로서 가입한 조약과 일반적으로 승인된 관련 국제법규는 준수해야 한다는 점을 의무로 규정하고 있다. 내용을 숙지하여야 한다는 점, 국방부장관이 군인에게 전쟁법 교육을 실시해야 한다는 점도 규정되었다.

전쟁법은 그야말로 전쟁, 곧 국가 간 교전에 관한 법을 의미하기도 하고 국제인도법까지 아우르는 개념으로 보기도 한다. 전쟁법 교육에 포함되어야 하는 내용을 열거한 시행령(제22조)을 보면 국제인도법까지 포괄한다. 전쟁법상 공격목표 선정의 원칙이나 무력행사의 방법에 관한 사항은 전자를 의미한다. 상병자(다치거나 아픈 사람) 및 민간인 보호에 관한 사항, 포로의 대우에 관한 일반원칙은 후자를 의미한다. 전자는 아무래도 지휘를 하는 간부들에게 더 필요한 사항이다. 일반 병들은 후자가 의미가 크다. 실제로 전쟁이 벌어졌을 때 해서는 안 되는 행동과 본인들이 다치거나 포로가 되었을 때 받을 수 있는 권리의 측면에서 그렇다.

제네바협약에 따른 포로의 권리 정도는 상식으로 알고 있을 필요도 있다. 전쟁 같은 비극이 다시는 일어나지 않아야겠지만 군인은 전쟁을 예비하는 존재다. 예비군 제도가 수십 년째 운용되고 있지만 그 누구도 실제로 예비군이 총 들고 전장에 갈 일이 있으리라고는 생각지 않는다. 그렇지만 1990년대 중반에 동해안에 잠수함이 좌초하여 승조원들이 육상으로 올라와서 예비군 동원령이 떨어진 일이 있다. 발생하지 않아야 하는 당위적인 일들이 실제로 일어나는 경우를 대비할 필요는 있다.

전쟁에서 민간인을 보호하고 포로도 인권을 보장하자는 발상은 인류의 긴 전쟁사를 보면 불과 최근의 일이다. 19세기에 와서야 의료인이라면 적군도 치료해줘야 한다는 인식이 정립되기 시작했다. 플로렌스 나이팅게일이나 앙리 뒤낭 같은 헌신적인 선구자들의 노력 덕분이다. 아마 당시에는 이들도 오히려 적에게 이로운 행위(이적)를 한다는 공격을 많이 받았으리라.

오랜 세월 인류는 전쟁을 하며 살아왔다. 적군은 하나라도 더 죽여 없애야 한다는 당연한 생각이 수천 년 동안 내려왔다. 심지어 점령 지역의 백성은 모조리 죽음을 당하는 경우도 많았고, 점령지에 대한 약탈 또한 당연하게 받아들여졌다. 오죽했으면 중국 고전소설 삼국지에서 유비가 조조에 쫓기면서 백성들을 데리고 간 일화를 만들어 선전하기까지 했을까.

지금 인류는 국제법상 전쟁을 금지하고 있다. 전쟁을 법으로 금지하는 발상은 20세기 중반에서야 선각자들의 합의가 이루어졌다. 물론 법과 상관없이 힘 있는 국가가 무력으로 목적을 달성하는 일은 비일비재하다. 그렇지만 국제법적 인정과 그렇지 않은 차이는 크다.

이제는 모든 전쟁을 금지하고 있지만, 과거에는 정당한 전쟁은 허용된다는 논리를 구성했다. 보통 국제법의 연원은 그로티우스에게 찾는다. 17세기 유럽의 수많은 전쟁의 와중에서 '전쟁과 평화의 법'을 저술하여 국제법을 정립했다. 그로티우스는 서양철학에서 받아들여지고 있던 정당전쟁론을 법적으로 구체화하였다.

그 이후, 현실에서는 힘의 지배를 받더라도 국제법이 있으니 지켜야 한다는 인식은 점차 확산되었다. 전쟁을 수행하는 데서도 여러 제한 사항들을 하나씩 국제법으로 만들었다. 예컨대 전쟁을 할 때 선전포고를 먼저 해야 한다는 관념은 과거에는 존재하지 않았다. 전쟁과 관련된 국제법의 정립 과정에서 무작정 침략하지 말고 일단 선전포고를 하여 정치적 목적의 실현을 꾀해보라는 취지였다.

세월이 더 흘러 뒤낭과 나이팅게일 같은 분들은 비록 전쟁이 나더라도 희생자를 최소화하기 위해 헌신적으로 노력했다. 이로써 비록 전쟁을 하더라도 민간인은 보호하자, 포로도 전쟁 범죄자와는 구분해서 대우하자 같은 원칙들이 하나씩 추가되었다. 제2차 세계대전이 끝나고 유엔이 출범한 이후에는 최소한 국제법적인 원칙으로는 모든 전쟁을 금지하게 되었다.

사실 국제법은 국내법과 달리 강력하게 집행을 강제할 수 있는 중앙권력이 없어 유명무실한 경우가 많다. 그렇지만 일단 법으로 모든 전쟁이 불법이라는 대원칙은 형성되었기 때문에 앞으로 인류는 전쟁 없는 세계를 실제로 구현할 수 있는 가능성은 커진 셈이다.

군인의 권리와 관련된 국제인도법과 관련된 대표적 기구로는 적십자사가 있다. 적십자는 앞에서 언급한 뒤낭이 제창하고 스위스 정부가 후원하여 국제적 구호기관으로 발족했다. 1863년 부상병 구호를 중심으로 활동을 시작하였다. 20세기로 넘어와서는 평상시 재해 구호와 의료 사업으로 영역을 확장하였다.[3] 국제기구로는 민간기구라고 할 수 있는데 우리나라는 대한적십자사조직법을 제정해 실질적으로는 정부기구처럼 운영된다.

적십자법에 규정된 사업은 국제기구의 활동 영역과 같다. 전시포로 및 무력충돌희생자 구호사업, 전시(전쟁 시)의 전상자(전투로 다친 사람) 치료 및 구호사업이 한 축이다. 수재, 화재, 기근, 악성 감염병 등 중대한 재난을 당한 사람에 대한 구호사업, 의료사업이 다른 한 축이다. 의료사업에는 혈액사업도 함께 규정했다. 적십자사는

---

3) 네이버 지식백과. 검색일 2020년 3월 18일.

북한에도 있다. 1970년대 초에 적십자를 통한 남북교류를 제안했고, 지금도 이산가족 재회사업을 법에 명시하고 있다. 적십자법은 적십자의 이상인 인도주의를 실현하고 세계평화와 인류의 복지에 공헌함을 목적으로 한다(제1조). 법 중에 가장 거창한 목적을 직접적으로 명시하고 있다고 해도 과언이 아니다.

연애와 결혼

중고등학교 때도 연애를 많이 하지만, 아니 유아 때부터 이미 사랑을 하는 시대가 되었다. 그렇지만 20대가 되어 본격적인 이성과 사귐을 하게 된다. 옛날보다는 결혼 연령이 늦어지고, 딩크족도 많아졌다. 아예 결혼을 하지 않는 사람들에 대해서도 이제 더 이상 색안경 끼지 말자는 캠페인도 벌어지고 있다.

연애를 하든 결혼을 하든 법은 전혀 개입하지 않는다. 기본 원칙이다. 언제 하는지 어떻게 하는지에 대해서 법은 관여할 수 없다. 출산장려정책은 시행할 수 있지만, 출산을 강제하는 일은 상상할 수 없다. 영화에서만 가능하다.

다만 결혼을 할 때, 부모가 되었을 때 최소한으로 법이 정해놓은 원칙은 있다. 예컨대 당사자가 합의하지도 않은 상태에서 이혼을 함부로 할 수는 없다. 종교적 경건성이 높은 나라에서는 당사자 합의로도 이혼을 할 수 없도록 하기도 한다. 낙태를 전면 금지한다든가 일정한 제한을 둔다든가, 자녀에 대한 부양 의무 등도 규정되어 있다.

결혼은 민법상으로는 계약으로 본다. 계약은 물건을 사고팔 때나 쓰는 뉘앙스가 있어서 숭고한 인간관계에 대해서 이런 개념은 당혹스러울 수 있다. 숭고한 죽음이 법률가에게는 상속의 의미밖에 없다는 식의 명제와 마찬가지 느낌이다.

그렇지만 법적으로 혼인을 계약으로 본다는 의미는 굳이 성스러운 의의까지 끌어내리려는 의도는 아니다. 당사자의 합의로, 각자의 자유의지에 따른 선택으로 존엄한 결혼생활을 하면 된다. 다만 법이 계약으로 본다는 말은 당사자의 원만한 결혼이 평화롭게 이루어지지 않을 때, 곧 소송까지 갔을 때 판사들이 결정할 수 있는 원칙을 정해놓았다는 의미다.

부부를 이루고 부모가 되는 아름다운 삶의 과정은 생활관계라는 개념으로 설명한다. 대부분은 법적인 권리와 의무의 발생과는 무관하다. 법률관계는 권리와 의무의 문제이고, 법원에 소송을 제기했을 때 법관들의 판단 기준을 정해놓은 문서가 법이라고 봐도 크게 틀리지 않다.

예컨대 청소년 자식이 용돈을 안 준다고 부모에게 민사소송을 낸 경우는 생활관계에 해당한다. 반면, 결혼 당시에 부부재산에 관한 별도의 약정을 하지 않았다면 나중에 이혼재판을 할 때 법원에서 판단 기준이 필요하다. 법은 이러한 때를 대비해 명백한 기준을 구비할 필요가 있다.

연애, 결혼, 출산과 관련하여 기본으로 보아야 하는 법은 민법의 친족 편이다. 민법은 대부분은 재산에 관한 규정이다. 재산에 관한 다툼이 법원까지 갔을 때 법관들이 판단하는 명시적인 기준이다. 나머지는 총론과 친족 편과 상속 편이다. 총론은 민법뿐만 아니라 모든 법에 공통되는 내용을 규정한다. 예컨대 권리와 의무의 주체가 사람이 생존한 동안 된다는 내용 등이다. 친족 편과 상속 편을 합쳐서 가족법이라고 분류한다. 재산에 관한 내용은 물권 편과 채권 편으로 구성되고 당연히 재산법이라고 한다.

혼인적령은 만 18세로 규정되어 있다(제807조). 법상 혼인의 효력이 발생하는 나이다. 미성년자는 부모의 동의를 받아야 한다고 명시되어 있다(제808조). 현실에서 우리나라는 아직 미국 영화에서 보듯이 자녀가 마음대로 결혼하고 나중에 부모에게 통보하는 일은 거의 없다. 아마 패륜 소리를 들을지도 모를 일이다. 법적으로는 가능하다. 이러한 규정은 현실과의 괴리로 볼 문제는 아니다. 소송까지 가게 되는 문제가 있을 때 국가가 관여하는 최종 기준이다. 미성년자는 결혼의 동의를 받아야 한다는 의미는, 미성년자가 결혼의 계약을 체결했다고 해도 법적으로 부모가 무를 수 있다는 말이다.

결혼은 민법상으로는 혼인이라고 표현한다. 혼인의 효력은 혼인신고를 해야 발생한다. 민법에는 혼인은 가족관계의 등록 등에 관한 법률에 정한 바에 의하여 신고함으로써 그 효력이 생긴다고 표현했다(제812조 제1항). 이 신고를 통상 혼인신고라고 한다. 과거에는 호적법에 따른 신고였다. 제2항에는 당사자 쌍방과 성년자인 증인 2인의 연서한 서면으로 하여야 한다고 규정하고 있다. 구청에 가서 혼인신고 서식을 보면(인터넷으로도 쉽게 찾을 수 있다), 서명할 수 있는 칸이 있다.

혼인신고를 하지 않고 살아도 무방하다. 법에 따른 효력만 인정되지 않을 뿐 당사자들은 아름다운 부부관계를 이루어가면 된다. 다만, 예컨대 한쪽 배우자가 사망 시 상속을 받을 수 없다. 법적 배우자에게 인정되는 연금도 자동적으로 인정되지는 않는다. 사실혼은 별도의 절차를 거쳐 인정받는 절차가 필요하다.

혼인신고로 혼인이 성립한다고 했으니 결혼식을 했다고 해서 법적인 혼인의 효력은 없다. 결혼식을 못 한 한은 당사자의 마음의 문제이지 법적인 권리와 의무의 발생에는 전혀 영향을 주지 않는다. 민법은 혼인신고를 서면으로 하도록 방식을 정해놓았다.

민법의 일반적 원칙으로 계약은 굳이 문서로 하지 않아도 효력을 발휘한다. 다만 향후에 소송에서 서로 말이 다를 때를 대비해 증거 차원으로 문서계약을 권할 뿐이다. 그렇지만 혼인신고처럼 서면으로 해야 한다는 내용이 법에 정해져 있으면 얘기가 달라진다. 이렇게 법이 일정한 방식을 따랐을 때만 법적인 권리와 의무를 발생시킨다고 정해놓은 계약은 요식계약이라고 한다. 민법은 대부분은 불요식 계약이다. 특별히 정해진 방식이나 형식을 요구하지 않는 또는 불필요한 계약이다.

민법이 규정하고 있는 혼인의 효력은 재산관계 중심이다. 이미 널리 알려진 내용이다. 혼인 성립 전에 약정을 하지 않은 경우 민법에 따라야 한다(제829조). 부부 간의 재산 관계가 소송까지 가는 사람들은 우리나라 인구 비율로 따지면 그리 많지 않다. 그래서 법을 처음 공부하는 학생들 중에는 자괴감에 빠지는 사람들도 있다. 세금 많이 내는 강남좌파가 되고 싶다는 열망처럼, 법을 공부하면서 재산 문제 때문에 법원에 한번 가보자는 목표를 세워보기 바란다.

혼인의 효력으로 규정된 재산관계와 관련된 내용에서 제830조 제2항이 중요하다. 부부의 누구에게 속한 것인지 분명하지 아니한 재산은 부부의 공유로 추정한다. 이 조문은 1977년에 개정되었는데, 과거에는 부의 특유재산으로 추정하도록 되어 있었다. 여기서 부는 지아비로 남편을 의미한다. 남녀평등에 배치되는 조항이라 비판을 많이 받았다. 이런 조항들을 개정하기 위해 여성운동가들과 뜻있는 법학자들이 많은 힘을 기울였다.

호적제도가 가족관계등록제도로 바뀌기까지도 우여곡절이 많았다. 호적제도는 가(가문, 가족)를 단위로 신분관계를 국가적으로 관리하는 시스템이다. 그러다 보니 부계 장남에 대한 우월한 권리가 주어질 수밖에 없었다. 수천 년 동안 내려온 당연한 인식이었지만, 오늘날 민주주의사회의 평등 원칙과는 맞지 않다. 가족관계등록은 개인을 단위로 신분관계를 등록하는 제도다. 주민등록제도와 한 가지로 통합하여 관리하는 방안도 고려할 필요가 있어 보인다.

1977년이면 거의 반세기 전의 일이다. 그런데도 아직도 캠페인이 필요하다. 법이 제정되고 국가에서 공식으로 민주적 원칙을 채택하는 단계도 중요하지만, 법의 실현도 보통 일이 아니다. 1970년 전태일은 근로기준법 화형식을 거행하고 자신의 몸에도 불을 질렀다. 이미 정부 수립 때부터 근로기준법은 상당히 높은 수준으로 제정되어 있었다. 그렇지만 법은 실행되지 않았다. 기업주들도 무시했고, 정부도 감독을 하지 않았다. 전태일은 여공들의 처지를 가슴 아파하다 근로기준법의 존재를 알게 됐다. 어렵게 공부하여 법대로 해달라고 정부에 민원을 몇 차례 냈지만 통하지 않았다. 오히려 빨갱이로 몰릴 정도였다. 그래서 법이 무슨 의미가 있냐며 화형식이라는 이벤트를 기획했고, 사회에 경각심을 주기 위해 자신을 희생했다. 이미 수십 년 동안 존재했던 근로기준법은 전태일의 노력으로 제대로 실현되기 시작했다.

여성의 지위와 관련하여 이제는 대부분 법의 내용이 개정되어 남녀평등이 실현되고 있다. 그렇지만 현실에서 제대로 보장되지 않는 부분은 스스로 법을 지키라는 요구를 해야 한다. 대한민국 초기에 여성운동의 내용 중에 혼인신고를 하자는 캠페인도 있었다. 혼인신고를 한 경우에만 혼인의 법적 효력이 인정되다 보니 첩이 먼저 신고를 하여 법적인 처의 지위를 획득하게 되는 경우가 많았다. 버젓이 본부인이 있는데도 먼저 신고를 했다는 이유로 첩이 배우자로서 상속권을 갖게 되는 등 법적인 권리를 갖게 되는 황당한 시대였다. 이럴 때 법이 무슨 의미냐고 할 수도 있지만, 법이 보장하고 있는 나의 권리를 확보하기 위하여 빨리 움직일 필요가 있다.

현재 민법이 규정하고 있는 이혼 사유는 6가지다(제840조). 이 말도 당사자끼리 협의가 되지 않았을 때 법원에서 인정받을 수 있다는 의미다. 첫째, 배우자에 부정한 행위가 있었을 때. 아무래도 대부분의 이혼 사유는 간통과 같은 상대 배우자의 부도덕한 행위이다. 둘째, 배우자가 악의로 다른 일방을 유기한 때. 생활비를 전혀 주지 않는다든가 하는 극단의 경우를 생각해볼 수 있다. 셋째, 배우자 또는 그 직계존속으로부터 심히 부당한 대우를 받았을 때. 예컨대 시어머니나 장인에게 몹쓸 짓을 당한 경우이다. 넷째, 자기의 직계존속이 배우자로부터 심히 부당한 대우를 받았을 때. 사돈 간에 치고받고 싸우는 일이 드라마에서는 많이 있다. 다섯째, 배우자의 생사가 3년 이상 분명하지 아니한 때. 마지막으로 기타 혼인을 계속하기 어려운 중대한 사유가 있을 때. 마지막 원인은 재판에서 인정받은 판례의 내용들을 참고하면 되는데, 굳이 이혼까지 가는 경우에 변호사 사무실에 물어보면 제일 빠르다.

연애는 법에서 아무런 언급이 없다. 연애 같은 생활관계를 법이 규정한다는 발상도 이상하다. 다만 연애를 하는 중에 한 미래에 대한 약속 중에 약혼에 해당되게 되면 민법의 적용을 받는다. 성년자는 자유롭게 약혼할 수 있다(제800조). 미성년자도 18세가 되면 부모 동의를 받아 약혼 가능하다. 약혼에 대해서는 강제이행을 청구하지 못한다는 조문이 있다(제803조). 이 말은 약혼을 했는데 결혼을 해주지 않는다고 해서 법원에 소송을 내더라도 결혼하라는 판결은 받을 수 없다는 의미다.

약혼은 언제든 무를 수 있다. 이에 대해 민법은 약혼의 해제를 상대방에 대한 의사표시로 한다고 규정하고 있다(제805조). 이 말은 특별히 정해진 문서를 작성할 필요도 신고할 필요도 없다는 뜻이다. 말로 해도 되고 메시지로 보내도 되고, 약혼을 그만둔다는(해제) 뜻(의사)만 전달(표시)하면 된다. 의사표시는 법에서 많이 쓰이는 중요한 개념이다.

약혼했다고 함부로 무르는 사람만 일방적으로 유리하다는 생각이 드는가? 이런 경우를 대비해서 약혼을 해제한 경우 과실(잘못) 있는 상대방에게 손해배상을 청구할 수 있다고 규정했다(제806조). 소송을 내면 법원에서 들어준다는 말이다. 약혼 예물은 돌려받을 수 있나요? 민법은 이에 대해서는 규정이 없다. 잘 달래든, 겁박을 하든(형법에 저촉되지 않는 범위에서) 당사자가 돌려받을 일이다. 소송을 내서 판사의 도움을 받기는 어렵겠지만, 약혼이 깨졌는데 예물은 당연히 돌려받아야 하지 않을까?

결혼으로 얻게 되는 인척의 지위

결혼을 하면 인척이라는 법적 지위가 발생한다. 혼인을 통한 친척이다. 배우자는 한 명이지만, 배우자의 친척(법적으로는 혈족이라고 한다)이 인척이 된다. 인척은 스스로 선택할 수 있는 지위다. 혼인신고를 하지 않고 동거만 하면 법적으로는 부부가 아니다. 파트너의 가족이나 친척과 가까이 교류하는지 여부에 상관없이 법적인 지위는 없다.

사람은 누구나 태어나면서부터 다양한 법률관계가 형성된다. 자신의 주관적 의사와는 상관없는 법적인 지위가 많다. 우선, 사람은 생존한 동안 권리능력을 갖는다. 권리와 의무의 주체다. 태어나는 순간부터 시작된다. 또, 태어나자마자 대한민국 국민이 된다. 공법적인 법률관계다. 민법상으로는 누군가의 친족이라는 지위가 부여된다. 사법상의 법률관계다.

친족은 배우자, 혈족, 인척으로 구성된다(제767조). 배우자가 있어야 인척 관계가 형성된다. 그렇지만 혈족관계는 출생과 함께 바로 부여된다. 태어나는 순간 누군가의 자식이고, 그 누군가의 부모의 손자녀가 된다. 형제자매가 있다면 그 형제자매에게도 형제자매 관계가 된다. 엄마 쪽, 아빠 쪽으로 다양한 혈족들이 있다. 일상에서는 친척이라고 하지만 법적인 개념은 혈족이다.

민법은 촌수를 계산하는 방법도 규정하고 있다(제770조). 제1항은 직계혈족이다. 자기로부터 직계존속에 이르고 자기로부터 직계비속에 이르러 그 세수를 정한다고 되어 있다. 직계존속은 위로 올라가는 조상을 의미한다. 비속은 반대다. 나중에 자녀가 생기고 그 자녀가 또 손자녀를 낳으면 따져볼 문제다. 부모 자식 사이를 1촌이라고 하고, 조부모와 손자녀를 2촌으로 할 때 적용된다.

제2항은 방계혈족이다. 이렇게 되어 있다. 자기로부터 동원의 직계존속에 이르는 세수와 그 동원의 직계존속으로부터 그 직계비속에 이르는 세수를 통산하여 촌수를 정한다. 예컨대 사촌의 경우, 동원은 조부모를 의미한다. 나의 부모의 부모와 사촌의 부모의 부모는 같다. 삼촌도 마찬가지다. 나의 부모의 부모와 삼촌의 부모는 같다. 나로부터 조부모까지 2촌, 조부모로부터 사촌까지 2촌, 합쳐서 4촌이다. 촌수를 세는 방법이 일반적으로 쓰이는 보통명사로 된 말이 삼촌이니 사촌이니 하는 말이다. 외가 쪽으로는 '외' 자만 붙이면 되고 세는 법은 같다.

민법이 정하는 친족의 범위는 혈족은 8촌 이내, 인척은 4촌 이내이다. 배우자도 당연히 친족에 들어간다(제777조). 사회가 급속도로 도시화되고 서구화가 되면서 일상에서 사촌들끼리도 보지 않고 사는 경우가 많아졌다. 그런데도 민법의 친족 규정은 어떤 의미가 있을까? 큰 의미는 없다. 4촌 이내가 상속 순위에 포함(제1000조)되는 정도다.

상속이 개시되면 직계비속, 직계존속, 형제자매 순으로 상속인이 된다. 자녀가 직계비속으로 최우선이다. 직계비속이 없으면 부모가 된다. 직계존속도 없으면 형제자매가 상속을 받는다. 형제자매도 없는 경우 4촌 이내의 방계혈족이 상속을 받을 수 있다. 그러니까 친족 중에서도 법적으로 의미 있는 상속은 4촌까지는 인정된다.

방계혈족은 형제자매를 의미한다. 자기의 형제자매도 방계혈족이고, 부모와 조부모의 형제자매와 그 자손들도 방계혈족이다. 그러니까 큰할아버지, 작은할머니, 삼촌, 이모, 사촌 이상이 방계혈족이다. 아무튼, 오늘날에는 민법이 친족의 범위를 규정하고 있지만, 혹시 있을 수 있는 4촌 이내 상속을 받을 수 있는 가능성 외에는 법적으로 큰 의미는 없다.

만약에 자식은 다 죽고 손자 손녀만 있는 경우에는 어떻게 될까? 제1000조의 상속 순위에 따르면 자식이 없기 때문에 조부모가 상속을 받게 된다. 할아버지, 할머니가 손자 손녀를 위해 상속받은 재산을 당연히 쓰게 되기에 문제가 많지 않다. 혹시라도 그렇지 않은 경우를 대비해서 대습상속(1001조) 규정이 있다. 한자어 그대로의 의미는 대신 물려받는다(습)는 의미다. 원래는 손자 손녀의 부모인 자식이 상속받아야 되지만 이미 사망했기에 그 자녀가 상속을 받는다는 말이다.

조문은 이렇게 표현하고 있다. 전조 제1항 제1호와 제3호의 규정에 의하여 상속인이 될 직계비속 또는 형제자매가 상속 개시 전에 사망하거나 결격자가 된 경우에 그 직계비속이 있는 때에는 그 직계비속이 사망하거나 결격된 자의 순위에 갈음하여 상속인이 된다.

사람이 태어난 이상 죽음은 피할 수 없다. 부모님도 언젠가는 저세상으로 떠나시게 된다. 법정까지 가서 자식들 간에 다툼이 있는 사람들은 그리 많지 않다. 상속도 사전에 유언에 따라 원하는 대로 정할 수 있다. 기본적으로는 자식들이(없는 경우에는 그다음 순위의 상속인들이) 이의를 제기하지 않으면 유언자가 원하는 대로 상속하는 데 아무 문제가 없다.

예컨대 아들 삼 형제가 있는 경우를 생각해보자. 큰아들은 손자, 손녀가 있고, 다른 아들들은 손녀만 하나씩 있는 상황이다. 그런데 죽은 다음에 유일한 재산인 살고 있는 아파트 한 채를 손자에게 그대로 물려주려고 한다고 해보자. 상속 순위와는 관련 없는 일이다. 그렇지만 법은 이런 경우에 다툼이 있지 않으면 개입하지 않는다. 이 경우 상속은 법적으로는 손자가 아닌 아들 삼 형제와 배우자가 하게 된다. 배우자는 자식들보다는 0.5배 더 배당된다. 그런데 손자에게 다 물려준다는 유언을 1순위 상속인인 자식들이 문제 삼지 않으면 그대로 인정된다. 참고로 상속은 등기를 하지 않더라도 소유권이 이전된다.

자식들 중에 첫째가, 곧 아파트를 물려받게 될 손자의 아버지가 유언을 거부할 수 있을까? 어찌 됐든 아파트의 1/4.5은 자기 몫인데 상속을 받고자 고집한다면 어떻게 될까? 현실에서 부자간에 치고받는 일 말고 법정에서 판사가 어떻게 판단하겠는가 하는 문제다. 첫째 아들은 1/4.5의 몫을 갖는다. 아들이 셋이니 각각 1씩 더하면 3이다. 망자의 배우자가 있는데 0.5를 더 받으니까 1.5다. 합치면 총 4.5로 나눠야 되고, 그중의 1이 큰아들 몫이다. 상속을 고집하는 큰아들을 위해 일정 정도 상속받을 권리를 보장하고 있다. 1/4.5 다는 아니고, 자기 몫의 절반을 소송을 내면 받을 수 있다. 이런 제도를 유류분이라고 한다.

다시 정리하면 18억짜리 아파트를 유일하게 갖고 있던 재산이라고 하자. 그러면 그냥 상속을 받게 되면 1/4.5의 몫을 갖게 되니까,

4억을 받을 수 있다. 유류분을 주장하면 이 중의 절반 곧 2억을 상속받게 된다. 자식 셋과 배우자인 어머니까지 유언에 대해서 아무런 이의를 제기하지 않으면 손자가 18억짜리 아파트를 상속받는다. 다른 손녀들은? 일단 법적인 권리는 전혀 없다. 손녀들의 아버지(망자의 자식)가 다 살아 있으니 상속 순위에 들어가지 않는다. 유류분도 당연히 인정되지 않는다.

남녀평등의 관점에서 어떻게 그럴 수가 있냐고? 다른 손녀들을 위해서는 자식들이 각자의 유류분을 주장해서 몫을 받아서 자기 딸들에게 주는 방법이 있다. 혹시 유언이 법적 효력이 없는지를 확인해 볼 필요도 있다. 유언은 있었지만 법적으로 무효가 되는 경우가 있다. 이 경우에는 자식들은 원래 상속분을 그대로 가져갈 수 있다.

상속이 된 이후에는 상속세를 내라고 통보서가 날아온다. 상속을 누구에게 할지는 사법적인 영역이지만, 상속세 같은 세금은 공법적인 영역이다. 법이 정해놓은 계산법이 있다. 상속세의 경우 상속이 있기만 하면 당연히 상속인에게 의무가 발생한다. 상속인이 직접 신고하도록 규정되어 있고, 신고를 안 하거나 늦게 하면 제재가 있다. 현실적으로 보면 상속세를 내기 위해 아파트를 처분해야 할 가능성이 크다. 몇 억씩 상속된다고 좋아해도 상속세 비율이 몇십 % 되기 때문에 보통 아파트를 그대로 보유하면서 다른 돈으로 납부하기는 쉽지 않기 때문이다. 어떤 방식으로 세금 비용을 마련할지도 각자가 알아서 할 일이다.

상속세를 최소화하려면 미리 증여제도를 활용하면 된다. 10년에 한 번씩 3천만 원(미성년자에게는 1,500만 원)까지 증여하는 경우에는 증여세가 붙지 않는다. 손자가 태어났을 때 1,500만 원을 증여하고 10살이 되었을 때 1,500만 원(정확하게는, 아파트 가격 중 1,500

만 원어치)을 증여한다. 성년이 되면 3천만 원을 증여한다. 또 10년 뒤에는 3천만 원을 증여한다.

벌써 30년의 세월이 흘렀다. 그렇지만 이렇게 하면 확실히 나중에 상속할 재산은 얼마 없기 때문에 상속세는 줄일 수 있다. 다만 일이 너무 번거롭고 힘들다. 10년마다 등기를 새로 해야 한다. 재산이 그리 많지 않은 사람들은 설혹 법을 안다고 해서 그대로 활용하기는 힘들고, 그럴 필요도 없다.

연애를 하다 결혼을 하게 되면 인척이 많이 생긴다. 인척에 대해 법적인 권리나 의무가 발생하는 일은 별로 없다. 관습적으로 여러 제약이나 책임이 있을 뿐이다. 민법이 금지하고 있는 근친혼의 대상에는 인척도 포함한다. 배우자의 6촌 이내의 혈족, 배우자의 4촌 이내의 혈족의 배우자인 인척이거나 인척이었던 자 사이에서는 혼인의 효력이 인정되지 않는다(제809조).

혼인 이외에 법적인 지위를 선택할 수 있는 경우는 입양 정도가 있다. 입양을 하는 경우에도 입양을 한 때부터 친족관계가 성립한다(제772조). 인척은 이혼을 하면 친족관계는 종료한다. 입양한 경우에도 파양하면 끝난다. 파양도 이혼처럼 양부모와 양자 당사자 간 협의로 가능하다는 규정이 있다(제898조). 양자가 성년이 되기 전에는 협의 파양은 허용되지 않는다. 재판상 파양이 가능한 사유로는 양친이 친양자를 학대 또는 유기하는 경우, 친양자가 양친에 대해 패륜 행위를 하는 경우다(제908조의 5).

민법이 친족의 범위에 대해 규정하고 있지만 기본적으로 친족 간에는 부양의무가 없다. 직계혈족에 대해서만 부양의무가 규정되어 있다. 다른 친족은 생계를 같이 하는 경우에 한해서 부양의무가 있다(제974조).

부양의무를 이행하지 않는 부모, 예컨대 어릴 때 아이를 버린 경우 의무 위반에 대해서 처벌 규정은 없다. 민법은 의무를 이행하지 않았다고 해서 처벌하는 법은 아니다. 형법은 처벌을 받고, 행정법도 각종 제재를 과한다. 그렇지만 민법은 의무 불이행으로 인해 권리가 침해되는 당사자가 소송을 통해서 의무 이행을 촉구하는 수밖에 없다. 현실적으로 부양의무를 이행하지 않는 부모에 대해 자녀가 소송을 하는 경우는 거의 상상하기 어렵다. 권리의 실현을 위해 제도적 보완이 필요해 보인다.

대형 재난 시에 희생된 사람의 부모, 어릴 때 희생자를 버리고 부양의무를 다하지 않은 사람들이 나타나 보상금을 타가는 기사를 볼 때면 씁쓸하다. 상속법상 당연하기는 하지만, 자식에 대한 기본적 의무를 다하지 않은 사람에게 상속권의 인정이 도덕 기준에 부합한다고 보기 어렵다. 일정한 경우 상속권을 제한하는 기준을 둘 필요가 있어 보인다.

기본적으로 가족법은 오랜 인습을 전통이라는 이름으로 합리화하는 경우가 상당하다. 이제는 법이 생겼지만 오랫동안 남의 땅에 무덤을 써도 그 묘는 함부로 건드릴 수가 없었다. 종중에 여성 구성원의 권리가 인정되기까지도 오랜 싸움이 필요했다.

고령화 시대, 4차 산업혁명 시대의 도래로 인해 민법의 친족 관련 조항도 개선될 여지가 많다. 예컨대, 나이가 들어 제2, 제3의 결혼을 하는 경우에 굳이 첫 배우자에게 인정되는 상속권을 동일하게 인정해야 하는지 의문이다. 재혼, 삼혼에 대해 상속권만 인정하지 않아도 자식들이 홀로 남은 부모의 사랑을 굳이 도시락 싸서 들고 다니며 말리는 일은 상당히 줄어들지 않을까 한다. 당연히 돈만 보고 나쁜 마음으로 결혼하는 사람들도 줄어들겠지.

역사를 공부하면 알게 되지만 먼 옛날에는 신분사회였다. 미국도 19세기 중반까지 노예제도가 있었다. 법적으로 노예는 물건이었다. 사고팔 수 있었고, 재산권의 행사에 속하는 일이었다. 프랑스혁명 등으로 신분이 철폐된 이후에야 모든 사람이 동일한 권리와 의무의 주체가 되었다. 조선시대에도 첩의 자식과 본처의 자식은 권리와 의무가 확연히 달랐다. 홍길동전 같은 소설이 나온 배경이다.

태어나는 순간 어떤 역사적 단계에 있느냐, 어느 지역이냐에 따라 법적 지위가 달라진다. 기본적으로 많은 법적 지위가 부여되고 권리와 의무가 정해져 있다. 또한 각자의 선택으로 새로운 법적 지위를 누릴 수 있다. 그렇지만 현재 우리가 당연히 누리는 권리와 행해야 하는 의무가 원래부터 그래야 한다는 법칙은 없다. 물은 섭씨 100도에서 끓는 법칙이 예외가 없지만 법률관계를 형성하는 법은 그렇지 않다. 법이 부여하는 지위는 모두 누군가의 피땀 눈물의 결과이다. 짧게는 불과 몇 년 전의 일이고, 길게는 수천 년 전의 일이라는 차이는 있지만, 의지와 노력으로 새로운 법적 지위를 만들어낼 수 있다.

취업

젊은 날에는 다들 청운의 포부를 갖기 마련이다. 시간이 지나면 돈벌이에 대부분 안주하게 된다. 돈을 벌면서도 자신의 꿈을 실현하기는 정말 쉽지 않다. 스스로 먹고살아야 되고 결혼하고 자식까지 생기면 책임이 막중하다.

취업은 결혼만큼 한 사람의 인생에서 큰 전환점이다. 공부하던 사람에서 일하는 사람으로 근본적인 정체성이 바뀌게 된다. 법적으로는 이 문제도 기본적으로 각자가 스스로 선택해서 할 문제다. 거지로 살아갈 자유는 별로 아름다워 보이지는 않지만, 처벌을 할 수는 없다. 누가 무슨 권리로 강제로 일하게 하겠는가?

구소련을 비롯해서 사회주의국가는 그렇지 않았다. 국가적 차원에서 일자리를 보장하고 실업이 없다고 선전하는 이면에는 일하지 않을 수 있는 자유가 인정되지 않았다. 이면을 보지 못한 사람들 중 일부는 우리 사회의 자본주의 문제를 극복하는 대안이 사회주의라고 보고 변혁운동에 나섰다.

세월이 흐르고 보니 민주와 자유의 원칙에서 시장경제 방식이 오히려 더 낫다는 점이 사회주의국가들의 체제 전환으로 나타났다. 계획경제보다 오히려 더 많은 일자리를 창출한다는 관점도 있다. 최근 우리 사회에서 사회적경제, 소셜벤처 논의가 광범위하게 확산되었다. 과거의 변혁적 관점과는 다르게 우리 사회의 문제를 해결하고 일자리를 늘리자는 논의로 볼 수 있다.

헌법은 근로를 권리이자 의무라고 규정하고 있다. 양면적인 성격이다. 근로가 의무라는 규정은 사실상 거의 의미가 없다. 전시 같은 아주 예외적인 상황에 동원되어서 원치 않는 일을 해야 하는 경우는 생길 수 있다.

오히려 근로는 권리로서 의미가 훨씬 크다. 물론 현재 헌법과 행정법의 해석상 근로의 권리가 국가가 누구에게나 다 취업을 시켜줘야 한다는 의미로 볼 수는 없다. 그런 법률을 만든다 하더라도 헌법재판소에서 위헌 판결을 받을 가능성이 크다.

취업을 할지 여부, 어디에 취업을 할지 여부는 각자의 선택이다. 법이 개입하지 않는다. 기업도 자영업자도 사람을 채용할지, 어떻게 채용할지에 대해서는 웬만해서는 법이 개입하지 않는다.

헌법은 취업과 채용과 관련하여 직업 선택의 자유라는 기본권을 명시하고 있다. 그렇지만 오랜 세월 동안 기본권은 다양하게 제한되었다. 민간기업도 신원조회를 하여 전과자는 아예 취업시키지 않는 시절도 있었다. 여성의 경우 용모단정이라든가 결혼 후 퇴사라든가 많은 제약을 받았다.

지금은 채용 시 이런 제한은 법으로 금지된다. 직업 선택의 자유라는 헌법적 권리와는 별도로 인권적인 규제 사항이다. 특히 남녀평등의 가치는 민주사회에서 후퇴할 수 없는 권리다. 과거의 관행들은 더 이상 정당화되지 않는다. 회사마다 급여가 다르고 정년 시기가 다르고 채용 방법은 다르지만 공법적인 규제 사항은 지켜야 한다.

취업을 하면 기본적으로는 고용계약에 따른 권리, 의무 관계가 성립한다. 민법상 고용은 노무를 제공하고 이에 따라 보수 지급을 약정하면 계약이 성립된다(제655조). 그렇지만 민법상 고용은 근로기준법 같은 특별법 때문에 큰 의미가 없다. 고용과 관련하여 서로 다른 내용을 민법과 노동법이 각기 규정하고 있다. 노동법 같은 법을 특별법이라고 한다. 특별법이 일반법보다 우선 적용된다.

민법의 고용 관련 조항은 당사자가 자유롭게 급여를 합의할 수 있다. 그렇지만 노동법에 따르면 국가가 정한 최저 기준 밑으로 내려가면 안 된다. 최저임금법은 또 따로 있다. 어떤 법은 자유롭게 정해도 된다고 하고, 어떤 법은 일정 선 이상으로 돈을 주라고 하니, 도대체 어느 쪽을 따르란 말인가? 이런 경우에 기준이 없다면 고용하는 사람은 민법에 따라 자유롭게 결정하자고 하고, 근로자가 될 사람은 노동법의 내용을 주장하게 된다.

특별법에 내용이 없으면 일반법이 적용되는 룰은 다른 분야도 같다. 예컨대 특정범죄 가중처벌 등에 관한 법률(특가법)은 형법에 대한 특별법이다. 일반법인 형법에도 뇌물죄에 대한 처벌 조문이 있다. 특가법은 특정한 경우, 예컨대 수뢰액(뇌물로 받은 돈)이 1억 원이 넘으면 10년 이상의 징역을 규정한다(제2조). 일반법인 형법에는 10년 이하의 징역(제129조)에 처하도록 하고 있다. 이런 식으로 일반법과 특별법의 관계에서는 특별법이 우선 적용된다.

노동법은 민법에 대한 일반법이다. 민법에는 보수는 반드시 돈으로 줘야 한다는 규정은 없다. 그렇지만 근로기준법의 원칙은 임금을 통화로 직접 근로자에게 그 전액을 지급하여야 한다(제43조). 다만,

법령 또는 단체협약에 특별한 규정이 있는 경우에는 임금의 일부를 공제하거나 통화 이외의 것으로 지급할 수 있다고 하여 민법과 유사한 규정을 두고 있다. 웬만해서는 돈이 아닌 다른 방법으로 주기는 힘들다.

열정페이가 한참 문제 된 적이 있었다. 고용으로 볼 수 있는 여지가 있다. 애초에 교육의 차원에서 교육생을 모집하여 훈련시키는 계약을 했으면 발생하지 않았을 문제다. 좋은 결과물이 나오는 경우 별도의 계약을 통해 회사가 구입하고 원 권리자인 교육생에게는 당연히 상응한 대가를 보장하면 된다.

엔지오(시민단체)의 경우 일하는 직원들을 활동가라고 한다. 활동가의 성격을 둘러싸고 엔지오를 운영하는 분들과 일하는 활동가들의 인식 차가 상당히 큰 경우도 많다. 일반적으로 활동가는 당연히 근로자로 본다. 예컨대 하루 종일 상근을 하고 대표가 시키는 일을 처리한다면 당연히 노무를 제공하는 근로자이다. 따라서 근로자가 아닌 활동가를 쓰려면 명확히 계약을 맺어 필요한 일과 할 일을 정해놓을 필요가 있다. 임원으로 참여하게 하는 방식도 있다.

공무원과 일반 기업의 회사원은 신분이 다르다. 공무원은 국가나 지방자치단체에 채용되는 계약관계가 아니다. 특별권력관계라고 하여 행정법에 따라 다른 신분을 갖는다. 그러다 보니 법적으로 제한되는 부분이 많다. 예컨대 공무원이 다른 영리사업을 경영할 수 없다. 많은 제약이 있고, 어떤 일은 법에 근거가 없어도 상당한 제한을 감수해야 한다.

일반 기업에 취업하면 회사와 동등한 계약 관계이다. 대체로 이미 회사가 정해놓은 근로계약에 따라야 하기 때문에 현실적 또는 사회학적 의미로는 당연히 평등하다고 보기 어렵다. 그렇지만 법적으로는 대등한 법적 권리, 의무의 주체가 대등한 위치에서 자유의사에 따라 계약을 맺을 수 있다.

공무원 중에도 특별권력관계가 아닌 일반적인 계약관계도 있다. 예컨대 무용단이나 합창단의 단원을 고용하는 경우, 학술연구나 교육에 필요한 경우 등이다. 보통 일정 기간 동안 기간제 또는 별정직 등의 명칭으로 고용한다. 법적으로는 일반 기업 취업과 동일하게 취급한다. 행정소송법상 당사자소송에 해당한다는 식으로 구분되는 점은 있지만 민사소송과 별반 차이는 없다.

취업을 했을 때 현실적으로 고용한 사람(회사 포함)과 대등하지 않은 관계인 점을 감안하여 노동법은 근로자의 권리를 특별히 보호하고 있다. 근로기준법으로 근로조건의 최저 기준을 정하는 외에 노동3권이 대표적이다.

우선, 단결하여 노동조합을 만들 수 있다(단결권). 노동조합이 있으면 회사와 개별적으로 협상을 하지 않아도 된다(단체교섭권). 노동조합이 회사와 합의한 단체협약이 보통 근로계약의 내용보다는 유리하다. 당연히 더 유리한 쪽의 적용을 받는다. 노동조합의 주장이 회사와 맞지 않아 쉽게 결정되지 않을 때는 노조는 파업을 할 수 있는 권리도 있다(단체행동권). 이러한 권리들도 수많은 노동운동가들의 희생과 뜻있는 학자들의 각고의 노력을 통해 오늘날과 같은 수준에 이르렀다.

노동법은 계속 발전하고 있다. 근로자의 권리는 점점 확대되고 있다. 최근 이슈가 되는 갑질에 대한 반발도 예전에는 전혀 상상하기 힘들었다. 과거 독재 시절의 자료를 보면 야만의 기록이 많다. 지금은 없어졌지만 버스 안내양의 경우에 혹시 숨긴 돈이 있지 않은가하여 남성 관리자들이 주머니를 날마다 뒤지기도 했다. 실질적으로 성추행에 해당해도 참을 수밖에 없었다는 증언도 많다. 일을 실수했을 때 때려서 가르치거나 당장 내보내도 당연시하던 시대도 있다.

지금은 피해자인 근로자가 고소하거나 문제를 삼으면 바로 법적인 구제를 받을 수 있다. 때린 고용주는 형사처벌을 받게 되고, 부당해고에 해당한다. 근로기준법 제76조의2(직장 내 괴롭힘의 금지)는 2019년 1월 15일에 신설되었다. 사용자 또는 근로자는 직장에서의 지위 또는 관계 등의 우위를 이용하여 업무상 적정범위를 넘어 다른 근로자에게 신체적·정신적 고통을 주거나 근무환경을 악화시키는 행위(이하 "직장 내 괴롭힘"이라 한다)를 하여서는 아니 된다. 갑질의 법적 표현이다.

물론 아직도 법보다 주먹이 앞서는 곳이 분명 있다. 영세업자들 중에 고용하면서 최저임금보다 더 적은 돈을 주겠다고 강요하는 데가 아직도 있다. 또 많은 사람들이 그렇게라도 일을 하기 위해 불이익을 감수한다. 이런 업주들을 모조리 불법으로 단속하게 되면 그나마라도 취업한 사람들의 일자리를 어떻게 하냐는 논리로 이런 현상은 계속 온존되고 있다. 전자는 불법의 문제이고 후자는 복지의 문제다. 법을 어기는 자들을 용인하면서 복지로 구제해야 할 사람들을 불법의 테두리에 그냥 두어서는 안 되지 않을까?

정규직

언제부턴가 비정규직 문제도 큰 사회 이슈 중 하나가 되었다. 취업을 할 때도 기본적으로 정규직이 되기 위해 노력한다. 정작 법조문으로는 정규직이나 비정규직이라는 말은 별로 사용하지 않는다. 고용노동부와 그 소속기관 직제 시행규칙(고용노동부령 제267호) 제6조의 3에 직업능력정책국의 업무 분장 내용으로 중소기업과 비정규직 근로자의 직업능력개발훈련 참여촉진 및 지원이 명시된 정도다.

일반적으로 많이 쓰는 말도 법적인 표현과는 다른 개념도 많다. 상법에는 상인과 상행위라는 개념이 기본이 되는 말이다. 그런데 일상에서는 거의 쓰지 않는다. 기업, 회사 같은 표현도 우리가 쓰는 일상용어와 법적인 개념은 차이가 많이 난다. 예로 기업이라는 말은 큰 규모의 단체 같은 느낌이 든다. 그렇지만 개인 기업도 가능하다. 개인 기업은 일종의 자영업자 또는 주변에서 흔히 볼 수 있는 식당이나 마트 같은 개인 사업자와 법적인 신분은 같다. 회사를 법인인 주식회사로 하든 하지 않든 선택도 각자에게 맡겨져 있다.

행정법에서 쓰는 행정행위라는 개념도 법조문상으로는 나오지 않는다. 행정법이라는 법도 사실 없다. 노동법도 근로기준법 같은 여러 법을 일괄해서 부르는 통칭이다. 행정법도 도로교통법, 식품위생법, 도시및주거환경정비법 같은 행정에 관련한 법을 모두 합쳐 부르는 말이다. 노동법도 일종의 행정법이다. 국가가 최저한도의 근로기준을 설정하고 근로자의 단결권 등을 보장하게 되면서 노동행정은 행정의 아주 중요한 부분이 되었다.

행정행위는 국가가 행하는 많은 일 중에서 소송으로 잘못을 바로잡을 수 있는 것을 의미하는 개념이다. 예컨대 음주단속으로 걸린 운전자에게 운전면허를 정지시킨다거나 건축허가를 신청한 사람에게 허가를 내준다거나 하는 일을 의미한다.

일상에서는 전혀 사용하지 않는 말이지만 음주단속에 걸리거나 건축허가를 받지 못한 당사자들에게는 아주 중요하다. 법원에서 판사들은 이론적으로 행정행위로 볼 수 있을 때는 소송을 받아주지만 그렇지 않을 때는 법원에 왜 들고 왔냐고 내친다. 예컨대 왜 우리 가게 앞에 청소를 날마다 하지 말고 한 달에 두 번 정도만 해달라고 소송을 내면 법원에서는 받아주지 않는다. 권투 시합을 하려면 일단 링에 올라가야 하는데, 링에도 못 올라가게 하는 셈이다. 각하라는 어려운 한자말을 쓰는데, 아래로 내친다는 의미다.

정규직은 상용근로라고도 한다. 정규직은 고용주에 의해 직접 고용되고 계약기간을 따로 정하지 않으며 전일제 노동을 한다. 비정규직은 정규직의 전형적 형태를 벗어난다. 근로 방식, 근로 시간, 고용의 지속성 등에서 보장을 받지 못하는 고용형태이다. 계약직 고용, 일시적 고용, 파트타임 고용 등이 있다.4)

---

4) 네이버 지식백과. 검색일 2020. 3. 20.

계약직 고용은 보통 일정기간 동안 계약한다. 학교 같은 곳에서는 기간제라는 개념도 사용한다. 일시적 고용은 일시적 혹은 계절적으로 일한다. 그날그날 건설현장에 나가는 일용직 근로자를 예로 들 수 있다. 파트타임은 흔히 알바라고 한다.

법적인 개념이 따로 없기 때문에 사회학적으로나 경제학적으로 일상에서 쓰는 개념을 차용한다. 일괄적인 개념적 체계는 없지만 법이 정한 노동법은 모두 준수해야 한다. 근로기준법도 지켜야 하고 노동3권도 당연히 보호된다. 남녀평등, 갑질 금지 같은 내용도 당연하다.

정규직이라고 해고되지 않는 법은 없다. 일반적으로 정년이 보장된다는 말이지 법적으로 정규직을 정년까지 보장해야 된다는 법은 없다. 정규직이라 하더라도 정당한 이유가 있으면 해고할 수 있다. 근로기준법은 정당한 이유 없이 해고를 하지 못하게 할 뿐이다(제23조). 아파서 휴직했거나 산전산후 휴가(근로기준법상 표현은 휴업) 기간 중, 그리고 그 후 30일간 해고하지 못한다는 내용도 있다. 그런데 이런 경우에도 사용자가 일시보상을 하면 해고할 수 있다. 또 긴박한 경영상 필요가 있을 때도 해고할 수 있다(제24조). 해고를 피하기 위한 노력을 다하여야 한다는 점과 해고 시 남녀를 차별하지 못하도록 하는 규정은 있지만, 해고는 할 수 있다.

해고에 필요한 정당한 이유나 긴박한 경영상 필요를 실체적 사유라고 한다. 실체적 사유가 있으면 언제든 해고해도 된다. 다만 일정한 절차는 지켜야 한다. 적어도 30일 전에 예고를 해야 하든가 30일분 이상 통상임금을 지급해야 한다(제26조). 해고는 서면으로 해야 한다. 서면에는 해고사유와 해고시기를 기재해야 한다. 절차를 지키지 않으면 실체적 사유가 있어도 부당해고가 될 수 있다.

법에 명확히 금지된 내용을 제외하면 당사자가 자율적으로 정하면 된다. 여기서 당사자라 함은 대기업과 노동조합을 포함한다. 근로기준법보다 취업규칙이 보통 근로자에게 유리한 조건이다. 회사가 일방적으로 정한 취업규칙보다 노동조합이 회사와 합의한 단체협약이 대개 더 유리하다. 개별 근로자는 노조에 들든 안 들든 선택할 수 있다. 아주 일부 업종을 제외하면 우리나라는 노동조합에 가입해야만 취업할 수 있는 부문은 없다. 능력이 있으면 협상을 하여 단체협약에 보장된 내용보다 훨씬 유리한 조건으로 개별적인 근로계약을 맺을 수도 있다.

법이 명확하게 금지한 일을 제외하면 마음대로 해도 좋다. 민주주의 법원칙의 핵심 중 하나이다. 물론 법에 규정된 일만 할 수 있는 분야도 있다. 행정소송의 경우 항고소송, 당사자소송, 기관소송, 민중소송이 가능하다고 되어 있다. 다른 소송은 각하된다. 예컨대 금년 최고의 영화가 무엇인지 가려달라는 소송은 법원에서 받아주지 않는다. 소송관련법에 규정되어 있지 않기 때문이다.

법에 규정이 있어서 꼭 지켜야 하는 사항과 그렇지 않아도 되는 사항은 어떻게 구분할까?

그 기준은 법에 명시되어 있기도 하고, 학자들이 제시하기도 한다. 근로기준법의 경우 법이 정하고 있는 기준보다 근로자에게 유리하면 마음대로 정해도 된다고 했다. 근로기준법 제15조는 법에 정한 기준에 미치지 못하는 근로조건을 정한 근로계약은 그 부분에 한하여 무효로 한다고 규정하고 있다. 소송이 진행되면 최종적으로 판사들이 그 판단을 한다. 소송을 법의 발견이라고 풀이하는 이유다.

앞으로는 기술 발전으로 인해 정규직으로 채용될 수 있는 가능성이 더욱 줄어들 수 있다. 그때그때 일이 있을 때마다 다양한 조직과 취업계약을 맺게 된다. 대부분은 이미 정해진 취업규칙의 내용을 그대로 따르게 된다. 미국의 브로드웨이 같은 경우 배우나 스태프로 일을 하려면 먼저 노동조합에 가입해야 한다. 조합원에게는 일정한 수준 이상의 권리가 보장되고 그때그때 고용되기도 쉽다. 조합의 문턱은 높아지니 장단점은 있다. 노동조합에 아무나 가입할 수는 없다는 의미다. 앞으로 우리나라도 이런 방향으로 갈 듯하다.

사회적경제를 통해 일자리를 확충하자는 움직임이 국가적 차원이나 민간에서도 다양하게 벌어지고 있다. 그렇지만 어느 정도 효과가 있을지 미지수다. 최근년에 진행되고 있는 고용과 노동을 둘러싼 이슈 중에 기본소득이 법적으로 큰 논란이 되리라.

기본소득은 일을 하는지 여부에 상관없이 국민 모두에게 일정 금액의 소득을 보장하자는 주장이다. 일을 하지 않는데 무슨 돈을 주냐는 인식도 많지만 고용 없는 성장의 시대에 일리 있는 견해다. 거창하게 자본주의를 유지하려면 기본소득밖에 없다는 주장도 제기되고 있다. 만들어내도 팔리지 않는데 방법이 없다는 주장이다.

20세기 서구 민주주의사회는 복지국가 시스템을 채택했다. 고용이 된 사람(주로 정규직)에 대해 근로자의 권리를 보장하는 노동법과 함께 복지법은 자본주의를 보완하는 중요한 축이었다. 기본소득의 도입을 위해서는 법원칙의 근본 패러다임 자체를 바꿔야 한다. 코로나 사태 와중에 기본소득에 준하는 예산이 집행되었는데, 여러 편법이 동원되었다.

지금 정규직이 된 사람도 법적으로 영원히 보장되지는 않는다. 그렇기 때문에 언제든 신분은 바뀔 수 있다. 현재 안정적인 공무원과 교사도 인공지능의 시대로 본격적으로 진입하면 계속 안정적일 수 있을까?

정규직이든 비정규직이든 관련법은 계속 바뀌어 간다. 물론 권리의 후퇴는 없다. 개별적 차원에서 없어지거나 제한되더라도 큰 틀에서 권리는 더 확대되는 흐름만은 분명하다. 만약 기본소득이 법제화되어 실행된다면 그야말로 2020년 총선 당시 한 정당의 구호처럼 기본소득만 받고 음악하며 사는 삶도 가능하다. 기본소득에 더해 다른 일을 더 구해도 좋다. 프리랜서를 하든 취업을 하든 창업을 하든 법은 제한하지 않는다. 결국 법에 보장된 자신의 권리를 찾아 계속 실현하고, 더 나은 법으로 바뀌도록 움직이는 활동이 중요하다.

사표 써!

요즘은 좀 달라진 듯하다. 옛날 드라마에는 사표 쓰라고 상사가 화내는 장면이 많았다. 사표는 사직서라고도 한다. 그만두겠다는 뜻을 나타내는 문서다. 출근할 때마다 늘 사표를 양복 안주머니에 넣고 나간다는 사람도 있다는데, 정말일까? 아무튼.

사표나 사직은 노동법상 직접적인 표현은 없다. 근로기준법상 작성해야 하는 취업규칙은 퇴직에 관한 사항을 포함하도록 되어 있다(제93조). 여기에 정년퇴직 등의 내용이 들어간다고 보면 된다. 취업규칙은 상시 10명 이상의 근로자를 사용하는 경우 고용노동부에 신고해야 하는 서류다.

고용계약은 자유의사대로 맺을 수 있다. 당연히 자유의사대로 끝낼 수도 있다. 대원칙이다. 민법에 따르면 고용기간의 약정이 없는 때에는 당사자는 언제든지 계약해지의 통고를 할 수 있다(제660조). 고용의 약정기간이 3년을 넘거나 당사자의 일방 또는 제삼자의 종신까지로 된 때에도 각 당사자는 3년을 경과한 후 언제든지 계약해지의 통고를 할 수 있다(659조).

이러한 내용은 특별법인 근로기준법에도 다른 내용은 없다. 정규직이라 하더라도 정년까지 법적인 보장은 없다는 점을 이미 살폈다. 일반법인 민법의 내용도 같다. 심지어 고용기간의 약정이 있는 경우에도 부득이한 사유가 있으면 각 당사자는 계약을 해지할 수 있다(제661조). 근로기준법은 근로자 보호를 위한 여러 금지 규정을 두고 있다. 그렇지만 고용관계 종료 자체를 막을 길은 없다.

사실 일을 그만하고 싶으면 언제든 사표를 써도 무방하다. 고용계약이 종료되니까 보수가 들어오지 않게 되어 사실적인 문제가 생길 뿐, 법적인 문제는 없다. 이런 점에서도 사회주의 독재국가나 종교적 경건성이 강한 나라와는 다르다.

공무원도 원할 때는 언제든 그만둬도 된다. 공무원은 형의 선고, 징계처분 또는 이 법에서 정하는 사유에 따르지 아니하고는 본인의 의사에 반하여 휴직·강임 또는 면직을 당하지 아니한다고 규정되어 있다(국가공무원법 제68조). 본인의 의사가 있으면 그만둘 수 있다. 휴직 등은 해당 소속기관장의 승인이 필요하겠지만, 일을 그만두겠다는 사람을 허락하지 않는다고 하여 잡아둘 방법은 없다.

퇴직하려면 한 달 전에 회사에 통보해야 한다는 룰도 법적인 의무는 아니다. 보통 그렇게 통용되고 있을 뿐이다. 취업규칙이나 단체협약에 규정된 경우에는 자율적인 계약 내용이기 때문에 준수해야 한다. 사전에 얘기도 없이 그냥 그만두는 사람들이 의외로 많아서 힘들다는 토로를 하는 사업주들이 상당히 많다. 법적으로야 계약이 되어 있으니, 예컨대 한 달 전에 미리 알려야 한다는 내용이 있었다면, 계약의 불이행이나 불완전 이행에 해당될 수 있다. 그러면 민사소송을 통해 배상을 받을 수 있다. 위자료도 받을 수 있지만, 문제는 법적 절차를 밟기가 더 번거롭다는 데 있다. 결국, 법은 권리를 보장해주지만 사람을 잘 뽑아서 잘 데리고 있어야 상책이라는 말이 된다.

보통 사표를 내면 수리하는 절차를 거친다. 사전적으로 수리는 받아들인다는 의미이다. 일반적인 고용관계에서 수리의 법적인 의미는 이렇게 보면 된다. 회사를 그만두겠다는 의사를 사표라는 문서로 내면 회사가 수리하는 경우 동의하는 의미가 있다. 사직의 경우 반드시 회사의 동의가 있어야 하는지는 명확하게 규정되어 있지 않다. 동의가 필요적(반드시 요구되는)이라고 하면, 원치 않아도 강제로 일을 하게 되어 허용되기는 어렵다. 수리하지 않겠다는 말은 그만두지 말고 계속 고용관계를 유지하자는 제안(법적으로는 청약)으로 봐야 한다.

사표를 갖고 다니더라도 제출하지 않는 이상 법적 효과는 전혀 없다. 고용계약을 할 때도 회사를 그만둘 때도 당사자의 의사를 서로 표시한다. 고용했던 사람을 내보낼 때도 마찬가지다. 상사나 담당자가 얘기하지만, 정확하게는 회사의 의사표시이다. 회사가 고용하는 법적 주체이다. 물론 엄밀하게는 회사가 아니라 법인이나 개인이다. 사법관계에서는 행정법에서 쓰는 영조물이라는 말을 쓰지 않는데, 기업이나 회사나 일종의 영조물로 보면 된다. 법적인 권리와 의무의 주체는 법인 또는 개인(자연인)이기 때문이다. 의사표시는 법에서 가장 기초가 되는 개념의 하나이다. 권리능력을 가진 권리와 의무의 주체가 의사표시를 통해 계약을 체결한다. 행정법에서도 행정주체인 국가 또는 지방자치단체가 국민 또는 주민에게 의사표시를 통해 각종 행정작용을 한다.

개인 간에 의사표시의 교환을 통해 계약 등을 하고 이를 법률행위라고 한다. 법률행위는 법률관계가 형성되는 가장 대표적인 원인이다. 의사표시가 담겨 있지 않은 법률행위도 있다. 예컨대 출생이나 사망은 당사자의 의사와 상관없이(자살을 제외하고) 법률관계가 형성된다. 법률행위는 의사표시를 내용으로 하는 법률요건이라고 이론 구성을 한다. 법률요건이 있으면 법률효과가 있게 된다. 매매의 경우 계약이라는 법률요건을 통해 물건을 넘겨주고 대금을 받을 수 있는 법률효과가 생긴다는 식이다. 행정법에서는 행정주체의 법률행위를 행정행위라는 개념으로 따로 설명한다. 다소의 차이는 있지만 기본 관념은 유사하다.

사표의 제출은 이론적으로 보면 의사표시이고, 따라서 자동적으로 법률행위가 된다. 법률행위는 법률요건이니 법률효과가 나오게 된다. 사표를 제출하고 수리했을 때 나오는 법률효과는 고용관계를 종료하여 생기는 일들이다. 고용인은 보수를 주지 않아도 되니 회사는 더 이상 임금을 주지 않아도 된다. 당사자는 노무를 제공하지 않아도 되니 출근하지 않아도 상관없다. 당연한 일들이지만, 법적으로도 그렇다. 퇴직금 같은 근로기준법상의 문제도 발생한다. 인수인계 같은 퇴직에 따른 부수적인 일들은 법이 대부분 관여하지 않는다. 통상적인 관례에 따라 진행되고 크게 법적으로 문제 되는 일도 없다.

사표 쓰라는 말은 대부분은 상사가 화가 나서 또는 일을 더 열심히 제대로 하라는 의미로 쓰인다. 따라서 법적인 의미는 없다. 사표 쓰란다고 해서 실제로 사표를 쓸 필요는 없다. 또 사표를 냈다고 해서 늘 퇴사해야 한다는 법도 없다. 홧김에 그만둔다고 말했다고 가정해보자. 처우가 불만이거나 부당한 갑질을 당했을 때 그런 말은 언제고 할 수 있다. 그런데 이럴 때마다 회사가 정말 퇴직 처리를 해버린다면 겁나서 아무 말도 못 하게 된다.

이런 경우를 위해 법은 진의 아닌 의사표시라는 개념을 고안했다. 진정한 의사가 아닌 의사를 표시했다는 말 정도로 이해하면 된다.

민법은 진의 아닌 의사표시도 일단 효력을 발생한다고 규정한다. 그렇지만 상대방이 진의 아니라는 점을 알고 있었다면 효력이 없다고 규정했다(제107조). 행정법은 좀 다르다. 그래서 행정기관에 대해서 함부로 오케이를 하면 안 된다.

드라마에서 자주 나오던 사표 쓰라는 장면 말고, 실제로 사직을 권고당하는 경우가 있다. 회사는 법적으로 정규직이라도 실체적 요건에 맞으면 절차를 거쳐 해고할 수 있다. 그런데 해고의 경우 아무래도 여러 부담이 있다. 당사자가 혹시라도 부당해고를 주장하면서 향후에 문제 제기를 할 수도 있다. 절차 자체가 번거롭기도 하다. 그렇기 때문에 근로자가 원해서 그만두었다고 처리하면 깔끔하다. 공무원의 경우 법조문상의 표현은 아니지만 흔히 의원면직이라는 말을 쓴다. 원함에 의해서 직을 그만둔다는 뜻이다.

권고사직은 표현은 부드럽다. 사직을 권고하니 거절하면 그만이라고 생각하면 오산이다. 권고사직이라는 말을 쓸 때는 대부분 이미 회사에서 내보낼 결정을 하고 당사자에게 얘기하는 경우다. 해고하기에는 법적으로 부담스러우니 원해서 그만두었다고 처리한다는 의미다. 근로관계의 합의 해지를 종용하기 때문에 종용사직이라는 말이 더 어울린다. 이런 점을 감안하여 고용보험법상으로는 권고사직도 해고의 경우와 똑같이 실업급여를 받을 수 있도록 인정한다. 명예퇴직도 말은 명예로운데 대개는 대량 해고를 권고하여 사직시킨 경우다.

고용이 정규직 중심으로 돌아가는지 그렇지 않은지는 나라마다 정책과 역사적 형편, 주어진 환경에 따라 다양하다. 앞으로는 점점 더 장기간의 정규직 고용을 보장받는 일은 쉽지 않아 보인다. 아예 고용이 없는 미래에 대한 예견도 광범위하게 퍼졌다. 기본소득처럼 노무를 제공하지 않아도 보수를 받게 하자는 주장도 지지가 확산되고 있다.

기본소득은 그 개념에 소득이라는 말을 쓰고 있지만 법적인 성격을 보면 당연히 보수로 볼 수는 없다. 경제학적으로도 복지 차원의 이전소득일 뿐이다. 점점 더 정규직이 줄어드는 시대에 살고 있으니 실질적인 해고를 권고사직의 이름으로 하는 일도 더 많아지게 된다.

옛날 드라마에 사표 쓰라는 장면이 많이 나온 데는 갑질을 당연히 감수해야 하는 시절이었기 때문일 수도 있다. 인권의식이 확산되어 갑질도 이제는 법적으로 처벌하거나 손해배상을 받을 수 있도록 명시되었다. 나라 전체로는 경제가 많이 성장해서 굳이 험한 꼴을 당하면서까지 일해야 하는 사람도 줄어들었다. 이래저래 사표 쓸 일은 점점 더 많아질 듯하다.

창업을 해볼까?

명예퇴직을 당해 너도나도 치킨집을 차려서 장사도 잘 안 되고 망하는 사람이 많다는 기사를 흔히 볼 수 있다. 오죽했으면 불법적인 마약 판매를 치킨 배달을 통해 한다는 설정의 영화가 나왔을까? 사표 쓰라는 말이라도 들은 날이면 당장이라도 그만두고 싶다.

반면, 창업에 도전하는 젊은이들도 많다. 대학은 물론이고 이미 고등학교 때부터 창업교육을 받고 여러 구상을 실현해본다. 정부나 기업 차원에서도 경진대회를 마련해 도전을 장려한다. 많지는 않지만 이런 과정에서 크게 성공한 사람들도 나왔다.

일반적인 기업이나 자영업 창업 말고도 근래에는 사회적경제조직을 창업하는 교육도 많다. 사회적기업이나 사회적협동조합, 마을기업이나 자활기업 같은 명칭으로 사회적 가치를 실현하는 조직이다. 비영리단체도 일정 기준을 충족하면 사회적기업으로 인정받을 수 있다.

전통적으로 후원금과 자원봉사에 기댔던 엔지오들도 점차 수익활동을 통해 기업적 방식으로 공익적 목적을 실현하는 방안을 고민하

는 시대가 되었다. 일각에서는 기업을 만드는 창업과 달리 창직이라
는 말도 사용한다. 기존에 없던 직업을 만드는 활동이라고 통상적으
로 정의한다.

창업이든 창직이든 어딘가에 취업하지 않고 자신이 결국 누군가
를 고용할 수 있는 위치에 서게 된다. 사회적경제조직도 창업자들이
과도한 이윤을 가져가지 않는다는 점과 사회적 가치 실현을 기본 목
적으로 하고 있다는 점을 제외하면 일반적인 회사와 같다. 일반 기
업을 만들든 사회적경제조직을 만들든 법은 자유를 보장한다. 헌법
상으로는 직업 선택의 자유다.

법이 금지하고 있는 창업은 예컨대 마약 같은 금지 품목은 당연히
안 된다. 의료용이나 연구용으로 특별히 허가 받은 경우만 가능하다.
영화에선 조폭들이 온갖 사업체를 운영하지만 영화는 영화일 뿐이
다. 법이 하지 말라는 행위는 하지 않고 꼭 하라고 하는 일만 하면
나머지는 자유다. 꼭 해야 하는 일은 예컨대 근로기준법은 지켜야
한다.

산업혁명을 거치면서 자본주의가 엄청나게 발달하게 되었고, 대
부분의 경제활동(생산)이 기업(회사)을 통해 이루어지는 시대가 되
었다. 과거에는 개인 또는 일가족 차원에서 진행하던 농업도 다양한
형태의 기업조직을 활용한다.

19세기에는 주식회사라는 제도가 고안되어 법적으로 더 많은 사람
들이 사업을 창업할 수 있도록 보장했다. 주식회사는 투자금 이상의
책임을 지지 않기 때문에 돈을 좀 가진 사람들이 사업에 많이 뛰어들
게 되었다. 과거에는 배를 사서 새로 개척하는 식민지에 무역을 하고
싶어도 배가 가라앉으면 전 재산을 동원해 채무를 갚아야 했다. 그렇
지만 주식회사는 투자금 이상은 더 이상 물어내지 않아도 되도록 국

가가 보장해주었다. 위험 부담이 줄어드니 고리대금업(은행 대출) 같은 안전한 일만 하던 자본가들도 사업에 뛰어들 수 있었다.

또 주식회사는 성공한 경우 투자가들에게 투자금액 비율에 따라 이윤을 분배한다. 그래서 자신이 직접 사업하지 않더라도 다른 사업가에게 투자하면 천문학적인 수익(배당금)을 가져갈 수 있게 됐다. 20세기 후반에는 전문 경영인의 스톡옵션 제도도 도입됐다. 노무 제공에 따른 보수 외에(기본적으로 전문 경영인도 회사라는 법인에 고용되는 관계다) 주식을 받아서, 이윤을 배당금으로 받게 됐다.

주식회사 이외에도 여러 형태의 회사제도가 상법에는 마련되어 있다. 유한회사, 합명회사, 합자회사 등이 있다. 상법 이외에도 개별법에 따라서 다른 형태가 있다. 협동조합이 대표적이다. 협동조합은 주식회사처럼 여러 사람이 투자를 하여 회사를 만든다. 주주라고 하지 않고 조합원이라고 한다. 큰 차이는 의사결정방식과 이윤분배방식이다.

주식회사는 주식 비율에 따라 의결권을 가진다. 예컨대 한 사람(A라고 하자)이 51%의 주식을 소유하고 있으면 전체 의결권의 절반이 넘는다. 나머지 주식을 490명의 사람들이 0.1%씩 갖고 있어도 49%밖에 안 된다. 주주총회에서 이사회를 구성하고 가장 상위의 의사결정을 한다. 그렇기 때문에 과반이 넘는 주식을 보유한 A가 원하는 대로 모든 결정을 할 수 있다. 이윤도 1,000억을 벌었다면 501억을 A가 가져간다.

반면, 협동조합은 돈을 얼마를 투자(출자라고 한다)했든 1인 1표다. 대부분의 협동조합이 각자의 최대 투자금액을 정해놓고 있기도 하지만, 아마 한도가 없어도 그리 많이 투자하지 않으리라. 이윤도 출자금 비율에 따라 가져가지 않는다. 대체로 목적도 이윤은 추구하지만 조합원 간의 상호부조를 목적으로 하기 때문에 큰 규모의 사업을 벌이지 않는 경우가 많다.

물론 엄청나게 큰 협동조합도 있다. 우리나라의 경우 서울우유나 장수막걸리가 있고, 유럽에도 FC바르셀로나가 대표적이다. 일부 협동조합은 이윤 추구를 아예 제한한다. 발생하는 이윤은 사회적 가치 실현을 위해 재투자하거나 취약계층을 고용하거나 하는 식으로 쓴다. 이런 경우를 일반 협동조합과 구분하여 사회적 협동조합이라고 한다. 법적으로도 비영리법인에 해당하는 혜택을 받는다.

상법상 회사든 다른 법에 따른 협동조합이든 다 법인이다. 법인은 자연인과 함께 권리능력을 갖는다. 자영업도 법인으로 해도 되고 그냥 개인(자연인)으로 해도 된다. 법인으로 등록하지 않았는데도 개인회사라는 말을 쓰기도 하지만, 법적으로는 자연인이 법적 주체다. 혼자서 법인을 등록하더라도 법인을 등록한 자연인과 법인은 엄연히 별도의 법적 주체이다.

예컨대 식당을 운영하는 데 법인으로 하느냐 개인 이름으로 사업자를 내고 하느냐에 따라 차이가 있다. 식당이든 어떤 사업도 투자를 하는 이유는 비용이 필요하기 때문이다. 재료도 사야 하고 종업원도 고용해서 보수를 줘야 한다. 인테리어 비용은 기본이 몇 억대다. 투자는 했는데, 장사가 안 되어 문을 닫게 되더라도 도망가지 않는 이상 비용은 채무가 되어 부담해야 한다. 잠적하지 않으면 소송을 당해서 강제집행까지 당할 수 있다.

그렇지만 이 경우에도 법인의 이름으로 재료를 샀더라면 소송은 법인을 대상으로 내야 한다. 주식회사 제도는 법인이 가진 재산만 강제집행 하도록 하고 있기 때문에 식당을 운영하는 사람은 자신의 다른 재산까지 잃을 염려는 하지 않아도 된다. 그렇지만 법인이 아니라 자기 명의로 했을 때는 다르다. 자신의 모든 재산을 가지고 빚을 다 갚아야 한다.

사업을 하면 누구나 사업자 등록을 해야 한다. 사업을 하는 법적 주체는 법인 또는 자연인이다. 사업자는 세법상의 제도다. 법인도 있고 개인(자연인)도 있기 때문에 새로운 개념을 고안했다. 사업자를 등록하면 번호가 나온다. 사업자 등록증을 받게 되고 세금 부과에 필요한 내용들을 기재하고 국세청에서 관리한다. 개인 사업자들은 돈을 많이 벌면 사업소득세를 납부해야 한다. 법인 사업자는 소득세라고 하지 않고 법인세라고 한다.

법인세는 주민세 같은 개념의 뉘앙스가 있지만, 소득에 대해 부과되는 소득세다. 주민세는 지방자치단체가 주민에게 일괄적으로 매기는 세금이다. 과거 서양에서는 인두세(사람 머리마다 매기는 세금)라고 했다. 법조문을 통일성이 없이 만들어서 그렇다. 여야 간에 자주 법인세를 올리자 내리자 논쟁이 되는 경우가 많다. 이 말은 법인 형태로 된 큰 회사가 번 소득에 대해 세금을 더 많이 매기자 그러지 말자 하는 논란이다.

근래에는 드라마나 영화 같은 예술작품의 경우 일시적으로 회사를 등록하는 경우도 많다. 기존의 회사나 참여하는 개인의 부담을 최소화할 수 있다. 예컨대 태양의후예 문화전문유한회사를 보자. 유한회사는 주식회사와 비슷한데, 규모가 작다고 보면 크게 틀리지 않다. 주식회사처럼 투자자는 투자액 범위에서만 책임을 부담한다. 과거에는 주식회사가 5천만 원이라는 최소 자본금 규정이 있었는데, 지금은 없어져서 사실상 큰 차이는 없다. 등록 절차에 차이가 있는 정도이고 나중에 소송에 가게 됐을 때 형식적으로 다른 취급을 받는다.

상법이 규정하는 회사에는 주식회사, 유한회사 이외에 합명회사,

합자회사가 있다. 합명회사는 법인으로 등록하기는 하지만 창업자의 처지는 법인으로 등록하지 않은 개인과 유사하다. 무한책임사원이라는 개념으로 표현한다. 특별한 장점이 없어서 그리 많지 않다. 무한책임사원에 반대되는 말이 유한책임사원이다. 유한회사를 설립한 사람은 유한책임사원이 된다.

무한책임사원과 유한책임사원에서 사원은 일상적으로 쓰는 회사원의 사원이 아니다. 이때는 사단법인의 구성원이라는 의미이다. 법인으로 된 기업에 고용된 회사원도 구성원이 아닌가요? 법적으로는 다르게 본다. 회사원은 고용관계이고, 고용을 할 수 있는 법인을 설립한 주체가 사단법인의 구성원으로서 사원이다. 합자회사는 무한책임사원도 있고 유한책임사원도 있다. 2사람이 각각 무한책임사원(A)과 유한책임사원(B)으로 합자회사를 설립했다고 하자. A는 경영을 하고 회사 돈이 모자라면 자기 돈까지 끌어들여 빚을 갚아야 한다. B는 투자한 범위까지만 책임지고, 경영은 하지 않고 수익이 생기면 이익을 분배받는다.

창업은 직업선택의 자유에 따라 자유다. 법이 금지하는 일은 하지 않으면 되고 법이 꼭 하라고 하는 일은 꼭 하면 된다. 그 외에는 모두 마음대로다. 상법상 회사로 할지, 특별법에 따른 협동조합으로 할지, 그냥 개인 사업자로 할지도 자유다.

취업도 어렵지만 창업도 어렵다. 위험성이 더 크지만 대박의 가능성도 있다. 취업하여 고용이 되면 나중에 회사가 망하더라도 법적으로는 임금을 받을 수 있다. 임금채권은 소송에서 당연히 이기고 회사에 강제집행을 할 수 있다. 회사가 망했을 때 보통 은행(채권자)이 소송을 내고 강제집행을 한다. 이때도 직원들은 최소한 3개월분의 임금은 먼저 보전된다.

시대의 흐름이 취업보다는 창업이나 창직을 고려하도록 강요하고 있는지도 모른다. 앞으로 새로운 법적인 형태도 고안될 수 있다. 이미 새로운 유형은 다양하게 나오고 있다. 소셜벤처가 대표적이다.

소셜벤처는 사회적경제조직의 성격을 기본으로 갖는다. 기존의 사회적기업처럼 법적으로는 인증이나 지원제도가 없다. 법이 마련되는 시간은 그리 오래 걸리지 않는다. 창업을 하든 창직을 하든 법이 반드시 해야 한다고 하는 일은 꼭 하라. 누군가를 고용했을 때 철저하게 권리를 보장해줘야 한다. 인과관계는 없지만 다른 사람 눈에 눈물 나게 하면 내 눈(아니면 자손들)에는 피눈물 나게 된다고 한다. 법이 문제가 아니라 도의적으로라도.

월급과 연말정산

취업을 하면 대부분은 월급을 받는다. 월급날을 위해 한 달을 버티며 살아간다고 해도 과언이 아니다. 연말이 되면 연말정산을 한다. 연말정산은 세금 때문에 벌어지는 일이다. 고용되어 받는 급여는 소득이다. 소득이 있으면 소득세를 내야 한다. 법인은 소득세를 소득세라고 하지 않고 법인세라고 한다. 개인은 소득세를 소득세라고 한다. 개인사업자는 사업소득세를, 취업한 개인은 근로소득세를 낸다.

근로소득세는 회사에서 알아서 미리 뗀다. 세금 부과가 편리하기 때문이다. 회사마다 관련된 일을 하는 직원이 있다. 규모가 크지 않은 회사도 고용한 사람은 미리 세금을 떼서 월급을 주고 세무서에 세금을 내야 한다. 1년에 한 번씩 정산을 하는 이유는 더 많이 뗐거나 덜 뗀 경우가 있기 때문이다. 또 각자의 사정에 따라서 세금을 줄여주는 규정도 많다. 연말정산을 하면 보통은 일정 정도를 돌려받게 되어 13월의 월급이라는 말도 있다. 가끔은 토해내는 경우도 있다.

현재 세법상 개인의 소득세는 총 6가지가 있다. 사업소득, 근로소득 이외에 이자소득, 배당소득, 연금소득, 기타소득이다. 이자소득은 말 그대로 이자에 붙는 세금이다. 통장 잔고에 큰돈이 없는 사람은 별문제가 없다. 분기마다 이자와 세금이 찍혀 나오는데 땅에 떨어진 백 원짜리 주우나 안 주우나. 그런데 부자들은 다르다. 10억만 은행에 넣어놔도 1년에 2% 가까이 이자가 나온다. 2천만 원이다. 금리가 떨어지면 소득이 줄어든다. 이자소득세 비율이 높아져도 소득이 줄어든다. 민감할 수밖에 없다.

배당소득은 주식투자처럼 투자를 했을 때 이윤을 배당 받으면 내게 된다. 전업투자자가 아니더라도 주식을 갖고 있으면 정기적으로 배당이 있다. 몇 푼 안 되더라도 세금을 떼고 배당된다. 기관투자가들이나 개미투자자들은 민감하다.

사실 개미라는 말은 적절치 않다. 수천억 원 또는 조 단위 투자를 하는 연금이나 기금에 못 미친다는 의미일 뿐 일반적인 개인들보다는 엄청난 부자들이다. 삼성전자에 0.1% 주식을 가진 소액 주주가 가진 주식의 총액이 얼마일지 계산해보라. 경제신문은 대체로 개미투자자에 맞춰 기사를 작성하는데, 일반적인 서민들은 기관이 투자가 잘 돼서 큰 수익을 거둘 때 더 혜택을 보게 된다. 예컨대 국민연금공단이 주식투자를 잘 하면 재원이 고갈될 일이 없다.

연금소득은 말 그대로 연금에 붙는 소득이다. 연금은 정기적으로 지급은 되는데 보통 죽을 때까지 받는 돈을 의미한다. 대부분은 일종의 저축과 같다. 국민연금, 공무원연금처럼 나라에서 강제적으로 가입하게 하는 경우도 있고, 민간 회사의 연금 상품에 가입해도 된다. 보험사의 저축연금은 저축처럼 꾸준히 부어서 나중에 탈 때는 죽을 때까지 다달이 얼마씩 받는 구조다. 나라에서 의무로 들게 하는 연금은 자유의사에 따라 계약을 할 수 있는 사적 자치를 침해한다. 이에 대한 혜택으로 국가에서 일정액을 더해준다. 법철학적인 의미에서는 그렇다. 현실적인 필요성은 복지정책이다.

기타 소득은 그 어디에도 속하지 않는 소득을 의미한다. 예컨대 복권에 당첨되면 세금을 내야 한다. 복권 당첨금도 세법상으로는 소득이다. 상속세, 증여세, 양도세도 소득이지만 기타 소득은 아니다. 개인의 소득세 6가지는 그야말로 개인의 소득에 붙는 소득이다. 상속이나 증여, 양도는 특별한 이벤트로 인한 소득의 발생이기에 따로 취급한다. 상속을 받게 되면 상속세를 내야 되고 증여를 받게 되면 증여세를 받는다. 보통은 규모가 크기 때문에 세금 액수도 크다. 양도세는 소유권을 양도하여 소득이 발생하면 내야 한다. 보통은 아파트나 오피스텔 같은 부동산을 팔 때 매겨진다. 기본적으로 주식은 투자를 장려하기 위해서 비과세이긴 하지만 양도소득세를 내야 하는 예외적인 경우도 있다.

요즘 누구나 꿈꾸는 건물주는 사업소득을 내야 한다. 건물주는 임대사업을 하기 때문이다. 세금도 내야 하고 사업에 따른 법적 규제는 다 지켜야 한다. 부모가 건물주인 경우가 아니면 실제로 건물주라는 임대사업자의 애로를 체험하기는 어렵다. 그저 엄청난 건물을 소유하고 많은 돈을 버는 결과만 보기 때문에 그렇지만 챙겨야 되는 일이 많다. 저절로 되는 일도 아니다.

큰 건물은 빌딩을 관리하는 회사와 계약을 하는 경우가 일반적이다. 비용이 나가고 결국 그 이상의 수익을 거두어야 한다. 돈은 많지만 이런 번거로운 사업이 싫으면 이자를 받거나 배당을 받는 쪽으로 재테크를 해야 한다. 이런 영역도 법은 관여하지 않는다. 각자가 자유롭게 선택하면 된다.

세금을 매기는 개인의 소득 중에 사업소득은 다른 소득과 부과 방식이 다르다. 다른 소득은 미리 떼고 들어온다. 원천징수라고 한다.

소득세를 내야 하는 사람(납세 의무자)은 최종적으로 돈을 버는 사람이다. 그렇지만 일일이 소득자가 내게 하면 세금을 걷는 국가(국세청)도 번거롭고 당사자도 번거롭다. 예컨대 근로소득의 경우 월급 받을 때마다 세금을 일일이 내야 한다고 생각해보라. 일괄적으로 회사에서 전 직원의 세금을 미리 떼고 급여를 지급하고, 회사가 세금 신고를 한꺼번에 해버리는 제도다.

근로소득자의 입장에서는 편리한데, 회사는 반대일 수 있다. 돈 벌고 직원들 월급 주기도 힘든데 나라 편하자고 이런 일까지 해야 하나? 회사를 운영하면서 누군가를 고용한다면 감수해야 한다. 어쩔 수 없다. 법이 특별히 급여를 주는 자(주로 회사)에게 의무를 부여했다. 원천징수 의무다. 회사는 원천징수 의무자다. 원천납세의 의무자를 대신해서 원천징수 의무자가 대신 걷어서 국세청에 납부하는 시스템이다. 1년에 한 번씩 그동안 더 떼거나 덜 뗐는지를 가려보고, 각자의 사정을 고려해서 추가적인 감면 혜택을 준다. 연말정산이다.

반면, 사업소득은 사업자가 직접 서류를 작성해서 신고를 하고 이에 근거해서 세금이 매겨진다. 얼마를 벌었으니 법에 따라 계산하면 얼마를 내야 한다고 직접 신고한다. 이런 일을 도와주는 전문 자격증이 세무사다. 세무사는 법도 알아야 하고 회계학도 알아야 한다. 사업하는 사람이 정직하게 신고를 하겠냐는 의심이 드는가? 믿고 하는 수밖에 없다. 언론에 자주 세무조사를 실시한다는 보도가 난다. 정직하게 하지 않는 회사에 대해 실시한다.

일정 규모 이상의 큰 주식회사의 경우 회계보고도 회사가 스스로 하도록 되어 있다. 직접 작성한 회계서류에 대해서 외부 회계법인의 감사를 받아 점검하는 시스템이다. 회계서류도 일단은 믿고 갈 수밖에 없다. 분식회계 기업이 어떻고 하는 기사가 가끔 나온다. 회계를 분식(粉飾)했다는 말은 도자기를 분장(粉粧, 도자기 장식기법의 일종)하듯이 회계 내용을 거짓으로 꾸민다는 말이다. 세금을 덜 내려면 덜 벌었다고 하고, 주식투자를 많이 하게 하려면 더 많이 벌었다고 한다.

근로소득자는 회사에서 미리 다 떼고 나오니 분식할 수가 없다. 하고 싶어도 할 수가 없다. 회사 돈을 따로 챙기면 횡령죄로 당연히 처벌된다. 회사 차원에서도 급여 서류를 조작하게 되면 노동법상 또는 형법상 제재를 당연히 받는다. 직장인들을 흔히 유리알 지갑이라고 하는 이유가 여기에 있다.

급여가 제대로 지급되고 세금이 부당하게 더 나가지는 않는지 알려면 전문가의 도움을 받을 수밖에 없다. 급여 같은 근로조건과 관련된 법률전문가는 노무사다. 법과 관련된 일을 법무라 하는데, 그 중에서도 근로, 노동과 관련된 법적인 사무를 노무사가 맡는다.

근로소득자가 자기 사업을 별도로 하는 경우도 있다. 또 주식투자 등을 해서 배당소득 같은 다른 소득이 있다면 모두 합산해서 세금을 계산한다. 그래서 종합소득이라는 말을 쓴다. 해마다 5월에 종합소득세 신고를 하도록 되어 있다. 다양한 소득의 원천이 있는 개인은 이때 한꺼번에 신고한다. 책을 내서 인세 수입이 있는 사람도 이때 신고해야 한다. 대부분은 이미 원천징수가 된 상태이기 때문에 정산 개념이다. 사업소득자는 이때 작년에 얼마 벌었고 세금은 얼마라고 신고하고 납부도 한다.

부모 되기

열심히 사회생활을 하다 보면 어느덧 부모가 되어 있다. 점차 결혼을 하지 않거나 딩크족을 선택하는 사람도 많아지고는 있다. 자녀를 낳으면 새로운 법적 지위가 추가된다. 우선, 민법상 친권자가 된다. 민법은 부모가 미성년자인 자의 친권자가 된다고 규정하고 있다. 입양을 한 경우에는 양부모가 친권자다(제909조).

친권과 관련하여 별다른 내용은 없다. 보호하고 교양할 권리와 의무(제913조), 거소지정권(제914조), 징계권(제915조), 재산관리(제916-923조) 정도다. 공법적으로는 법이 정한 최소한의 교육을 시켜줘야 하는 의무가 있다. 대개는 부모 자식 사이에도 법은 관여하지 않는다. 형법이 개입될 정도의 극단적 상황에서도 부모와 자식이 서로 법의 도움을 받지 않는 경우도 많다.

법이 권리와 의무를 규정하면 일반적으로는 소송을 통해 구제받을 수 있다는 의미다. 부모가 자녀를 보호하고 교양할 권리와 의무가 규정되어 있으므로 자녀가 소송을 통해 부모의 의무를 청구해서 보호받고 교양해달라고 하면 법원에서 판결해줘야 한다. 그렇지만 현실에서 미성년 자녀가 소송을 하는 사례는 거의 찾아보기 어렵다.

이런 판례는 있다. 신생아의 부모가 종교적 신념으로 수혈을 거부했는데, 병원에서 친권자의 동의 없이 수혈을 시행하여 재판이 붙은 사례다. 법원은 친권자가 자를 보호하고 교양할 권리의무가 있다는 민법 내용을 이렇게 해석했다. 친권자의 친권 행사가 자녀의 생명·신체의 유지, 발전에 부합하지 않으면 그러한 내용의 친권 행사는 존중되어서는 안 된다. 따라서 의사능력이 없는 자녀(신생아)에 대한 진료행위가 긴급하고 필수적으로 이루어져야 하는 상황에서 친권자가 진료행위를 거부하는 경우에는 필요한 진료행위를 할 수 있다(서울동부지법 2010. 10. 21., 자, 2010카합2341, 결정).

부모가 자녀에게 야구방망이로 때릴 듯한 태도를 취하면서 "죽여버린다"고 말한 경우, 교양권의 행사라고 보기 어렵고 협박죄를 구성한다는 판례도 있다. 민법은 자녀에 대한 보호 교양 권리의무와 함께 징계권도 규정한다. 그렇지만 법원은 친권자의 징계권은 인격의 건전한 육성을 위하여 필요한 범위 안에서 상당한 방법으로 행사되어야만 한다고 해석했다. 해당 판례에서는 스스로의 감정을 이기지 못하고 야구방망이로 협박하여 자녀의 인격 성장에 장해를 가져올 우려가 크다고 보았다. 친권자의 교양권 행사로 보기 어렵다는 결론이다(대법원 2002. 2. 8., 선고, 2001도6468, 판결).

아직 그리 사례가 많지는 않지만 민법에 규정된 친권과 관련해서 실제로 소송을 내서 자녀의 권리와 의무를 확보하고 있다는 점은 알 수 있다. 아직도 가정폭력이 적지 않게 보고되고 있는 실정에서 가정 내 피해자들이 법적 도움을 얻을 수 있도록 정부 차원이나 민간의 뜻있는 분들의 노력이 더 필요해 보인다.

미국 영화를 보면, 오히려 정부나 지자체 차원에서 지나치게 문제가 되지 않는 부모도 자녀와 격리하고 기관에서 보호해야만 하는 규정 때문에 일어나는 갈등 상황을 자주 볼 수 있다. 면밀한 사회학적 조사를 통해 확인되어야겠지만, 아직 우리나라는 일단 문제 부모를 자녀와 격리하고 사회적으로 보호받을 수 있는 제도가 구비될 필요가 있어 보인다.

부모가 되면 한 세대 전에 자녀로서 누렸던 권리는 이제 의무가 된다. 부모의 친권은 자녀에게는 상응하는 권리이자 의무이다. 사적인 영역이라 법은 거의 개입하지 않지만, 우리는 법을 더 많이 활용할 수 있도록 캠페인이 필요하다. 당사자도 법의 도움을 받을 수 있는 방법이 있으면 최대한 활용하길 권한다.

많은 드라마에서 미혼모들이 자녀의 아빠에게 알리지도 않고 혼자서 감내하며 양육하는 장면을 미덕으로 묘사한다. 한때 사랑했던 사람에 대한 마음도 좋고, 스스로 해내겠다는 결심과 의지도 좋다. 그렇지만 법은 부모에게 권리와 의무를 함께 보장하고 있다. 자녀의 복리를 위해서 과연 어느 쪽이 좋을지는 심리학적 연구의 영역이겠지만, 아빠로서 법적 책임을 다하게 해야 정의 관념에 부합하지 않을까.

거소지정권은 친권자가 지정한 장소에 자(자녀)가 거주하여야 한다는 내용이다. 이혼과 같은 부모의 극렬한 대립 상황이 아니면 거의 의미가 없다. 예컨대 별거 중에 한쪽 부모가 자녀를 데리고 있는 경우 다른 배우자가 거소지정권을 행사한다면 법원에서 판결을 해주게 된다.

자의 재산 관리와 관련한 규정은 일단 자녀도 자기 명의로 재산이 많아야 한다. 다음으로 부모와 자녀의 의사가 달라야 되는데, 그리 많지는 않다고 봐야 한다. 드라마 도깨비에서 돌아간 엄마의 보험금을 이모가 타려고 하는데 통장이 없어서 못 하는 장면이 있다. 법적으로 엄밀하지는 않지만 이모가 친권자로서 조카의 의사와 다르게 재산을 관리하려고 한 사안으로 볼 수 있다. 소송까지 가면 법원은 판단을 해줘야 한다.

부모가 한 명밖에 없는 경우 한부모가족지원법에 따라 도움을 받을 수 있다. 과거에는 모자보건법이었다. 모부자복지법으로 바뀌었다가 다시 '한부모'가 들어간 명칭으로 바뀌었다. 지금은 한부모가족은 모자가족 또는 부자가족을 말한다. 미혼자로서 자녀가 있는 경우도 있지만 배우자와 사별하거나 이혼한 경우, 병역복무 중인 경우 등도 포함한다. 모 또는 부가 24세 이하인 경우에는 청소년 한부모라고 하여 따로 더 보호한다.

부모 자녀 관계에 특별히 법은 개입하지 않지만, 2005년에 건강가정기본법이 제정되어 시행되고 있다. 부부만 생활하는 가정이나 1인가구의 복지 증진 대책을 세우도록 하고 있다. 이 법에 따르면(제3조) 가족구성원의 욕구가 충족되고 인간다운 삶이 보장되는 가정이 건강가정이다. 가정은 가족구성원이 생계 또는 주거를 함께 하는 생활공동체로서 구성원의 일상적인 부양·양육·보호·교육 등이 이루어지는 생활단위를 말한다. 가족은 혼인·혈연·입양으로 이루어진 사회의 기본단위이다.

제4조는 건강가정과 관련된 국민의 권리와 의무를 규정했다. 모든 국민은 가정의 구성원으로서 안정되고 인간다운 삶을 유지할 수 있는 가정생활을 영위할 권리를 가진다. 이와 함께 모든 국민은 가정의 중요성을 인식하고 그 복지의 향상을 위하여 노력하여야 한다. 이 법이 규정하고 있는 권리와 의무는 아무래도 부모의 책임이 더 클 수밖에 없다.

헌법은 자녀(또는 아동/어린이)의 권리와 의무와 관련하여 특별한 규정은 없다. 국민 일반으로서 동일한 권리를 그대로 보유하고 있다고 보면 된다. 입양특례법은 아동이 태어난 가정에서 건강하게 자랄 수 있도록 해야 한다는 국가 등의 책무를 규정하고 있다(제3조).

아동의 권리와 의무와 관련하여 특별히 정해진 내용은 부모의 책임으로 보면 된다. 권리는 의무에 대응하고 의무는 권리에 대응하기 때문이다. 물건을 판 사람이 돈을 받을 수 있는 권리는 산 사람에게는 돈을 줘야 하는 의무가 된다. 세금을 내야 하는 의무는 국가로서는 세금을 받을 권리다. 국가로부터 복지혜택이나 창업 지원을 받을 수 있는 권리는 국가의 의무가 되는 식이다.

자녀가 자라서 또 부모가 되면 자신들이 누렸던 자녀의 권리는 다시 부모로서 의무가 된다. 손자녀가 생기면 조부모가 되는데, 조부모로서 손자녀에게 법적인 권리와 의무로서 특별한 규정은 없다. 산업재해보상보험법의 경우 업무상 재해로 사망한 자의 조부모도 유족으로 보는 등 몇 가지는 있다. 보상 순위가 상당히 늦어 해당되는 경우는 많지 않아 보인다. 별로 신경 쓰는 사람은 없지만 대통령령으로 제정된 건전가정의례준칙은 부모와 조부모의 상기(喪期)를 동일하게 하고 있다(제13조, 100일). 기제사의 대상도 제주부터 2대조까지로 규정했다(제20조).

민주주의와 자본주의가 발전할수록, 부모나 집안 어른의 권한이면 옛날처럼 인정되지는 않는다. 평등의 가치가 더 중요하다. 내 자식인데 마음대로 한다는 식의 발상도 통하지 않는다. 한 가정 내의 문제가 아니다. 마을에서 촌장이 가졌던 의사결정권과 책임도 이제는 모두 다른 사회적 기구로 대체되었다. 국가 차원에서 왕이나 황제를 온 나라의 아버지와도 같은 존재처럼 제도화되어 있던 시스템도 더 이상 통용되지 않는다.

일부 사회주의국가나 종교적 경건성이 지나치게 강한 나라를 제외하면 모든 사람은 각자가 동일한 권리와 의무의 주체이다. 기본적으로는 모두 평등한 관계이다. 법이 명시적으로 금지하거나 반드시 해야 한다고 정해놓지 않은 이상 자유롭게 결정하고 관계를 설정할 수 있다. 부모 자식 관계도 마찬가지다.

아파트 구입

사람은 다 살아가면서 다양한 단계를 거친다. 각자가 느끼는 주관적인 심정은 물론 다르다. 주민등록증을 발급받을 때 남다르게 느끼는 사람이 있는가 하면 그렇지 않은 사람도 있다. 대체로 대학, 취업, 결혼, 출산은 꽤 큰 의미가 있다. 남자들에게는 군복무도 상당히 오랜 기간 자유가 제약되기에 무시할 수 없다. 대부분의 사람이 겪는 문제는 아니지만, 자주 일어나는 안 좋은 일로는 해고 정도. 감옥까지 경험하는 사람은 그리 많지 않다.

더 세월이 흐르면 정년퇴직. 창업을 했더라도 언젠가는 일을 더이상 하기 힘든 때가 온다. 큰 병에 걸리는 일은 가급적 생기지 않았으면 하고 바라지만 피해갈 수 없는 경우가 많다. 한 사람 한 사람씩 떠나보내고 결국 스스로도 생을 정리하게 된다. 어쩌면 한 인간의 삶은 병원에서 태어나서 온갖 병원을 전전하다가 요양병원에서 마무리하는 과정이라고 할 수도 있다. 그나마 의료 수준이 높아져서 병원 신세를 질 수 있게 된 데 대해 감사해야 할까?

인생의 각 단계마다 거치는 큰 이벤트만큼 개인에게 나름 중요한 사건이 바로 집을 처음 사서 이사하는 때가 아닐까. 전세를 살다가 내 집을 마련했을 때, 그 결단과 뿌듯함은 남다를 수밖에 없다. 빌라처럼 작은 데 있다가 아파트로 옮길 때도 마찬가지이다. 준비부터 계약을 거쳐 잔금을 치르고 이사하기까지 힘도 들고 보람도 있다. 이미 태어날 때부터 번듯한 출발을 한 사람들은 자기 건물을 갖게 됐을 때를 생각하자.

각각의 과정은 대부분 법적으로도 중요한 의미를 가진다. 많은 경우 은행에서 대출을 얻어서 부동산을 사게 되는데 이 또한 법적인 권리와 의무를 생성한다. 국가적으로도 여러 권리와 의무가 발생한다. 세금을 걷고, 투기를 막는다. 국민 각자가 의식주에서 문제가 없도록 많은 정책을 펴야 한다. 지극히 사적인 부동산 거래가 이뤄지기 위해 이미 구비된 공적제도는 부지기수다. 등기제도가 대표적이다. 전국의 토지는 이미 측량되어 지적도로 관리되고 있다. 해마다 공시지가도 조사해서 알려준다.

아파트를 사면 매매계약이고 전세로 들어가면 임대차계약이다. 전세는 우리나라에만 있는 특유한 제도다. 법적 본질은 집주인에게 전세 들어가는 사람이 돈을 빌려주는 금전소비대차계약이다.

무언가 빌려주고 돌려받는 계약을 대차계약이라고 한다. 대는 빌려주는 사람, 차는 빌리는 사람의 입장이다. 민법상 3가지로 구분한다. 소비대차는 빌린 대상물을 써버리면 없어진다. 같은 종류, 같은 품질로 돌려줘야 한다. 돈을 빌리는 경우가 대표적이다. 예전에 나라 경제 형편이 어려울 때는 쌀을 빌리고 다시 쌀로 갚는 일도 많았다. 사용대차는 빌린 대상물을 사용 후에 그대로 돌려주는 계약이다. 이웃집에서 공구를 빌려 쓰고 돌려주는 경우다. 임대차는 대차계약 중에 차임을 받는 계약을 말한다. 소비대차, 사용대차는 기본적으로 무상임을 알 수 있다. 그렇지만 소비대차도 이자를 받을 수 있다.

엄밀한 의미에서 매매계약은 재산권 이전을 약정하고 상대방은 대금 지급을 약정하는 계약이다(민법 제563조). 아파트 매매는 아파트라는 소유권 이전을 약정한다. 판 사람은 매도인이라고 하고, 산 사람은 매수인이라고 한다. 매매계약을 체결하면 매도인은 매수인에 대하여 매매의 목적이 된 권리를 이전하여야 하고, 매수인은 매도인에게 그 대금을 지급하여야 한다(제568조).

재산권 이전을 매매의 목적물로 한 데는 온갖 물건을 다 사고팔 수 있기 때문이다. 보통 사람이 쉽게 겪는 일은 아니지만 기업이나 학원 같은 인적·물적 시설(행정법상 영조물과 유사한 개념)도 매매한다. 이때는 이미 채용되어 일하고 있는 직원에 대해 급여를 지급할 의무까지 그대로 매수인이 산다는 의미다. 심지어 교회도 사고판다. 주식을 매매할 때 주권이라는 문서를 사고판다는 뜻은 아니다. 주권이라는 문서가 담고 있는 특정 회사에 대한 권리 그 자체를 사게 된다.

재개발이 예정된 지역에서 빌라를 산다고 생각해보자. 사실 이런 빌라는 나중에 아파트 개발이 되었을 때 아파트 분양권을 확보하기 위한 목적이다. 그런데 아파트 분양권은 아직 현실로 발생하지 않았기 때문에 살 수가 없다. 나중에 아파트 단지가 조성되고 실제 분양이 이루어진 다음에는 분양권을 팔고살 수 있다.

보통 재개발이 예정된 곳은 빌라 가격이 2-5배가량 뛴다. 원래 집값보다 훨씬 높은 가격을 주는데, 차액은 향후 개발을 바라보고 기대감에서 지불한다. 개발이 무산된다고 해서 차액을 돌려달라고 해도 판 사람은 돌려주지 않는다. 법원에 가능성을 샀을 뿐이라고 주장해도 받아들여지지 않는다.

매매는 목적이 된 권리를 이전해야 하는 의무가 생긴다. 문방구에서 펜을 사면 그 자리에서 넘겨받는다. 펜의 소유권을 가진 문방구 주인(개인 또는 법인)이 문방구를 구매한 사람에게 소유권을 바로 이전해서 의무를 이행했다는 의미다. 순식간에 동시에 일어나는 일이지만 법적인 의미는 있다.

펜과 같은 물건을 동산이라고 한다. 움직일 수 있는 재산이라는 의미다. 펜과 같은 동산의 소유권을 넘기는 일을 법적 개념으로는 인도라고 한다. 아파트는 땅에 붙어 있어 움직일 수 없기에 동산에 아니 부 자를 써서 부동산이라고 한다. 아파트 이외에도 많다. 빌딩, 교량, 고가도로, 공항.

아파트 같은 부동산은 펜과 같은 동산과는 권리 이전 방법이 다르다. 아파트는 펜처럼 인도할 수가 없다. 살던 사람이 나오고 산 사람이 들어가면 인도로 보면 되지 않을까? 말은 되지만 법에서는 그렇게 보지는 않는다. 만약 전세 사는 사람이 따로 있고 아파트를 산 경우에는 적용할 수도 없다. 그래서 부동산은 등기라는 방법을 채택했다. 나라에서 관리하는 공적인 장부에 기록을 하여 두고 장부상 소유권자의 명의를 바꾸는 방식이다. 우리나라는 법원에서 부동산 등기부를 관리한다.

모든 부동산은 등기가 되어 있다. 아파트를 매매할 때 공인중개사는 매매를 중개한다. 살 사람과 팔 사람을 연결하는 역할이다. 변호사를 고용할 수 있는 능력이 있으면 매도인도 매수인도 대리인을 내세울 수 있다. 법무사는 부동산 소유권 이전 등기를 대신해주는 대리인이다. 등기도 법무 사무이기 때문에 변호사가 할 수도 있다. 그렇지만 변호사는 부동산 등기는 별로 하지 않고 법무사가 거의 한다. 법무사는 명칭은 법무사지만 모든 법무를 할 수는 없다. 변호사는 소송에서 변호하는 일만 해야 할 것 같지만, 오히려 모든 법무를 할 수 있는 자격이다.

등기부에는 소유권도 기재되고 다른 권리도 기재된다. 보통 아파트를 살 때 은행이 낀다. 대출을 얻어서 하기 때문이다. 20-30년간 다달이 갚아나가는 방식으로 많게는 수억 원의 돈을 빌린다. 은행이 돈을 빌려주면서 그냥 빌려주면 좋은데 믿을 수가 없다. 그래서 담보를 요구한다. 담보 없이 그냥 돈을 빌려주는 경우를 신용대출이라고 하는 이유다. 담보는 아파트에 저당권을 설정하는 방식으로 한다. 저당권이 설정되면 나중에 아파트 산 사람이 은행대출을 갚지 못할 때 경매를 통해서 아파트를 팔고 그 돈으로 충당한다. 저당권은 등기부에 기록된다.

등기부에 저당권이 기록되어 있지 않으면 이런 문제가 생긴다. 다시 이 아파트를 사는 사람은 저당권이 설정되어 있는지, 곧 담보로 잡혀 있는지 알 수가 없다. 내가 돈을 빌리지 않았지만 저당권이 잡힌 아파트는 주인이 바뀌더라도 은행은 해당 아파트를 경매에 붙일 수 있다. 이렇게 주인이 누구이냐에 상관없이 물건에 붙은 권리를 물권(발음은 '물꿘')이라고 한다.

아파트에 저당권 같은 물권을 설정하면 은행은 빌려준 돈을 돌려받기에 아주 유리하다. 우선 돈을 빌려간 사람에게 돈을 달라고 한다. 돈 빌린 사람에게 돈 갚으라고 할 수 있는 권리는 채권이라고 한다. 대출계약은 민법상 금전소비대차계약이다. 정해진 기간이 지나면 돌려받을 수 있고 약정했을 때는 이자도 받을 수 있다. 계속 재촉했는데도 주지 않으면 물권을 행사한다. 법원을 통해 아파트를 경매해버리고 그 돈으로 빌려준 돈을 돌려받는다. 남은 돈은 아파트 원주인에게 준다.

채권은 그 사람, 당사자에게만 행사할 수 있다. 배우자나 자녀에게 돈을 갚으라고 강제하는 일은 영화에 나오는 조폭에게나 있는 일이다. 법적으로는 그럴 수 없다. 돈 빌린 사람이 사망하여 상속이 개시된 경우에는 다르다. 상속은 망자의 재산상 권리와 의무가 모두 승계된다. 소유권이 넘어가기 때문에 돌아가신 분의 아파트는 자식의 소유가 된다. 빚도 그대로 넘어가기 때문에 갚아야 한다. 다만 법원에 신청해서 상속을 포기하는 절차를 밟으면 그렇지 않다. 혹시라도 부모가 빚이 많다 싶으면 상속포기 신청을 빨리 해야 한다.

부동산 등기처럼 소유권이나 다른 권리를 나라에서 관리하는 공적인 장부를 통해 기록하는 제도를 공시제도라고 한다. 공적으로 또는 공개적으로 보여주어야 한다는 의미다. 누구나 기록을 통해 알 수 있도록 해서 혹시라도 부동산을 사고팔 때 잘못이 일어나지 않도록 한다.

가끔 등기부로 공시한 내용이 실제와 다른 경우가 있다. 예컨대 사망으로 상속받으면 소유권은 자식이 갖지만 여전히 등기부는 돌아가신 분 소유로 되어 있다. 등기부는 다른 사람 명의로 되어 있지만 이 아파트는 상속받은 사람의 소유로 법적으로 인정된다. 이런 경우에 누군가 허위로 돌아가신 분의 서류를 위조해서 대리인이라고 속이고 아파트를 팔면 아파트를 산 사람에게 소유권이 넘어가지 않는다. 이미 아파트는 자식의 소유이기 때문이다.

등기라는 공시제도를 통해 소유권을 비롯해서 권리의 변동을 기록하고 있지만 실제와 다른 경우가 있기 때문에 주의해야 한다. 일단 등기를 믿고 거래를 할 수밖에 없지만 실제 권리관계가 다른 경우에는 직접 확인하지 못한 당사자의 잘못으로 어쩔 수 없다. 이를 법학에서는 부동산의 경우 공신의 원칙이 인정되지 않는다고 한다.

공적인 장부를 신뢰했더라도 실제 사실이 중요하다는 의미다.

동산의 경우에는 공신의 원칙이 인정된다고 한다. 펜 같은 동산은 등기부 같은 공적 장부를 작성하지 않는데 무슨 말일까? 등기는 공시, 곧 공적으로 또는 공개적으로 보여주기 위한 방법이다. 펜 같은 동산은 바로 넘겨주면(인도) 소유권이 바뀌었음을 누구나 쉽게 알 수 있다. 또는 주인이 갖고 있으면(점유) 소유권자가 누구인지 알 수 있다. 이렇게 동산의 인도와 점유는 쉽게 알 수 있기 때문에 법적으로는 부동산 등기 같은 공적 장부를 작성하지는 않지만 공시되었다고 한다. 펜 같은 동산은 갖고 있던 사람(예컨대 문방구 주인이 없는 동안 잠깐 들어와 있던 사람)에게 물건 값을 주더라도 그 매매는 법적으로 유효하다.

은행 대출

아파트 구입도 큰일이지만 대출도 만만치 않다. 아파트 매매계약에 부수적으로 필요한 일인데, 앞으로 20-30년간 갚아나가야 한다고 생각하면 때론 암울하다. 대부분의 사람들은 매달 딱 하루 월급날을 보고 산다. 그런데 받은 돈의 상당 부분이 대출금을 갚아야 돼서 바로 사라진다. 일하는 보람이 없다.

은행대출은 민법상으로는 금전소비대차계약이다. 소비대차계약은 한쪽이 금전 기타 대체물의 소유권 이전을 약정하고 상대방은 그와 같은 종류, 품질 및 수량으로 반환하는 계약이다(598조). 사용대차는 빌린 물건을 그대로 돌려줘야 하지만 소비대차는 같은 종류의 물건으로 돌려준다.

전세의 실질은 세 들어가는 사람이 집주인에게 돈을 빌려주는 계약이라고 했다. 입주자가 주인으로부터 집을 사용대차 한다고 볼 수는 없을까? 그렇게 개념 구성을 할 수도 있다. 그런데 현재 법학에서는 사용대차는 무상계약을 의미한다. 소비대차는 이자를 받을 수 있지만 사용대차는 그렇지 않다.

차임을 받게 되면 임대차가 된다. 아파트 같은 큰 부동산을 보통 임대차한다. 개념상으로는 작은 물건도 빌려주고 돈을 받으면 임대차다. 자동차 렌트의 경우가 대표적이다. 전세는 집에서 2년간 살고 나중에 돈을 그대로 돌려받는다. 그래서 따로 이자가 없는 금전소비대차계약이 된다. 들어가서 살기 때문에 일반적인 금전소비대차계약과는 당연히 다르다.

아파트를 사기 위해 은행은 보통 저당권을 설정해서 담보를 잡는다. 저당권처럼 대상이 되는 물건에 권리를 설정하는 방법이 아니어도 담보를 확보할 수 있다. 예컨대 보증인을 세우는 방법이다.

흔히 어른들이 친구들 사이에도 절대 보증 서지 마라, 돈도 잃고 친구도 잃는다고 한다. 그때 보증이 바로 돈 빌려주는 사람이 담보를 잡을 수 있는 방법이다. 돈 빌린 사람(A)이 돈을 갚지 않을 때 다른 사람(B)이 대신 갚는다는 약속이다. 당연히 B의 동의를 표시할 수 있는 문서가 필요하다. 말로 해도 법적으로는 성립한다고 하지만 나중에 잡아떼면 증명하기 힘들다.

법인 명의로 사업을 하는 사람들도 보증을 많이 선다. 주식회사는 투자자가 투자한 만큼만 책임지는 시스템이라고 했다. 예컨대 법인 회사를 설립한 사람(C)은 100억의 재산이 있다고 하자. 10억을 들여 회사를 만들었고 30억 원의 대출을 얻었다고 하자. 회사가 망하면 법인 명의로 된 10억만 감당하면 끝이다. 여기까지는 법적인 원칙이 그렇다는 말이다. 그렇지만 은행은 이럴 때를 대비해서 C에게 보증을 요구한다. 보증계약을 체결하지 않으면 대출을 안 하겠다고 한다. 대출을 꼭 해야 한다는 법은 없기 때문에 이제는 C의 선택이다. 대출을 안 받자니 사업을 하기가 곤란하고, 보증을 서자니 망했을 때가 염려된다.

보증도 당연히 각자의 선택이다. 그렇지만 과거에는 친구 간에 그 정도도 못 해주느냐는 소리에 마음 약해지는 사람이 많았다. 나중에 돈을 못 갚게 되자 도망가 버리고 보증을 선 친구는 갚지 않을 도리가 없다. 그래서 어른들이 절대 보증 서지 말라는 얘기를 누누이 강조한다. 물론 보증을 선 사람은 자기 돈으로 갚고 나서 원래 돈을 빌린 사람에게 내놓으라고 할 수 있다. 이런 권리를 구상권이라고 한다. 대체로 이미 도망가고 없기 때문에 구상권은 행사하기 어렵다. 도망가지 않았더라도 구상해줄 돈이 있으면 자기가 돈을 갚았겠지.

은행뿐만 아니라 누구에게 빌린 돈은 반드시 갚아야 한다. 돈을 빌린 사람은 갚아야 할 의무(민법상 채무)가 있다. 영화에는 조폭들이 빌려준 돈을 받기 위해 온갖 폭력을 행사한다. 집에 무단으로 들어와 물건도 부수고 드러누워 뻗댄다. 이렇게 직접 돈을 받기 위해 물리력을 행사하면 안 된다.

법으로는 금지되어 있다. 민법상 자력구제의 금지라고 한다. 자력, 스스로의 힘 또는 자신의 힘으로 구제하면 안 된다는 말이다. 조폭처럼 나쁜 X들 말고, 선량한 사람이 돈을 빌려준 경우는 어떻게 해야 할까? 은행도 포함이다. 법원에 소송을 내야 한다. 승소해서 강제집행을 할 수 있다. 강제집행은 경매를 할 수 있다는 말이다.

저당권이 설정되어 있으면 소송을 내지 않고도 담보권을 실행할 수 있다. 소송 없이 경매를 할 수 있다. 다만 경매에 내놓을 수 있는 재산은 다르다. 저당권이 있는 경우에는 소송을 할 필요도 없고 바로 경매를 신청하면 된다. 저당권이 설정된(등기부에 표시된) 재산만 대상으로 경매를 할 수 있다. 그렇지만 소송에 이겨서 경매를 할 때는 법으로 금지된 물품만 아니면 다 가능하다. 예컨대 먹고사는 데 필요한 필수적인 물품, 예컨대 밥을 하는 밥통은 경매하면 생존

자체에 심대한 위험을 가져온다고 봐서 법이 금지하고 있다.

영화에 나오는 조폭의 행태는 다 위법이다. 아무리 받을 돈이 있더라도 남의 집에 함부로 들어가면 주거침입이다. 사람을 때리거나 드러누워 뻗대거나 물건을 부수면 폭행이나 손괴죄가 된다. 다치게 하면 상해죄이고, 가둬놓고 협박하면 감금죄다. 영화는 영화일 뿐 실제로 그런 일이 있으면 법기관의 도움을 받으면 된다. 물론 법보다 주먹이 앞서는 경우도 있겠지만.

우리나라에서 과거 조폭은 상수와도 같았다. 영화나 드라마로 미화된 김두한의 경우 국회의원까지 지냈다. 물론 어디까지가 사실인지 확인할 길도 없다. 5·16 쿠데타 직후에 상당수의 조폭 두목들을 처벌했고 80년대에도 조폭 소탕을 위해 상당한 노력을 기울였다. 삼청교육대는 정의사회를 구현한다며 조폭을 소탕하기 위한 목적도 있었는데 무고한 사람이 많이 희생됐다.

90년대 초에도 조폭과의 전쟁을 선포한 적이 있었다. 지금은 과거의 모습이 상상되지 않지만 국회의원 홍준표는 젊은 검사 시절에 무소불위의 힘을 갖고 있던 대규모 조폭 보스를 처벌하여 국민적 인기를 얻었다. 드라마까지 나왔다.

돈을 빌려주었다고 해서 자력으로 구제하면 안 되듯이 조폭이라 하더라도 법적인 절차를 밟지 않고 소탕하면 인권 침해다. 삼청교육대가 조폭을 소탕한다고 하자 많은 국민들이 환호했다. 그렇지만 설혹 조폭이라고 하더라도 그렇게 장기간 가둬놓고 훈련을 시키려면 법적 절차를 밟아야 한다. 형사재판을 거쳐서 처벌을 하든가 행정법상의 근거를 만들어야 한다. 자력으로 문제를 해결할 수 있게 하고 절차를 무시해도 상관없다고 하면 세상은 온통 무법천지가 된다.

물론 아주 예외적으로 어쩔 수 없는 경우도 있겠지만 예외는 예외적이어야 한다. 법으로 사업자금을 지원한다든가 복지혜택을 많이 준다. 그런데 보통은 제출해야 하는 서류가 너무 많다. 그렇다고 무작정 형편이 어렵다는 말을 곧이곧대로 믿고 정부가 예산을 쓸 수도 없다. 많은 사람들이 이런 불편함으로 인해 정부의 역할을 회의적으로 생각한다. 그렇지만 규제에 해당된다면 고쳐나가야 할 문제이다. 진정으로 불필요한 부분을 개선하는 방안을 대안으로 제시해서 함께 노력할 일이다.

개인 간에도 돈을 많이 빌리고 빌려준다. 은행에서만 대출해야 한다는 법은 없다. 사회주의나 종교적 경건성이 강한 나라에서는 개인은 대출(돈놀이) 자체를 못 하게 하거나 이자를 받지 못하게 하기도 한다. 과거에 우리나라도 많은 사람들이 사채놀이를 했다. 소소하게 이웃에게 돈을 빌려주고 이자를 받아서 생활에 보탰다. 점차 경제규모가 커지면서 은행도 더 많아지고 개인들 간에 빌리기보다는 점차 금융권으로 넘어왔다. 여전히 법으로 금지되어 있지는 않다.

돈을 빌렸으면 최대한 늦게 갚고 싶다. 갚지 않을 수 있으면 가장 좋다. 빌려줬으면 빨리 받고 싶고 이자도 받고 싶다. 은행 같은 곳은 규정에 따라 일정 횟수 대출금이 들어오지 않으면 빨리 갚으라고 한다. 개인 간에는 친구 간이라 얘기를 못 하는 경우가 많다. 그렇지만 친구라 하더라도 수시로 돈 갚으라는 얘기를 해야 한다. 내용증명처럼 기록이 남는 방식으로 하면 더 좋다.

권리는 행사하지 않으면 일정 기간이 지나면 사라진다. 소유권은 스스로 넘기지 않는 한 사라지지 않지만 다른 권리는 없어진다. 분명히 돈을 빌려줬고 증거는 있어도 나중에 돈을 받지 못하는 경우가 생긴다. 대출 이자의 경우 3년 동안 달라고 하지 않으면 소송을 해도 받을 수 없다.

이러한 제도를 소멸시효라고 한다. 시효는 시간에 따른 효력을 의미한다. 일정한 시간이 지나면 권리가 없어지기에(소멸) 소멸시효라고 한다. 돈을 빌려주고 갚을 시기(변제기)가 지났는데도 아무 얘기를 하지 않으면 이제는 돈 받을 의사가 없다고 보고 더 이상 돈 받을 권리가 없다고 한다.

돈 빌린 사람이 갚지 않아도 된다는 말은 법원에서 갚으라는 판결을 할 수 없다는 의미일 뿐이다. 도의적으로야 당연히 돈을 빌렸으면 갚아야 한다. 그렇지 않으면 나쁜 X이다. 다만, 판사들이 국가가 움직이도록 판결하지는 않는다는 의미이다. 따라서 당사자가 아무리 오랜 시간이 지났어도 갚으면 당연히 법적으로 유효하다. 아주 가끔 수십 년 전에 기차를 그냥 탔거나 책을 몰래 갖고 갔다가 이제야 갚는다는 기사가 나온다. 미담이다. 빌린 돈은 당연히 갚아야 한다.

아파트 생활

70년대부터 우리나라에도 아파트가 생기기 시작해 지금은 단독주택보다 아파트에서 사는 사람이 더 많다. 아파트라고 같은 아파트가 아니다. 조경이나 디자인도 훌륭하고, 제4차 산업혁명과 함께 스마트 아파트의 시대가 벌써 열리고 있다.

수 년 전 한 프랑스 지리학자는 한강 변에 군대 막사처럼 지어진 우리나라 아파트에 흥미를 느껴 연구하기도 했다. 아파트라는 말은 외국에서 들어왔지만 그 의미가 많이 달라졌다. 수천 세대가 대규모로 편리하고 쾌적한 생활이 가능한 시스템은 우리나라가 가장 잘 발달되었다고 해도 과언이 아니다.

아파트에서 살게 되면 적용되는 법이 많다. 공동주택관리법이 대표적이다. 아파트 생활과 관련해서 이 법은 많은 내용을 규정한다. 이 법에 없는 내용은 주택법을 또 적용해야 한다(제4조). 아파트 생활과 관련해서 법은 상당히 많이 개입하고 있지만, 대부분은 법을 신경 쓰지 않고 살아간다.

이미 제정된 관리규약도 그대로 따를 수밖에 없다. 관리규약은 시도지사가 대통령령에 따라 준칙을 정하도록 했다(제18조). 입주자들이 실질적으로 자율적으로 룰을 정할 수 있는 범위가 작다. 이 또한 대부분은 있는지도 모르고 지낸다.

처음 분양을 받은 경우가 아니면 아파트에 들어갈 때 이미 입주자대표회의가 있다. 입주자대표회의는 아파트마다 구성되어 있다. 입주자대표회의는 공동주택의 입주자 등을 대표하여 관리에 관한 주요 사항을 결정하기 위하여 구성하는 자치 의결기구이다(제2조).

일상의 개념으로는 입주는 소유와 전세를 구분하지 않지만, 법은 다르다. 법상 공동주택 입주자는 소유주인 입주자들이다. 소유자와 배우자, 직계존비속을 입주자라고 표현한다. 전세를 주고 다른 곳에 있는 소유주도 많다. 살지 않더라도 입주자이기 때문에 중요한 의사결정을 할 때 이들의 의사도 다 확인해야 한다. 외부에 사는 소유주가 많은 경우 큰 공사를 할 때 애로가 많다. 전세나 월세를 사는 입주자는 입주자 대표회의 구성에서 제외된다. 법에서는 사용자란 개념을 사용한다. 아파트가 임대주택인 경우 임차인은 사용자라고 하지 않는다.

입주자대표회의는 아파트를 자치관리 할 수도 있지만(제5조) 보통은 위탁관리를 한다. 주택관리업자(회사)가 관리주체를 맡는다. 입주자대표회의가 결정하여 계약한다. 아파트 관리소장이 책임자다. 하나의 주택관리회사가 여러 아파트를 관리하는 경우가 대부분이다.

법이 규정한 관리주체의 업무는 이렇다. 공동주택의 공용부분의 유지·보수 및 안전관리, 공동주택단지 안의 경비·청소·소독 및 쓰레기 수거, 관리비 및 사용료의 징수와 공과금 등의 납부대행, 장기수선충당금의 징수·적립 및 관리, 관리규약으로 정한 사항의 집행, 입주자대표회의에서 의결한 사항의 집행. 국토교통부령에는 몇 가지 사항이 더 있다.

모든 업무를 주택관리업자가 하지는 않는다. 다시 외주를 주기도 한다. 아파트마다 많은 업무가 외부 회사에 위탁되어 있다. 예컨대 주민들에게 가끔 하는 안내 방송도 관리회사가 직접 하지 않고 회사에 외주를 줘서 다달이 비용이 나간다.

아파트 관리가 전문적이고 투명하게 진행되도록 하기 위한 자격증으로 주택관리사 제도가 도입되었다. 주택관리사는 공인중개사와 함께 40대 이후 중장년층이 많이 준비하는 국민자격증이 되었다. 시험과목은 법과 회계, 시설관리에 필요한 내용이다. 법 과목은 민법을 비롯해 아파트 관리에 필요한 법을 공부한다. 관리비를 걷어 씀씀이를 정리하고 회계서류를 작성해야 하기 때문에 회계원리도 들어 있다. 시설관리는 아파트를 유지·보수하는 데 필요한 기술적 내용이다.

아파트가 쾌적하고 편리한 주거 시스템이 된 데는 관리비 강제 납부 덕이 크다. 입주자 등(입주자와 사용자, 곧 세 사는 사람을 포함한다)은 필요한 관리비를 관리주체에게 납부하여야 한다(제23조). 단독주택이나 빌라 등은 법으로 의무화된 사항이 없다. 관리비를 다달이 걷어 관리업자에 필요한 일들을 위탁하니 주민들이 직접 몸을 움직여 해야 하는 일이 많지 않다.

반면, 단독주택이나 빌라는 자기 집만 각자 소유주가 책임진다. 그나마 단독주택은 주인이 관리해야 하는 범위가 작기 때문에 별문제는 없다. 그렇지만 빌라는 5-8가구가 같은 건물에 사는데 협조하지 않는 사람이 있는 경우 서로 피곤하다. 계단 같은 공용공간과 빌라 앞 골목처럼 청소가 필요한 곳은 많은데 누구는 하고 누구는 안한다. 누군가 나서서 돈을 걷어서 하자고 해도 잘 안 될 때가 많다.

오히려 나서서 수고하는 사람이 눈총을 받기 일쑤다.

아파트는 법으로 관리비 납부가 의무화되어 있고, 사람들도 당연하게 생각한다. 더 많은 돈을 내야 되는데도 본전 생각을 안 한다. 눈에 잘 안 보이고 굳이 의식할 필요가 없기 때문이다. 자본주의와 다른 사회의 본질적 차이를 아파트 관리비 시스템에 유추해서 적용해도 큰 무리는 없다.

자본주의가 본격화하기 이전 시대 많은 국가적 일들은 역을 지우는 방식으로 이루어졌다. 우리나라는 현재 성인 남성에 대한 병역의무밖에 없다. 과거에는 병역의무에 더해 성을 쌓거나 궁궐을 쌓을 때도 일정 기간 노역을 하러 나가야 하는 경우가 많았다. 지금도 북한 같은 사회주의 나라들은 기본적으로 같은 시스템이다. 군대도 장기 복무하고 있지만, 청년돌격대 같은 이름으로 나라에서 필요로 하는 큰 공사현장에 나가서 복역게 한다.

어떤 아파트는 부녀회가 재활용품 수거를 감독한다. 동별로 주민들이 순번을 정해 1주일에 한 번씩 분리수거가 제대로 진행되도록 당번을 맡긴다. 일종의 역을 지우는 시스템이다. 자율적인 규칙으로 안 나오는 사람들에게 얼마씩 벌금(?)을 매기기도 한다. 물론, 버티는 사람에게 강제할 수는 없다. 그렇지만 부녀회가 주도하는 관행을 바꾸거나 거부하기도 쉽지 않다.

관리회사에서 다 알아서 하는 곳도 있다. 그냥 자본주의 시스템이다. 돈으로 다 해결한다. 세금처럼 관리비를 걷으면 끝이다. 법적으로는 당연히 세금도 아니고 민간의 채권채무관계에 불과하다. 간편하다. 부녀회는 수고는 수고대로 하고, 눈총을 받는다. 아파트마다 대부분 부녀회가 있는데, 대표회의와는 달리 법에 따라 꼭 있어야 하는 기구도 아니다.

아파트는 관리비와 함께 매달 조금씩 장기수선충당금을 걷는다. 충당은 모자라는 것을 메운다는 의미인데, 충당금은 회계상 다르게 처리된다. 관리비는 그저 일반적으로 들어온 수익으로 비용으로 사용한다. 그렇지만 충당금은 장래에(보통 장기간의 시간 이후에) 발생할 수선, 곧 수리나 공사를 위해 그 목적으로만 사용해야 한다. 장기수선충당금의 사용 여부에 대해서는 입주자대표회의에서 결정한다. 관리비를 매달 얼마 부과하여 어떻게 사용할지도 입주자대표회의에서 결정한다.

아파트의 모든 비용을 주민들이 감당하지는 않는다. 지자체는 아파트 관리에 필요한 비용을 지원하거나 융자할 수 있도록 하고 있다 (제85조). 예컨대 20억짜리 급수배관 공사가 필요할 때 8-9억을 지원하는 식이다. 국가가 민간 자율 영역인 아파트 관리를 규제하는 대신에 혜택을 준다고 이해해도 무방하다.

아파트는 관리규약을 제정하고 시·군·구에 신고해야 한다(제19조). 관리규약에 어떠한 내용이 들어가야 하는지는 이미 다 정해져 있다. 지자체에서 만든 관련 준칙이 있다(제18조). 물론 법률에는 관리규약의 제정·개정, 입주자대표회의의 구성·변경과 관련된 내용 이외에는 구체적인 규정이 없다. 시·도가 준칙을 마련하도록 되어 있을 뿐이다. 대통령령으로 정하는 사항이라는 표현이 있지만 관련 대통령령도 제정되지 않았다. 그렇지만 지자체에서 이미 제정한 준칙의 내용을 거의 그대로 따르고 있다고 보면 된다.

공동주택관리법이 아파트 생활과 관련하여 특별히 규정하고 있는 내용은 많지 않다. 의무 사항으로 층간소음(제20조)과 간접흡연(제20조의 2) 방지 정도만 규정되어 있다. 교육을 한다거나 필요한 자치적인 조직을 구성할 수 있다는 내용도 있지만 얼마나 진행되고 있는지 미지수다.

아파트는 사유지이다. 입주자 각자가 공동으로 소유하는 사적 시설이다. 아파트의 공동 시설은 입주자 대표회의에서 결정할 수 있는 권한이 있다. 국가가 행정적으로 개입하는 여지는 거의 없다. 테니스장을 게이트볼장으로 바꾸고 싶을 때 굳이 구청에 민원을 낼 필요가 없다는 말이다.

이런 인식들이 부족해 아파트 공동생활에서 일어나는 마찰이 상당하다. 예컨대, 아파트 화단을 일부 입주자가 마음대로 활용하는 경우가 있다. 물건을 함부로 쌓아놓았을 때는 덜하지만, 꽃이나 채소를 가꿀 때는 다르다. 공동시설을 그렇게 하면 되느냐는 항의에 오히려 "예쁜데 왜 그러냐?"는 반응이 돌아온다. 원칙과 상관없이 다른 주민들도 동조한다.

사유지인 공동 시설이어서 자율적으로 결정해야 되기 때문에 결국 목소리 큰 당사자가 혜택을 누리게 되는 경우가 있다. 화단을 일부 주민들이 원하는 대로 가꾸게 하려면 입주자 대표회의의 결정을 거쳐 추진해야 한다.

일정 공간에 재활용품 따위를 마구 쌓아놓고 버티면 치우게 할 수도 없다. 행정기관에서는 사유지에는 관여하지 않는다고 한다. 도로에 쌓아놓은 경우에도 보통은 그냥 두다가 민원이 잦으면 그제야 치운다. 법적 근거가 이미 있는데도 바로 나서지 않는다. 이런 형편이니 사유지에 관여하지 않음은 당연하다.

아파트나 아파트 상가의 경우에는 소유자들이 알아서 해야 한다. 그렇지만 직접 치워도 안 된다. 남의 물건을 함부로 건드리면 손괴나 절도죄가 될 수 있다. 경찰이 개입한다. 공동시설을 마구 점유한 행위는 형법이 나설 문제는 아니지만, 그 물건에 손대면 얘기가 달라진다.

민법상 점유 배제나 소유권 방해 금지 등의 청구를 할 수 있지만, 입주자 대표회가 결정해야 가능하다. 굳이 시간과 돈을 들여 법적 권리를 행사하려고 하는 마인드가 되는 사람은 많지 않다.

사유지이기 때문에 아파트 내에 특정 시설을 설치하고 그렇지 않고는 입주자 대표회의에서 자율로 결정하면 된다. 예컨대 놀이터를 없애고 주차장을 만들더라도 행정기관에서 전혀 관여하지 않는다. 설혹 구청에서 신고를 접수하거나 승인을 하는 공문이 오더라도 법적인 의미는 없다. 법이 하지 말라는 부분은 하지 말고 꼭 하라고 하는 부분은 해야 하는 원칙은 아파트 생활에도 같다. 다른 영역은 알아서 결정하면 된다.

재테크

직장에 잘 다니고 집도 마련하면 이제 한숨 돌리게 된다. 결혼도 했고 아이들도 예쁘다. 여행이나 취미를 즐겨도 될 때다. 좀 더 욕심을 내면 재테크에 관심을 둔다. 주식을 알아본다든가, 투잡을 해볼까 이곳저곳 뒤져본다. 결국 건물주 되기가 인생의 목표가 아닌가?

당연히 어떤 재테크든 법은 관여하지 않는다. 법이 금지하는 때는 무기나 마약 같은 극히 예외적인 경우다. 자기 능력껏 돈을 더 벌어도 된다. 국가의 관여는 세금 정도다. 돈을 많이 버는데 세금도 안 내려고 한다면 곤란하다. 너무 많은 돈을 벌게 되면, 이래저래 법적 규제가 따른다. 그 정도는 감수해야겠지.

사회주의나 종교적 경건성이 강한 곳은 다르다. 국가가 정한 방법 이외에 돈을 벌지 못하게 금지한다. 돈을 많이 벌면 다시 평등한 상태가 될 수 있도록 정책을 시행한다. 돈은 많이 벌고 유지하려면 편법을 쓸 수밖에 없다.

강남좌파라는 말이 있는데, 이 말의 뉘앙스는 이렇다. 합법적인 테두리에서 많이 벌고 세금도 많이 내고 싶다. 요즘도 그런 사람들이 있지만, 과거에는 돈을 버는 만큼 세금을 내지 않고 불법적인 방법까지 동원하는 사람도 많았다. 전태일은 1970년에 근로기준법을 지키라며 자신의 몸을 불살랐다. 법은 있지만 나라에서 정한 만큼의 근로조건을 지키지 않았기 때문이었다. 온갖 불법과 부도덕을 자행하면서도 적반하장으로 나오는 사람도 많았다. 사회가 민주화되고 인권의식도 증진되어 점차 줄어들고 있어 다행이다.

과거 독재 시절을 그리워하는 이유 중 하나가 그 시절에는 가만히 (?) 있어도 재테크가 잘 된 데 있었다. 월급을 타서 은행에 넣어 놓으면 10%가 넘는 이자가 붙었다. 그때는 국가적으로 저축을 장려했다. 돈이 은행에 들어오면 기업에 빌려주어 경제개발을 하도록 하는 시스템이었다.

해마다 10% 넘게 붙으니 1억만 있으면 평생 놀고먹어도 되겠다는 식의 이야기를 할 수 있었다. 집을 마련한 사람들은 더 좋았다. 자신들이 살 방 말고 1-2칸 세를 주고 있으면 세월이 흐르면 집값이 많이 올랐다. 집은 그냥 살면 되고 월급은 통장에 넣기만 하면 돈이 불었다. 저절로 재테크가 되었다고 해도 과언이 아니다.

지금은 경제 규모가 60-80년대와는 비교할 수 없이 커졌다. 저성장 시대라고 하지만, 요즘 1% 성장은 과거 10% 성장보다 훨씬 큰 경제력을 의미한다. 단순히 수치만 가지고 옛 시절을 미화해선 곤란하다. 90년대 이후에는 국가적으로도 저축 이외에 다양한 재테크 수단들을 장려한다. 개인들의 주식투자는 많은 수익을 거두어도 아예 세금을 내지도 않는다. 전업투자자니 데이트레이더니 하는 사람들이 생겨나서 성공하게 된 배경이다.

자본주의는 자본이 중심이 되는 시스템이라 많은 사람들이 회의적이다. 자본주의를 철폐하기 위해 지난 200년간 전 세계적으로 사회주의운동이 크게 횡행하기도 했다. 지금도 자본주의에 대한 대안을 모색하는 사람들도 많다.

때론 자본주의 스스로도 강력한 법적 규제를 도입한다. 20세기 초 미국에서 독점 대기업을 규제하는 제도가 본격화되었다. 18-19세기 자본주의에서는 상상할 수 없는 일이었다. 개인들이 자유롭게 법률관계를 형성한다는 대원칙에 어긋났기 때문이다. 그렇지만 자본주의의 폐해는 분명 확인되었기 때문에 자본주의를 유지하기 위해서라도 적절한 규제는 필요하다는 인식이 공감대를 이루게 되었다.

반면, 사회주의국가나 종교적 경건성이 강한 국가는 그렇지 않다. 북한 같은 경우도 개인들 간에 돈을 빌려주고 이자를 받는 사채놀이나 물건을 비싸게 되파는 일은 법적으로는 허용되지 않는다. 80년대 후반 이후 경제가 어려워지면서 장마당이나 온갖 새로운 거래관계가 발생했지만 법으로 공식 허용한 적은 없다. 일정 시점이 지나서 지나치게 격차가 벌어지면 당국이 개입하여 금지할 가능성이 크다.

북한은 정권 수립 초기에도 그랬다. 지주들에게 땅을 몰수해서 전국의 농민들에게 골고루 나눠주었다. 농민들마다 능력이 달랐기 때문에 격차는 벌어질 수밖에 없었다. 토질도 달랐다. 몇 년 뒤 북한은 모든 토지를 협동화해버렸다. 평등의 가치를 제일 중요시했기 때문이다. 사회주의국가들은 결과적 평등에 획일적 기준을 적용해서 결국 경제의 활력을 잃어버렸다.

우리가 사는 자본주의에서는 원하는 대로 재테크를 해도 된다. 새로운 재테크 수단도 계속 생겨난다. 4차 산업혁명 시대의 도래와 함께 블록체인을 활용한, 옛날에는 상상할 수도 없는 재테크도 가능해졌다. 민간에서 자율로 새로운 재테크 수단이 생겨나면 국가에서 세금을 걷으러 나선다. 당연하다. 또한 예상치 못한 부작용은 예방하거나 대책을 세우기 위해 국가가 나선다. 이 또한 당연하다.

우리나라도 이제는 금융산업이 엄청나게 발전해서 다양한 재테크 방법이 있다. 주식과 채권, 부동산과 프랜차이즈 투자가 대표적이다. 부동산과 프랜차이즈 투자는 세법상으로는 사업소득에 해당하게 된다. 법적으로 엄밀하게 따지면 사업을 하는 셈이다. 주식은 배당을 받게 되고 채권은 은행저축과 마찬가지로 이자를 받게 된다.

세법상으로는 다른 소득이다. 그렇지만 돈을 투여하고 내가 직접 노동을 하지 않는 사실적인 의미에서는 주식이나 채권과 마찬가지다. 건물주는 결국 여윳돈으로 부동산에 투자를 한 셈이다. 물론 내가 직접 관리하는 부분이 어디까지냐 하는 차이는 있다. 프랜차이즈도 돈을 댄 사람이 직접 일을 하는 경우는 빼고 매니저까지 쓰는 경우는 법적인 형태와 상관없이 재테크라는 점은 같다.

주식투자는 이윤이 나면 배당을 받을 수 있는 주주가 된다. 주식투자는 주식회사에 하는 투자다. 주식회사는 상법상 상법인이고, 상법인도 사단이다. 영리를 추구하는 사단법인이다. 주주의 법적 의미는 사원, 곧 사단의 구성원이다. 회사원과 다르다는 점은 앞에서도 한 번 나왔다. 사원은 사단법인의 주인이나 마찬가지다. 주식의 비율에 따라 의결권이 부여되기 때문에 실질적인 의사결정을 할 수 없을 뿐이다. 주식투자를 설명하는 책들이 회사의 주인이 된다는 식으로 설명하는 이유가 여기에 있다.

채권의 본질은 대출이다. 채권 투자는 돈을 대는 사람이 빌려주는 개념이다. 국채는 나라에 돈을 빌려준다. 공채는 지자체나 공공기관에 빌려준다. 회사채는 당연히 회사에 빌려준다. 돈을 빌려주면 이자를 받게 된다. 채권 투자를 하면 받게 되는 돈은 법적인 성격은 이자다. 은행에 저축을 했을 때 받게 되는 이자와 성격은 같다. 은행에도 이자를 주는 상품 외에도 원금이 보장되지 않는 투자 상품이 많다.

재테크를 하는 사람들은 아무래도 원금에 민감하다. 원금을 지키고 싶으면 빌려줘야 한다. 과거 아직 별로 경제가 발전하지 않았던 시절에 돈을 조금 가진 사람들은 사채놀이를 했다. 사채놀이는 불법도 아니고 돈을 빌려주면 빌린 사람은 반드시 갚아야 한다. 도망가서 못 받는 경우는 어쩔 수 없지만 돈 받을 권리가 없어지지는 않는다.

투자는 원금이 보장되지 않는다. 채권 투자라는 말을 쓰지만, 원금이 보장되지 않는다는 의미로 투자라는 말을 쓰면 정확하지 않다. 주식은 원금은 보장되지 않는 대신, 이윤이 많을 경우 천문학적인 벌이가 가능하다. 사업투자도 마찬가지다. 망하는 사람도 부지기수다. 그렇지만 잘 되면 대박을 친다. 창업한 회사를 엄청나게 큰돈을 받고 더 큰 회사에 넘겨서 상위 0.1%의 대열에 들기도 한다. 원금은 당연히 보장되지 않는다.

인류 역사를 돌아보면 돈을 빌려주지 않고 투자하는 식의 개념이 일반화된 시점은 얼마 되지 않는다. 아주 먼 옛날에도 상업은 존재했다. 실크로드나 차마로드 같은 데를 가보면 교통과 통신이 전혀 발달하지 않았던 까마득한 시절에 어떻게 사업을 했나 감탄을 하게 된다. 대부분은 자기 돈으로 사업을 했지만, 더 크게 하려면 다른 사람들로부터 돈을 빌려서 했다. 그리고 돈은 이자를 쳐서 갚았다.

주식투자 방식이 법으로 인정되고부터는 더 많은 돈을 조달할 수 있게 됐다. 망할까 두려워서 투자를 망설였던 사람들도 투자한 돈만 잃으면 되니 걱정을 덜게 됐다. 이자 정도로는 만족스럽지 않아 직접 사업을 했던 사람들도 남에게 투자만 하고도 자기 사업보다 더 많은 수익을 거둘 수도 있게 됐다.

어르신 들 중에는 주식투자 실패의 트라우마 때문인지 아예 주식은 손대지 말라고 하는 분들도 많다. 제대로 공부하지 않고 남의 말만 듣고 무작정 따라가면 실패하거나 한두 번 성공할 뿐이다. 당연하다. 투자도 사업도 취업해서 남 밑에서 또박또박 급여를 타가는 근로와 비교해서 쉽다고 할 수 없다. 고위험 고수익이라고 했던가.

재테크 2

투자는 어떻게 보면 돈 놓고 돈 먹기다. 많은 사람들이 돈 놓고 돈 먹기를 경원시한다. 다양한 이유가 있다. 종교적 경건성에서 도덕적 기준을 높게 설정한 사람들이 있다. 사회주의적 시각에서 자본주의를 회의적으로 보기 때문이기도 하다.

은행 저축으로 받는 이자에 대해서는 관대한 편이다. 사실 어떻게 보면 투자와 마찬가지로 돈 놓고 돈 먹기인데도 그렇다. 이슬람사회의 경우 지금도 이자를 금지하고 있다. 남의 돈을 쓸 때는 실질적으로는 이자로 보이는데 다른 법적 구조를 고안해 활용한다. 소득세의 분류에 이자소득이 따로 있다. 그만큼 이자소득만 갖고 사는 사람들이 많다는 의미다.

고용 없는 성장의 시대에 대한 논의가 이루어지면서 기본소득을 도입하자는 주장이 나왔다. 일을 하지 않는데 돈을 주자는 발상에 동의할 수 없다는 분들이 상당하다. 20세기 초, 유럽과 미국은 복지국가 시스템이 일반화되었는데, 그때도 마찬가지였다. 자유로운 개인들이 각자 알아서 자신의 삶을 해결해야지 왜 국가가 관여하느냐는 비판이다. 20세기가 끝날 무렵, 지나친 국가 개입은 사회 활력을 떨어뜨린다는 신자유주의 논리가 상당히 확산되었다.

근본주의적 시각을 가진 사람들은 회사를 설립해서 사람을 고용하는 일도 백안시한다. 일하지 않는 자는 먹지도 말라는 노래가 나올 정도였다. 오죽했으면 경영자는 결재도 하고 더 많은 책임을 져야 하기 때문에 일을 하고 있다는 궁색한 변명도 나왔을까.

사회주의는 마르크스를 통해 이론적으로 체계화되었다. 착취라는 개념이 중요하다. 마르크시즘의 시각에서 보면 일리 있는 지적이다. 자본주의를 회의적으로 보기 때문에 개인이 자본을 소유하는 시스템에 대해 부정적이었다. 20세기 현실사회주의국가의 현실은 마르크시즘의 시각에 따른 착취를 없애기 위한 시도가 실패했음을 보여준다.

재테크를 하는 사람들에 대해서 착취구조에 편승한다는 비판은 타당할까? 사회과학적 토론은 가능하지만, 대놓고 직접 당사자에게 비난을 해서는 곤란하다. 철학적·종교적·도덕적 영역에서는 얼마든지 논의가 가능하다. 자본주의에 대해 어떤 태도를 가질지는 각자의 선택이다. 내가 직접 근로를 해서 버는 수입으로만 살아갈지, 불로소득의 재테크를 활용할지는 법이 강요하지 않는다. 우리나라를 비롯한 선진민주국가들은 어떤 방식의 소득이든 세금을 잘 내고 불법만 저지르지 않으면 되는 시스템이다.

많은 경우 사회과학적 의미의 착취와 불법·부도덕을 구분하지 않고 개념을 사용한다. 자본주의를 타도하기 위해 운동을 열심히 하는 분들도 그렇다. 전태일의 사례를 다시 생각해본다. 여공들에 대한 연민에서 시작된 분신항거였다. 법은 있는데도 지키지 않는 현실에 절망했다. 민원을 내고 기자들을 찾아도 관심을 기울여주지 않았다. 근로기준법이 정한 근로조건을 준수하기는커녕 문제 제기를 하니 빨갱이로 몰아갔다. 이런 사례를 들면서 착취라고 한다. 학문적으로는 정확하지 않다.

전태일이 도우려고 했던 여공들은 법이 보장하는 자신의 권리도 보장받지 못했다. 국가도 사회적으로도(예컨대 기자들) 도움을 받지 못했다. 세월이 흘러 지금을 보자. 노동조합의 힘은 세졌고 노동운동은 활발하다. 오히려 힘센 노조의 횡포가 간간히 언론 지면을 장식한다. 당연히 법이 정한 근로조건은 보장되고 있고, 더 많은 요구를 얻어내기 위해 단체협상을 한다.

법이 정한 권리를 다 누리고 있는 힘센 노조의 근로자들은 착취받지 않고 있는가? 그렇지 않다. 마르크스부터 본격화된 사회과학적 의미의 착취는 이 경우에도 당연히 해당한다. 그렇기 때문에 근본적으로 자본주의를 폐절(또는 철폐)하자는 사회주의운동이 논리적으로 도출된다.

기본적인 권리의 실현도 안 되는 상황은 착취가 아니라 불법 상태라고 해야 정확하다. 착취 상태보다 더 나쁘다는 의미다. 전태일이 분신항거 하던 시절, 전태일의 문제 제기는 법을 지켜라였다. 모르는 한자를 읽기 위해 대학생 친구를 갈망하며 어렵게 법의 내용을 알게 됐다. 법을 지키면 여공들의 삶이 개선될 수 있었다. 그렇지만 나라도 사회적으로도 관심을 갖지 않았다.

전태일이 일하던 청계천 피복업체들도 여공들은 당연히 민법상 채권자다. 노무를 제공하니 보수는 물론이고 여타 법이 정한 권리를 누려야 한다. 법이 이미 보장하고 있는 권리가 실현되지 않는 상태에서는 법을 지키라는 요구가 당연하다.

말의 뉘앙스는 그렇지 않지만 사회과학자들이 쓰는 착취라는 개념은 법이 다 지켜지고 각자가 민주주의적 권리를 다 실현할 수 있는 상태에서 문제 삼아야 적절하다. 불법은 착취보다 못하다. 양자는 구분되어야 한다.

지난 한 세대 동안 우리나라는 온갖 불법 상태가 많이 개선되었다. 지금은 형편이 많이 나아졌다. 전태일의 분신항거 이후 본격적으로 노동운동이 태동했다. 87년 6월 항쟁을 거치면서 활성화된 노동운동은 이제 우리 사회에서 중요한 한 축이 되었다. 어쩌면 우리나라는 지금이 마르크스가 말한 사회주의로 가는 필연성에 더 적절한 경제상황일 수 있다. 마르크스가 분석했던 19세기 서유럽은 당시 경제가 가장 발전한 선진국이었다.

착취라는 개념을 불법과 구분 없이 쓰게 되면 지금 단계에서 우리가 과연 무엇을 해야 하는지에 대해 혼란이 있게 된다. 전태일의 분신항거 시절과 같은 때에는 진보와 개혁을 원하는 사람들은 있는 법이라도 잘 지키라고 해야 한다. 불법 상태가 해결되면, 다음 단계로 이런 사회적 논의가 가능하다. 근본적으로 자본주의의 극복을 고민하자, 착취 없는 사회를 만들자. 법이 근로자의 권리도 보장하지 않는 시절과 법은 있지만 지켜지지 않는 시절, 법은 대체로 잘 지켜지지 않는 시절에 진보와 개혁의 내용이 같을 수 없다.

민주화되고 인권의식이 성장하고 정보화가 진행되면서 우리나라는 많은 부분에서 선진 민주국가에 버금가는 수준이 되었다. 특정 분야에서는 우리나라가 가장 앞서 있다. 사회 발전의 단계적 국면에 대한 정확한 인식이 뒷받침되지 않으면 엉뚱한 주장을 내세우게 되고, 선동능력이 뛰어난 사람의 말이 먹힌다.

지난 코로나 사태 때 한 정당에서는 주민들이 마스크를 사기 위해 약국 앞에 줄 서게 하지 말고 일괄 구입해서 지급하라고 주장했다.

며칠 지나지 않아 구청에서 실제로 그렇게 했다. 당장 눈에 보이는 약국 앞 줄 서기는 줄였을지 모르나 과연 코로나 대응에 효과적이었는지, 예산 사용 원칙은 적절했는지 민주적 법치 관점에서 검토가 필요하다.

재테크에서 시작되어 진지한 철학적 논의까지 이어졌다. 어떤 법이든지 그 배후에는 이런 진지한 성찰이 반영되어 있다. 주로 전문적으로 많이 공부한 학자들이 논의하기는 하지만, 아는 것이 힘이다.

환경의 중요성 때문에 종이컵을 쓰지 말자는 사람들을 예로 들어 보자. 법이 일률적으로 종이컵의 생산 자체를 하지 못하게 하는 방법도 있다. 아직은 종이컵은 자유롭게 생산해서 팔 수 있도록 허용한다. 한편, 국가적 또는 민간 차원의 캠페인을 자유롭게 보장하고 있다.

과연 어떤 선택을 해야 할까? 플라스틱의 유해성에 대한 지적이 나오자 일부 카페에서는 종이 빨대로 대체했다. 민간에서 자율로 하는 경우에는 문제 될 일이 없다. 과연 법으로 종이 빨대로 바꾸도록 의무화해야 할까?

전반적인 상황은 많이 나아졌지만 아직도 최저임금도 지급하지 않으며 사업하는 영세업자들이 있다. 근로기준법을 엄격하게 적용하는 경우 이런 반론을 제기한다. 오히려 그나마라도 고용된 사람들이 일할 데가 없어진다. 불법이 용인되는 큰 이유 중 하나이다.

그래도 사업은 해야 하지 않느냐는 논리다. 각자가 어떤 선택을 할지, 정부에서 어떤 정책을 채택해야 할지 사회적인 논의가 필요하다. 법이 정한 최저임금은 일정한 사회적 합의가 형성되었다고 볼 수 있다. 그 정도의 임금도 지급하지 못하는 사람들이 계속 사업을 하게 해야 할까? 오히려 이런 사람들은 사업이 아닌 다른 쪽으로 돌릴 수 있도록 하고, 여기에 고용된 사람들도 업종 전환할 수 있도록 훈련을 하는 방식이 맞지는 않을까?

현실사회주의국가들은 아예 개인은 사업을 하지 못하도록 해버렸다. 영리활동뿐만 아니라 도덕적 기준에서 유사한 문제도 많다. 20세기 초에 미국에서는 헌법으로 술을 금지하기도 했다. 여성을 상품화하는 매춘의 금지 여부에 대해서는 법적으로뿐만 아니라 종교적·사회학적·여성학적으로 큰 논란거리다.

법이 허용하고 있다고 해서 다 정당하지는 않다. 마찬가지로 법이 금지하고 있다고 해서 무조건 잘못도 아니다. 적정한 선에서 사회적 합의가 형성되도록 지켜볼 필요가 있다. 재테크에서 시작하여 법의 배후에 있는 철학적 논의에 대해 성찰해보았다. 법은 성찰이 많으면 많을수록 좋아진다.

자격증을 따볼까?

나이가 더 들면 인생 이모작을 준비하게 된다. 각종 자격증에 기웃거려 본다. 주택관리사는 언제부턴가 공인중개사와 함께 국민 자격증이 되었다. 준비하는 사람이 워낙 많아서 교육하는 회사는 아마 엄청난 수익을 거뒀으리라. 따기도 어려운데 워낙 많은 사람이 준비하니 장롱 면허도 많다.

자격이 없으면 관련 일을 하지 못하는 경우가 많다. 운전면허가 없으면 운전을 실제로는 잘 할 수 있는 능력이 있어도 무면허운전이다. 마찬가지다. 자격증과 상관없이 일을 해도 되는 경우도 있다. 예컨대 무료법률상담의 경우 꼭 변호사가 아니어도 상관없다. 변호사가 아니라는 점을 밝히지 않으면 자격 사칭이 될 수 있는데, 다른 차원의 문제다.

자격증 부여를 비즈니스 모델로 하는 교육업체가 무수히 많아졌다. 예컨대 인터넷 강의는 누구나 무료로 수강할 수 있게 한다. 이왕 만든 콘텐츠니 추가적으로 더 비용이 들어가지는 않는다. 일정한 기준을 정해놓고 이수자에게 자격을 취득했다고 한다. 자격증 발급을 위해서는 돈을 내게 한다.

이런 사업이 가능한 이유는 자격증은 그야말로 아무나 만들어서 운영해도 되기 때문이다. 국가자격 또는 공인자격 같은 말은 쓸 수 없다. 이런 명칭을 쓰는 경우에는 처벌하는 규정이 있다. 동일한 명칭을 쓰지 않으면 그뿐이다. 등록자격에 미치지 못해도 등록자격이라는 말만 쓰지 않으면 된다.

과거에는 채용 후 회사에서 자체로 교육훈련을 하던 많은 일들이 학원이나 온라인교육 업체에서 자격증 부여와 함께 진행된다. 많은 경우 중앙정부나 지자체 차원에서 예산이 지원된다. 일자리 창출을 위해 교육훈련을 했다는 실적으로 잡힌다. 법정 의무교육도 갈수록 늘어나고 있다. 성희롱 예방 교육, 퇴직연금 교육 따위. 이렇게 되니 교육 콘텐츠가 있으면 너도나도 자격제도를 신설하는 추세다.

자격증은 자격을 증명하는 증서다. 자격제도와 관련된 법으로 자격기본법이 있다. 이 법은 자격을 크게 국가자격과 민간자격으로 나눈다. 국가자격은 말 그대로 국가가 만들어 관리, 운영하는 자격이다. 민간자격은 국가를 제외한 주체가 관리, 운영한다.

민간자격은 공인자격과 등록자격으로 구분된다. 공인자격은 정부에서 공인한 민간자격이다. 등록자격은 정부에서 공인을 받지 않고 정부에 등록만 한 민간자격이다. 눈여겨보지 않으면 이름만 거창하고 실속은 없는 자격증인지 구분하기 어렵다.

자격증 제도는 아주 오래전에는 별로 없었다. 사실 운전면허제도도 처음부터 오늘과 같은 방식으로 운영되지는 않았으리라. 자동차가 발명되어 마차를 말이 아닌 엔진으로 끌게 되었다. 대체는 되었어도 처음부터 많은 차량이 운행되지는 않았다.

대량 생산이 이루어지고 사고가 많이 나게 되면서 다양한 규제들을 하나씩 신설해간다. 길은 차도와 보도로 구분하고, 횡단보도와 신호등 시스템을 고안한다. 사고가 났을 때 배상하지 못하는 경우가 많아져서 아예 모든 운전자에게 보험 가입을 의무화한다. 운전도 아무나 하지 못하게 하고, 일정한 교육을 시킨 후에 할 수 있도록 한다.

인생 이모작으로 많이 준비하는 주택관리사 자격은 1990년에 1회 시험이 실시됐다. 공인중개사도 80년대 초에 도입됐다. 공인중개사 이전에 이미 부동산 중개를 하는 사람이 많았다. 자격과 상관없이 이미 일을 해오던 사람들도 계속 중개를 할 수 있도록 했다. 법적으로 이들을 부동산 중개인이라 하여 구분한다. 지금은 자격제도가 시행된 지 오래되어 공인중개사 자격이 있는지를 확인하고 거래를 맡긴다. 관련법으로도 공인중개사를 표기하도록 하고 있다. 과거에는 '부동산'이라는 간판을 붙여놓고 일을 했다.

자격증 제도는 이처럼 특정한 분야에서 필요한 일들이 많아지고 적절한 규제가 필요할 때 만든다. 원래는 누구에게나 허용되는 일인데, 국가적 필요에 따라 제한을 가하는 성격이다. 법적인 관점에서 보자면 사람이 누구나 누릴 수 있는 자연적 자유를 국가적으로 일단 금지했다가 다시 회복시켜 주는 의미이다.

면허 없이 자동차 운전을 하면 안 된다는 사정은 마약이나 무기 거래와는 법적인 성격이 다르다. 마약이나 무기는 국가에서 원천적으로 금지한다. 자연적인 권리로서 마약이나 무기를 사용할 수는 없다. 의료용이나 군대용으로 특별히 허락된 경우에만 가능하다. 자동차 운전이나 마약 사용이나 국가에서 금지한다는 점에서 현상은 같다. 그렇지만 법적인 성격은 완전히 다르다.

국가에서 금지하는 일과 허용하는 일에 법적으로 어떤 성격을 부여하느냐는 나라마다 다르다. 역사적 상황과 구조적 환경, 철학적 성찰의 차이에 따라 달라진다. 우리나라는 무기 사용의 경우 절대적으로 금지된다. 그렇지만 미국의 경우 민주주의 원칙에 따라 개인의 총기 사유는 원칙적으로 자연적인 권리다.

미국은 3권 분립을 세계 최초로 헌법적으로 제도화했다. 정부에 대한 불신이 전제가 된다. 권력은 선하지 않다는 철학적 믿음이다. 그렇기 때문에 언제든 독재로 폭력화할 수 있는 권력에 맞서 시민은 스스로 무장할 수 있어야 한다고 본다. 그래야 시민들이 자기 권리를 스스로 지킬 수 있기 때문이다. 총기 사용으로 인한 크고 작은 비극이 끊임없이 반복되지만 총기 사용을 규제하고 관리하는 제도를 유지하는 이유도 여기에 있다. 근본적으로 총기 사용을 금지하려면 민주주의에 대한 인식이 근본에서 바뀌어야 한다.

우리나라 같은 경우에는 다르다. 총기뿐만 아니라 마약 규제도 엄격히 금지된다. 서양의 많은 나라들은 마리화나나 대마초는 자유롭게 허용하는 곳도 많다. 그렇지만 우리는 담배뿐이다. 역사적으로 거슬러 가면 19세기 중엽 중국의 아편전쟁으로 인한 영향을 무시할 수 없다. 잠자는 사자로 불렸던 중국(청)은 아편으로 서양 열강과 전쟁까지 갔다. 홍콩을 할양하는 등 엄청난 역사적 비극에서 얻은 교훈이다.

현실사회주의국가들은 개인 차원의 상업을 전면적으로 금지하여 많은 문제가 되었다. 경제의 활력이라든가 자유와 인권의 관점에서도 짚어볼 지점이 많다. 마찬가지로 총기와 마약 등 절대적 금지 의무에 대해서도 논의의 필요성은 있다. 아마도 우리나라는 앞으로도 상당한 기간 동안 원래 인간이 갖는 자연적 권리로 보지는 않을 듯하다.

세월이 흐를수록 정부 차원의 규제는 더 많아진다. 새로운 문제가 제기되기 때문이다. 산업화, 도시화가 진전되기 전에는 쓰레기를 아무 데나 버려도 별로 문제가 되지 않았다. 자연도 일정한 범위까지는 인간이 생성하는 쓰레기를 해결할 수 있었다. 점차 환경의 문제가 제기되고 그냥 두어서는 안 된다는 공감대가 이루어진다. 정부 차원, 민간 차원에서 캠페인과 교육을 진행한다. 나중에는 결국 법이 개입하여 다양한 의무를 부과한다.

왕이나 황제 같은 군주가 지배하던 시대에서 민주주의로 넘어오면서 처음에는 각자 이성을 가진 개인들의 자유로운 합의를 통한 세상을 꿈꿨다. 반드시 해서는 안 되는 사항, 꼭 필요한 몇 가지를 제외하고는 각자가 알아서 스스로 결정하고 관계를 맺을 수 있게 했다. 아담 스미스의 경우 보이지 않는 손으로 설명했다. 가격을 통해 시장에서 저절로 결정되고 오히려 더 낫다는 취지였다. 경제학에서 이론적 전제가 되는 완전경쟁시장이다.

법에도 이런 사상이 반영되었다. 특히 민법은 이런 관점에 따라 계약 자유의 원칙을 3대 원칙의 하나로 포함시켰다. 다른 2가지는 소유권 절대 원칙, 책임 원칙이다. 개인의 소유권을 침해하려면 반드시 국민의 대표인 국회의 결정, 곧 법률의 근거가 있어야 된다고 보았다. 각자가 책임이 있는 경우에만 배상하면 된다는 원칙도 포함되었다.

행정법의 초기 내용에도 반영되었다. 야경국가라고 한다. 국가는 밤에 경비를 서는 역할, 곧 치안이나 국방 같은 최소의 역할만 하면 된다는 의미다. 나머지는 각자 자유롭게 개인들이 법률관계를 형성하면 된다. 개인은 누구나 이성적인 존재로 합리적인 판단이 가능하다는 철학적 전제가 깔려 있었다.

19세기를 지나면서 초기의 자유주의적 민주주의관은 많이 수정되었다. 기업과 근로자의 계약을 자유롭게 놓아두면 안 된다는 점을 알게 되어 노동법이 발전하였다. 취업도 못할 정도의 사람들을 국가가 방치해서는 안 된다는 인식에 따라 복지법이 형성되었다. 큰 기업들은 이래저래 규제를 더욱 강화해갔다. 소비자를 보호할 뿐만 아니라 자본주의 자체를 유지하기 위해서도 필요했다. 환경을 보호하자는 주장은 20세기 들어 본격화되었다. 많은 규제들이 생겨났다.

온갖 규제가 많이 생기게 되어 규제가 문제가 되는 상황도 생겨났다. 규제를 혁파하고 줄이는 일도 새로운 법적 과제로 추가되었다. 법률을 개정하는 일은 어떻게 보면 쉽다. 누군가 필요하다거나 줄여야 한다거나 주장을 하고 국회에서 다수의 선택을 받으면 되는 일이다. 그렇지만 국회가 국민의 대표라고 해도 모든 결정이 정당하다고 보지는 않는다. 이에 대한 판단 기준은 이론적인 논점에 따르게 된다.

중장년 이후 삶의 방편을 위해 자격증 시험 준비를 할지 안 할지는 당연히 개인의 선택이다. 그렇지만 이왕이면 근본적인 성찰을 함께 하면 좋다. 자격증 제도도 민주주의 세상이 본격화한 이후 법의 배후에서 진행된 다양한 논의를 전제하고 있다. 성찰적 논의가 많으면 많을수록 법은 개선된다. 사회는 더욱 좋아진다.

자격증 2

참고로 법 관련 자격의 종류를 짚고 넘어가자. 자격증 제도를 잘 알고 있으면 준비하는 데도 도움이 되지만, 민원을 낼 때 활용하기에 좋다. 스스로 서류를 작성해서 민원을 내는 경우가 대부분이지만, 적당한 비용을 들여 전문 자격 소지자의 도움을 받으면 많은 일을 수월하게 할 수 있다.

공인중개사는 부동산 중개와 관련된 유사 법조 자격이다. 공인중개사를 아무도 법조인이라고 생각하지 않는다고? 그렇지만 법무 중에서 일정한 범위, 부동산 중개와 관련된 전문가라는 점은 분명하다. 부동산 계약이라는 엄청난 법률행위를 자문하고 주선한다. 시험과목도 부동산학 개론을 제외하면 모두 법 과목이다.

부동산학 개론은 줄여서 '학개론'이라고 한다. 1차에 민법과 민사특별법이 있고 2차에 법 과목 3가지가 있다. 부동산공법, 부동산공시법, 부동산세법, 공인중개사법이다. 공시법과 세법을 합쳐서 한 과목으로 편성했다. 우리가 주변에서 쉽게 볼 수 있고 편하게 생각하지만 엄연한 법조인이다.

법 관련 자격의 대표는 변호사다. 변호사 이외에 변리사, 노무사, 법무사가 있다. 기타 자격으로 행정사가 있다. 감정평가사, 세무사도 법을 많이 보아야 한다. 감정평가와 세금 부과와 관련된 내용은 법에 규정되어 있고, 법을 따라야 한다. 수출입과 관련된 세금과 관련하여 관세사 제도가 따로 있다.

주택관리사는 민법이 포함되어 있지만 법률 전문가 자격은 아니다. 민법, 그중에서도 특히 채권법은 많은 자격증 시험에 포함되어 있다. 민법은 모든 법의 기초이고 누구든 거래를 하려면 계약을 맺게 된다. 주택관리사 과목으로는 민법 외에 회계원리가 중요하다. 아파트 관리사무소의 회계서류를 작성해야 하기 때문이다.

변호사는 모르는 사람이 없는 자격증이다. 사전적 개념으로는 법무사와 바꿔어야 더 적절하다. 변호사의 직무는 법률 사무이기 때문이다. 변호사법이 규정한 법률 사무는 소송에 관한 행위, 행정처분의 청구에 관한 대리행위, 일반 법률 사무이다(변호사법 제3조). 앞의 두 가지도 모두 법률 사무이다.

반면, 법무사는 말은 법무, 곧 법률사무를 모두 할 수 있는 사람 같지만 그렇지 않다. 법무사법에 법무사가 할 수 있는 업무는 몇 가지 열거되어 있다. 법무사는 법원과 검찰청에 내는 서류를 작성하고 제출을 대행할 수 있을 뿐이다. 대리할 수 있는 사건은 등기와 공탁사건, 공매와 경매사건이다.

변호사가 소송을 맡아 법정에 서게 되는 일을 대리라고 한다. 물론 민법상 대리는 소송 대리만 의미하지는 않는다. 법무와 관련하여 변호사는 모든 일을 대리할 수 있다. 그렇지만 법무사는 직접 대리할 수 있는 일은 제한되어 있다. 등기는 부동산 등기와 상업 등기를 의미한다. 상업 등기는 기업 등기를 말한다. 공탁은 공적으로 맡겨놓는다는 의미이다. 예컨대 돈을 갚으려고 하는데도 채권자가 받지 않는 경우에 법원에 공탁하면 된다. 변제를 완료했으니 더 이자가 붙을 이유도 없다. 공매는 정부가 채권자가 되어 시행하는 경매다.

법무사들은 마음에 들지 않는 평가겠지만, 변호사가 해야 하는 일부 법률 사무를 법무사에게 권한을 나눠주는 시스템이다. 다른 법조 자격도 마찬가지다. 노무사는 법률 사무 중 노무, 곧 노동 문제와 관련하여 권한을 부여 받았다. 노동 관련 기관에 대해서 내는 서류를 작성하고 제출할 수 있다. 권리 구제가 필요할 때 대리도 가능하다. 그렇지만 노동 문제도 법원에 소송을 낼 때는 변호사만 할 수 있다. 노무사는 추가적으로 노무관리 상담과 지도, 노무관리 진단을 할 수 있도록 직무를 규정하고 있다(공인노무사법 제2조).

명칭에 '공인'이 들어가는 자격제도는 많지 않다. 공인노무사 외에 공인중개사, 공인회계사 정도다. 회계사도 법을 많이 본다. 회계서류를 작성하고 감사할 때 법에 규정된 내용을 지켜야 한다. 상법 같은 관련법도 알아야 한다. 그렇지만 회계서류 작성의 원칙과 기준은 법이 정하지 않는다. 국제회계기준위원회(IFRS, International Financial Reporting Standards)가 정한다. 한국에도 이의 적용을 위한 민간 위원회가 있다.

'공인'이 붙는다고 하여 특별한 의미는 없다. '공인'이라는 말을 붙이지 않으면 자격이 없어도 관련 일을 할 때 노무사, 중개사, 회계사라는 명칭을 써도 문제는 되지 않는다. 공인노무사법의 경우 법에 따른 공인노무사가 아닌 자에 대해 공인노무사·공인노무사사무소·공인노무사합동사무소·노무법인 또는 이와 비슷한 명칭을 사용해서는 안 된다(제8조)고 규정하고 있다. 그렇지만 이 조문이 '공인'이라는 말이 붙지 않은 노무사 개념까지 써서는 안 된다고 보기는 어렵다.

현실에서는 공인노무사 자격제도가 완비되어 있기 때문에 굳이 비공인 노무사임을 내세워 관련된 업을 하는 사람도 없고 그런 사람에게 일을 의뢰하지도 않는다.

변리사는 특허와 관련된 일을 처리한다. 변리(辨理)는 원래는 일을 맡아서 처리한다는 뜻이다. 어쩌다 특허와 관련된 일에 자격 명칭으로 붙게 되었는지 설명을 찾을 수가 없다. 아무튼 특허, 실용신안, 디자인(의장), 상표와 관련된 사무를 맡는다. 변리사는 따로 자격시험이 있고, 변호사도 자격을 받을 수 있다. 변호사는 250시간의 집합교육과 현장연수를 마치면 변리사 자격이 부여된다(변리사법 제3조, 시행령 제2조). 법무사의 경우, 변호사는 곧바로 법무사가 하는 일을 다 해도 된다.

법 관련 자격제도의 연원으로 보면 한꺼번에 너무 많은 사람에게 변호사 자격을 줄 수 없기 때문에 유사 자격이 생긴 듯하다. 그렇지만 해당 자격으로 따로 선발된 사람들은 변호사들까지 자기 업무를 할 수 있도록 하는 법에 불만이 있다.

자격제도도 나라마다 다양하다. 우리나라에는 없는 자격증이 외국에 있기도 하고 반대도 있다. 미국의 경우 변호사 자격은 각 주마다 약간씩 다르다. 예컨대 뉴욕주 변호사가 L.A.에서 소송을 대리하려면 캘리포니아주 변호사 자격을 따로 취득해야 한다. 법학 교수에게 변호사 자격을 바로 부여하는 곳도 있다. 변호사 자격이 있는 사람에게만 법대 교수가 될 수 있는 기회를 주는 곳도 있다. 우리나라는 그렇지 않다. 나라마다 천차만별이다.

판사나 검사는 변호사와 함께 법조 삼두마차이다. 그렇지만 판사와 검사는 자격증이 아니다. 변호사 자격이 있으면 판사나 검사로 임용된다. 판사는 법원에, 검사는 정부에 채용되는 특별권력관계에 놓이는 공무원에 대한 명칭이다.

변호사가 변호하는 일만 하지 않듯이 판검사도 그렇다. 판사는 판결 이외에도 많은 일을 한다. 검사도 마찬가지다. 변호사와 판검사는 같은 '사' 자를 쓰지만 한자는 다르다. 변호사는 선비 사(士)를 쓴다. 변리사, 법무사, 공인노무사도 같다. 그런데 판검사는 일 사(事)를 쓴다. 지금은 양자가 한자를 달리 쓴다는 사실에 대해서 거의 아는 사람도 없다. 한자를 달리 쓰는 데는 판검사가 자격이 아니라는 점을 구분하기 위한 목적도 있었으리라.

판사는 고려시대, 조선시대에도 같은 한자를 쓰는 관직이 있다. 서양의 법률제도를 도입하면서 용어는 일본에서 대부분 번역했다. 우리 역사 속의 벼슬이 고려되지는 않았겠지만, 일본에도 유사한 개념이 존재했을 가능성이 있다. 한 나라의 최고법을 의미하는 헌법도 일본이 자신들의 과거 역사에서 찾아낸 개념이다. 쉽진 않겠지만 다른 개념으로 바꿀 필요성도 있어 보인다. 예컨대 경국대전에서 '대전'을 차용하는 식이다.

판사는 재판에서 판결하는 역할 외에도 일이 많다. 많은 일의 성격은 행정부를 감독하는 일이다. 예컨대 경찰이나 검사가 압수수색을 할 때, 구속을 할 때 영장을 법원에서 발부받는다. 우리나라 법원은 등기도 관할한다. 판사가 등기와 관련된 일을 직접 하지는 않지만, 책임은 법관들에게 있다.

검사는 검찰권을 행사하는 자리다. 검찰권은 기관이나 단체 및 국민들이 국가의 법을 바로 집행하는가를 감시하고 통제하는 국가의 권한[5]이라고 정의한다. 주로 범죄자를 형사재판에 회부하는 일과 관련된 사전적 용어로는 적절하지 않아 보인다. 그렇지만 이미 누구

---

5) 네이버 국어사전. 검색일 2020년 3월 16일.

나 아는 개념으로 자리 잡은 지 오래라 그대로 써도 무리는 없다. 국가를 상대로 소송이 제기되면 검사가 변호사처럼 역할 한다. 물론 기관에 따라서는 계약직으로 변호사를 따로 채용하기도 한다.

행정사는 행정기관에 제출하는 서류를 작성하고 제출하는 권한이 있다. 대리할 수 있는 법률 사무는 행정기관에 인가, 허가, 면허를 받기 위해 신청, 청구, 신고하는 행위로 제한된다. 과거에는 일정 기간 공무원으로 재직한 경우 자격이 부여되기도 했지만, 지금은 자격 시험을 통과해야 한다.

취미생활

아파트를 사든 대출을 받든 자격증을 따든 각자의 선택이다. 해도 되고 안 해도 된다. 법으로 규정된 의무가 아니면 스스로 결정하면 된다. 자원봉사를 해야 한다고 소리 높이는 분들이 있지만 법적인 문제는 아니다. 종교적 공동체 내의 문제이거나 도덕적 차원의 문제이다.

법적 의무는 최소화해야 한다는 원칙을 민주주의 법의 기본으로 보던 시절도 있다. 몇백 년 전 서유럽의 얘기다. 점차 산업화(공업화)가 진행되고 도시에 엄청난 사람들이 모여 살게 되면서 규제가 많아졌다. 규제는 일종의 의무다. 해야 할 일과 하지 말아야 할 일에 대한 국가적 기준을 법으로 정한다.

먹고살 만하고 이모작 준비도 끝났으면 뭔가 취미활동을 해보고 싶다. 학원에 다니든 동호회에 가입하든 다 자유다. 돈을 내야 하는 경우는 민법상 채무만 잘 이행하면 된다. 돈을 내지 않고도 배울 수 있는 일이 의외로 많다. 사실 대부분의 취미 활동은 혼자서 꾸준히 몇 년간 연습해야 한다. 근성의 문제다.

학원 같은 사설 교육 시설이 아닌 공적인 교육 서비스 제공기관도 많다. 과거에는 동사무소라고 했던 주민센터는 아주 가까이에서 여러 프로그램들을 운영한다. 구립, 시립, 국립의 다양한 기관들은 좋은 선생님들을 모셔서 주민들을 유치한다. 체육시설의 경우에는 기존 회원들에게 우선권을 주어서 진입하기가 쉽지 않은 경우도 있다.

공적인 시설이라 하더라도 민법상 일반적인 계약관계가 적용된다. 사정에 따라서 프로그램들을 더 이상 운영하지 않더라도 권리의 침해로 보기도 어렵다. 국민으로서 주민으로서 권리와 의무는 다양하지만, 국가와 지자체는 사적인 경제활동의 방식으로도 국민과 주민과 관계를 맺는다. 백화점에서 운영하는 문화센터에서 교육을 받을 때 적용되는 법과 다른 점은 별반 없다.

참고로 국민과 주민의 차이를 짚고 넘어가자. 태어나면서부터 법적인 권리와 의무의 주체가 된다. 권리능력이라고 한다. 이미 앞에서 다뤘다. 태어나자마자 국적을 취득한다. 국적은 국민이라는 공법적 지위를 의미한다.

지방자치단체의 관점에서는 주민이 된다. 북한인들을 언급할 때 북한 국민이라고 하지 않고 주민이라고 한다. 이는 북한을 우리 헌법상 국가의 효력을 인정하지 않기 때문이다. 지자체처럼 대한민국을 구성하는 일부 조직(국가보안법상의 개념은 반국가단체)으로 본다.

대부분의 사람들은 태어난 곳의 국적을 취득한다. 대부분이라고 하는 이유는 예외가 있기 때문이다. 미국은 외국인도 미국 영토에서 태어나면 곧바로 미국 국적을 부여한다. 미국 국적은 번역할 때 시민권이라는 말로 쓴다. 다른 나라는 대부분 부모의 국적에 따른다. 우리나라 사람들이 미국에서 출산할 때 자녀가 이중국적이 되는 이유가 여기에 있다.

우리나라는 먼저 부모의 국적을 확인하고, 부모를 알 수 없으면 우리나라 영토에서 태어난 경우 대한민국 국적을 부여한다. 미국 같은 방식을 속지주의라고 하고 다른 나라의 방식을 속인주의라고 한다.

주민은 지방자치단체의 구성원이다. 주민은 날 때부터 특정한 지역으로 정해지지 않는다. 물론 대부분 부모가 출생신고를 할 때 기재하는 지역에 따른다. 그렇지만 부모가 다른 지역으로 신고해도 무방하다.

주민등록과 가족관계등록을 할 때 모두 지역 표시가 필요하다. 주민등록은 해당 지자체에 하니까 당연하다. 가족관계등록도 등록기준지라고 하여 지역을 정해야 한다. 주민등록은 지자체별로 행정의 편의적 필요가 있어 보인다. 지금처럼 교통과 통신이 발달한 시점에서 가족관계등록에서 지역 구분은 어떤 의미인지 논의가 필요하다.

국가와 지자체는 법으로 권리와 의무의 주체로 인정된다. 곧 법인이다. 권리능력은 사람이 갖고 사람은 자연인과 법인이 있다. 법인은 보통 설립 후 국가에 등기하는 절차를 거쳐 인정된다. 법인이 되면 법인의 이름으로 재산권 행사를 할 수 있다. 자연인만 할 수 있는 권리와 의무는 당연히 인정되지 않는다. 예컨대 법인이 군대를 간다거나 선거를 할 수는 없다. 세금은 내야 한다. 개인이 돈을 벌면 내야 하는 소득세를 법인의 경우 법인세라고 하는데, 당연히 내야 한다.

국가와 지자체가 법인이라는 말은 국가와 지자체도 사람과 같이 권리와 의무를 행사한다는 말이다. 국가도 지자체도 물건을 살 수 있고 사람을 고용하면 보수를 줘야 한다. 국가와 지자체는 전국의 많은 부동산을 소유하고 있다.

민주주의 시스템이 채택되기 전에는 왕이 주인이었다. 왕의 소유물이었기 때문에 서양의 경우 자식들에게 나누어 주면 나라가 새로 생겼다. 동양은 주로 벼슬을 하는 관리들에게 세금을 걷을 수 있는 권리를 부여했다. 요즘 민주주의국가는 국가가 직접 세금을 걷고 공무원들에게는 보수를 금전으로 지급한다.

수백 년 전 민주주의 시스템이 도입되기 전에는 왕이 곧 국가였다. 프랑스의 루이 14세는 유명한 말을 남겼다. "짐이 곧 국가다!" 루이 14세만 특이하게 과하게 봉건적이었을까? 그렇지 않다. 근대국가에서는 왕이 사라졌다. 아직도 군주가 있는 나라는 있지만 민주주의가 발전한 곳은 통치를 직접 하지 않는다. 상징적인 존재다.

과거 왕이 보유했던 권리는 국가에 넘어갔다. 국가의 관념은 근대의 민주주의 체제로 오면서 상당히 달라졌다. 국가는 추상적인 실체다. 많은 재산과 사람의 집적물이다. 왕이 모두 가졌던 통치권력도 국가의 세 부분이 담당하게 했다. 권력분립이다. 영국 같은 이권분립 국가도 물론 있다.

오늘날 우리는 국민주권론을 당연하게 생각한다. 사회주의자들은 국민주권을 비판하며 인민주권론을 주장했다. 다시 체제 전환을 했기에 현재 대세는 국민주권이다. 국민주권 이전에는 국가주권론이 있었고 그 전에는 군주주권론이 있었다.

주권론은 서유럽에서 교황 중심의 단일한 통치체제가 각 나라별로 나뉘게 되는 시점에 나왔다. 중세 봉건 시대에는 교황이 종교도 세속도 지배했다. 그렇지만 르네상스와 종교 분리(종교개혁)를 거치면서 교황의 유일적 지배는 무너졌다. 프랑스 민족, 영국 민족, 독일 민족이 각각의 나라로 갈라져 나왔다. 영국은 가톨릭과 비슷하지만 영국 왕을 수장으로 성공회를 성립했다. 영국 왕은 교황과 유사한 지위를 가진다. 독일은 개신교를 국교로 했다.

이런 상황을 뒷받침하기 위해 주권이라는 개념을 고안해 법적으로 뒷받침했다. 교황이 온 세상을 지배해야 하지만 이제는 각 국가 또는 각 군주는 각각 주권을 가진다는 발상이다. 주권을 대내적으로 최고의 권력, 대외적으로 독립된 권력으로 설명한다. 교황의 지배를 더 이상 정당화하지 않기 위해 내세우기에 좋은 논리였다.

국가 또는 군주가 주권을 가진다는 발상은 당시로는 혁명적이었다. 민주주의 혁명이 진행되면서 국민주권론으로 발전했다. 국가라는 추상적 존재 또는 앙시앵레짐의 군주가 아닌 국민이 주권을 가진다는 과격한 발상이다.

왕의 권한은 쪼개지고 왕의 소유물은 국가라는 추상적인 존재에게 넘어갔다. 부르주아지 또는 시민이라고 하는 민주주의혁명의 지도자들은 개인의 소유권도 절대적이라는 사상을 발전시켰다. 수많은 토지를 개인이 갖는다는 발상, 왕도 함부로 침해할 수 없다는 발상은 과거에는 상상할 수 없었다. 이런 사상은 모두 법적으로 특히 민법 원칙으로 확고하게 정착됐다. 물론 수많은 전쟁과 수많은 선각자들의 희생이 있었기에 가능했다.

민주주의가 되면서 과거 왕이 통치하던 시대에서 입법과 행정과 사법으로 권력이 나뉘었다. 국민의 대표가 법을 만들고 행정부는 그 법에 따라서 집행한다. 문제가 있을 때 법원을 통해 국민의 권리를 구제한다. 민주주의 권력분립의 기본 발상이다. 세월이 더 흘러 권력분립은 더욱 나아갔다. 언론과 시민단체처럼 실질적인 권력분립 사상도 제도화되었다. 지방자치제를 통해 중앙권력과 지역의 권력을 적절히 나누는 시스템도 도입됐다.

지방자치제로 인해 지역의 일은 지자체가 스스로 결정할 수 있다. 어느 정도까지 권한을 주느냐는 나라마다 다르다. 대체로 교육과 복지는 자율적으로 실시한다. 세금이나 근로조건 등은 전체적으로 통일적 기준을 설정하는 편이다.

지방자치단체를 법인으로 보는 발상은 독일을 비롯한 대륙법계에서 비롯된 관념이다. 영국이나 미국은 주민의 자치활동에 초점을 둔다. 우리나라도 일본을 통해 대륙법계 법제도를 도입했다. 국가와 지자체를 법인으로 보기 때문에 국민과 주민은 일종의 사단법인의 사원과 비슷한 성격이다.

현행 지방자치법상 지자체 구역 안에 주소를 가진 자는 모두 주민이다(제12조). 외국인도 포함된다. 지방선거는 외국인도 할 수 있다. 법이 규정한 주민의 권리는 이렇다. 법령으로 정하는 바에 따라 소속 지방자치단체의 재산과 공공시설을 이용할 권리와 그 지방자치단체로부터 균등하게 행정의 혜택을 받을 권리를 가진다(제1항). 제2항에는 지방선거(지방의회의원과 지방자치단체의 장의 선거)에 참여할 권리를 가진다. 주민투표, 주민소송, 주민의 감사 청구, 조례 제·개정 청구 같은 권리도 규정은 되어 있다.

추상적인 규정들이고, 대부분의 주민들은 정작 자신의 주민으로서 권리를 행사하는 데 관심이 없다. 전혀 사례가 없지는 않다. 정보공개법의 경우에 국회나 중앙행정부에서 시작하지 않았다. 청주에서 일부 시민(시민은 법적 개념은 아니다. 주민)이 조례 제정에 성공했다. 나중에 법률도 없는 상태에서 조례로 이런 권리를 주민에게 줄 수 있느냐고 헌법재판까지 갔다. 합헌 결정을 받았고, 나중에는 국회에서 법률까지 제정했다.

많지는 않지만 이런 성공사례가 있다 보니 지역에서부터 제도를 새로 만들어 중앙정부까지 견인하려는 움직임도 점차 생겨나고 있다. 사회적경제조직의 한 형태인 소셜벤처의 경우 성동구에서 처음 조례를 만들었다. 점차 확산되리라.

일각에서는 지방의회를 아예 없애자고도 한다. 그 나름 일리는 있다. 현재 대다수의 지방의원들은 나랏돈은 많이 쓰지만 수준 이하다. 국회의원들의 조직 관리로 활용되고 있기도 하다. 그렇지만 민주주의는 권한의 수평적·수직적 분배를 중요하게 본다. 있는 제도를 없애기보다는 어떻게 제대로 굴러갈 수 있을지 다양한 아이디어를 낼 필요가 있다.

군부독재 시절에 수십 년 동안 지방자치는 아예 시행도 되지 않았다. 구청장도 군수도 위에서 임명하는 시대였다. 어렵게 부활된 지방자치하에서 주민의 권리가 무엇인지, 개인도 활용할 필요가 있고 정부 차원에서도 캠페인을 벌여야 한다.

취미생활을 나랏돈으로 할 수 있도록 국가와 지자체에 요구하면? 소송에서 붙으면 인정되기는 어렵다. 그렇지만 지원할 수 있는 법을 만들게 할 수 있고, 법을 만들면 당연히 집행된다. 경제사정이 허락되면 더 많은 일들이 가능하다. 나랏돈 소비를 통해 경제를 활성화할 수도 있다. 법도 일정 정도는 하기 나름이다.

자녀의 결혼

　자녀가 자라면 결혼시키는 일도 큰일이다. 아직도 우리나라에서는 부모가 자식을 결혼 '시킨다'는 개념을 쓴다. 가(가족)의 관념이 인식과 관습상으로는 여전하기 때문이다. 민주주의 법은 개인과 개인의 관계를 기본으로 한다. 미국 영화에서는 자녀가 자기가 원하는 대로 결혼하고 부모에게는 통보만 하는 장면도 자주 볼 수 있다. 다 그렇지는 않겠지만 자식의 대학교육에 비용을 대지 않는 문화도 상당한데, 이 또한 같은 맥락에서 볼 수 있다.

　자녀가 결혼한다고 하여 특별히 법적인 권리와 의무에 미치는 영향은 없다. 자녀의 배우자와 그쪽 친족이 인척 관계에 놓이게 된다. 자녀가 또 자녀를 낳으면 조부모가 되어 친족의 지위가 추가된다. 그렇지만 친족법에서 상속 순위 외에는 큰 의미가 없다. 조부모도 인척도 상속 순위는 뒤로 밀려나 있다.

　부모가 자녀의 결혼에 대해 표시하는 동의도 법적으로는 의미가 없다. 사회적이고 사실적인 의미일 뿐 부모가 자녀의 결혼을 법적으로 무를 수는 없다. 미성년 자녀의 경우 부모의 동의를 받아야 한다는 조문은 성년이 되기 전까지는 부모가 무를 수 있다는 뜻이다. 법원까지 가면 받아들인다.

동성애를 비롯한 성적 소수자와 관련된 논의가 법학에도 많이 도입됐다. 이미 외국에는 동성 간의 결혼이 허용된 곳도 상당하다. 진보적이고 열린 관점에서 생각해보려고 해도 정작 내 자식이 일반적이지 않은 결혼을 하겠다면 어떻게 반응할지 자신이 없다. 외국인을 데려와도 비슷한 느낌이 들겠지.

대중예술에는 다양한 상상력이 발휘되고 있다. 한 개그 프로그램에서는 인간이 아닌(낫닝겐) 인형을 사람보다 더 좋아한다. 스트리밍 서비스에서도 인공지능과 사랑에 빠진 드라마가 나왔다. 인공지능도 서로 사랑하게 되었는데, 스킨십을 할 수 없어 갈등하는 장면은 그럴듯했다. 나중에는 개발자와 사랑에 빠지는 해피엔딩이다. 현재의 법적 허용 범위와 사회적 인식의 범위에서 타협한 셈이다.

남자와 여자 각 1명이 결혼하는 일부일처제가 일반적이다. 그렇지만 사실 그리 오래지 않다. 우리나라의 경우도 공식으로 첩 제도가 폐지된 지 얼마 되지 않았다. 조선시대에 첩의 자식과 본처의 자식에 권리의 차등이 있었다. 홍길동전이 다룬 권리능력의 차이다.

제도는 폐지되었어도 오랫동안 당연하다고 인식했다. 정부 수립 후 여성운동계에서 축첩을 폐지하고 본처의 혼인신고를 독려하는 캠페인을 진행했다. 혼인신고를 한 법률상의 배우자에게 모든 결혼에 따른 법적 권리가 우선 적용되었기 때문이다.

동성애자의 결혼 허용은 인류의 결혼제도로 보면 상당히 획기적인 전환이다. 남녀평등의 관점에서도, 다양성의 관점에서도, 소수자의 관점에서도 모두 놀랍다. 동성 결혼을 허용하면 동성 배우자에게 상속도 할 수 있고, 동성 부부는 입양도 가능하다.

우리나라 입양관련법은 양친이 될 자격을 규정하고 있다. 양친은 사전적으로는 부모를 의미하고, 한부모나 동성 부부는 인정될 수 없다. 만약 동성 부부에게 입양을 허용하려면 특별한 조문을 추가해야 한다.

여전히 종교적 또는 전통적 인식으로 인해 사실상 존재하는 다양한 가족 형태에 대한 법적 인정은 거의 이루어지지 않고 있다. 한부모가족지원법의 경우 2008년에 '한부모'라는 말이 들어갔다. 모자복지법에서 모부자복지법으로 바뀌기까지 14년이 걸렸고, 다시 5년이 지나 한부모가족지원법으로 바뀌었다.

법 명칭의 변화는 사회적 인식의 흐름이 법과는 상당한 시간적 괴리가 있을 수 있다는 점을 잘 보여준다. 1989년 처음 모자복지법이 만들어질 때도 미혼모나 아빠 없는 자식을 경원시하던 시대적 분위기에 따라 법의 필요성에 공감하지 못하는 인식도 상당했으리라.

옛날에는 민법에 불평등 조항이 많았다. 정부 수립 후 10년이나 일본 민법을 그대로 쓰다가 우리 민법을 만들고 1960년 1월 1일부터 시행됐다. 그러고도 남녀평등의 관점에서는 수십 년이 지나서야 가족법의 많은 내용들이 개정됐다. 호주제도 엄청난 사회적 논란을 거쳐 가족관계등록제도로 바뀌었다. 성문법의 변화도 있었고 관습법으로 남성에게만 인정되던 권리도 판례의 내용이 변화해갔다. 대표적으로 종중의 경우 여성에게는 참여할 권리가 전혀 인정되지 않았다.

가족제도와 관련하여 법은 이제 겨우 일부일처제를 확립하고 남녀평등을 법적으로 제도화한 단계에 불과하다. 법의 실질적인 구현은 또 다른 피땀 눈물을 요구한다. 일부 국가에서 동성결혼을 인정했는데 앞으로 다양한 가족의 형태를 인정하는 방향으로 확산되리라. 종교적·전통적 인식 외에 사실 동성의 결혼을 불허하는 타당한 이유를 찾기 어렵기 때문이다.

동성결혼의 경우 미디어의 이미지는 난잡한 관계로 묘사된다. 그렇지만 엄밀한 의미에서 동성결혼은 1남 : 1남 또는 1녀 : 1녀의 결합니다. 1남과 1녀가 만나는 일부일처제와 관계맺음의 본질은 같다. 난잡한 동성애자들처럼 이성애자들도 난잡한 이들은 많다. 바람피우고 외도하고 상대를 저버리는 부도덕한 일들은 동성애자들의 전유물이 아니다.

더구나 사람은 누구나 태어날 때부터 권리와 의무의 주체가 아닌가? 그렇기 때문에 아직은 권리능력을 인정하기 어려운 낫닝겐과는 다르다. 인공지능이든, 동물이든, 로봇이든 법적인 지위를 동등하게 인정받으려면 그야말로 인간과 동일하다는 별도의 징표가 필요하다. 그렇지만 동성애자들의 경우는 다르다.

미혼모를 비롯해 아빠 없는 자녀에 대한 배척의 시각이 지원이 필요하다는 시각으로 바뀌기까지 오랜 시간이 필요했다. 법의 변화에도 불구하고 사회적 인식의 변화를 여전히 거부하기도 한다. 엄마 없는 자녀에 대한 관심도 필요하다는 인식은 모자복지법을 모부자복지법으로 바꾸었다. 다시 한부모가족으로 규정하는 과정을 돌아보라. 법은 이렇게 사회적 인식을 반영하기도 하고, 선도하기도 한다.

언론에 보도되는 새로운 트렌드를 살펴보면 과연 앞으로 법이 어떻게 바뀌어가야 할지 생각해보게 된다. 예컨대 살아 있는 동안 장례식을 미리 치르는 사람도 있다. 장례식이라는 개념이 엄밀하지 않다고 볼 수도 있는데, 긍정적인 시각으로 보는 이들도 상당하다. 만약 사망 전에 상속을 미리 시행한다면 현행법상으로는 증여에 해당한다. 그렇지만 죽음에 대한 사회적 인식이 변화하면 법도 변화할 수 있다.

태아에 대해서는 기본적으로는 권리능력을 인정하지 않지만, 교통사고 같은 불법행위를 당할 때, 상속이 개시될 때는 사람으로 인정한다. 반려동물도 상속이 가능하도록 특별한 법적 지위를 부여할 수 있는 문제다. 원래부터 안 되는 문제는 아니고 정책으로 결정할 문제이다. 같은 분단국인 독일과 달리 우리 사회는 최근에서야 겨우 양심적 병역 거부에 대해 대체 복무 제도가 도입되었다. 과거 우리 군형법은 계간죄라고 하여 동성애를 처벌하는 규정이 있었지만 지금은 폐지되고 없다.

당사자의 의사에 반하는 강제적인 경우를 제외하고 동성애 자체에 대한 처벌은 민주주의가 진전되면서 점차 사라졌다. 1791년 프랑스혁명 직후, 1810년 나폴레옹 형법에서 피해자 없으면 범죄자 없다는 원칙에서 동성애 처벌은 제외되었다. 1917년 사회주의혁명 이후 소련도 동성애를 비범죄화했다. 영국과 미국도 20세기 후반 들어 동성애에 대한 처벌을 금지했다.[6]

자본주의 경제가 어려움에 처하면서 복지국가 철학에 의거하여 정립된 많은 사회법 원칙도 후퇴하게 되었다. 예컨대 종신고용을 보장하던 법적 뒷받침은 각종 노동 유연화제도로 대체된다.

가족관계도 시대적 변화와 함께 다양한 아이디어를 법화할 필요성이 있다. 수십 년 전보다 이혼도 늘어나는데, 새로 결혼하는 사람에 대해 과거와 같은 배우자의 권리를 그대로 인정해야 할지부터 논의해야 한다.

내 자녀를 결혼시킬 때 과연 새로운 법원칙이 적용되게 될까? 아니면 현 제도를 그대로 따르게 될까? 자식 대는 아니더라도 손자녀

---

6) 위키백과. https://ko.wikipedia.org/wiki/%EC%86%8C%EB%8F%84%EB%AF%B8%EB%B295#폐지 검색일 2020년 3월 18일.

대에는 또 다른 유형의 가족을 보게 될 수도 있다. 고령화 시대가 되어 오래오래 살게 되었기 때문에 지금까지 알지 못했던 새로운 경험을 자꾸 하게 된다.

이름을 남기고 싶다

사람은 언젠가는 죽게 된다. 진시황을 들먹이지 않더라도 예외는 없다. 사람은 죽어서 이름을 남긴다고 했던가? 평범한 속담은 북한에선 거창한 철학이 되었다. 사람의 육체적 생명은 끝나더라도 사회정치적 생명은 영원히 남는다고 주장한다.

이름이 남는다는 말은 남은 사람들이 기억한다는 뜻 같다. 과학으로 이해할 때 어떻게 다른 이해가 가능할까? 과연 사회적 또는 정치적 생명의 존재를 인정할 수 있을까? 유발 하라리는 '사피엔스'에서 인간은 상상 속 시스템(imagined order)으로 살아간다고 했다. 민족이 상상의 공동체라는 주장은 상당히 오래전에 나왔다.

죽음과 관련한 복잡하고 깊은 철학적 논의에는 법은 굳이 관여하지 않는다. 법은 타인의 죽음을 초래하는 경우에는 관여한다. 범죄에 해당하는 행위가 있을 때는 형법이 적용된다. 민사상 불법행위에 해당하면 손해배상 책임을 인정한다. 당사자들끼리 원만하게 해결하지 못하면 국가가 개입한다. 민법이다.

스스로 목숨을 끊는 일에도 법은 굳이 개입하지 않는다. 종교 중에는 자살을 엄격히 금지하기도 한다. 그렇지만 대부분의 민주주의 법에서 자살을 처벌하지는 않는다. 만약에 자살을 처벌한다고 하더라도 자살이 성공하면 처벌 받을 사람이 없어지게 된다. 자살에 실패했을 때 처벌하면 미수범을 처벌하는 셈인데, 과연 자살에 대한 처벌로 봐야 할까?

자살 방조는 처벌된다. 우리 형법은 사람을 교사 또는 방조하여 자살하게 한 자를 처벌한다(제252조). 위계 또는 위력으로 자살을 결의하게 해도 처벌한다(제253조). 교사는 자살할 마음을 먹게 한다는 뜻이다. 방조는 자살하려고 하는 사람을 도와준다는 뜻으로 보면 큰 무리는 없다.

형법이 자살을 처벌하지는 않지만, 국가가 자살을 막는 의무는 법에 명시되어 있다. 자살예방 및 생명존중문화 조성을 위한 법률이라는 다소 긴 명칭의 법이다. 국가 및 지방자치단체의 책무로 자살위험자 구조 정책 수립이 규정되어 있다(제4조). 자살위험자는 자살의 위험에 노출되거나 노출될 가능성이 있다고 판단되는 자를 말한다(제2조의 2).

타인의 불법행위로 사람이 죽게 되면 손해배상 문제가 생긴다. 불법행위는 타인의 위법행위로 손해를 입은 자에게 배상해야 원칙이다. 그렇지만 이 원칙을 그대로 고수하면 사람이 사망하면 배상받을 사람이 없다. 그렇기 때문에 상속인들에게 손해배상을 하도록 별도의 규정을 두고 있다.

민법 제752조는 타인의 생명을 해한 자는 피해자의 직계존속, 직계비속 및 배우자에 대하여는 재산상의 손해 없는 경우에도 손해배상의 책임이 있다고 명시했다. 이런 조문이 없더라도 사망자에게 생긴 손해배상을 받을 수 있는 권리가 상속인에게 상속된다고 봐도 되긴 한다.

손해배상 금액은 대체로 사망자가 버는 돈의 액수에 상응하여 매겨진다. 불법행위를 당하지 않았다면 얼마나 더 일할 수 있기 때문에 예상되는 수입을 갖지 못하게 했기 때문에 그만큼 배상하게 한다는 논리다.

그러다 보니 예컨대, 교수로 임용된 경우와 거의 임용 직전 사고를 당해 사망했다고 하면 차이가 클 수밖에 없다. 백수의 경우 일용직 근로자를 기준으로 하는 경우가 많다. 100% 그렇지는 않겠지만 대학에 채용되기 전이라면 아무리 날고 기는 학자라 하더라도 손해배상액은 그리 많지 않다고 봐야 한다.

사망이 아니라 다쳐서 일을 못하게 되더라도 마찬가지다. 급여에 따라 손해배상액을 산정하는 기준은 거의 같다. 산재보험 같은 경우에는 장례를 치르는 비용도 보험급여로 나온다. 장의비도 평균임금에 따라서 책정된다.

보험급여를 산정하는 경우 해당 근로자의 평균임금을 산정하여야 할 사유가 발생한 날부터 1년이 지난 이후에는 매년 전체 근로자의 임금 평균액의 증감률에 따라 평균임금을 증감하되, 그 근로자의 연령이 60세에 도달한 이후에는 소비자물가변동률에 따라 평균임금을 증감한다(산업재새보상보험법 제36조).

죽음이 다 같은 죽음이 아니라는 말이 있다. 법적으로는 확실히 근거가 있다. 손해배상의 금액 기준에 대해서는 앞으로 평등이나 다른 가치의 관점에서 재검토의 여지가 있다. 돈이 많은 사람들이 자기 돈을 들여 장례를 화려하게 비싸게 치를 때 문제 삼을 수는 없다. 그렇지만 과연 급여를 기준으로 나라에서 나가는 장의비를 차등하는 원칙이 타당할까?

사람을 죽게 하거나 다치게 하는 잘못에 대해서 적절한 처벌과 함께 돈으로 물어내라는 원칙은 민주주의 시대에 와서 일반화되었다. 과거 앙시앵레짐 시절의 다른 방식에 비해서는 상당히 진보했다고 볼 수 있다.

함무라비법전은 눈에는 눈, 이에는 이라고 하여 상처를 입은 만큼 복수할 수 있게 했다. 지금 보면 탈리오 원칙은 너무 잔인하게 느껴진다. 당시로서는 지나친 형벌이나 사적인 복수를 제한하는 진보적 의의가 있었다고 할 수 있다. 눈을 다쳤는데, 죽여버린다면 더 이상 정당하지 않다는 뜻이기 때문이다.

고조선의 8조법금 중에는 상해를 입힌 자를 곡물로 배상한다는 내용이 있다. 오늘날 말로 옮기면 상해가 있을 때 돈으로 물어내라는 말이다. 오늘날과 완전히 똑같지는 않겠지만, 이미 몇천 년 전에 우리 조상들은 불법행위가 있을 때 돈으로 물어내면 되는 발상을 했다. 높이 평가해도 될 듯하다.

8조법금의 내용은 상세하게 남아 있지 않아 정확하게 알기는 어렵다. 절도 행위에도 노비로 삼는다는 내용이 있는데, 오늘날 형법의 기준을 들이대기는 곤란하다. 관청의 공노비가 된다면, 형벌로 볼 수 있지만, 절도 피해자의 노비로 삼는다면 오히려 민사배상으로 봐야 적절하다.

고조선의 8조법금을 기록하고 있는 한서에는 도둑질을 하지 않아 문을 닫지 않았다는 내용도 있다. 어떻게 보면 법이 엄격하게 집행되었기 때문이리라. 부인들이 음란하지 않았다는 내용도 있는데, 이 또한 간통을 금하는 법이 있었을 것으로 추측하는 시각이 있다. 물건을 훔치면 노비로 삼는다는 내용과 도둑질하지 않는 내용을 연결하듯이 논리적으로는 말이 된다.

어쩔 수 없어서든, 타인 때문이든, 스스로 끊어서든 생을 마감하게 되면 이제는 남은 자의 몫이다. 상속이 개시되고 남긴 재산은 상속인들이 가져간다. 생전에 유언을 남겨놓았다면 그 내용을 반영한다. 유언을 남겼다고 해서 모든 재산을 마음대로 처리할 수는 없다. 상속인들 중에 상속권을 주장하고 나서면, 법은 아무런 유언이 없을 때 받을 수 있는 몫의 절반은 인정해준다. 유류분 제도다. 만약 자식들한테 단 한 푼도 물려주고 싶지 않다면, 살아 있을 때 재산 정리를 다 마쳐야 한다.

민주주의 세상이 열리면서 과거처럼 신분의 상속은 더 이상 인정되지 않는다. 유럽의 민주국가들 중에는 여전히 왕실과 귀족제도가 존재하는 곳도 있다. 그렇지만 앙시앵레짐 시절 누리던 특권의 상속과는 비교할 수 없다.

우리 헌법은 사회적 특수계급의 제도를 인정하지 않는다고 못 박고 있다. 그뿐만 아니라 어떠한 형태로도 창설할 수 없다(헌법 제11조). 훈장 같은 영전을 받더라도 받은 자에게만 효력이 있다. 상속되지 않는다는 말이다.

그렇지만 국가유공자에게는 자식들에게 여러 특혜를 부여한다. 국가를 위해 특별히 피땀 눈물을 쏟은 분들에 대한 예우 차원이다. 헌법 내용보다 법률에 규정된 혜택들이 더 있다. 헌법은 국가유공자·상이군경 및 전몰군경의 유가족은 법률이 정하는 바에 의하여 우선적으로 근로의 기회를 부여받는다(제32조)는 조항뿐이다. 그렇지만 민주화유공자를 비롯해서 국가폭력의 희생자들에게도 상속인들이 받을 수 있는 혜택이 있다. 너무 지나쳐서 다른 기본권과 충돌할 정도가 되지 않으면 헌법재판까지 가더라도 위헌 결정이 나기는 어렵다.

연금의 경우 보통 배우자까지만 인정된다. 사실혼인 경우에는 미리 혼인신고를 해놓으면 편하다. 입증이 되면 법률혼과 동일하게 권리가 인정되지만, 그 전까지는 번거롭다.

일본에선 생전 장례식을 하는 사례가 있다. 사망하지 않은 사람을 죽었다고 속여 상속인들이 조의금을 받으면 당연히 사기 같은 형법을 적용할 수 있다. 그렇지만 생전 장례식은 생을 마치기 전에 스스로 정리하는 의미가 있어서 새로운 문화로 볼 수 있고 법적으로 문제될 여지도 없다. 실제 장례식이 아니라는 점을 다 알고 가지 않는가?

이름을 남기고 싶다고 해서 내 마음대로 되지는 않는다. 살아서 동상을 세우면 아무래도 눈총을 받게 된다. 내 돈을 들여서 세우면 누가 뭐라겠냐만, 국가 예산을 들여 동상을 세우는 경우는 다르다. 북한은 동상 공화국이라고 해도 과언이 아니고, 과거 우리나라도 이승만 정권 시절 국부 이승만의 동상을 세운 적이 있다. 민주주의사회에선 허용되기 어렵다. 관공서마다 걸린 역대 기관장 사진 액자도 과연 불필요한 예산 지출이 아닌지 검토가 필요하다.

묘역 투어

사람은 죽으면 흙으로 돌아간다는 말은 이제 옛말이 되었다. 화려하거나 소박하거나 차이는 있어도 누구나 땅에 묻히던 시절은 가고, 화장을 기본으로 하는 시대가 되었다. 묘역을 대신하는 납골당이 곳곳에 들어섰다. 납골당과 함께 수목장 같은 다른 대안적 형태의 장례도 확산 중이다. 좀 더 시간이 흐르면 이제 외양만으로는 묘역인지 아닌지 알기 어려운 시절이 올 듯하다.

한때 높은 권력에 있었던 사람은 묘역도 크고 화려하게 남아 있어서 후손들이 문화재로 관리한다. 경주는 신라시대 묘역이 산까지는 아니어도 엄청나게 큰 인공 언덕으로 조성되어 있다. 이집트의 피라미드도 그렇다. 신라시대 삼국통일의 일등공신 김유신 장군 같은 분들의 묘역에 가보면 경건함을 넘어 오늘날 분단의 현실에 대해서 다시 생각해보게 된다.

조선시대로 오면 왕릉의 규모는 과거보다는 많이 줄어들었다. 백성을 생각하는 마음으로 크기를 작게 했다는 추측도 있고, 중국보다는 크게 할 수 없었기 때문으로 보는 시각도 있다. 후자의 시각에 경도된 북한의 경우 단군릉 같은 고대 무덤을 새로 조성하면서 무조건 더 크게 만드는 경향도 있다. 사대주의에서 벗어나서 자주적 관점을 갖도록 하기 위해서라고 한다. 어느 경우든 코에 걸면 코걸이고 귀에 걸면 귀걸이다.

장사 등에 관한 법률은 분묘 1기당 면적을 제한하고 있다. 공설묘지처럼 여러 분묘가 같이 있는 경우에는 $10m^2$를 넘지 못하고 개인 묘지도 $30m^2$로 제한했다(제18조). 옛날 고관대작들은 무덤 주위에 여러 인물상을 세우기도 했지만, 지금은 법으로 금지되어 있다. 비석과 상석, 기타 석물을 각 1개 이내로만 세울 수 있다. 실질적으로는 시설물을 세우지 말라는 취지다.

납골당은 유골함을 넣을 수 있는 공간이 훨씬 적다. 납골당의 면적 제한에 대해서는 규정이 없다. 사설 납골당의 경우 내는 돈의 액수에 따라 위치가 달라지는데, 검토가 필요해 보인다. 유골함을 넣는 공간은 동일하지만 구역에 따라 밀집도가 달라서 실질적으로 넓은 면적을 차지하게 하는 효과가 있다.

후세에 이름을 남길 만한 사람이 되면 나라에서 보존묘지나 보존분묘로 지정해준다. 역사적·문화적으로 보존가치가 있는 묘지 또는 분묘, 애국정신을 기르는 데에 이바지하는 묘지 또는 분묘, 국가장·사회장 등을 하여 국민의 추모 대상이 되는 사람의 묘지 또는 분묘가 대상이다(제34조). 보건복지부장관과 시도지사가 지정 권한이 있고, 시·도 조례로도 정할 수 있다.

국가유공자들은 국립묘지에 안장될 수 있다. 국립묘지는 크게 4종류가 있다. 국군묘지로 시작된 현충원이 서울과 대전에 있다. 3·15, 4·19, 5·18 민주묘지는 국가폭력 희생자들의 묘역을 국가적으로 기린다.

대구 신암동에는 독립애국지사 묘역으로 국립묘지가 있다. 정식 명칭은 국립신암선열공원이다. 4·19 묘지 뒤에 독립유공자 묘역이 많다. 이곳은 개인 묘역들인데, 워낙 많이 모여 있다 보니 일종의 사적처럼 된 경우다.

호국원은 현충원과 유사하다. 더 많은 국가유공자를 안장하는 취지로 보면 된다. 예컨대 6·25 때 참전했다가 나이 들어 나중에 돌아가신 분들은 후손들이 원하면 호국원에 안장 가능하다. 당시 희생되신 분들은 바로 현충원에 안장했다. 국립호국원은 영천, 임실, 이천, 제주, 산청, 괴산에 있다.

현충은 충성을 높이 드러낸다는 뜻 정도로 보면 된다. 아산에는 박정희 정부 시절 국가에서 세운 이순신 장군을 모신 사당이 있다. 명칭을 현충사로 하였다. 사당 자체는 이미 조선시대에 세웠지만 현대에 와서 크게 국가적 투자를 추가하였다.

국가유공자 등 예우 및 지원에 관한 법률은 국민의 애국심을 기르는 데에 상당한 가치가 있다고 인정되는 것을 현충시설로 지정할 수 있도록 규정하고 있다(제74조의 2). 건축물·조형물·사적지 또는 국가유공자의 공헌이나 희생이 있었던 일정한 구역을 모두 대상으로 한다. 현행법상 현충시설은 독립운동 관련 시설과 국가수호 관련 시설이 있다. 국가수호 관련 시설은 대체로 참전과 관련한 기념비, 전공비, 추모비, 위령탑 등이다.

3·15, 4·19, 5·18 민주묘지는 처음부터 국가에서 세운 묘역은 아니다. 희생자들의 묘역이 자연스럽게 조성되고 향후 성역화 단계를 거쳐 국립묘지로 승격되는 과정을 거쳤다. 3·15 민주묘지는 3·15 부정선거 희생자들을 모신 묘역으로 마산에 있다. 4·19 민주묘지는 서울, 5·18 민주묘지는 광주에 있다.

다른 국가폭력의 희생자 묘역도 향후 세월이 흐르면 후손들이나 그 뜻을 기리고자 하는 사람들이 국립묘지 승격을 원할 수 있다. 종합적으로 고찰하여 국립묘지로 포괄할 수 있는 민주묘역의 범위 등에 대해 체계화할 필요가 있어 보인다.

국립묘지별로 안장 대상자는 각기 다르다. 유족이 국립묘지 안장을 원하지 않으면 안 해도 상관없다. 대통령은 현충원에 안장될 수 있지만, 노무현 전 대통령은 고향 마을에 묘역을 따로 조성했다. 본인의 유언이기도 했다.

현충원은 대통령 외에 아주 높은 사람이 안장된다. 국회의장, 대법원장, 헌법재판소장 정도는 돼야 한다. 국가장을 치른 경우에는 안장된다는 규정이 있는데, 국가장은 대통령 외에는 거의 사례가 없다. 국가 또는 사회에 현저한 공훈을 남겨 국민의 추앙을 받는 사람(국가장법 제2조)이 되려면 쉽지 않다.

독립유공자, 전투 중 사망한 군인이나 경찰, 화재 진압이나 인명 구조를 하다가 희생된 소방공무원 등은 현충원 안장 대상이다. 무공훈장을 수여받은 사람도 나중에 사망 시 현충원에 갈 수 있다. 6·25 참전재일학도의용군인, 의사상자, 독도의용수비대 등 지금은 많은 대상이 추가되었다.

논란의 여지가 있는 부분은 장성급 장교다. 서울현충원의 경우 장군묘역이 별도로 구분되어 있다. 군의 높은 계급에서 오래 복무했기 때문에 국가를 위한 현충에 문제가 없다고 볼 수 있지만, 반대하는 시각도 있다. 원래 군인묘지로 시작되었다는 점을 감안하더라도 현충원과 장군묘역은 따로 완전히 분리해야 할 듯하다.

대상이 되더라도 범죄를 저지른다거나 국적을 잃는다거나 하는 이유로 안장되지 않는 경우도 규정되어 있다. 탄핵이나 징계처분에 따라 파면 또는 해임된 사람도 포함된다(제5조). 박근혜 전 대통령은 대통령 중에 처음으로 현충원에 타율적으로 안장되지 못하는 사례로 남을 듯하다.

사회에 공적을 남긴 사람들이라고 하지만 아무래도 현실에서 권력이 높거나 돈이 많았던 사람일 가능성이 많다. 돈과 권력을 가진 사람들은 훌륭한 일도 훨씬 많이 통 크게 할 수 있다. 국가나 지자체에서 묘역뿐만 아니라 생가 같은 곳에도 투자를 많이 한다. 단순히 기림으로 끝나지 않고 관광이나 실용적인 목적이 있다.

국가 또는 지자체에서 예산이 투입되면 아무래도 오래간다. 아주 먼 옛날 관우를 모시는 사당이 조선에도 여러 곳에 설치되어 지금까지 남아 있다. 서울에도 동묘가 있다.

국가적으로 조성한 묘지 이외에 민간에서는 자기 소유의 땅에 자유롭게 묘역을 조성해도 된다. 물론 묘지 증가에 따른 국토 훼손을 방지하기 위하여 화장·봉안 및 자연장의 장려와 위법한 분묘설치의 방지를 위한 시책을 강구·시행하여야 한다는 책무는 국가와 지자체에 부여되어 있다(장사 등에 관한 법률 제4조).

사설묘지는 개인묘지, 가족묘지, 종중·문중묘지, 법인묘지로 구분되어 있다. 개인묘지는 1기 또는 배우자의 분묘를 의미한다. 가족묘지와 종중·문중묘지는 말 그대로다. 법인묘지는 불특정 다수인의 분묘를 같은 구역 안에 설치하는 묘지다(제14조). 대규모 묘역을 조성하려면 법인묘지로 준비해야 한다. 따로 묘역이 없는 자연장지도 마찬가지로 구분되어 있다(제16조). 상수원보호구역, 문화재보호법에 따른 보호구역처럼 묘지나 자연장지를 설치할 수 없도록 법이 정하고 있는 지역만 피하면 된다.

과거에는 남의 땅에 묘를 써도 땅 주인이 함부로 묘를 옮길 수가 없었다. 조상 묘를 중시하는 전통적인 인식 때문으로 보인다. 성문법에는 규정이 없었지만, 법원에서 일관되게 관습법에 따라 옮기지 않아도 된다는 판결을 하였다. 분묘기지권이라는 개념으로 이론화되었다. 지금은 토지 소유자의 승낙 없이 해당 토지에 설치한 분묘는 관할하는 단체장의 허가를 받아 분묘에 매장된 시신 또는 유골을 개장할 수 있도록 바뀌었다(장사 등에 관한 법률 제27조).

성문법이 없는데 어떻게 그럴 수 있냐는 생각이 들 수 있다. 그렇지만 민법은 성문법이 없을 때는 불문법을 기준으로 하여 판결한다. 불문법에는 관습법도 있고, 판결이 오래 축적되어 법으로 인정되는 판례법도 있다. 성문법도 관습법도 판례법도 없을 때는? 이 경우도 민사문제는 법원에서 판결한다. 조리에 따른다. 조리는 일반상식 정도의 의미다. 조리도 법이다.

묘역은 명절에 차례 지내고 들르거나 한식 같은 때에 관리를 하기 위해서 간다. 돌아가신 지 얼마 안 되었을 때는 수시로 들러보기도 하지만, 몇 년이 지나면 마음도 정리가 된다. 공설이든 사설이든 관리하는 곳에 맡겨놓고 직접 나서지 않는 경우도 많다.

내가 이 땅에서 사라지더라도 남은 자들은 마찬가지 행적을 보이리라. 묘역과 관련한 법은 굳이 몰라도 전혀 상관없다. 장례를 치르고 제사를 할 때 법적인 문제도 거의 없다. 죽으면 권리능력도 없어지고, 법적으로는 무의미한 존재가 된다. 묘역을 들러 느끼는 감회는 남은 자들의 몫일 뿐이다.

사후세계

사후세계는 과연 어떨까? 종교적 가르침은 죽음 이후에 대한 다양한 해답을 준다. 현실의 법은 전혀 관여하지 않는다. 그야말로 믿음의 영역이다. 죽고 나서 천당에 간다든지 환생한다든지 믿고 안 믿고는 자유다. 종교를 여전히 국교로 정하고 있는 나라도 많지만, 민주주의를 사회 운영의 기본 원리로 채택한 곳은 과거와는 다르다.

과거 가톨릭의 교황체제나 조선의 성리학체제는 종교가 법보다 우위에 있는 시스템이었다. 교황 또는 왕은 신 또는 하늘로부터 모든 권한을 위임받은 존재였다. 오늘날 이슬람 국가나 사회주의국가의 성격에 대해서 논란이 많다. 핵심은 앙시앵레짐으로 돌아가지 않았나 하는 지적이다. 국가를 영도하는 당의 존재, 당보다 위에 있는 수령의 지위. 과연 민주주의 이후 사회주의 이상을 제대로 실현하고 있는지 의문을 던지는 셈이다.

민주주의 헌법이 보장하는 종교의 자유도 복잡한 내용이 많이 들어 있다. 일단 신앙을 가질지 말지 각자의 선택이다. 모태 신앙은 본인의 의사에 따른 선택은 아니었지만, 나중에 종교를 버리거나 개종

할 수 있는 자유가 보장되면 문제는 없다.

스스로 믿고 있는 종교가 있다 하더라도 굳이 표명할 필요는 없다. 국가도 개인도 특정 종교를 믿는 사람에게 강요할 수 있는 권리는 인정되지 않는다. 신앙 침묵의 자유라고 한다. 국가안보나 질서유지, 공공복리에 저촉되지 않는 이상 자유롭게 종교행사를 가져도 된다. 조직도 결성해도 되고 교육도 허용된다.

역사적으로 보면 종교의 자유는 유럽에서 교황 중심의 봉건체제가 해체되는 과정에서 본격적으로 확립되었다. 프랑스, 독일 등 각 민족별로 근대국가를 형성하면서 일정한 지역마다 각자의 종교를 가질 수 있는 권리가 인정되었다. 17세기 중반 베스트팔렌 조약을 기점으로 하여 근대국가체제가 형성되었다고 보는데, 바로 이 시점이다.

각 개인이 각자 종교의 자유를 갖는다는 원리는 좀 더 시간이 필요하다. 그렇지만 모든 나라가 단일한 가톨릭의 믿음을 갖지 않아도 된다는 합의는 역사적 진전이었다. 조선도 불교를 억제하는 정책을 수백 년 동안 실시했다. 다른 종교에 대해서 탄압했고, 20세기에 와서야 여러 종교들이 공존할 수 있는 기반이 마련됐다.

종교의 자유와 함께 과거에 교황이 가지던 권한을 각 지역(나라)의 왕(군주)이 나눠 갖게 되었다. 근대국가의 주권론도 이때 생겨났다. 주권은 대내적으로 최고의 권력, 대외적으로 독립된 권력으로 설명한다. 이러한 설명은 과거 유럽의 교황체제에서 각각의 민족별로 근대국가를 형성하던 상황을 생각하지 않으면 이해하기 어렵다.

교황이 각 지역의 봉건영주, 제후, 왕보다 우월한 지위, 곧 최고의 권력을 가진 시절이었다. 이에 맞서 각 나라별로 군주가 최고의 권력을 갖는다는 발상은 지금 봐서는 군주의 권력 장악과 지배를 위한 관변이론 같지만, 당시로서는 혁명적인 철학이었다.

군주주권론은 국가주권론으로 곧 바뀌었다. 민주주의 혁명이 진행되면서 군주가 가진 모든 권력을 국가로 넘겼다. 국가의 대표자로 선출되는 대통령이나 수상은 왕과는 비교할 수 없는 지위로 권한이 축소되었다.

왕의 통치는 입법, 행정, 사법으로 나뉘었다. 행정이라는 개념이 이때 생겨났다. 행정은 국민의 대표인 의회가 만든 법에 반드시 따라야 한다는 사상, 행정이 잘못을 했을 때는 법원이 최종 결정하여 국민의 인권을 구제한다는 사상. 권력분립론의 핵심이다.

국가주권론은 또 국민주권론으로 발전한다. 19세기 사회주의운동은 국민주권론을 인민주권론으로 바꾸려고 했다. 현실사회주의의 진전은 국민주권론이 아직은 인민주권론보다는 힘이 세다는 점을 보여주었다.

지금의 기준으로는 군주주권론이나 국가주권론의 진보적 의의를 인정할 수 없다. 비록 인민주권론은 실패로 끝났을지라도 단순히 법 앞의 평등이 아닌 인류의 진정한 평등한 세상을 염원하는 운동은 또 다른 형태로 발생하리라.

종교는 많은 설명이 있지만, 결국 누구나 자유롭고 평등하며 행복하게 사는 이상사회를 만들기 위한 사상적 시도가 아닌가? 사회주의자들은 종교를 비과학으로 치부하고, 세상을 유물론으로 설명하려고 했지만.

이른바 이단의 문제에 대해서도 법은 관여하지 않는다. 어떤 교리를 이단으로 단정하고 배척하는 일은 해당 종교공동체에서는 중요하겠지만, 국가적 차원에서는 인정할 수 없다. 자유롭게 비판하는 일은 가능하지만, 조심해야 한다. 자칫하면 가짜 뉴스 또는 명예 훼손의 문제를 일으킬 수 있다.

이단으로 배척되는 종교집단의 경우 범죄에 연루되어 사회적으로 문제가 되는 경우는 다른 차원의 문제다. 돈을 강제로 뜯어낸다거나 목숨을 바치게 하는데 종교의 이름으로 미화할 수는 없다. 그런 행위로 나타나는 교리가 문제라는 주장은 객관적인 인과관계가 밝혀지기 전에는 함부로 단정하지 말아야 한다.

사회주의자들은 사회문제를 자본주의의 구조적 모순 문제로 보곤 했다. 자본주의가 폐절되면 문제가 해결된다는 주장이다. 이렇게 보면 범죄도 자본주의 문제다. 때론 범죄자가 자본주의의 희생양으로 평가되기도 했다.

신앙이 믿음의 영역에 머무를 때는 그 누구도 문제 삼아서는 안 된다. 신령님을 모시는 무당은 사이비고 God를 따르는 목사는 사이비가 아니라고 할 수 있는 권리를 누가 부여했는가? 타 종교에 대해 배척할 수 있는 권리는 인정되지 않는다. 과연 믿음의 영역을 그 누가 어떤 잣대로 우열을 가릴 수 있단 말인가?

과학의 발전에 따라 점차 종교가 차지하던 영역은 축소되고 있다. 과거에는 문제 삼던 일들도 과학적이지 않다는 이유로 배척하는 경우가 많다. 조선시대에는 나뭇잎에 파인 글씨 때문에 반대파 정치세력을 무참히 숙청하는 일도 가능했다. 서양 중세에서 마녀 사냥이라는 비과학적인 비극을 막기 위해 많은 선각자들이 노력했다. 그 와중에 본인들이 희생되기도 했다.

20세기 들어서는 심리학과 생물학의 발전을 통해 범죄의 본질과 관련하여 많은 진전이 있다. 그렇지만 21세기로 들어선 오늘날에도 우리 시대의 골상학이라고 할 만한 이론들도 상당히 보인다.

골상학은 골, 곧 뼈의 형상에 따라 사람의 성격과 운명이 결정된다고 보는 이론이다. 나중에 범죄를 저지를 사람인지 아닌지를 골상만 보면 알 수 있다는 발상이다. 지금은 말도 안 된다는 비과학의 판정을 받았지만, 2세기 전에는 과학적으로 통용되던 시절이 있었다. 일정한 통계가 뒷받침되었기 때문에 그럴듯해 보였다.

지금은 대부분 미신이라고 생각하고, 그저 재미로 끝내고 마는 사주나 토정비결은 수천 년 전 그때까지의 지식을 집대성한 동양의 지혜다. 현대화되지 못하는 한계는 있어 보이지만, 그렇다고 함부로 저열하다는 평가는 내릴 수 없다. 더구나 법은 개입할 수 없다.

한 생명의 마감과 관련하여 법이 관여하는 영역은 상속이나 불법행위 책임, 장의비 산정 정도다. 죽음이나 사망 같은 키워드로 찾아보면 일반론 차원의 내용은 별로 없다. 많은 사람이 희생된 큰 사건 이후에 진상 규명과 책임자 처벌, 보상에 관한 법률은 다양하게 제정되어 있다.

우선 5 · 18 민주유공자예우에 관한 법률처럼 독재 시절의 국가폭력에 대한 법을 들 수 있다. 민주화 이후에도 가습기살균제 피해구제를 위한 특별법, 4 · 16 세월호참사 피해구제 및 지원 등을 위한 특별법처럼 많은 사람이 희생된 사건에 대해 특별한 구제의 필요성으로 인해 법이 제정되었다.

군 사망사고 진상규명에 관한 특별법은 군에서 발생한 사망사고 중 의문이 제기된 사건에 대한 진상을 명확히 규명하는 데 필요한 사항을 규정하고 있다(제1조). 관련자의 피해와 명예를 회복하고 군에 대한 국민의 신뢰회복과 인권증진에 이바지함이 목적이다. 군의 문사 진상규명 등에 관한 특별법은 또 별도로 규정되어 있다.

오랜 현대사의 비극인 6 · 25와 관련하여 전사자유해의 발굴 등에 관한 법률이 2008년 제정되었다. 이 법은 6 · 25전쟁 중의 전사자로서 수습되지 못한 유해를 조사·발굴하여 국립묘지에 안장함으로써 고귀한 희생에 대한 넋을 기리고, 국민의 애국정신을 기르는 데에 이바지하는 것을 목적으로 한다(제1조).

언급한 법들은 돌아가신 분의 입장에서는 사후의 문제지만, 엄밀하게 보면 남은 후손의 일이다. 종교가 믿는 천당이나 환생 같은 사후의 일은 현실의 법에서는 후손의 문제가 될 수밖에 없다. 사후세계에 대한 믿음으로 현실세계에서 행한 일이 정당화되지도 않는다. 논란이 되는 대표적인 예로는 수혈을 금지하는 종교다.

최선을 다하는 삶

한 사람의 인생은 끝나기 마련이다. 종교가 있어서 사후세계를 믿는다 하더라도 남은 생을 열심히 최선을 다하고 살 수밖에 없다. 잘 먹고 잘 싸고 잘 자고 잘 놀고 스스로에게 최선을 다할 뿐만 아니라 함께하는 사람들에게도. 그렇지만 이런 마인드는 법으로 해결할 수는 없다.

민주주의 세상이 되고 국가가 왕을 대신하고 법이 최고의 규범이 되면서 많은 원칙들이 확립되었다. 그중에 법은 명확해야 한다는 원칙도 있다. 국민이 예측할 수 있어야 한다거나 법적 안정성을 위해서 같은 논거들이 거론된다. 특히 형법은 더하다. 두루뭉술한 규정은 절대 안 된다. 어떤 행위가 처벌 대상인지 그렇지 않은지 알 수가 없으면 국민은 불안하다.

예컨대 의사의 불친절(?)한 진료에 불만이 많다. 의사들의 얘기를 들어보면 그 나름 고충이 있다. 아무튼, 법으로 의사가 진료할 때 성심껏 하도록 정해놓는다고 해보자. 친절하게 해야 한다는 규정이 있다면, 과연 의사는 어떻게 해야 할까? 너무나 불명확한 개념이다. 불친절을 느끼는 주관적 감정은 사람마다 천차만별이다.

아담 스미스의 이기심 옹호론은 유명하다. 푸줏간 주인의 이타심이 아니라 이익 추구 덕분에 우리가 먹을거리를 구할 수 있다는 취지다. 이미 몇백 년 전에 국부론에 썼다. 거지는 물론 다른 사람의 선한 마음에 호소한다. 아담 스미스의 주장에 대해 뜻이 왜곡되었다는 반론도 있지만, 경제사상가들의 논의에 맡기기로 하자.

의사가 친절하게 진료하면 좋다. 그런데 의외로 친절에 신경 쓰지 않는 사람도 많다. 의료 서비스만 훌륭하게 제공되면 되지 친절까지 바라냐는 반론도 있다. 의료 서비스를 제공하고 받는 계약에 친절까지 포함되었다고 봐야 할까? 친절하게 진료해야 한다는 계약을 쓰자고 하면, 의사들은 어떻게 반응할까?

친절한 진료는 일부 사람들에게는 병원을 선택하는 요인이 된다. 법이 개입하기는 어렵다. 친절한 식당, 친절한 택시도 마찬가지다. 경쟁력에서 우위를 점하는 요소로 마케팅 차원에서는 적극 고려할 수 있다. 무릎을 굽히고 탁자에 눈높이를 맞추는 과한 친절에 부담이 되기도 하지만, 좀 더 비싼 돈을 내고 식사를 하는 이유도 된다. 그렇지만 모든 식당업자에게 그렇게 하도록 법적 의무를 부과한다면?

어떤 사람들은 욕쟁이 할머니처럼 친절은커녕 막말을 하는 식당에 간다. 부모님에 대한 기억 이 큰 요인으로 보인다. 그렇지만 식당을 하는 사람들에게 추억을 느낄 수 있도록 해야 한다고 의무를 지운다면 어떻게 될까?

이렇게 법으로 정하기 어려운 영역을 법학에서는 법적 전환이 불가능한 사회규범이라고 한다. 비공식적인 프로그램(informelle Programme)으로만 실효성을 유지할 수 있다. 이런 사회규범을 법규범으로 전환하면 그 규범이 질서를 형성하고 있는 생활 영역에서 사람들이 서로 신뢰하는 사회적 관계를 형성하는 데 커다란 장애가 된다. 환자의 신뢰를 얻어내는 의사의 행동방식이 공적인 법규범의 내용이 되고, 시민들이 그 내용을 인지한다면, 법규범에 따른 의사들의 행동방식은 더 이상 환자들로부터 신뢰를 얻어낼 수 없다. 이런 규범은 의사 집단 내부에서 그들끼리 서로 전수되고, 준수될 때에만 비로소 그 실효성을 유지할 수가 있다.[7]

교사의 학생 상담이나, 변호인의 변호 방식도 같은 범주에 들어간다. 물론 나라에 따라서는 이런 잣대가 없는 곳도 있다. 북한이 대표적이다. 사회주의로동법 제1조는 조선민주주의인민공화국에서 근로자들은 조국의 번영과 인민의 복리와 자신의 행복을 위하여 자각적 열성과 창발성을 내여 일한다고 규정하고 있다. 아예 노동의 성격도 규정했다. 사회주의하에서 로동은 착취와 압박에서 해방된 근로자들의 자주적이며 창조적인 로동이다.

독재를 하거나 종교적 경건성이 강한 나라들은 비슷한 경향이 있다. 우리나라도 과거 군부독재 시절 국민교육헌장을 제정해 모두 암기하도록 했다. 그 헌장에 따르면 우리는 민족중흥의 역사적 사명을 띠고 이 땅에 태어났다. 나는 내 의지로 이 땅에 태어나지도 않았는데, 이미 거창한 사명을 띠고 있단다.

조선시대에도 모든 인간을 성인군자로 만들려고 했다. 아예 성인군자의 가능성이 큰 사대부에게 전 사회를 지배하는 역할을 맡겼다. 직접 생산에 종사하지 않고 공부만 하니 당연하다. 서양에도 비슷한 발상이 있다. 플라톤은 철인에게 통치를 맡겨야 한다고 주장했다. 당시 고대 그리스의 민주주의로 스승이 희생되었다는 인식이 작용한 듯하다. 철인은 오늘날 돈벌이도 안 되는 철학자가 아니라, 가장 많이 깨닫고 제대로 아는 사람으로 이해해야 한다.

---

7) 이상돈, 『2007년판 법학입문』(파주: 법문사, 2007), pp. 204-205.

이런 인식은 서양 기독교에 그대로 이어졌다. 신과 교통한 성직자의 독점적이고 우월한 지위는 철인정치론과 맥을 같이한다. 천 년 넘게 이어졌다. 개인 각자가 직접 신과 연결할 수 있다는 발상으로 기독교는 가톨릭과 개신교로 분리되었다. 개신교의 태동을 흔히 종교개혁이라 번역하지만, 적절하지 않아 보인다.

다행히 민주주의 법은 태어나는 순간 권리와 의무의 주체라는 지위만 부여한다. 수많은 의무에 묻혀 평생을 살아가야 하는데, 민족중흥의 역사적 사명과 본질에서 차이가 없지 않는가? 글쎄? 의무만 있거나 의무가 더 많고 의무가 더 규정적이라면 모르겠으나, 민주주의사회의 권리는 만만하지 않다.

군부독재 시절에 국민교육헌장을 만들고 민족의 구성원으로 사명을 규범화했지만, 법에까지 반영되지는 않았다. 그나마 다행이다. 김재규의 갑작스러운 충격이 없었다면 박정희가 더 오래 살고 장기집권이 이어졌겠지. 어쩌면 그 뒤에 법도 북한처럼 바뀌었을지도 모른다. 국민교육헌장의 첫 문장이 헌법 전문의 첫 문장으로 되었다면, 생각만 해도 끔찍하다.

최선을 기준으로 인간의 삶을 구분하면 3종류로 나뉜다. 최선을 다하는 사람, 최선을 다해서 살지 않는 사람, 남을 해코지하는 데 최선을 다하는 사람. 마지막 유형은 '최선' 같은 고상한 언어를 갖다 붙이기는 적절하지 않지만, 그런 부류의 나쁜 X들도 있다.

세계사적으로 민주주의 세상이 일반화되기 전에는 종교적 경건성이 강했다. 그러다 보니 법으로 최선을 다하는 사람을 만들려고 했다. 엄밀하게 말하면 그 시절에는 법이 종교보다 덜 발달했다. 종교가 법 위에 있었다. 따라서 법보다 종교의 규범이 먼저 적용됐고, 법보다 우월한 힘을 발휘했다.

민주주의 법이 확립된 이후에는 최선을 다하는 삶은 국가 차원에서 관여하지 않는다. 최선을 다하지 않는 삶도 마찬가지다. 선거권은 부여했으나 투표하지 않아도 상관없다. 선거권은 행사하지 않을 뿐, 그 권리는 영구히 보장된다. 투표하지 않는다고 처벌하거나 제재를 가하면 곤란하다. 캠페인을 통해 투표율을 높이기 위해 노력할 뿐.

거지가 될 자유도 있다. 내가 일하기 싫어서 빌어먹고 살겠다는데, 그 누가 무슨 권리로 막겠는가? 거지가 내게 오기를 원하지 않으면 다른 명분으로 막을 수밖에 없다. 예컨대 위생상 이유를 들 수 있다. 타인의 사유지 출입을 일반적으로 막을 수 있지만, 특정 부류의 사람들로만 제한하면 문제가 될 소지가 있다. 호텔에서 과연 한복을 드레스코드로 금지할 수 있을까? 민족 감정까지 건드리는 큰 이슈가 되기도 했다.

남을 해코지하는 최선(?)에는 당연히 개입한다. 형법은 물론이고, 형사처벌까지 가지 않더라도 다양한 행정법의 규제가 있다. 지금 당장 해코지를 하지 않았더라도, 예방 차원에서도 개입한다. 예컨대 음주운전으로 사고를 냈을 때는 당연히 처벌한다. 나아가 음주운전 자체를 제한한다. 일정 기준을 넘으면 운전을 할 수 있는 권리를 없애거나 일정 기간 금지시킨다.

민주주의 세상이 되면서 국가는 개인의 인권 보호가 최우선 목적이 되었다. 심지어, 국가의 인권 보호는, 이런 예를 들어보자. 국가가 가지 말라고 했는데도 여행을 떠났다가 인질이 되는 경우다. 위험성을 경고했고 비슷한 사건도 많이 일어났다. 실제 있었던 사건인데, 전도를 하러 갔다가 공개 살해되었다. 이런 경우에도 일단 국가는 국민을 구조해야 할 의무가 있다고 본다.

국민 각자는 자신의 삶에 최선을 다하지 않더라도 국가는 최선을 다해야 한다. 인권 보호를 위해서. 민주주의 원칙이 확고히 정립되기 전까지는 국가를 어떻게 구성하고 운영할지에 대한 내용만 법으로 담으면 됐다. 헌법학에서 말하는 통치구조론이다. 그렇지만 민주주의 세상이 본격화된 이후 인권 보호를 통치구조 편 앞에 규정하게 된다. 헌법학에서는 기본권론이라고 한다.

국민을 위해 국가가 어디까지 최선을 다해야 하는지는 논의가 분분하다. 헌법학의 차원에서는 기본적인 논의는 두 기둥이다. 법률이 제정되어야만 권리로 인정되는 부분과 헌법 그 자체로 지금 당장이라도 권리로 인정되는 부분. 세월이 흐르면서 범위는 계속 넓어지고 있다. 경제발전에 따라 국가가 부담할 수 있는 능력이 커지고, 인권 의식은 계속 더 발전하기 때문이다.

과거에는 인정되지 않던 부분에 대해서도 점차 논리를 개발해 국민의 권리를 인정하게 된 분야가 많다. 행정법에서 재량행위는 과거에는 국가의 최선이 인정되지 않았다. ○○할 수 있다는 식으로 규정하여 국가의 의무가 아니라고 보았다. 해도 되고 하지 않아도 되는. 그렇지만 재량행위에도 국가가 무조건 특정한 행위를 해야 하는 경우를 이론으로 만들었고 법원에서도 받아들여진 사례가 생겨났다.

우리 헌법은 열거되지 않았다고 하여 경시되지 않는다는 표현이 있다. 행복추구권이나 인간존엄의 권리도 다양한 의미로 해석될 수 있다. 누구라도 최선을 다해 피땀 눈물을 쏟는다면 새로운 영역의 권리를 인정받게 된다. 최선을 다해서 살아야 할 의무는 법에는 없다. 그렇지만 최선을 다해 산다면 스스로의 삶도 보람되고, 법은 더 발전한다.

필요를 채우는 삶

어떻게 살 것인가에 대한 무수한 철학자들과 종교인들, 정치세력의 주장이 있었다. 군부독재 시절, 민족중흥의 사명을 온 국민에게 교육하려고 했던 시도는 민족을 내세워 독재자의 권력욕을 채우는 독재적 방식으로 진행했기에 잘못이었다. 그렇지만 이 또한 결국, 어떻게 살아야 하는가에 대한 하나의 해답이었다.

종교인들은 사람을 선하게 만들어 세상을 좋게 만들려고 했다. 사회주의자들은 체제를 변혁하면 좋은 세상이 온다고 믿었다. 종교인들보다 더한 믿음이었다. 권력을 잡는 데도 성공했다. 20세기 많은 사회주의의 비극은 다른 방법으로 해야 한다는 교훈을 인류에게 주었다.

서유럽은 민주주의 기반 위에서 계속 사회주의를 지향한다. 프랑스 헌법의 경우 프랑스가 불가분적·비종교적·민주적·사회적 공화국이라고 규정한다(제1조). 독일 헌법도 민주적이고 사회적인 연방국가라고 스스로를 규정하고 있다(제20조). 선거에서 진 러시아 볼셰비키가 폭력혁명으로 수립한 현실사회주의국가는 한 세기도 넘기지 못하고 역사 속으로 사라졌다. 그렇지만 민주주의 기반 위의 사회주의적 지향은 여전히 이어지고 있다.

대중문화는 대체로 사랑이 모든 문제를 해결한다고 가르친다. 미국은 주로 이성 간의 사랑이다. 형제애, 부모의 자식 사랑, 우정의 힘은 현실에서 충분히 증명된다. 심리학은 이론적으로 사랑의 힘을 잘 뒷받침한다. 인생의 마지막 순간에 사랑하는 사람들이 지켜보는 가운데 작별을 고하면 아름답다. 최선을 다해 살았다면 남은 이들이 기리고 아쉬워하리라.

개인적으로 짧은 인생 살아보니 인생은 필요를 채우는 삶이 답인 듯하다. 필요를 채우는 삶은 요청에 응답하는 삶이다. 예컨대 물을 달라고 할 때 물을 주는 삶이다. 요청하지 않았을 때 물을 주면 물 먹이는 꼴이 된다. 물 먹인다는 말은 어려움에 처하게 한다는 뜻이다. 곤경 같은 한자말이 등장한다.

민주주의사회의 법은 국가의 운영과 관련해서 필요를 채우는 삶의 원리가 반영되어 있다. 예컨대 복지 혜택을 줄 때 당사자의 신청을 받는다. 공무원이 먼저 나서서 당신은 지원을 받아야 한다며 갖다주지는 않는다.

사각지대에 놓인 비극적인 사건이 발생하면서 대상자 파악은 강화하고 있다. 새로운 기준도 만든다. 곳곳에 홍보물을 걸어놓고, 주변의 이웃 중에 어려움에 처한 사람을 알려달라고 한다. 잘하는 일이다. 그렇지만 기준이 충족되어도 의사를 확인한다.

단순히 행정편의만 생각하면 지금은 그냥 지급해버리면 편하다. 기준이 세워지고 예산이 책정되었을 때 각 지자체별로 대상자를 일괄 선정하면 된다. 과거처럼 서류를 일일이 떼러 다녀야 할 필요가 없기 때문이다. 정보화의 진행으로 기술적으로도 충분히 가능하다.

신용정보, 재산보유현황, 급여내역 등을 조사해서 한꺼번에 할 수 있다.

국가가 국민에게 혜택을 부여할 때 각자의 주관적인 의사를 확인하여 진행하는 데는 자유주의라는 근본적인 철학의 문제가 있다. 민주주의는 처음 시작할 때 자유주의 사상과 함께 했다.

앙시앵레짐 시절에는 왕과 귀족과 성직자라는 평민과는 구분되는 고귀한 신분이 따로 존재했다. 그렇지만 법 앞에 모든 사람이 평등해진 민주주의 세상에서는 각자의 삶은 각자가 책임져야 하고, 국가는 개입을 최소화해야 한다는 인식이 확립됐다. 인간은 누구나 평등하기에 각자 이성을 가지고 합리적으로 판단하고 결정할 수 있다는 믿음이 바탕에 깔려 있었다.

19세기 엄청난 자본주의의 발전으로 노동자의 권리를 보장하고 복지 혜택을 부여하게 되었다. 초기 민주주의를 뒷받침했던 자유주의 철학에서는 용납될 수 없는 발상이었다. 그렇지만 사회주의의 영향력으로 인해 선진 민주주의국가들에서도 사회국가 원리가 일반화되었다.

과거 현실사회주의에서는 전국적으로 수백만 명의 학생들에게 한꺼번에 외투를 해 입히곤 했다. 겨울이 다가오는 즈음에 최고지도자가 어린 학생들에 대해 안쓰러운 마음이 들었기 때문이다. 그 과정에서 발생하는 사회적 낭비는 고려하지 않았다. 외투가 필요한 사람은 고맙다고 의사표시를 했지만, 정작 그렇지 않은 사람은 불만을 표할 수 없었다. 각자의 주관적 필요와는 상관없이 공동체 전체의 필요를 우선적으로 고려하는 체제였다.

고용 없는 성장이나 제4차 산업혁명이 주된 담론이 되면서 등장한 기본소득 논의는 또 다르다. 국민 전부에게 일괄적인 일정한 소득을 보장하자는 논의라서 필요를 채우는 삶과는 거리가 있어 보인다. 복지는 일자리를 구하지 못하거나 일자리가 있더라도 충분한 벌이가 되지 않는 사람에게 국가가 나서는 일이었다. 기본소득은 한 단계 더 나아간다. 각자의 필요 여부와는 상관이 없다.

필요를 채우는 삶이라는 원리는 국가의 운영이 아닌 생활 영역에서는 그렇지 않은 경우가 대부분이다. 특히 부모의 자식에 대한 알아서 챙겨주기는 부모의 헌신적인 사랑으로 미화된다. 자식들은 나중에 나이가 들면 감사해하지만, 자신이 자식을 갖기 전까지는 부딪치는 경우가 많다.

서구 민주주의사회에서는 상당히 일반적이다. 필요를 채우는 삶은 예수의 행적에서 기인되는 바 크다. 예수는 도움을 호소하는 장애인과 환자들에게 무얼 원하는지 먼저 묻고 기적을 일으킨다. 기적에 대한 믿음이야 당연히 종교인들의 몫이다. 그렇지만 예수가 맹인의 눈을 그냥 뜨게 하지 않고 주관적으로 원하는 바를 확인한 후 기적을 행한 점은 특기할 만하다.

법학이나 행정학에서 필요를 채우는 삶이라는 개념은 아직은 이론화되어 있지는 않다. 그렇지만 가톨릭이든 개신교든 기독교 원리가 일반화되었기에 필요를 채우는 삶에 따라 법규범이 정립된 듯하다. 국가 간에 외교를 할 때도 도움을 요청하면 검토하겠다는 식으로 발언한다.

필요를 채우는 삶이라고 할 때 필요는 각자의 주관적인 의사를 의미한다. 물론 그렇지 않은 예외도 당연히 있다. 나치 시절 아우슈비츠에서 다른 사람 대신 죽어간 사제의 이야기는 지금도 가슴을 울린다. 막시밀리안 콜베라는 이름 정도만 남아 있다.

도망자가 잡히지 않아 엉뚱한 수용자를 죽이려는데 문제는 순서다. 자신과는 아무런 관련이 없는 사람을 위해 죽음의 순서를 앞당겼다. 간수들이 임의로 정한 오늘 죽을 순서가 된 사람은 살려달라고는 했겠지만, 사제에게 대신 죽어달라고 하지는 않았으리라. 콜베는 그저 자신이 사제라는 말만 남겼다.

필요를 채우는 삶에서 말하는 주관적 의사와 반대로 행동해야 하는 경우도 있다. 대표적인 경우는 자살을 막는 행동이다. 심리학은 자살을 하려고 하는 사람이 대부분은 실제로 죽을 의사가 없음을 밝히고 있기도 하다. 실제로 죽을 의사가 있더라도 자살은 말려야 한다. 죽으려고 하는 필요를 그냥 지켜만 보면서 채우기에는 인간의 도덕관념은 고상하다.

사람이 모두 필요를 채우는 삶의 원리에 살도록 법은 강제하지 않는다. 서양에서도 일반적인 원리로는 받아들여지고 있지만, 규범적으로 표현되지는 않았다. 일부 국가에서 채택한 착한 사마리안 법 정도가 필요를 채우는 삶의 규범화라고 할 수 있다.

착한 사마리안 법은 위험에 처한 사람이 있을 때 구조하지 않으면 처벌하는 법이다. 자살하려고 하는 사람을 구조하지 않을 때 처벌하는 조항이 있다면 착한 사마리안 법에 해당한다. 예컨대 교통사고가 났거나 추운 겨울에 쓰러져 있는 사람을 보았을 때 그냥 지나치는 사람을 처벌할 수 있다.

우리나라도 그렇고 대부분은 착한 사마리안 법을 제정하지는 않고 있다. 도덕적인 의무라고는 할 수 있어도 법적인 의무로 국가가 개입해 처벌까지 하기에는 적절치 않다는 이유다. 특정한 신분, 예컨대 해수욕장에서 물에 빠진 사람을 구해야 하는 책임이 있는 구조 대원 같은 경우에는 처벌될 수 있다. 자식이 물에 빠졌는데도 구하지 않고 쳐다보기만 하는 부모의 경우에도 부작위에 의한 살인이 인정될 수 있다. 이런 예외 상황을 제외하면 착한 사마리안 법은 입법화하기는 쉽지도 않다.

갑자기 쓰러져 식물인간 또는 뇌사 상태가 되었을 때 인공호흡기를 달지 말지는 가족이 결정할 수 있다. 인공호흡기를 달지 않더라도 처벌할 수는 없다. 그렇지만 달고 나서 떼면 살인죄가 성립하게 된다.

병원도 환자를 처음부터 안 받으면 문제를 삼기 어렵다. 그렇지만 일단 들이고 나면 제대로 치료를 안 하면 부작위에 의한 살인이 될 수 있다. 의료계약이 완전히 치료한다는 의무를 부여하지는 않지만, 최선은 다해야 한다. 착한 사마리안 법과 관련된 사안들이다.

우리 사회도 법은 기본적으로 필요를 채우는 삶의 원리에 기반하고 있다. 그렇지만 관습적인 인식이 많이 남아 일상생활은 그렇지 않은 때가 많다. 법으로 어떻게 할 수 있는 부분은 아니다. 한 사람 한 사람이 인식을 바꾸고 생활습관을 하나씩 바꾸어서 해결해야 한다.

지하철 계단에 무거운 짐을 들고 내려가는 어르신이 안쓰럽다면 무작정 짐을 뺏어 들지 말고 이렇게 말하면 된다. "도와드릴까요?" 어르신을 도와야 한다는 의무를 규정하는 법이 제정된다면, 민주주의의 후퇴를 의심해보아야 한다. 도덕성의 고양을 법으로 강제하려는 발상도 곤란하다.

죽음 이후

죽으면 권리능력은 끝난다. 살아서 가졌던 재산은 누군가에게 상속된다. 아끼던 반려묘에게 상속할 수는 없다. 고양이는 권리와 의무의 주체가 아니기 때문이다. 20세기에 환경의 중요성이 부각되고 인간 아닌 존재의 소중함에 대해서도 인식이 확산되었다. 그렇지만 법을 통해 권리능력을 인정하기는 어렵다.

반려묘를 보살펴줄 사람이나 단체를 정하고, 재단법인을 설립해 유증하는 방식을 써야 한다. 재단법인은 법이 돈에 사람과 같은 지위를 부여하는 방식이다. 법인격이다. 사단법인은 여럿이 모인 사람들의 단체에 법인격을 부여한다. 사단법인의 구성원을 사원이라 한다. 회사원의 사원과는 다르다.

유언을 남기면 원하는 대로 재산을 쓸 수 있다. 물론 배우자와 자식들은 일정한 몫을 상속받을 수 있다. 유언으로 모두 다른 사람에게 남겼더라도 그렇다. 각자가 원래 받을 수 있던 상속분의 절반까지는 법으로 보장되어 있다.

유언은 민법상 엄격한 요건이 정해져 있다. 유언 방식으로 자필증서, 녹음, 공정증서, 비밀증서와 구수증서만 인정한다(제1065조). 구수증서는 구술로 유언을 남기고 누군가 받아 적는 방식이다. 유언자와 증인 2명의 서명이 필요하다.

법적 요건을 지키지 않더라도 상속인들이 충실히 이행한다면 당연히 가능하다. 법률관계는 법에서 하라는 일을 하고 하지 말라는 일을 하지 않으면 나머지는 자유롭다. 자식들이 돌아가신 분의 뜻과 상관없이 처리하고 싶을 때는 유언에 법적 효력이 없다고 주장해야 한다.

법은 사람이 언제 사망했다고 볼까? 뇌사 인정 논쟁은 과연 언제 죽었다고 봐야 하는가 하는 문제다. 아직까지는 심장이 멎은 때를 기준으로 본다. 1960년대 후반에 의학적인 뇌사의 기준이 설정되었다. 그렇지만 수천 년 동안 내려온 기준이 바뀌기는 쉽지 않다.

장기 이식의 필요성 때문에 심장사뿐만 아니라 뇌사의 경우에도 장기를 적출할 수 있도록 법을 정했다. 장기 등 이식에 관한 법률은 살아 있는 동안 장기 기증에 동의하거나 반대한 사실이 확인되지 않더라도 가족이나 유족이 동의하면 장기를 떼어낼 수 있도록 했다(제22조).

본인이 장기 등의 적출에 동의한 경우에는 당연히 그냥 가능하다. 장기 등 기증 희망 등록제도(제15조)가 운영되고 있어, 미리 명시적으로 확인해놓으면 좋다. 의식이 없을 때 인공호흡기를 달지 말도록 미리 가족들에게 의사를 알려놓는 캠페인에 동참하는 방법도 있다.

최선을 다해 살았다고 해도 죽음이 두려우리라. 죽음에 대한 두려움 극복하기는 각자의 몫이다. 사실, 그 어떤 법이 있더라도 어떻게 죽음에 대한 공포를 없애줄 수 있겠는가? 종교에 의탁하거나 심리 상담을 받거나 개인이 알아서 할 일이다. 다만 말기 환자에 대해서는 호스피스의 도움을 받을 수 있도록 법이 제정되어 있다.

호스피스의 법적인 개념은 호스피스·완화의료다. 암, 후천성면역

결핍증, 만성 폐쇄성 호흡기질환, 만성 간경화로 진단을 받거나 임종 과정에 있는 환자를 대상으로 한다. 환자 본인과 가족에게 통증과 증상의 완화를 포함한 신체적·심리사회적·영적 영역에 대한 종합적인 평가와 치료를 목적으로 하는 의료를 의미한다(호스피스·완화의료 및 임종과정에 있는 환자의 연명의료결정에 관한 법률 제2조).

연명의료는 임종과정에 있는 환자에게 하는 심폐소생술, 혈액 투석, 항암제 투여, 인공호흡기 착용 등을 의미한다. 의학적 시술을 하더라도 치료효과는 없고 임종과정 기간만 연장한다(제2조). 국가와 지방자치단체에는 환자의 인간으로서의 존엄과 가치를 보호하는 사회적·문화적 토대를 구축하기 위하여 노력하여야 한다는 사명이 부여되어 있다(제5조).

의식이 없어졌을 때 인공호흡기를 달지 않도록 미리 결정하여 등록하기를 원하는 경우에는 호스피스·완화의료 및 임종과정에 있는 환자의 연명의료결정에 관한 법률에 따라 의향서를 작성하여 등록기관에 등록하면 된다(제12조). 장기 기증처럼 시신 기증도 미리 등록해놓으면 가능하다.

장기나 시신 기증은 대가를 받거나 줄 수는 없지만, 민간 차원에서 예우 프로그램은 진행하고 있다. 사랑의장기기증운동본부는 유가족들을 대상으로 추모행사를 개최하고 교류를 주선한다. 심리상담 프로그램 같은 도움을 주기도 한다.[8]

장기나 시신 기증에 따른 대가 지급은 엄격히 금지된다. 미국 일부 주에서 헌혈의 경우 매혈을 제도화한 경우가 있긴 하지만 예외적이다. 매혈을 합법화하는 근거로는 경제학 원리에 따라 더 많은 피를 확보할 수 있다는 주장이 대표적이다. 그렇지만 아무래도 부작용이

---

8) 사랑의장기기증운동본부 홈페이지. 검색일 2020년 4월 13일.

크다는 반론 때문에 대체로 불법이다. 후진국의 경우 음성적 매혈이 사회문제가 되곤 한다. 과거 우리나라나 중국도 예외가 아니었다.

앞으로 죽음과 관련한 국가의 책임을 강화하는 법은 지속적으로 생겨날 전망이다. 2020년 3월에는 고독사 예방 및 관리에 관한 법률이 제정되었다. 고독사는 가족, 친척 등 주변 사람들과 단절된 채 홀로 사는 사람이 자살·병사 등으로 혼자 임종을 맞고, 시신이 일정한 시간이 흐른 뒤에 발견되는 죽음을 의미한다(제2조).

시행되기까지 1년의 유예 기간을 두었지만, 국가가 국민들이 존엄한 죽음을 맞을 수 있도록 개입해야 하는 의무를 지게 됐다. 법상 명시적인 규정은 이렇게 되어 있다. 고독사위험자를 고독사 위험으로부터 적극 보호하기 위하여 필요한 정책을 수립하여야 한다(제4조). 가족의 형태가 바뀌고 인식도 변해서 죽음 이후 필요한 일들에 대한 책임도 점차 국가를 비롯한 사회로 넘어가고 있다.

죽음 이후에 장례를 치른다. 남은 가족들이 장례를 어떻게 치르는지에 관해서 법은 과도하게 개입하지 않는다. 건전가정의례의 정착 및 지원에 관한 법률에 따라 건전가정의례준칙이 제정되어 있긴 하다. 그렇지만 지키지 않더라도 무방하다. 벌칙 조항이 없다.

이미 살폈듯이 매장하는 경우 분묘의 크기를 제한하는 법은 있다. 그렇지만 장례에 대해서는 법 규정은 있지만 일종의 캠페인으로 봐야 한다. 건전가정의례준칙에는 임종에서 탈상까지의 의식절차를 상례라고 하여 상세하게 규정한다. 법적인 의무로 보기는 무리가 있다.

호스피스·완화의료 및 임종 과정에 있는 환자의 연명의료 결정에 관한 법률을 존엄사법이라고도 한다. 연명의료 중단을 할 수 있도록 허용했기 때문이다. 환자 본인이 결정해도 되고, 엄격한 요건을 거치면 가족들도 결정할 수 있게 됐다. 이전까지는 존엄사도 자살로 보는 시각이 일반적이었다.

존엄사라는 개념이 일반화되기 전에는 안락사라는 말을 주로 썼다. 안락사는 약물을 투입하거나 하는 방식으로 고통을 겪는 환자들을 적극적으로 죽음에 이르게 하는 경우를 의미했다. 물론 엄밀하게는 인공호흡기를 달지 않는 경우도 소극적 안락사라고 하여 구분했다. 소극적 안락사가 존엄사로 용어가 바뀌었다고 보면 된다.

최선을 다해 필요를 채우며 살다가 죽음 이후 장기와 시신까지 기증하는 삶은 아름답다. 누군가의 몸속에 나의 생명이 연장된다는 종교적 믿음은 비과학적이다. 그렇지만 타인을 위한 마지막 선택은 높이 찬양해도 좋으리라. 죽음 이후의 아름다운 행위를 법이 의무화할수도 없고, 대가를 지급하도록 강제할 수도 없다. 그렇기에 민간 차원에서 기리는 일이 더욱 필요하다.

뜻하지 않게 다른 사람을 위해 목숨을 버리게 된 의인의 삶도 아름답다. 의인들을 어떻게 보상할지에 대해서 미리 법으로 정할 수는 없다. 종교와 도덕이 나설 문제다. 역시 민간이 자발적으로 기릴 문제다.

죽음은 법률가에게는 그저 상속의 개시일 뿐이다. 권리능력이 없어지기 때문이다. 그렇지만 그저 법적인 무미건조함으로는 그치기 어려운 숭고함이 죽음 이후에 있다. 비록 법의 영역은 아닐지라도, 법률가도 아름다운 삶을 살기 위해 노력해야 하리라.

누구도 죽음에는 예외가 없다. 언젠가는 죽음을 맞게 된다. 남은 이들이 나의 죽음 이후 슬퍼함을 넘어 아름답게 기억되고 싶으리라. 비록 권리와 의무의 주체로서 법적인 의미는 더 이상 없어지더라도.

[일상과 법]

아는 것이 힘이다

사람은 태어나면서 권리능력을 갖는다. 한 사람이 사는 평생 동안 거치게 되는 각각의 국면에서 각기 어떤 법적 논점이 있는지를 훑어보았다. 파란만장한 개인사를 가진 사람들은 더 드라마틱한 일이 많겠지만 대체로 비슷하게 겪는 일들을 중심으로 살폈다. 이제 하루하루 일상에서 벌어지는 일들을 살필 차례다. 우리는 날마다 먹고 싸고 자고 놀고 공부하고 일하고 만나고 당한다.

물론 우리의 일상을 모두 법으로 설명할 수는 없다. 예컨대 영화를 같이 보기로 한 친구가 약속을 깼다고 해서 법원이 소송을 받아주지는 않는다. 히치하이킹을 했는데 돈을 달라고 하면 황당하다. 법적인 권리와 의무로 보지 않기 때문이다. 그렇지만 식당에 가거나 택배를 받거나 소소한 일상들이 법률관계다. 물론 소송까지 가는 일은 거의 없다. 일부 법학자들 중에는 교과서에서만 있는 일이라고 비판하기도 한다.

예컨대 이웃집 냉장고에서 얼음을 꺼내놓은 경우 무슨 죄인가? 갖고 나왔다면 절도죄가 될 수도 있겠지만, 그냥 무단으로 냉동실 밖으로 옮겨놓기만 했다면? 정답은 손괴죄다. 타인의 재물을 손괴하거나 은닉해서 효용을 해할 때 성립하는 범죄다. 얼음이라는 효용을 망가뜨렸다는 의미다. 교과서범죄라고 한다. 실제로 경찰이 처벌하지는 않는다는 점에서 법학 교과서 안에서만 있는 범죄라는 뜻이다. 아마 경찰서에 가더라도 그냥 집에 가라고 할 가능성이 크다.

식당을 운영하는 사람이 무전취식자에 대해 민사소송을 통해 돈을 받으려고 하면 배보다 배꼽이 더 크다. 법원에 내야 하는 돈도 돈이지만, 시간과 에너지를 생각해도 그렇다. 소액사건심판법에 따르면 법원이 관할하는 민사사건에서 소액사건은 금액 기준으로 3천만 원을 넘지 않는 경우다.

정식 민사소송보다 간이 절차로 진행한다. 통장 잔고 10-20만 원도 빠듯한 서민들에게는 3천만 원은 소액일 수 없다. 인구 비율로 따지면 절대다수에 해당한다고 해도 과언이 아니다. 이런 사정으로 법은 역시 강자의 전유물이라는 인식이 쉽게 없어지지 않는다.

우리나라는 정부 수립과 함께 서구법이 거의 그대로 도입되었다. 그러다 보니 관련법이 있는지도 모르는 경우가 많았다. 예컨대 근로기준법은 1953년에 제정되었다. 대한민국 정부는 1948년에 공식 수립되었다. 물론 현행 근로기준법은 기존 법을 완전히 대체하고 1997년에 새로 제정되었다.

전태일이 근로기준법을 발견한 때는 1960년대 후반이었다, 1970년에 분신항거를 감행했다. 만약 전태일이 법을 발견하지 않았더라면, 법을 알고도 그렇게 숭고한 자기희생까지 하지 않았더라면, 근로기준법은 노동자들에게 살아 있는 법으로 적용되지 못했으리라.

법은 과연 강자의 도구인가? 그런 측면이 많다. 아직도 절대적인 비중은 그렇다. 우리는 툭하면 소송을 하겠다며 윽박지르는 정치인들을 TV 화면에서 자주 볼 수 있다. 실제로 툭하면 소송을 내는 큰 기업의 CEO들도 많다.

노동조합의 시위를 막기 위해서도 적극적으로 법을 활용한다. 같은 장소에서 복수의 허가를 내줄 수 없다는 집회와 시위 관련법을 내세워 청소 같은 환경집회를 한다고 신고한다. 경찰은 설혹 노조의 집회 신고를 받아주고 싶어도 이미 먼저 들어온 청소 집회가 있으니 해줄 수가 없다.

그렇지만 우리는 법이 약자의 무기라는 관점을 가져야 한다. 아는 것이 힘이다. 전태일은 근로기준법을 발견했고, 자신의 몸을 불살랐다. 법전에만 존재하던 법은 노동자의 살아 있는 권리가 되었다. 세계사적으로 보면 근로기준법 자체가 19세기 민주주의가 먼저 발전했던 서구에서 누군가의 희생으로 마련되었다. 법은 피땀 눈물로 생성되고 개선되고 현실화된다. 제대로 공부해야 한다. 그러면 약자의 무기가 된다.

사반세기 전에 전태일은 이미 있는 법을 발견했다. 그 뒤 노동운동은 활성화되었다. 일단 법에 보장된 권리라도 누리기 위해 다각도로 노력했다. 80년대 후반, 90년대 초중반에는 노동조합이 준법투쟁을 한다는 기사를 많이 볼 수 있었다. 회사 운영과 근로 조건이 오죽 법을 지키지 않았으면 단체교섭을 하는 노동운동가들이 법을 지키는 방식으로 협상력을 높이려고 했겠는가.

1990년대 시민운동은 시민들이 법을 만들고 소송을 통해 적극적으로 활용하는 새로운 시대를 열었다. 참여연대가 대표적이다. 상당수의 법학자들과 변호사들이 무보수로 또는 저비용으로 시민들의 입법과 법 활용을 도왔다. 물론 일부는 자신의 정치적 입지를 위한 불순한 의도도 있었다. 그렇지만 어느 집단이라고 100% 순수한 사람들만 모인 곳이 있던가. 참여연대를 시작으로 수많은 단체들이 새로 법을 만들고 있는 법을 활용해 공익을 실현했다.

청주의 시민운동가들은 중앙정부에서 법을 당장 만들기 어려우니까 지방의회를 움직여 조례부터 만들었다. 정보공개법은 그렇게 시작됐다. 이제는 전국의 웬만한 지역에서는 운동가들이 국회가 만든 법률뿐만 아니라 조례도 뒤지고 있다. 서울 성동구는 소셜벤처 지원 조례를 최초로 만들었다. 경기도 화성시는 중증장애인의 경우 반려동물 진료비를 지원한다.

전태일과 참여연대와 청주와 성동구와 화성시의 사례는 법이 약자의 무기로 될 수 있다는 훌륭한 증거다. 따지고 보면 약자의 노력으로 만들어지지 않은 법은 없다고 해도 과언이 아니다. 내가 직접 하지 않았더라도 외국의 누군가가 역사 속의 선구자가 해낸 결과가 법이다.

세계사에서 민주주의가 본격적으로 시작된 계기는 프랑스혁명이다. 프랑스혁명은 교과서에는 한두 줄로 끝낼 수 있다. 그렇지만 혁명이 무너지고 혁명의 영웅이 황제로 올라섰다가(나폴레옹) 과하게 사회주의로 갔다가(파리코뮌) 다시 민주주의 공화정으로 오는 한 세기의 희생을 거쳤다. 이런 과정을 통해 당시 계몽사상가들이 제안한 신분이 없는 사회, 권력분립의 정부 같은 관념이 법으로 제도화되었다.

여전히 강자의 힘이 세다. 법의 측면에서 보면 강자는 법을 쉽게 자신의 것으로 할 수 있다. 변호사 비용 따위는 걱정할 필요도 없다. 변호사들은 가진 자들에게 영업을 잘 해야 자신들도 번듯하게 살 수 있다. 권력자들은 법학자들도 쉽게 구워삶을 수 있다. 자기가 책임 맡고 있는 정부 예산을 편성해 학자들에게 법을 만들도록 할 수도 있다. 권력과 자본을 감시해야 할 기자들도 처음에는 두 눈 크게 뜨고 살펴보다가 점차 단맛에 빠져드는 경우도 비일비재하다.

또 강자들은 빨리 적응한다. 일단 약자들의 주장이 법으로 만들어지는 데는 반대한다. 가만히 있으면 자신들의 기득권이 침해되기 때문이다. 그렇지만 일정한 사회적 합의가 형성되어 새로운 법이 생성되면 자신들에게 유리한 방향으로 활용하는 데 능하다.

예컨대 학교운영위원회를 보자. 학교의 모든 일을 교장이 단독으로 결정하던 방식에서 주요한 일들에 대해서는 의견을 듣도록 바꿨다. 교사 대표, 학부모 대표를 몇 명 뽑아서 정기적으로 교장과 회의를 한다. 학교의 민주화와 투명한 운영을 위해 법을 개정하기까지 많은 노력이 필요했다.

그런데 문제는 그다음이다. 새로운 법은 통과됐고 학교마다 운영위원회는 설치되었다. 그런데 정작 운영위원으로 수고(봉사)하려는 사람이 많지 않다. 학부모들에게 통지를 하지만 신청자가 없는 경우 법은 지켜야 하니 학교에서 부탁하는 수밖에 없다. 또 자발적으로 참여한 운영위원들의 수준도 천차만별이라 교장이 가진 정보에 비견할 수 없는 경우가 대부분이다.

그렇다 하더라도 역사는 법조문 한 줄 한 줄이 누군가의 피땀 눈물로 만들어져 왔음을 증거한다. 지금도 어딘가에서 새로 법을 발견하고 법을 활용하기 위해 노력하고 있다. 새로운 법을 만들고, 있는 법을 지키라고 하고. 법 공부는 그 누구도 막지 않는다. 진시황의 분서갱유나 독재 시절의 사상통제는 민주주의 원칙에서는 허용될 수 없다. 결국 아는 것이 힘이다.

민주주의는 피를 먹고 자라는 나무라는 말이 있다. 김대중은 행동하는 양심이어야 한다는 명언을 남겼다. 민주주의는 앙시앵레짐 시절에 왕이 가진 모든 권한을 국민에게 부여했다. 국민의 구체적인 표현은 달라지지만, 결국 국민의 권리로 법에 표시되어 있다. 왕이 마음대로 세금도 걷고 노역도 보낼 수 있던 시대는 갔다. 국민의 대표가 직접 제정한 법률에 근거가 없으면 안 되는 사회가 되었다.

아는 것이 힘이고, 오늘 나의 피땀 눈물이 결국 더욱 개선된 법을 만든다. 있는 법만 잘 활용해도 더 많은 혜택을 누릴 수 있다. 당연히 감수해야 하는 줄 알았던 부당한 대우도 더 이상 참지 않아도 된다. 가장 최근의 좋은 예는 갑질이다. 상사로부터 욕설을 당하는 일은 고용되면 당연하게 생각됐던 시절이 있었다. 더 거슬러 가면 밥만 먹여주며 급여를 주지 않아도 되는 시대도 있었다. '삥땅' 친 돈을 찾는다며 온갖 성추행을 범해도 수모를 견뎌야 했다.

이제는 그렇지 않다. 우리나라도 전태일을 시작으로 시민은 법을 발견했다. 참여연대를 필두로 시민은 법을 직접 만들고 활용할 수 있게 됐다. 이제는 굳이 여럿이 모여 단체를 만들지 않아도 개인의 힘만으로도 법을 자신의 무기로 삼을 수 있다.

일상을 살면서 법을 인지할 일이 많지 않다. 법보다 주먹이 때론 앞서기도 한다. 그렇지만 일상의 삶에서 법을 나의 것으로 활용할 수 있도록 피땀 눈물을 흘리는 일상이 되어야 한다.

먹기

우리는 날마다 먹고 싸고 자고 놀고 공부하고 일하고 만나고 당한다. 먹고 자고 노는 데에 법이 개입할 일은 많지 않다. 일할 때는 이래저래 법이 많이 관련된다. 취업할 때 법률관계를 맺는다. 근로계약이 제대로 이행되지 않을 때 국가가 임명한 근로감독관의 도움을 받을 수 있다. 해고될 때도 권리와 의무에 영향이 많다.

테마파크를 가거나 여행을 가면 계약이라는 법률행위를 하게 된다. 돈을 내지 않으면 법이 개입한다. 화투나 트럼프 놀이를 하더라도 형법을 위반하는 정도에 이르면 국가가 가만히 있지 않는다. 나라에서 못 하게 하는 일을 할 때 법은 등장한다. 하라는 일은 최대한 버텨본다. 결국 법이 나타나 안 할 수 없다.

먹고 싸고 자고 놀고 공부하고 일하고 만나고 당하는 우리의 일상을 차례로 법적인 문제를 짚어보자. 먼저 먹는 일을 보자. 집에서 해먹는 밥은 문제가 없다. 외식을 보자. 만 원도 하지 않는 오징어덮밥을 사 먹는다. 계약이다. 민법이 적용된다.

무전취식도 경범죄에 해당되어 형법이 개입한다. 10만 원 이하의 벌금, 구류 또는 과료의 형으로 처벌한다(경범죄처벌법 제3조). 구류는 징역과 비슷하지만 기간이 짧다. 29일까지 가능하고, 정해진 일(형법상 표현은 '정역')을 시키지도 않는다. 과료는 벌금인데 액수가 5만 원 미만인 경우 구분해서 부르는 말이다.

액수는 얼마 되지 않아도 경범죄로 과료를 받으면 전과자가 된다. 요즘은 전과자의 경우에도 인권을 침해해선 안 된다는 발상에서 신원조회도 극히 예외적으로만 인정된다. 그렇기 때문에 사실상의 의미는 별로 없다.

그렇지만 이론적인 면에서는 형벌이 부과되었다는 점에서 의미가 다르다. 금액이 적거나 짧은 기간 자유가 제한되더라도 형벌에 해당되면 사법부의 판단에 따라야 한다. 또한 죄형법정주의라는 민주주의 형법의 대원칙에 따라야 한다. 일사부재리 금지 같은 원칙도 당연히 적용된다. 같은 범죄로 두 번 처벌받지 않는다는 원칙이다. 물론 특별한 예외가 법률에 명확히 규정된 경우가 있긴 있다.

형법이 개입하는 영역이 아니어도 행정법을 어기면 행정법상 의무가 부과되고 제재가 있다. 예컨대 식당 같은 식품접객업은 특별한 사유가 없는 한 식품위생교육을 받지 않은 자를 종사하게 하여서는 안 된다고 규정했다(제41조).

위반하면 영업이 정지되거나 영업소가 폐쇄될 수도 있다. 'ㅇㅇ 할 수 있다'고 규정한 경우 상황을 참작하여 제재하지 않기도 한다. 입법부가 행정부에 재량껏 알아서 해도 좋다는 뜻으로 재량행위라고 한다. 반대말은 기속행위다. 법조문에는 'ㅇㅇ 해야 한다'라고 표현한다.

국민 또는 주민의 지위에서 우리는 많은 행정법상 의무를 지고 산다. 군대에도 가야 하고 세금도 내야 한다. 교통신호도 지켜야 하고 모범운전기사의 교차로 수신호도 따라야 한다. 미성년자에게 술을 팔아서도 안 되고 금연구역에서는 담배를 피우면 안 된다. 면허 없이 자동차를 운전해도 안 되고 자동차를 사면 자동차보험에 반드시 들어야 한다.

행정법상 의무는 공익을 실현하기 위한 목적이 있다. 병역의무는 국방이라는 공익, 납세는 국가의 조직과 운영, 나아가 복지 실현을 위함이다. 교통 관련 의무는 안전과 원활한 교통을 목적으로 한다.

미성년자 보호를 위해 술을 팔지 못하도록 했고 비흡연자의 주장이 받아들여져 금연구역이 지정되었다. 무면허 운전 금지와 책임보험 가입도 사고를 예방하고 사고가 나면 배상을 원활하게 하기 위함이다. 공익은 결국 타인의 이익이고, 나만 생각하면 의무이지만, 타인의 행정법상 의무는 곧 나에게는 권리가 된다.

외식과 헌법은? 식당을 열고 닫고는 직업 선택의 자유 영역이다. 밥공장을 세워 의무적으로 그곳에서 다 끼니를 해결하게 할 수는 없다. 외식하는 동안 대화를 누군가 엿듣거나 도청을 하면 안 된다. 사생활의 비밀이 보장되어야 하기 때문이다. 식당이 고객 관리를 위해 손님들의 인적사항을 받을 수는 있지만 개인정보 보호는 철저히 해야 한다. 개인정보 보호도 헌법상 기본권에서 출발하여 법률이 만들어졌다.

민법적으로 구체적인 의미를 짚어보자. 오징어덮밥을 사 먹는 일은 계약의 체결과 이행이다. 메뉴판에 오징어덮밥을 기재했다면 오징어덮밥을 사 먹으라는 청약이다. 계약은 청약과 승낙으로 이루어진다. 메뉴판을 보고 오징어덮밥을 달라고 했으면 승낙이 있은 셈이다. 메뉴판을 청약의 유도로 볼 수도 있다. 그렇게 보면 주문이 청약이 되고, 식당 주인의 OK가 승낙이 된다.

어떻게 보든, 계약이 이루어지면 상호 간에 권리와 의무가 발생한다. 민법이 관할하는 개인(사인) 간의 권리와 의무를 채권과 채무라고 한다. 이제 식당 주인은 오징어덮밥을 만들어서 내와야 하고 손님은 돈을 내야 한다. 채무의 이행을 변제라 한다.

외식의 경우 법적 성격이 매매인지 도급인지 논란의 여지가 있다. 매매는 민법상 재산권 이전과 대금 지급을 약정하는 계약이다(제563조). 식당이 손님에게 오징어덮밥을 제공하는데 재산권 이전인가? 소유권이 넘어간다고 할 수도 있는데, 미리 만들어두지 않는 경우가 대부분이기 때문에 소유권 자체가 없다고 보아야 더 적절하다는 비판이다. 도급은 일의 완성을 약정하고 상대방이 보수를 지급하겠다고 하면 성립하는 계약이다(제664조). 오징어덮밥의 제공이라는 일을 완성하는 경우로 볼 수 있다.

어떤 사람은 민법상 규정된 계약 유형과 상관없이 특별한 성격을 갖는 서비스 계약으로 설명하기도 한다. 민법상 규정된 계약 유형은 모두 15가지가 있다. 전형적인 계약 형태를 규정했다고 해서 전형계약이라고 한다.

이렇게 논란이 되는 이유는 법률가들은 일상적인 현상을 굳이 법적으로 설명하지 않기 때문이다. 법학 연구는 재판에서 법의 내용이 명확하지 않을 때 어떻게 보아야 한다는 논의를 다룬다. 오징어덮밥 무전취식은 경찰서까지 갈 일도 별로 없다. 당연히 경범죄 대상이지만 1만 원도 되지 않는 돈을 받고 처벌하기 위해 배보다 배꼽이 더 큰 일을 할 사람이 많지 않다.

머리카락이 빠진 오징어덮밥은 어떻게 보아야 할까? 민법상으로는 채무불이행에 해당할 수 있다. 오징어덮밥을 공급하는 채무는 이물질이 빠진 상태는 아니어야 한다는 내용으로 볼 수 있다. 채무의 내용에 좇은 이행을 하지 아니한 때에는 손해배상을 청구할 수 있다

(민법 제390조).

통상적으로 걸리는 시간이 지났는데도 오징어덮밥이 나오지 않는 경우에는 이행지체라는 개념으로 설명하면 된다. 채무자가 채무의 이행을 지체한 경우에는 수령을 거절하고 이행에 갈음한 손해배상을 청구할 수 있다(제395조). 음식이 너무 늦게 나온 경우 안 먹겠다고 하고 오히려 손해를 배상받을 수 있다는 말이다. 이 규정에는 전제조건이 있다. 채권자가 상당한 기간을 정하여 이행을 최고하여야 한다. 최고는 변제하라고 하는 의사의 표시다.

예상한 오징어덮밥이 아닌 경우는 딱히 법적으로 어떻게 할 도리가 없다. 확실히 도급계약으로 보게 되면, 예컨대 어떤 재료는 넣고 간은 어느 정도로 하고 미리 정했는데 엉뚱하게 나왔다면 계약 위반이 될 수 있다. 일의 완성이 되었다고 볼 수 없기에 돈을 안 줘도 된다.

오징어덮밥을 파는 식당은 누구나 할 수 있을까? 식당 같은 식품접객업은 창업자에게 부과하는 특정한 의무사항은 없다. 예컨대 조리사 자격은 필수가 아니다. 다만 일정한 규모의 시설을 갖추도록 했고, 위생교육을 받아야 한다. 조리사 자격이 있으면 위생교육이 면제되는 혜택이 있다(식품위생법 제41조).

이렇게 사람에게 특정한 자격을 요구하지 않고 물적 시설을 구비하면 허가하는 경우 행정법상 대물적 행정행위라고 한다. 물건 또는 사물에 대해 자격을 갖추도록 하는 내용이다. 반대말은 대인적이다. 예컨대 운전면허는 개별 사람마다 그 능력을 확인한다.

민주주의사회에서는 직업 선택의 자유를 기본권으로 인정하고 식당 영업은 일정한 조건만 갖추면 누구나 할 수 있도록 허용한다. 일정한 조건은 국회에서 법률로 정책적으로 결정할 문제다. 식품위생법상 허가를 받을 때 다른 의무사항이 있다. 기존의 상호와 중복이

안 된다거나, 세금 관계를 위해 사업자 등록을 해야 된다거나.

북한 같은 곳은 개인의 상행위가 원칙적으로 금지된다. 사회주의 이념에 따른 법제도다. 그렇지만 민주주의사회는 사회주의사회와는 다르다. 원래(자연적으로) 누구나 영업의 자유가 있다. 그렇지만 위생이나 편의성 등의 공익 목적을 고려해 일단 금지한다. 조건을 갖춘 사람에게는 금지를 풀고 자연적인 자유를 회복한다는 이론 구성이다.

만약 무허가 식당에서 오징어덮밥을 먹은 경우 돈을 내지 않아도 될까? 행정법상 의무를 갖추는 문제와 사법상의 계약관계 이행은 별개의 문제다. 무허가 식당 주인은 무허가에 따른 행정법상 제재는 당연히 받아야 한다. 그렇지만 판매한 음식에 대한 대금은 받을 수 있는 권리가 인정된다.

이렇게 행정법상 의무와 사법상 관계를 구분하는 경우 관련 법조문을 단속규정이라고 한다. 행정부가 공익 목적을 위해 의무를 부과하고 이를 단속하기 위해 마련한 규정 정도로 이해하면 된다. 반대의 경우 효력규정이라고 한다.

예컨대 토지거래허가구역에서 지자체 허가를 받지 않으면 부동산 계약을 무효로 규정한다. 이 경우 돈을 주지 않아도 되고 돈을 줬더라도 부당이득이 된다. 돈을 이미 다 지급한 사람도 민사소송으로 허가를 받지 않음을 이유로 돌려달라고 하면 법원에서 받아들여 준다.

어떤 행위를 단속규정으로 할지 강행규정으로 할지는 국가적 차원에서 법으로 선택할 문제다. 사회주의사회는 개인 간의 상행위를 원칙으로 금지한다. 착취를 금하는 사회주의 이론에서 출발한 관념이다. 민주주의사회는 이에 대해서도 열린 토론이 보장되어 있다. 그렇기 때문에 각자는 원하는 대로 주장하여 지지자를 모으면 다시 법을 바꿀 수 있다.

나도 오징어덮밥을 먹고 싶다

외식을 하여 오징어덮밥을 먹고 싶으면 가서 사 먹으면 된다. 자유다. 먹고는 싶지만 먹을 수 있는 만큼 경제적 능력이 뒷받침되지 않을 때가 문제다. 식당에서 밥 한 끼 해결 못 하는 일은 요즘에는 그리 많지는 않다.

물론 오늘날에도 간혹 심지어 굶어서 죽는 사람도 나오고, 온 가족이 비극적인 삶을 마감하기도 한다. 과거에 나라 형편이 좋지 않았을 때는 많았다. 2-3시간 되는 거리의 버스비를 아끼기 위해 걸어서 출퇴근했다는 증언도 많다. 전태일도 그랬다. 전태일은 청계천에 있는 피복공장에서 재단사로 일했고 집은 도봉동이었다.

액수가 커지면 하고 싶고 갖고 싶어도 안 되는 때가 많다. 휘황찬란한 백화점 이른바 명품매장(엄밀하게는 고가수입품 매장)에서는 서민들의 몇 달치 월급을 줘야 살 수 있는 백이 수두룩하다.

돈이 별로 안 드는 등산이나 해수욕보다 비싼 표를 끊고 들어가서 안에서 파는 음식만 먹고 나와야 하는 테마파크를 더 선호하는 시대가 되었다. 누구나 건물주가 되기를 꿈꾸지만 몇 명 되지 않는다. 주변에는 큰 차가 그렇게 많은데, 나는 아직도 이 모양이다.

'뜻하는 것은 무엇이건 될 수가 있'는 '은혜로운 이 땅'에 우리는 살고 있다. 이 노래는 80년대 신군부의 군사독재 시절에 나왔다. 일견 맞고 일견 틀리다. 이론적으로 제도적으로 원하는 대로 가져도 되고 해도 된다. 정당한 대가만 지불한다면 안 될 일은 없다. 그렇지만 현실적으로 실질적으로 안 되는 일이 더 많다. 그래서 자본주의는 본격적인 발전의 길을 걸은 19세기에 곧바로 사회주의로부터 도전받았다.

법을 어기는 방식으로는 당연히 안 된다. 돈을 훔치면 형법이 개입한다. 까마득한 시절에는 서점에서 책을 훔쳤는데 오히려 기특한 대우를 받은 일도 있었던 모양이다. 공부를 하고 싶어서라고 대답했기 때문이다. 진정으로 그런 사람도 있었고 가짜로 꾸며낸 이들도 있었으리라.

부도덕한 방법은? 당연히 안 된다. 다만 법은 개입하지 않는다. 거짓말로 다른 사람을 속인다고 모두 처벌받지는 않는다. 대표적으로 사기죄의 경우, 속이고 이를 통해서 재산상 이득을 얻어야 성립한다. 그저 거짓말은 도덕의 문제다.

민법은 사기로 의사표시를 한 경우 취소할 수 있도록 했다(제110조). 하고 싶은 바, 갖고 싶은 바가 곧 의사다. 말 그대로 바깥으로 내놓아서 다른 사람이 알 수 있어야 법적인 행위로서 의미가 있는 의사표시다.

앞에서 권리능력, 행위능력과 함께 의사능력을 이미 살펴보았다. 사람은 누구나 태어날 때부터 권리와 의무의 주체다. 권리능력이다. 미성년자와 치매 어르신의 경우 일정한 한도에서 권리가 제한된다. 행위능력이다. 의사능력은 의사표시를 하는 당시에 과연 의사를 표시할 수 있었는가를 따진다. 술에 만취해서 필름이 끊긴 경우, 갓난 아기의 경우 의사능력은 없다. 계약서에 사인한다든가 동의를 한다든가 표시가 있었더라도 의사를 인정할 수는 없다.

법에서 취소할 수 있다는 말은 취소하지 않아도 된다는 말이다. 민법은 사기와 함께 강박의 경우(제110조)에도 착오의 경우(제109조)에도 취소할 수 있도록 했다. 반면, 상대방과 짜고 한(통정) 의사표시는 무효로 규정했다(제108조).

속아서 물건을 산 경우 강제로 사게 된 경우 취소할 수 있다는 말은 취소하지 않고 그대로 인정해도 된다는 말이다. 많은 사람들이 거래를 무를 수 있지만 그냥 포기한다. 통정으로 인한 허위 의사표시의 대표적인 예는 세금을 덜 내기 위해 실제 가격보다 싸게 부동산을 사고 판 경우다. 법은 엄연히 효력이 없다고 선언하고 있지만 현실에서는 통용된다. 그렇지만 불법이다. 법보다 주먹이 앞서는 사회는 야만이다.

취소할 수 있다 또는 무효라고 규정되어 있으면 소송을 통해 구제받을 수 있다. 미성년자가 큰 계약을 했더라도 부모의 동의를 받지 않으면 취소할 수 있다. 예컨대 컴퓨터를 판 업자가 돌려주지 않겠다고 하더라도 소송에 가면 진다.

취소할 수 있다거나 무효라고 규정한 경우는 의사표시에 뭔가 문제가 있을 때이다. 선량한 풍속 기타 사회질서에 반하는 경우(제103조), 현저하게 공정을 잃은 경우(제104조)에도 법은 효력을 인정하지 않는다. 예컨대 첩 계약은 현실에서 버젓이 살더라도 법적으로는 무효다.

문제가 없는 경우에는 법은 취소 또는 무효라고 하지 않고 철회라고 한다. 예컨대 계약은 청약했으면 철회하지 못한다고 민법은 명시하고 있다(제527조). 함부로 의사표시를 하면 안 된다. 상대방이 덥석 승낙해버리면 법적으로는 효력이 발생하고 소송에 가면 진다.

진짜로는 그런 뜻(진의)이 아니었더라도 의사표시를 하면 효력이 있다(제107조). 상대방이 농담이라는 점을 알았다면 그렇지 않다는 단서 규정이 있긴 하다. 예컨대 우스개로 친구 사이에 자동차를 준다고 했을 때, 잘못하면 법적인 효력이 인정될 수 있다.

행정법도 같은 논리는 그대로 적용된다. 정부 또는 지자체가 국민 또는 주민에게 권리와 의무를 부여하는 행위를 행정행위라 한다. 무언가 위법이 있었을 때는 소송을 통해 취소할 수 있거나 아예 법적인 효력이 없다. 예컨대 음주운전에 걸려서 운전면허를 취소시켰는데 경찰이 절차를 어긴 경우를 들 수 있다. 그렇지만 경찰은 아무런 잘못이 없다면 법적인 의미에서는 취소가 아니다.

법조문에는 분명 운전면허 취소라고 되어 있는데, 무슨 말인가? 행정법상으로 이런 경우는 행정행위를 철회한다고 한다. 합법적으로 운전면허를 부여한 행정행위를 철회한다는 의미다. 법조문의 표현과 상관없이 법적 성격은 행정행위의 취소가 아니라 행정행위의 철회다. 행정행위의 취소에 해당하려면 운전면허를 취소시킨 경찰이 법을 어긴 잘못이 있어야 한다.

법상 표현과 이론적으로 구분하는 법적 성격이 다른 경우는 비일비재하다. 법률을 제정하는 국회의원이나 이들을 돕는 전문위원 같은 직종의 종사자들이 법학을 체계적으로 공부하지 않은 경우가 많기 때문이다. 또 공부했더라도 굳이 따지고 들지 않기 때문이다. 엄밀하게 따지고 표현과 상관없이 법적으로 어떤 의미가 있다고 확정하는 일은 법관과 학자들의 몫이다.

오징어덮밥을 먹고 싶은데 국가는 다 보장해줘야 할까? 오징어덮밥은 당연히 안 된다고 대부분의 사람들이 생각한다. 그렇지만 복지 혜택을 어느 정도까지 하고 누구에게 해야 되는가 하는 논의로 들어가면 오징어덮밥을 먹고 싶은 욕구와 본질은 같다. 자본주의의 폐해에 대해 공감대가 이루어지고 인권의식이 확산되고 나라의 경제 형편이 좋아질수록 복지는 늘어난다. 새로운 법률도 만들어진다.

법은 개인의 권리를 보장한다. 권리라고 다 같은 권리는 아니다. 학문적 개념은 아니지만 일종의 위계가 있다. 헌법에서는 기본권과 국가목적규정으로 권리는 구분된다. 행정법에서는 법률상 이익과 반사적 이익으로 구분된다.

예컨대 환경권(헌법 제35조)의 경우 이렇게 되어 있다. 모든 국민은 건강하고 쾌적한 환경에서 생활할 권리를 가지며, 국가와 국민은 환경보전을 위하여 노력하여야 한다고 규정되어 있다. 환경권의 내용과 행사에 관하여는 법률로 정하도록 했다.

이제 우리나라도 웬만한 환경관련법은 거의 제정되어 있다. 법률이 제정되면 법률에 그거해서 권리를 실현하면 된다. 소송에 가면 다 인정된다. 법률이 제정되기 전에는 국가목적규정이라고 하여 기본권과 같은 취급을 받지 못했다.

신체의 자유 같은 기본권은 다르다. 법률, 예컨대 형사소송법 같은 데 규정이 없더라도 곧바로 헌법 위반으로 승소할 수 있다. 노동법, 복지법에서도 비슷한 이론 구성을 한다. 사회권도 넓게 보아 기본권이지만, 대체로 국가목적규정이다. 국가목적규정은 아직 기본권만큼의 효력은 미치지 못하지만 형편이 되는대로 국가가 실현하라는 정도의 의미다.

오징어덮밥을 먹고 싶다는 욕구는 인간다운 생활을 할 권리 또는 행복추구권으로 설명할 수 있겠지만, 국가적 지원을 받으려면 법률 제정이 필요하다. 다행히도 우리 헌법은 헌법에 기록(열거)되지 않았다고 해도 경시하지 않는다.

법률상 이익과 반사적 이익의 구분은 행정법에서는 아주 중요한 논점의 하나이다. 예컨대 중국집을 하던 사람이 옆에 또 다른 중국집이 허가를 받으면 장사에 손해가 생긴다. 이런 경우 분명 이익이 침해되었지만, 소송을 내면 법원에서 아예 다루지 않고 각하한다. 법률상 이익으로 보지 않기 때문이다.

해마다 가끔씩 내려가서 나만의 휴양지로 즐기던 곳에 공장이 들어서거나 관광지가 되거나 군사기지가 들어서도 그렇다. 분명히 이익은 침해되었다. 그렇지만 법원의 영역이 아니라 언론과 시민운동의 차원이다.

취약계층을 위한 복지뿐만 아니라 다른 부문에서도 점차 법적 권리로 인정되는 영역은 넓어지고 있다. 누군가 절실히 원하고 새롭게 이론 구성을 하고 지지자를 얻어가기 때문이다. 법이 지금 권리로 인정하고 있지 않더라도 노력으로 바꿀 수 있다.

20세기 초에는 취업할 능력이 없는 사람에 대한 복지 혜택도 반론이 많았다. 우리도 전통적으로 가난은 나라님도 어찌할 수가 없다는 인식이었다. 100년이 지난 오늘날에는 전혀 일을 하지 않아도 전 국민에게 기본소득을 지급하자는 주장이 이미 일부 현실화되었다.

오징어덮밥을 먹고 싶으면 스스로 벌어서 사 먹어야 한다. 미쉐린 등급이 있는 최고급 식당에서 꼭 먹고 싶다면 더 많이 벌어야 한다. 오징어덮밥이 생존을 위한 필수적 복지 차원으로 되는 경우에만 다른 법적 논리가 적용된다.

화장실 가기

먹고 싸는 일 자체에 법이 개입할 일은 없다. 거의 그렇다고 보면 된다. 먹고 싸는 일을 위해 필요한 물품이나 서비스를 이용할 때는 관여한다. 타인에게 대가를 주지 않고 쓸 수가 없다.

화장실에서 변비 때문에 고생을 하든, 몇 시간이고 물을 틀어놓든 자유다. 그렇지만 하수도요금은 꼬박꼬박 나간다. 상수도처럼 사용량을 체크하지는 않지만 이미 모르는 새 계약을 맺었다.

화장실에 나가는 하수와 분뇨와 관련하여 하수도법이 있다. 굳이 일반인들이 이 내용까지는 알 필요가 없다. 아파트의 경우 관리사무소에서 다 처리한다. 단독주택이나 빌라 같은 곳도 법에는 일정기간마다 정화조를 비워야 한다는 취지의 규정이 있다. 법과 상관없이 때가 되면 안 할 도리가 없다.

이렇듯이 살면서 굳이 신경 쓰지 않아도 되는 법이 많다. 많은 법은 해당 분야의 관련되는 사람들만 보면 된다. 보통은 업종마다 협회가 조직되어 있어서 행정기관에서 공문을 보낸다. 이번에 새로 어떤 법이 만들어졌다, 개정됐다, 이런 식이다.

법을 전공했다고 각 분야의 세부적인 내용을 어떻게 일일이 다 알 수 있겠는가? 변호사들이 법을 모르더라는 얘기를 할 때는 이런 뜻이다. 예컨대 도로교통법의 내용은 운전면허학원의 강사가 더 잘 알 가능성이 많다.

법률가들은 소송이나 자문을 할 때 관련 내용을 쉽게 확인할 수 있는 전문가라고 보면 된다. 각 분야마다 필요한 지식으로 시험을 봐서 각각의 자격을 부여한다. 변호사들의 경우에는 소송에 필요한 내용을 두루 깊게 공부하도록 했다.

공인중개사들은 부동산 중개와 관련된 법률 전문가다. 변호사들이 부동산 세금이나 등기와 관련하여 잘 모른다. 당연하다. 그렇지만 공인중개사들은 국토계획법의 세부 내용, 예컨대 광역권계획, 국토계획, 도시군관리계획 등에 대한 세부 내용에 대해 '빠삭'하다. 누가 결정 권한을 가지는지, 어떤 절차를 밟는지, 상세하게 시험에 나온다.

하수도법도 행정법이다. 사실 모든 법이 행정법이라고 해도 과언이 아니다. 국가의 행정이 관여하지 않는 부분은 없기 때문이다. 특히 우리나라 법은 대부분 벌칙 조항이 있다. 형법의 성격도 갖고 행정법적 성격도 갖는다. 벌금은 형법의 영역이지만 과태료는 행정법의 영역이다.

벌금 액수는 소액으로 각각의 당사자들에게는 별 의미가 없을 수도 있다. 그렇지만 이론적으로, 또 법적인 효력 면에서는 다르다. 형벌에 해당하면 형법에 적용되는 제반 원칙이 그대로 적용된다. 과태료는 형벌이 아니기에 다르다.

공적으로 내는 돈의 종류는 무척 다양하다. 화장실에서 나가는 오물을 처리하는 데도 돈이 든다. 하수도요금이라고 하기도 하지만 하수도세라고도 한다. 예전에는 수도세, 전기세처럼 일상에서는 다

'세' 자를 붙여 마치 세금처럼 인식했다.

그렇지만 하수도요금이나 전기세는 세금이 아니다. 일종의 이용료다. 뭣이 되었든 상품이나 서비스를 이용하고 대가로 내는 돈이다.

세금은 다르다. 개별적인 대가를 지급하지 않고 국가 또는 지자체가 걷는 돈이다. 내가 열심히 일해서 돈을 벌었는데 소득이 있다고 세금을 내라고 한다. 운이 좋아 부모에게 건물을 물려받았는데 세금을 내야 한다. 주민등록만 되어 있으면 내는 주민세도 있다. 주민세는 서양사에서 등장하는 인두세의 일종이다. 사람 머리마다 세금을 붙인다.

세금을 냈다고 해서 다른 사람과 구별되는 특별한 혜택을 주지 않는다. 그렇게 되면 민주주의사회는 유지되지 않는다. 예컨대 세금을 많이 냈다고 해서 병역 혜택을 줄여주는 경우는 없다. 조선시대에는 비싼 포목을 대신 내도록 하는 제도가 있었다. 그래서 어떻게 되었는가 떠올려 보라.

벌금이나 과태료는 또 성격이 다르다. 주차 위반을 했다고 내는 돈은 공적인 시설이나 서비스를 사용했다고 내는 돈이 아니다. 또 일률적으로 내는 세금과도 다르다. 법이 정한 의무를 위반한 데 대한 제재다. 일종의 국가의 구성원에 대한 징계라고 볼 수도 있다.

아주 큰 일탈에 대해서는 자유를 제한한다. 징역이나 구류, 금고가 있다. 금고는 가둬놓기만 하고 정해진 일(정역)을 시키지 않는다. 구류는 기간이 한 달 미만으로 짧다. 벌금은 자유를 제한하는 대신 돈을 내도록 하는 처벌이다. 내는 돈은 몇 푼 되지 않더라도 전과자라는 의미다.

세금을 제때 내지 않았을 때는 가산세와 가산금이 붙는다. 명칭이 비슷하지만 성격은 완전히 다르다. 가산세는 말 그대로 세금이다.

그러니까 세금을 제때 내지 않은 경우에는 또 세금을 붙일 수 있다. 그래서 가산세다. 가산금은 세금은 아니다. 세금에도 '금' 자가 들어가기 때문에 가산 '금'은 구분이 어렵긴 하다. 아무튼 세금은 아니다. 지연이자에 해당한다.

가산세와 가산금도 납세라는 의무를 제대로 지키지 않은 데 대한 제재가 아닙니까? 틀린 말은 아니지만, 이렇게 보면 좋다. 납세 의무 위반에 대한 일상적 용어로서 제재로 본다면 일견 맞는 말이다.

세금을 내지 않았다고 처벌을 하지는 않는다. 가산세와 가산금의 성격이 형법에 따른 형벌이 아니라는 의미다. 세금을 내지 않은 데 대해서는 그 행위에 다시 세금을 매길 수 있고, 이자도 걷겠다는 뜻이다. 법적 성격이 다르다. 국가는 세금에 대해서는 제재를 하기보다는 세금을 끝까지 걷겠다는 정도의 의지로 보면 된다.

공정거래법의 경우에는 과징금이 있다. 과징금도 성격이 다르다. 형법적으로는 의미가 큰 벌금이나 세금을 내게 하는 수단인 가산세나 그 액수가 많지 않다. 그렇기 때문에 내고 말지 하는 사람들이 상당하다.

법이 금하는 행위를 감행하더라도 불이익보다는 재산상 이익이 더 큰 경우가 있다. 이런 나쁜X들에 대처하기 위해서 과징금 제도를 도입했다. 과징금은 의무 위반으로 번 돈을 그 액수만큼 환수한다.

예컨대 10억을 벌어서 벌금을 5백만 원밖에 안 내면 당연히 10억을 버는 선택을 한다, 대부분. 그래서 의무 위반으로 번 10억을 벌금 외에 걷는다. 그래야 의무 위반에 따른 혜택을 누리지 않게 되기 때문이다. 과징금은 대부분 큰 기업들에 적용된다. 천문학적인 액수인 경우도 많다. 과징금 제도만 하면 되지 않느냐고 볼 수도 있다. 그렇지만 국가의 제재 의사는 벌금으로 명확히 해둘 필요가 있다.

내 주머니에서 나가는 돈은 사실 액수가 중요하다. 그렇지만 하수도요금이냐, 주민세냐, 과태료냐 성격은 모두 다르다. 아파트 같은 공동주택생활을 하는 사람들은 집집마다 관리비를 낸다. 매달 나가는 돈은 웬만한 세금보다 많다. 세금이나 과태료를 내듯이 방식도 비슷하다. 그렇지만 이 또한 성격은 다르다. 아파트 입주자 대표회가 위탁한 주택관리업자와 아파트 위탁관리에 따른 계약을 한 셈이다.

아파트는 공동주택 관리규약을 제정해서 사용한다. 화장실에서 나가는 오물은 정화조를 거치게 되고 정화조 오물 수수료 등의 명목으로 사용료를 관리비로 걷는다. 공동주택 관리규약은 지자체마다 준칙을 만들어서 배포하기 때문에 내용이 구체적인 수치만 다를 뿐 거의 같다.

준거가 되는 규칙과 다른 내용을 만들어도 물론 상관없다. 그렇지만 법을 어기게 되면 효력이 없다고 일반적으로 본다. 따라서 특별히 열성인 사람이 있지 않으면 대동소이하다.

아파트에서 내는 관리비도 엄밀하게는 좁은 의미의 관리비와 사용료로 나뉜다. 예컨대 일반관리비, 위탁관리수수료처럼 그야말로 관리비가 있다. 승강기유지비나 소독비 같은 경우도 그렇다.

정화조오물수수료의 경우 사용료로 보는데, 구분의 근거는 명확하지 않다. 전기료나 수도료를 관리사무실에서 대신 걷는 경우도 있는데, 아파트 입주자 대표회가 정하기 나름이다. 대부분의 경비는 가구마다 다른 주택면적에 따라 배분한다.

공중화장실에 대해서는 별도로 공중화장실 등에 관한 법률이 있다. 일시적으로 설치하는 이동화장실, 간이화장실도 적용 대상이라 '등' 자가 붙었다. 외국에 가보면 거의 유료 화장실로 운영된다.

우리나라는 그렇지 않은데 법상 유료화장실을 금지하고 있지는 않다. 유료화장실을 설치하여 운영하고 싶으면 시장, 군수, 구청장에게 신고하면 된다(제11조). 조례로 신고 요건과 절차를 규정하도록 했다.

유료화장실을 할 수 있다는 법이 없어도 유료화장실을 할 수 없다는 법이 없는 이상 사업을 해도 무방하다. 법에 열거되어 있는 사항만 할 수 있는 경우가 있고, 반대로 법에 열거되지 않았으면 다 해도 되는 경우가 있다. 최종 판단은 결국 소송에서 법관들이 한다. 궁금하면, 일단 해보면 된다. 물론 만약 해서는 안 되는 일이었을 경우에 법적 책임은 당연히 져야 한다.

공중화장실의 경우 동일한 대소변기 수로 인해 여성에게 불리하다는 지적이 있었다. 현재 공중화장실법은 일정 규모 이상 장소나 시설에는 이런 지적이 반영된 조문이 있다. 여성화장실의 대변기 수가 남성화장실의 대소변기를 합친 수의 1.5배 이상이 되어야 한다(제7조). 공연장이나 전시장의 경우 수용인원이 1천 명이 넘는 경우다. 고속도도 휴게소(조문상 표현은 '고속국도 휴게시설') 화장실의 경우에는 연평균 1일 편도 교통량이 5만 대 이상인 경우에 해당한다(시행령 제6조).

먹고 싸는 일에도 우리가 알지 못하는 새 많은 법이 적용되고 있다. 그렇지만 다행히도 몰라도 아무런 문제는 발생하지 않는다. 대체로 그렇다. 심지어 경범죄로 처벌하는 노상방뇨도 거의 단속이 되지 않는다. 단속이 실효적으로 잘 이루어질 수 있는 방법을 찾아야 한다.

잠자기

먹고 싸기처럼 잠잘 때도 법은 개입하지 않는다. 물론 예외는 있다. 군에 입대하여 국방의 의무를 수행하는 특별행정법관계에 놓이게 되면 규정에 따라 제 시간에 자고 일어나야 한다. 이런 예외를 제외하면 어느 때고 자든 놀든 자유다.

민주주의사회는 일을 하지 않는다고 처벌하지도 않는다. 어떤 사람들은 이렇게 말한다. 민주주의사회는 거지가 될 자유가 인정된다. 사회주의국가들은 다르다.

길거리에서 잠을 자는 사람들을 못 자게 하기도 어렵다. 과거 독재 시절에 잦았던 부랑자 단속 같은 일은 요즘에는 거의 하지 않는다. 인권 침해 소지가 있기 때문이다. 때론 지나치게 많은 노숙자로 인해 서울역 같은 공공장소 주변은 통행이 힘들 정도다.

악취 같은 문제도 있다. 그렇지만 어쩌랴. 인권이 더 중요하다. 위생이나 안전 같은 이유로 규제를 할 수 있는 정당한 논거가 필요하다. 민주주의는 인권이 최고의 가치라고 해도 과언이 아니다.

코로나 사태 당시 서울시에서는 유례없는 강력한 집회 전면 금지

조치를 취한 바 있다. 집회의 자유는 민주주의의 근간에 해당한다. 그렇지만 감염병 확산 방지라는 다른 명분으로 좌우를 막론하고 모든 시위를 원천 봉쇄한 강력한 법적 조치였다.

정권의 부침에 따라 광화문을 점거(?)하는 시위대의 성격도 달라진다. 그렇지만 시위를 금할 수는 없다. 정치적 관점에 따라 내용을 제한하게 되면 독재가 된다.

사실 법이 있어도 개기는(?) 이들은 어쩔 수 없다. 말도 안 되는 논리 아닌 논리로 지나가는 사람을 가로막고 전도를 해도 그 자체를 처벌하기는 어렵다. 각자 피하기가 상책이다. "죽여라!" 같은 살벌한 구호를 적어서 플래카드를 붙여놓더라도 함부로 뗄 수도 없다. 법을 만들고 법이 정한 절차를 밟아서 실행해야 되는데, 굳이 긁어 부스럼을 만들지 않기 위해 불법을 방치하기도 한다.

잠자는 데 당연히 법은 개입하지 않지만, 수면이 지나치게 방해받을 때는 다르다. 층간소음이나 빛공해 문제다. 엄밀하게 말하면 수면 방해는 아니다. 층간소음과 관련하여 누가 법을 만들 생각을 처음 했을까. 아파트가 생기고 수십 년 동안 당연하게 감수해야 했거나 목소리 큰 사람이 이기는 게임이었다. 인권의 보장은 생각지 못한 지점에서도 계속 확장된다.

2013년 소음진동관리법은 공동주택에서 발생되는 층간소음 분쟁을 해결하기 위한 기준을 정하도록 했다. 환경부장관과 국토교통부장관에게 책임을 지웠다(제21조의 2). 다음 해에 공동주택 층간소음의 범위와 기준에 관한 규칙이 국토교통부령과 환경부령으로 제정됐다.

법상 층간소음은 직접충격 소음과 공기전달 소음 두 가지로 구분된다. 직접충격 소음은 뛰거나 걷는 동작 등으로 인하여 발생하는 소음이다. 공기전달 소음은 텔레비전, 음향기기 등의 사용으로 인하여 발생하는 소음이다(제2조).

층간소음의 기준과 관련하여 상세한 내용을 살펴보면 일반인들은 그 내용을 정확히 이해하기는 어렵다. 등가소음도(Leq)니 최고소음도(Lmax)니 하는 생소한 말이 등장한다.

사전적 의미에서 층간소음은 천장과 바닥을 맞댄 사이에 적용되는 문제로 보아야 한다. 그렇지만 소음진동관리법은 '인접한 세대 간 소음을 포함한다'는 표현으로 직접 천장과 바닥을 맞대지 않았더라도 소음으로 인한 문제를 다룰 수 있도록 하고 있다. 법은 이렇게 일상에서 쓰는 의미와 사전상의 의미와는 다르게 규정하는 경우도 많다.

피아노 연주는 층간소음일까? 텔레비전, 음향기기 등의 사용으로 인하여 발생하는 공기전달 소음에 해당된다고 봐야 한다. 악기 연주나 운동기구 사용, 망치질 같은 소음은 관행적으로 낮 시간에는 어느 정도까지 용인된다고 봐야 한다.

대부분의 아파트에서 공사의 경우 이웃집에 미리 동의를 받도록 하고 있다. 엄밀하게는 동의가 아니라 미리 통보하는 의미다. 만약에 공사는 해야 하는데 동의서에 사인을 안 해준다고 하지 않을 수는 없지 않은가. 사인해주지 않는다고 해서 공사를 안 할까?

공동주택층간소음규칙은 욕실이나 화장실에서 급수와 배수로 인해 발생하는 소음은 층간소음 범위에서 제외한다고 명시했다. 그렇다고 해서 한밤중에 세탁기를 돌려 장시간 소음이 나는 행위를 정당화하기는 어렵다.

서울의 한 아파트 관리규약은 층간소음 생활수칙에서 밤 10시부터 다음 날 아침 6시까지 금지할 행위와 자제할 행위를 구분한다.

예컨대 망치질은 금지하고 세탁 같은 가사일이나 TV 소음은 자제하라는 식이다. 관리규약은 자치적인 규칙이라서 위법의 문제로까지 비화하지는 않는다.

빛공해에 대한 법도 만들어진 지 얼마 되지 않는다. 사실 빛공해라는 말도 아직 생소하다. 인공조명에 의한 빛공해 방지법은 2013년에 제정되었다. 빛공해란 인공조명의 부적절한 사용으로 인한 과도한 빛 또는 비추고자 하는 조명 영역 밖으로 누출되는 빛이 국민의 건강하고 쾌적한 생활을 방해하거나 환경에 피해를 주는 상태를 말한다(제2조).

법은 인공조명으로부터 발생하는 과도한 빛 방사 등으로 인한 국민 건강 또는 환경에 대한 위해(危害)를 방지하고 인공조명을 환경 친화적으로 관리하고자 한다(제1조).

제1장 총칙에는 정의와 목적 외에 빛공해 방지를 위한 국가와 지자체의 책무를 규정하고 있다. 법의 전반적인 내용은 이렇다. 계획을 수립하고, 관련 위원회를 설치한다. 위반 사항에 대한 제재를 어떻게 할지 벌칙이 마지막에 들어간다. 빛공해방지법은 특별히 조명환경관리구역을 지정할 수 있다는 내용이 있다.

행정과 관련한 법의 편재는 대부분 비슷하다. 총칙에 목적, 정의, 국가와 지자체의 책무를 명시한다. 예방하거나 증진하기 위한 계획을 세우도록 한다. 관련 전문가들로 위원회를 결성하여 중요 사항을 결정하게 하거나 자문하게 한다.

위원회는 행정학 쪽의 개념으로 하면 거버넌스가 된다. 과거에 정부 기구가 다 결정하던 데서 민간의 참여를 보장하게 되었다. 결정권을 아예 민으로 또는 민관 공동으로 하기도 한다. 결정은 관이 하더라도 민간의 의견을 반영하도록 하는 시스템이다.

모든 행정 분야는 벌칙이 있다. 벌칙은 의무 이행을 실현하기 위한 방안이다. 실효성 확보 수단이라는 말도 쓴다. 제재 수단이 없어도 사람이 저절로 필요한 일들을 잘 따르면 얼마나 좋을까? 법의 영역을 넘어서 종교적 또는 도덕적 차원의 문제다.

국가에 편한 잠을 보장하는 정책을 수립하도록 요구할 수는 있을까? 당연히 요구할 수 있다. 또한 요구할 수 없기도 하다. 긍정의 답변은 행정학이나 정치나 언론이나 시민운동의 관점에서 그렇다. 부정의 답변은 법원에 소송을 제기했을 때 이길 수 없다는 말이다. 물론 여기에도 '아직은'이라는 수식어를 붙여야 한다.

층간소음도 빛공해도 처음부터 법에 있지는 않았다. 누군가의 노력이 있었다. 우리나라는 정부 수립부터 웬만한 민주주의 제도들은 다 규정되어 있었다. 이런 내용들도 서구 민주주의 역사가 앞선 나라들에서 누군가의 피땀 눈물을 통해 얻어낸 산물이다.

국가와 지자체가 개인 각자의 편한 잠을 보장하는 정책을 수립하는 일은 필요성이 인정된다. 상당히 많은 유럽 국가들이 국가적 차원에서 비만을 잡기 위해 정책을 실행하고 있다. 비슷한 논리를 적용하면 된다.

과거에는 국가의 업무 범위로 생각지도 못한 주제다. 경제 형편이 뒷받침되고 다른 국민에 대한 피해를 주는 일이 아니라면 권리로 주장해도 무방하다. 점차 지지자들이 늘어나면 국민의 대표인 의회에서 새로 법을 만들게 된다.

다만 관련 법률이 제정되기 전까지는 법원에 소송을 제기하더라도 승소하기는 어렵다. 신체의 자유 같은 자유권적 기본권은 법률 규정과 상관없이 곧바로 침해가 있을 경우 법원에서 소 제기자의 손을 들어준다.

민주주의 법은 권리에 일종의 위계(법학적 표현은 아니다)를 두어서 구분한다. 법률이 제정되면 소송에서 당연히 승소할 수 있다. 법률이 제정되지 않더라도 인정되는 영역과 그렇지 않은 영역이 구분되어 있다. 노동권이나 환경권, 복지권 같은 권리들은 후자다. 법률이 제정되어야 법원에서 재판도 하고 승소할 수 있다.

편한 잠을 잘 수 있게 해달라는 요구는 일종의 행복추구권으로 볼 수 있다. 인간존엄으로 볼 수도 있다. 현행 헌법상에서 근거를 찾으려면 두 가지를 들게 된다. 그렇지만 열거되지 않은 기본권으로 보아도 무방하다. 개인정보보호관련법의 경우도 학자들 간에 비슷한 논쟁이 있다.

법학자가 아닌 사람들은 결론은 똑같은데 왜 굳이 하는 생각이 들 수도 있다. 결론은 헌법적인 근거가 있다는 점은 같다는 말이다. 그렇지만 학자들에게는 중요한 문제다. 다른 개념과 이론이 논리적 체계를 잡아야 하기 때문이다.

이웃집 강아지 짖는 소리에 잠을 못 잔다고 하는 사람이 있다고 하자. 공감하는 처지에서는 예컨대 공동주택에서는 키우지 못하게 하자든지, 짖는 소리를 내지 못하도록 처치를 의무화하자는 법에 찬성할 수 있다.

반면, 반려동물이 적당한 정도로 내는 소리는 누구나 참아야 한다고 주장하는 사람들도 있을 수 있다. 이럴 때 학문적인 개념으로는 수인 의무라는 말을 쓴다. 동물의 본성을 근거로 들 수도 있다.

사람마다 같은 자극에 대해서도 다르게 받아들인다. 각자 처한 환경도 다르다. 그렇기 때문에 법은 여러 의견들을 종합하여 하나의 기준을 세운다. 아파트가 초창기 확산되던 시절에는 대부분의 사람들이 동물을 키우면 안 된다고 생각했다. 성대 처치를 많이 했다. 근래는 반려동물 문화의 확산으로 인식들이 달라졌다.

더 거슬러 올라가서 닭을 집집마다 키우던 시절을 떠올려 보자. 수탉은 새벽마다 우렁차게 울어댄다. 요즘 도시에서는 층간소음으로 곧바로 항의하고 나설 사건이다. 그렇지만 과거 수탉의 울음소리는 다들 당연하게 받아들였다. 아침잠을 방해한다는 생각을 하더라도 굳이 대놓고 항의하지 못하는 분위기였다.

나 홀로 따로 떨어져서 살아가는 '자연인'('나는 자연인이다' 같은 프로그램에서 말하는 의미)이 아닌 이상 공통으로 적용되는 기준이 있을 수밖에 없다. 둔감하여 나는 상관없다는 사람도 있고, 예민하여 도저히 견딜 수 없다는 사람도 있다. 모두의 만족을 주기는 어렵다. 법의 이런 성격을 획일성이라고 한다.

하나의 기준을 정해야 하는데, 많은 사람들이 지지하는 쪽으로 최종 결정은 기울어진다. 그렇기 때문에 현실에서 싸움질이나 하고 자기 이익이나 챙기듯이 보이는 국회의원들에게 영향력을 행사할 필요가 있다. 목소리를 내면 낼수록 지금 당장 반영되지 않더라도 쌓이고 쌓여 민의 의견에 따라 법이 바뀐다.

제대로 한번 놀아볼까

놀 때도 법은 개입하지 않지만, 남을 해코지하는 경우 당연히 제재를 받는다. 왕따와 성희롱의 경우 피해자들은 고통이 컸지만 가해자들은 죄의식이 없는 경우가 많았다.

타인을 괴롭히는 범죄적 행위인데도 사회적으로 통용되는 경우가 있다. 지금은 없어진 직업인 버스 안내양들의 경우 남성 관리자들이 훔친 돈을 찾는다는 명목으로 온몸을 더듬는 성희롱을 일상적으로 자행했다는 증언이 있다.

인식의 괴리가 클 때는 법제화되기까지 상당히 오랜 기간이 걸린다. 많은 사람들은 그저 침묵한다. 나서서 용기 있게 자신의 피해를 공개하고 문제 해결을 주장하는 사람에게 오히려 비난이 가해진다.

별것 아닌데 왜 그러냐. 남들은 가만히 있는데 별나다. 심지어 빨갱이라는 낙인도 붙는다. 거슬러 올라가면 법으로 조문화된 내용 중에 기득권을 건드리지 않는 일은 사실 없다고 해도 과언이 아니다. 지금 우리 사회에서 쟁취했느냐 과거에 다른 어딘가에서 벌어진 투쟁의 반영이냐의 차이가 있을 뿐이다.

과거에는 그저 아이들의 놀이 정도로 여겨졌던 왕따의 경우 별도의 법률이 제정되었다. 2004년 학교폭력예방 및 대책에 관한 법률이 만들어졌다. '따돌림'이라는 일상에서 쓰는 말을 그대로 정의했다(제2조).

학교 내외에서 2명 이상의 학생들이 특정인이나 특정집단의 학생들을 대상으로 지속적이거나 반복적으로 신체적 또는 심리적 공격을 가하여 상대방이 고통을 느끼도록 하는 일체의 행위를 말한다. 통상 법은 한자식으로 개념을 만드는 데 예외적인 경우다.

따돌림을 인터넷, 휴대전화 등 정보통신기기를 이용하여 하는 경우는 사이버 따돌림으로 별도로 규정했다. 사이버 따돌림은 특정 학생과 관련된 개인정보 또는 허위사실을 유포하는 경우도 포함한다.

정보화가 급속도로 진전되어 노는 일도 에스엔에스 등 전자적으로 이루어지는 경우가 많아졌다. 이에 따라 과거에는 전혀 문제가 안 되는 일도 문제가 되게 되었다. 특히 기록이 남으면서 법이 개입해야 하는 지점들이 많이 생겨났다.

친한 사이에서 누군가를 뒷담화 하는 일을 보자. 직접 대화는 바로 사라지기에 별로 문제 될 일이 없다. 그렇지만 뒷담화가 에스엔에스를 통하는 경우 명백한 증거로 남게 된다. 연예인들 중에서도 단톡 등에 올린 짧은 멘트들이 문제가 되어 더 이상 활동을 하기 어렵게 된 경우가 종종 있다.

과거 화장실 낙서 수준의 글들이 인터넷상에서 댓글로 난무하고 있다. 화장실 낙서는 누가 썼는지도 알 수 없고, 이용자 몇 명밖에 보지 않았다. 그렇지만 온라인 댓글은 엄청나게 많은 사람들이 볼 수밖에 없는 구조다.

안 보려고 해도 검색을 하거나 본문을 보다가 불쾌한 댓글을 보게 된다. 선호를 표시하는, 법적으로 문제 되지 않는 댓글이라 하더라도 해당 동영상을 보려면 몇 년이 지나도 볼 수밖에 없는 구조는 문제다.

댓글의 경우 원 콘텐츠의 소유자가 일정 기간이 지나면 댓글을 일괄적으로 삭제할 수 있는 권리를 인정할 필요가 있어 보인다. 담벼락에 남이 한 낙서를 계속 방치해야 할까? 인터넷 댓글을 표현의 자유로 인정한다면 담벼락 낙서도 표현의 자유로 모두 보호해야 한다.

콘텐츠를 게시하는 플랫폼 소유주에게도 같은 권리를 인정해야 한다. 표현의 자유는 당연히 보호되어야겠지만, 원 저작물의 보호도 필요하기 때문이다. 명예훼손과 저작권 침해 문제에 대한 공감대는 많이 이루어졌다. 혐오표현 처벌의 필요성에 대해서도 조만간 입법화되리라고 본다.

경제가 발전하면서 돈이 드는 노는 일이 많아졌다. 어린 시절 해수욕장에 별로 가보지 못한 한(?)을 자식들에게는 주지 않으려고 했지만, 아이들은 벌써 테마파크 같은 고급 유료 놀이시설을 더 선호하는 시대가 되었다.

어떤 시설은 입장료도 비싸지만 안에서 파는 음식만 먹을 수 있도록 하고 있다. 명분은 다양하다. 주로 환경이나 안전을 든다. 놀이시설에서 외부 음식 반입 금지는 일종의 계약 내용으로 보면 된다.

도로에서 불법 유턴을 금지하는 행정법적 잣대와는 다르다는 말이다. 굳이 일일이 그 내용을 확인하지 않는 약관에 관련 내용을 포함하면 된다. 그렇지 않더라도 입장료 구입 시에 관련 내용을 공지해놓으면 동의로 볼 수 있다.

약관은 자본주의가 발전하고 기업 규모가 커지면서 일반화됐다. 계약 내용을 미리 정한 규정 정도로 볼 수 있다. '관' 자는 정관 같은 데서도 쓰는데, 규칙이나 규범을 의미한다. 보통은 기업이 미리 내용을 정해놓고 소비자는 동의하는 형식이다. 상품이나 서비스를 사용하기 위해 동의를 할 수밖에 없다.

근대 민법에서 계약 자유의 원칙을 중시하게 본다. 세부 원칙 중 하나가 계약 내용을 계약 당사자가 자유롭게 형성할 수 있어야 한다는 점이다. 그런데 약관은 기업의 일방적인 의사를 소비자가 따를 수밖에 없기 때문에 계약 내용 형성의 자유에 어긋난다는 시각도 있다.

놀이 관련 서비스뿐만 아니라 약관은 오늘날 대부분 기업에서 사용하고 있다. 정부의 서비스나 시설을 이용할 때도 약관에 준하는 규정들이 있다. 물론 행정법상으로는 특별행정법관계로 봐야 한다.

예컨대 공공도서관 이용자의 경우 도서관을 운영하는 행정주체, 예컨대 구와 행정법의 적용을 받는다. 엄밀한 의미에서 법리가 다를 뿐, 개인이 느끼는 바는 약관과 다를 바 없다.

형법이 놀이에 관여하는 대표적인 경우는 도박이다. 삼삼오오 모여서 화투를 치는 경우가 많다. 가볍게 일시오락으로 볼 수 있는 경우에는 처벌하지 않는다고 명시되어 있다(형법 246조).

도박죄에서 말하는 도박은 재물을 걸고 우연에 의하여 재물의 득실을 결정하는 것을 의미한다. 도박죄를 처벌하는 이유는 정당한 근로에 의하지 아니한 재물의 취득을 처벌함으로써 경제에 관한 건전한 도덕법칙을 보호하는 데 있다(대법원 2008. 10. 23., 선고, 2006도736, 판결).

법에서 보는 도박의 정의에 따르면 수억 원을 걸고 하는 내기 골프는 어떨까? 골프는 엄연한 스포츠다. 우연으로 재물의 득실을 결정하지 않고 실력에 따른다고 볼 여지가 크다. 이에 따라 법원에서는 무죄를 선고하기도 했다.

그렇지만 대법원은 승패의 결정에 경기자의 기능과 기량이라는 요인과 이와 무관한 우연이라는 요인이 영향을 미치는 정도는 매우 상대적이라고 보았다. 또한 대법원은 정당한 근로에 의하지 아니한 재물의 취득을 처벌함으로써 경제에 관한 건전한 도덕법칙을 보호하기 위해서 도박죄를 처벌한다고 보았다.

해당 사건에서 내기 골프는 원심에서 무죄 판결을 받았지만, 대법원에서 뒤집혔다. 나아가 법원은 우연성의 정도는 도박죄의 성립에 원래 영향이 없다고 본다(서울고법 2006. 1. 11., 선고, 2005노2065, 판결: 상고). 통상 도박죄를 설명해온 형법 교과서의 설명이 달라져야 하는 지점이다.

이른바 사기도박은 도박죄로 처벌하지 않는다. 도박을 했는데 왜 처벌하지 않을까? 사기도박은 도박 당사자의 일방이 사기의 수단으로써 승패의 수를 지배하기 때문이다. 도박이 되려면 승부가 우연성에 따라 결정되어야 하는데 그렇지 않다(대법원 2011. 1. 13., 선고, 2010도9330, 판결). 사기도박을 한 자들만 사기죄로 처벌한다.

도박죄는 사회적 법익을 보호하는 범죄다. 형법이 보호하는 법익은 개인적 법익, 사회적 법익, 국가적 법익으로 나뉜다. 개인적 법익은 개개인이 피해를 입은 범죄다. 예컨대 살인, 절도, 강간, 사기다. 국가적 법익은 내란죄, 간첩죄가 대표적이다. 사회적 법익은 이도 저도 아니다. 일반적으로 해당 사회에서 통용되는 가치 기준에 따라 정해진다.

도박죄의 경우 각자가 자기 돈을 내서 잃고 따든 왜 문제 삼느냐는 지적도 상당하다. 사기도박은 개인적 법익을 침해하는 사기죄지만, 도박은 당사자가 우연성에 따라 돈을 잃거나 따기로 정했기 때문에 개인적 법익의 침해는 없다. 그렇지만 대법원이 판시했듯이 경제에 관한 건전한 도덕법칙을 보호하기 위해 우리나라의 경우 도박죄를 처벌한다. 형법에는 도박을 어떻게 정의할지에 대해서는 규정하지 않았다.

우리나라는 카지노도 강원랜드를 제외하고는 내국인 출입을 전면 금지한다. 강원랜드는 폐광지역 개발 지원에 관한 특별법에 따라 특별히 허용되었다. 폐광지역 중 경제사정이 특히 열악한 지역에 카지노업을 허가할 수 있다(제11조).

대상 지역은 폐광지역 중에서도 주거지역과 격리된 고원지대의 지역, 치안을 유지하기 쉬운 지역, 접근성 높은 교통망이 갖춰져 있고, 대규모시설을 설치할 수 있는 지역으로 제한되어 있다(시행령 제12조). 그나마도 여러 군데에 카지노를 허가하지도 않는다. 법은 한 곳만 지정하도록 했다.

우리나라는 사회적 법익을 보호하는 형법 조문이 상당히 많은 편이라고 할 수 있다. 마약도 많은 나라에서 허용되는 마리화나나 대마초 정도로 엄격히 금지한다. 복권의 경우에도 상당히 제한적으로 운영한다.

국가적 법익은 독재국가일수록 종류도 많고 처벌의 강도도 높다. 법학자들 간에 완전한 합의가 이루어지진 않았지만, 민주주의사회에서 국가적 법익의 처벌은 점차 그 정도가 완화되어야 한다.

노는 일에 점차 법이 개입하는 일이 많아진 이유는 일단은 그만큼 더 놀거리가 많아졌기 때문으로 볼 수 있다. 한편으론 타인에 대한 배려가 과거보다 더 높은 수준에서 이뤄지는 현상이기도 하다. 예컨대, 여행을 할 때 이제는 현지 주민들을 고려해야 한다. 그저 관광지가 아니라 그곳에 현재 살고 있는 사람을 생각하여 만들어진 법적 규제가 있다.

환경 보호 관점에서도 그렇다. 과거에 계곡마다 벌어지던 술판을 그리워하는 분들이 있지만, 이제 이런 규제는 당연하게 받아들여야 할 때다. 입장 바꿔 생각해보면 당연하다.

편하게 놀기도 힘들어졌다는 투정은 옳지 않다. 법은 필요에 따라 나온다. 나의 편의만을 위해 법이 만들어지고 시행된다면, 결국은 힘센 자가 마음대로 할 수 있는 세상이 된다.

공부하기

공부에도 당연히 법은 개입하지 않는다는 얘기하려고 하지? 맞다. 이미 교육의 권리와 의무에 대해서는 앞으로 다뤘다. 학교에 대한 법 내용도 간략히 살펴보았다.

당연히 개인이 공부를 하든 말든 법은 관심이 없다. 지나친 관심을 가져도 안 된다. 독재국가는 어떤 공부를 언제 어떻게 할지까지 세세히 정한다. 과거 사회주의국가는 무상교육을 떠들어댔지만, 그 대가는 컸다. 정권을 잡은 정치세력이 일방적으로 정한 관변 논리의 주입이었다.

부모의 공부 강요에 대해서는 국가가 관여해야 하지 않을까? 해마다 수많은 학생들이 입시 스트레스로 유서를 써놓고 자살하는 상황에서 당연히 드는 생각이다. 우리나라는 부모의 자녀 교육 의무에 대해서만 규정했다.

자살 예방은 광범위한 캠페인으로 자율적인 결정을 유도한다. 입시 경쟁에 반대하는 시위는 자유롭게 보장된다. 21세기 청소년 공동체 희망이라는 단체는 2005년 '입시경쟁교육 반대' 촛불집회를 여러

차례 개최했다.[9]

경쟁을 법으로 없앨 수 있다면 진작에 법을 만들었어야 한다. 그렇지만 경쟁을 과연 법으로 없앨 수 있는지는 회의적이다. 점차 우리 사회도 계층제가 고착화되고 있다는 비판은 만만치 않지만, 교육은 계층 상승의 주된 방법이다.

계층구조가 고착되어도 자기가 속한 계층에서 아래로 떨려 나지 않기 위해서라도 교육은 필수다. 예컨대 태어나자마자 빌딩을 물려받은 건물주도 뭘 알아야 지킬 수 있지 않겠는가.

건물주 수업은 학교에서 배우지는 않는다는 비판도 일리 있다. 그렇지만 학교에서 배우는 내용도 많다. 비록 임대소득 세금 신고 방법은 학교에서 배우지 않더라도 학교 교육은 상당한 정도로 각자의 사회적 지위에 영향을 준다.

사회적자본, 사회적 신뢰 같은 개념으로 과거 물질적 자본에 준하는 중요성을 인정한다. 인적자본이라는 말도 결국 각자가 교육받는, 배우는, 공부하는 정도가 미치는 영향력과 연관된다. 모든 국민 각자가 교육을 원하는 만큼 적정한 수준의 사회적 자본을 갖출 수 있도록 국가가 도와야 할 의무는 인정된다. 법 논리를 어떻게 구성하든 당연하다.

입시 경쟁은 어떻게 없앨 수 있을까? 경제학에 따르면 입시 경쟁도 자원의 희소성으로 설명할 수밖에 없다. 올라가려는 사회적 지위, 얻으려고 하는 사회적 재부가 한정되어 있기에 더 많은 부분을 차지하기 위해 교육도 활용해야 한다.

그렇기 때문에 상당수의 학자들이나 운동가들은 입시경쟁구조를 근본적으로 철폐해야 한다는 식의 주장을 한다. 열성과 고뇌는 인정

---

9) https://blog.naver.com/1895cbs/120015987104. 검색일 2020년 3월 23일.

할 수 있지만, 근본적으로 구조를 바꿔야 한다는 주장은 사실은 아무런 대안이 없다. 구체적으로 어떤 제도를 법으로 만들지 제안해야 한다.

현실사회주의의 역사를 보면 이러한 점은 더욱 잘 알 수 있다. 노동자계급이 정권을 잡으면 다 되는 줄 알았다. 역사의 필연이라고 했다는 주장에 많은 지식인들도 공감했다. 지주와 자본가 중에도 자기 기득권을 버리고 동참한 이들도 많았다.

그렇지만 20세기 사회주의의 실험은 노동자계급의 집권으로 모든 일이 끝나지 않는다는 점을 보여주었다. 민주화도 마찬가지다. 민주화는 말 그대로 민주화였다. 우리나라의 경우 직선을 통해 대통령을 뽑는 제도는 87년에 이루어졌다. 다른 문제는 새로운 문제 제기로 대안을 제시해서 법을 바꾸거나 새로 만들어서 가능했다.

자원의 희소성은 자원이 넘쳐 나거나 가지려고 하는 사람이 더 적으면 해결된다. 역사를 돌아보면, 한 시대에 특정한 자원의 희소성은 극복된다. 식량이 모자라는 시대도 있었지만 생산력 증대를 위한 다양한 노력으로 넘어섰다. 세계사로 보면 농업혁명이 그렇고, 우리나라 현대사만 보면 잘 살아보세로 보릿고개는 끝났다.

그렇지만 곧 인간은 새로운 희소성의 문제에 봉착한다. 1970년대부터 민주화가 본격화된 데는 권력 보유의 희소성으로 설명할 수 있다. 기본적인 먹고사는 문제를 해결했기에 독재자가 계속 혼자 집권하는 상황을 용납할 수 없게 된다.

우리나라 민주화운동을 이끈 분들은 이전의 독재자나 사회주의국가의 집권자들과는 달리 자신들만 권력을 잡아야 한다고 고집하지 않았다. 서구 민주주의국가에서 일반화된 절차를 요구했고, 다수 국민들 또한 동참해서 민주화를 일궜다.

우리나라의 경우 민주화 이후 정보화가 급속히 진행되었다. 예전에는 전혀 문제 될 일이 없었던 정보 격차가 발생했다. 빅 데이터와 블록체인의 중요성을 얘기하는데, 가진 자는 소수다.

기존의 희소했던 자원을 해결하면 새로운 자원의 희소성 문제가 대두한다. 현시대는 물질적 자원뿐만 아니라 무형의 자원, 추상적 자원까지 고려해야 한다. 이러한 패턴은 앞으로의 역사에서도 반복되리라. 따라서 새로운 문제를 해결하기 위한 새로운 아이디어를 찾아야 한다. 법적인 방법을 포함해서.

법이 입시경쟁을 해결하기 위해 할 수 있는 수단은 제한되어 있다. 예컨대 대학을 나오지 않아도 성공할 수 있도록 하기 위해 공무원 시험에서 법 과목을 없애버린 적이 있다. 고등학교 졸업자가 수능과 유사한 과목으로 바로 선발될 수 있었다. 공직을 시작하고 행정법의 기초도 몰라 처음부터 교육시켜야 하는 부작용이 발생했다. 몇 년 후 공시에는 다시 행정법 과목이 들어갔다.

인생이 길기 때문에 교육에 국가가 관여했을 때 부작용은 결국 개인이 책임져야 한다. 1970년대 중화학공업으로 방향을 틀면서 60년대 최상층의 우등생들이 선택했던 섬유공학 관련 과 출신들은 상대적으로 불리해졌다.

성적이 우수했지만, 70년대 공업고를 지망했던 상당수의 학생들도 20-30년 후 여전히 인문계 위주의 사회에 좌절하기도 한다. 법이 실업계를 특성화고로 명칭을 바꿔서 계속 지원하는데, 과연 한 세대 뒤에 어떤 사회적 평가를 받게 될까?

90년대까지 대학 진학률은 20%대였다. 대학은 선망의 대상이었다. 너무나 희소한 자원이었다. 2000년을 즈음하여 정부는 대학을 엄청나게 늘렸다. 누구나 대학에 갈 수 있도록 하려고 했다. 입시경쟁도 사라지기를 기대했다.

80-90%의 진학률은 새로운 많은 부작용을 나았다. 대학 교육이 불필요한 업종도 많다. 이제는 외국인 유학생이 없으면 지탱하기 어려운 대학도 많아졌다.

입시경쟁을 없애자는 방향은 공감할 수 있지만, 과연 어떤 방식으로 법을 바꿀 수 있는지에 대한 구체적인 대안을 가지고 논의해야 한다. 권력과 자본을 비난하기는 쉽다. 체제의 문제로 돌리면 선명하다. 그렇지만 정말 대안일까?

앙시앵레짐 시대에 공부는 특정 신분의 전유물이었다. 사회학이나 교육학에서는 자본주의의 발달로 공장에서 일할 수 있는 기본 소양을 갖추게 하기 위해 보통교육이 본격화되었다고 보는 모양이다. 일리 있는 분석이지만, 소속된 계급에 상관없이 누구나 교육 받을 수 있는 기회를 누리는 인권의 차원으로 볼 수도 있다.

시대는 변화한다. 희소한 자원은 바뀐다. 오늘 안정적인 직업이 사반세기 뒤에도 과연 안정적이리라는 보장도 없다. 이미 지난 과거에서 확인하듯이. 그렇다면 과연 무엇을 공부해야 할까? 대학을 가야 할까? 당연히 각자의 선택이다.

입시경쟁은 국가에서 법으로 없애기는 어렵다. 뒤처질 수밖에 없는 여건에 있는 계층에 대해 지원은 당연히 해야 한다. 사교육비를 지원한다든가, 공적으로 운영하는 인강(인터넷 강의) 시스템을 도입하는 식이다. 입시경쟁을 완화하기 노력한다는 목적규정을 둘 수는 있으리라.

교육기본법은 교육에서 차별을 받지 않을 권리(제4조)를 규정했다. 성별, 종교, 신념, 인종, 사회적 신분, 경제적 지위 또는 신체적 조건 등을 이유로 한 차별은 허용되지 않는다.

우리나라는 어떻게 보면 멋지고 어떻게 보면 거창한 교육이념을 규정하고 있다. 교육은 홍익인간의 이념 아래 모든 국민으로 하여금 인격을 도야하고 자주적 생활능력과 민주시민으로서 필요한 자질을 갖추게 함으로써 인간다운 삶을 영위하게 하고 민주국가의 발전과 인류공영의 이상을 실현하는 데에 이바지하게 함을 목적으로 한다 (교육기본법 제2조).

이런 원칙적인 규정 이상은 어렵다. 민주시민의 자질, 홍익인간의 이념 등에 대해 획일적인 정권의 논리를 강제하면 독재국가가 된다. 교육의 중립성(교육기본법 제6조)이 중요한 이유다.

교육은 다른 분야와 달리 지방자치에서도 특수한 취급을 받는다. 일반 지방자치와 별도로 지방교육자치에 관한 법률이 제정되어 있다. 교육의 자주성 및 전문성과 지방교육의 특수성을 살리기 위함 (제1조)이다.

지자체 단체장처럼 교육감은 주민의 보통·평등·직접·비밀선거에 따라 선출한다(제43조). 한때 지방의회 의원에 준하는 교육의원 제도가 있었다. 지금은 지방의회에 교육위원회를 설치해 운용한다.

어떻게 보면 삶은 공부의 연속이다. 해야 하는 공부는 힘들다. 입시, 공시 모두 마찬가지다. 원하는 공부는 속된 말로 돈이 되지 않을 때가 많다. 하고 싶은 공부를 마음껏 할 수 있는 세상은 언제 가능할까? 역시 법의 영역이라기보다는, 각자의 의지와 노력에 달린 일이다.

관계 맺기

어떻게 보면 인생은 태어나는 순간부터 만남이다. 한 사람의 권리 능력을 가진 주체로 태어나 권리능력을 가진 다른 주체와 관계를 맺 는다. 인생의 시작은 내가 선택할 수 없는 관계로 시작한다.

부모는 내가 선택할 수 없다. 어느 나라의 국민이 될지, 어느 지역 의 주민이 될지도 부모의 선택이다. 운 좋게 고아가 아니면 누군가 와 친족 관계에 놓이게 된다. 만나지 않고 평생을 살 수는 있지만 누 군가의 형제자매이거나 조카이거나 하는 관계가 없어질 수는 없다.

법이 규율하는 관계를 법률관계라고 한다. 법률관계는 결국 권리 와 의무의 관계이다. 법이 관여하지 않는 영역에서도 권리와 의무라 는 말은 쓰지만 큰 의미는 없다. 법적인 큰 의미는 소송으로 해결할 수 있는가 여부이다.

소송은 국가가 당사자들의 권리와 의무 관계에 개입한다는 의미다. 법적인 권리와 의무 문제가 아니면 왜 법원에 왔냐고 한다. 아무리 링에 올라가서 시합을 하고 싶어도 할 수 없다. 법원이 소송에서 받 아주지 않는 사안에 대해 각하한다고 한다. 아래로 내친다는 말이다.

법적인 권리와 의무가 생겨도, 누릴 수 있는지, 반드시 해야 되는지는 건마다 판단해야 한다. 예컨대 성인 남성의 경우 병역의무는 있지만, 운 좋게 또는 몰염치하게 미국에서 태어났다면 선택할 수 있다.

선거권은 없어지지 않는다. 그렇지만 행사하지 않는 사람도 많다. 빌려준 돈을 받을 수 있는 권리는 당사자가 안 받겠다고 하면 없어진다. 상당히 오랜 시간이 흐르면 권리는 없어진다. 권리는 없어졌지만 빌린 사람이 돈을 갚는다면 법적으로 인정된다.

이렇게 사안마다 권리와 의무의 발생과 변경과 소멸이 다르다. 당사자 간에 해결이 안 되면 최종적으로 법원에서 판사들이 결정한다.

법이 관여하는 영역은 최소한이다. 일할 때 어디에서 일하든 얼마에 일하든 당사자가 정할 일이다. 공무원은 특수행정법관계라고 하여 특별한 취급을 받는다. 그렇지만 공무원의 업무 영역은 이미 법에 규정되어 있다. 이미 알고 준비해서 특별한 법적관계에 들어간다고 볼 수 있다.

최저임금을 비롯해서 국가에서 정해놓은 근로기준에 못 미친다거나 받을 돈을 못 받은 경우 법은 가만히 있지 않는다. 근로자들이 힘을 합쳐 회사에 '으쌰으쌰' 하지 못하게 하거나 마음대로 해고할 때도 국가는 도움을 준다. 물론 당사자가 요청하지 않고 법에 정해진 권리를 행사하지 않으면 어쩔 수 없다.

인간이 살아가는 동안 법이 관여하지 않는 관계는 더 많다. 자라면서 스스로 선택할 수 있는 영역이 더 넓어지면 더욱 그렇다. 돈이 모자라서 원하는 곳에 집을 못 사는 경우는 많지만 법으로 살지 못하게 금지하는 경우는 특수한 예외뿐이다. 우리나라는 분단 상황으로 인해 휴전선 인근 토지는 많은 제약이 있다.

법이 관여하는 관계의 대부분은 돈과 관련된다. 법률가에게 죽음은 상속이 개시된다는 의미라는 말은 시사하는 바 크다. 아름답게 고인과 추억을 기리는 데 법은 신경 쓰지 않는다. 자식들끼리 돈 관계로 싸움이 크게 번지면 법이 등장한다. 순위가 어떻고, 얼마를 받을 수 있고, 유류분이 어떻고 이런 개념이 나온다. 친구 간에 함께 영화를 보기로 했는데 약속을 지키지 않은 경우 법은 개입하기 어렵다.

사람의 관계맺음은 이미 법에서 정해진 경우를 제외하면 각자가 정하면 된다. 사람과 사람이 새로운 관계를 맺거나 유지하거나 끊거나.

어떤 경우든 계약은 가장 대표적인 원인이다. 계약은 반대 방향의 의사표시가 합치되어 이루어지는 법률행위라고 정의한다. 예컨대 아파트 매매계약의 경우 집을 팔겠다는 의사와 사겠다는 의사는 서로 반대 방향이다.

계약과 다른 법률행위도 있다. 예컨대 협동조합을 결성한다고 하자. 조합계약이라는 말을 쓰긴 하지만, 합동행위라 하여 구분한다. 여러 사람이 공동의 사업을 경영하는 공동의 목적, 곧 반대 방향이 아니라 같은 방향으로 의사표시가 이루어진다는 의미다. 민법상 조합과 특별법상 협동조합은 엄밀하게 보면 같은 성격은 아니지만, 일반론으로는 그렇다.

선거의 경우 또 다르게 취급한다. 각자의 서로 다른 행위들이 모여서 당선자 결정이라는 하나의 결론을 낳기 때문이다. A를 선택하는 사람이 있고 B, C를 고르기도 한다. 그렇지만 당선자는 한 명의 특정인이다.

이런 경우를 행정법상으로는 합성행위라고 한다. 계약처럼 서로 반대 방향은 아니지만, 그렇다고 합동행위처럼 모두가 같은 목적도 아니기 때문에 구분한다.

각자의 의사에 따라 관계를 맺을 수도 있지만, 특정한 경우에는 법이 성립 여부와 내용까지 결정한다. 행정법상의 공법적 관계, 예컨대 군대를 가거나 세금을 내는 일은 당연히 법에 정해져 있다.

사인과 사인의 관계맺음은 기본적으로는 당사자의 의사표시에 기해 이루어진다. 계약을 맺지 않으면 채권과 채무가 발생하지 않는다. 그렇지만 예외 상황이 있다. 굳이 국가가 나서서 처벌은 하지 않더라도 당사자가 소송을 제기하면 채무를 인정하는 결정을 해주는 영역이다. 불법행위, 사무관리, 부당이득이 그렇다.

불법행위는 교통사고를 예로 들 수 있다. 계약을 통해 채권과 채무가 생기지만, 교통사고는 계약이 없다. 내가 사고를 내서 돈을 물어줄 테니 너는 받아가라, 상대방은 오케이 하는 관계가 아니다. 계약과 상관없이 채권과 채무가 생긴다. 계약을 맺고 내는 교통사고는 제3자를 시켜서 누군가를 해코지하라는 경우일 텐데, 형법이 개입한다.

교통사고를 낸 실수(법적인 표현은 '과실')로 인해 피해자에 대해 손해배상을 해야 할 의무가 생긴다. 불법행위로 인해 발생한 채무다. 불법행위를 일으킨 사람, 교통사고를 낸 사람이 채무자이다. 피해자는 배상을 받을 권리, 채권이 생긴다.

민법 제750조는 불법행위의 내용이라는 제목으로 고의 또는 과실로 인한 위법행위로 타인에게 손해를 가한 자는 그 손해를 배상할 책임이 있다고 규정한다. 제751조는 재산 이외의 손해에 대해서도 배상할 책임이 있다고 명시했다. 타인의 신체, 자유, 명예, 정신상 고통을 모두 포함한다.

사무관리는 옆집에 터진 수도를 생각하면 된다. 옆집에 수도가 터져서 내 돈으로 수리를 할 수밖에 없었을 때 그 돈을 받지 않겠다고 생각하는 사람은 많지 않다. 해외여행 갔던 집주인이 돌아와서 누가 수리해달라고 했느냐고 적반하장으로 나오면 소송을 내면 된다.

법원에서는 계약을 한 적은 없지만 수리비를 물어주라고 판결해준다. 만약 옆집 터진 수도 때문에 피해를 본 부분이 있다면 이 또한 물어달라고 하면 된다. 수도가 터지는데 옆집 주인의 과실이 인정되긴 해야겠지만, 불법행위로 볼 여지가 있다.

불법행위도 사무관리도 법적인 의미와 일상에서 쓰는 개념의 뉘앙스와는 달라 쉽게 이해하기는 어렵다. 불법이라는 말은 상당히 큰 어감이다. 그렇지만 민법에서 말하는 불법행위의 불법은 형법상 불법과는 엄연히 다르다. 그저 타인에게 손해를 발생시킨 정도의 의미다.

사무관리의 사무도 그렇다. 사무는 사무실, 사무용품처럼 일상적으로 쓰지만 민법이 말하는 사무관리의 사무는 제한되어 있다. 긴급한 상황이어야 한다.

만약 이런 제한이 없다면 당사자 허락도 없이 마음대로 일을 해놓고 돈을 달라는 일이 비일비재하게 된다. 멀쩡한 남의 집의 지붕을 뜯어고친 경우를 생각해보자. 지붕을 고친 일도 사무로 볼 여지는 있지만, 긴급한 상황이 아니어서 인정되지 않는다.

집값이 올랐을 테니 돈을 달라는 주장도 마찬가지다. 역시 긴급하지 않기는 마찬가지다. 해달라는 말(계약)도, 잘못(불법행위)도 없었지만 긴급한 일에 대해서 타인이 자기 돈을 들여서 해결을 해준 때에 사무관리로 인정된다. 이때만 채권이 발생하고, 법원에서 인정한다.

부당이득도 그렇다. 부당이라는 말 때문에 상당히 부정적이고 뭔가 큰 잘못을 한 듯하지만 법적 개념으로서 부당이득은 그렇지 않다. 2만 원을 빌렸는데, 모르고 3만 원을 갚았다고 하자. 빌린 사람도 빌려준 사람도 모두 착각을 했다. 빌려준 사람은 1만 원을 더 받았다. 돈을 빌려준 사람이 받지 않아야 할 돈을 받아서 부당이득이 발생했다고 한다.

계약은 아니다. 빌린 사람이나 갚을 사람이나 1만 원을 더 주겠다 또는 더 달라고 해서 상대방의 동의가 있지 않았다. 불법행위도 아니다. 강제로 빼앗지도 몰래 가져오지도 않았다. 타인의 긴급한 일을 해결했어야 할 필요성도 없다. 이런 경우 부당이득이라고 한다.

일상에서 쓰는 부당이라는 뉘앙스, 예컨대 도덕적으로 부당한 의도가 꼭 있어야 한다는 말은 아니다. 그저 돈이 들어올 이유가 없는데 생긴 경우, 곧 법적 원인이 없는 경우다. 길에서 주은 돈도 엄밀하게는 나중에 주은 사람이 가져갈 수 있는 경우가 법에 규정되어 있다. 당연히 돌려달라고 할 수 있고, 법은 인정한다.

서양에서는 19세기까지도 당사자 간에 각종 분쟁에 대해 결투로 해결하는 제도를 용인했다. 서양 소설이나 영화에서 주인공들은 결투에서 대부분 승리한다. 지는 경우는 상대방이 꼼수를 부려서다. 문학예술에서 멋있게 그리지만 살인이다.

오늘날에는 전혀 인정되지 않는다. 민주주의가 발전하면서 법이 관여할 관계와 그렇지 않은 관계가 체계적으로 구분되었다. 국가가 권력으로 강제해야 하는 관계와 그렇지 않은 관계도 이론적인 설명이 가능해졌다.

아직도 국제관계는 힘이 지배한다. 민주주의가 한 나라 차원에서 법이 관여할 관계와 그렇지 않은 관계를 구분했듯이 향후 나라와 나라 사이의 관계도 국제법이 제대로 정립될 필요성이 있다.

20세기 후반 코소보 사태를 계기로 국제법 학계에서는 불법적인 국가에 대해서는 다른 나라 또는 국제기구가 물리적으로 개입하여 해당국 국민들의 인권을 보호할 수 있다는 논의가 확산됐다.

일각에서는 이에 대해서도 힘의 논리라고 비판한다. 19-20세기 국가주권의 절대성에서 출발하는 논리다. 향후에 어떤 내용으로 국제적 관계 설정의 법원칙이 정리되어야 할지 아이디어를 보탤 때다.

갑질

관계를 맺게 되면 좋은 일이 많지만 당하는 때도 있다. 먹고 싸고 자고 놀고 공부하고 일하고 만나다가 당하기도 한다. 가장 믿었던 사람에게 뒤통수를 맞고 좌절하는 장면은 드라마나 영화의 단골 소재다.

새로 일어나는 사람, 그대로 끝나는 사람, 당한 후의 모습도 다양하다. 어떻게 보면 최악의 상황에서도 재기하느냐 여부는 심리적 강인함에 달려 있는지도 모른다. 법이 할 수 있는 영역이 과연 어디까지인지 성찰이 필요한 지점이다.

당하는 사람들을 보호하기 위해 법은 다양하게 개입한다. 일단 형법이 개입한다. 형법은 범죄에 관한 일반법이다. 범죄와 형벌을 규정한다. 특별형법도 많다. 특정강력범죄의 처벌에 관한 특례법처럼 오롯이 형법도 있고 도로교통법처럼 관련 행정 분야에서도 형법은 개입한다.

민주주의 형법은 죄형법정주의를 대원칙으로 한다. 범죄와 형벌을 법률이 정해야 한다. 구성요건에 해당하더라도 위법성이 있느냐, 책임을 지울 수 있느냐를 엄격히 따진다. 이론 구성이 복잡하다. 형벌을 가할 때도 하나의 행위에 두 번 처벌할 수 없다는 원칙이 있다. 수사와 재판 과정에서는 엄격하게 형사소송법의 절차를 지켜야 한다.

범죄를 저지른 피의자도 인권을 보호받아야 한다는 사상이 민주주의 세상 이후 일반화되었다. 이로 인해 때로는 범죄자에 대한 처리가 일반인의 법 감정과는 괴리가 있다. 예컨대 어린이를 대상으로 극악무도한 범죄를 저질러 처벌을 강화하는 법을 만들어도 정작 그 당사자에겐 적용되지 않는다.

죄형법정주의 원칙은 행위 시에 존재하던 법률을 적용해야 하기 때문이다. 소급입법 금지 원칙이다. 민주주의 법원칙 때문에 가해자가 교묘하게 빠져나가자 피해자 본인 또는 가족이 직접 응징하는 스토리의 영화는 이런 사정을 반영한다고 볼 수 있다.

민주주의 법원칙이 도입되기까지 지극히 어려운 과정을 거쳐 왔다. 그렇기 때문에 개별 사건 하나 때문에 원칙을 바꾸면 안 된다. 개미구멍 하나가 둑 전체를 망가뜨릴 수 있기 때문이다. 원칙 자체가 잘못인 경우에는 예외지만, 쉽게 누군가를 처벌하기 위해서 법을 함부로 건드려서는 안 된다. 극히 예외적인 경우는 물론 있다. 친일파 처벌과 재산 환수에 관해서 소급 입법이 있었고 합헌 결정까지 있었다.

민사관계에 형사처벌을 규정해놓은 경우도 상당히 많다. 다른 나라에서도 형법이 관여하는지 비교법적 검토가 필요해 보인다. 예컨대 근로기준법의 경우 근로자 사망 또는 퇴직 시 14일 이내에 임금, 보상금, 그 밖에 일체의 금품을 지급해야 한다(제36조).

임금을 통화로 직접 근로자에게 전액을 매월 1회 이상 일정한 날짜를 정하여 지급하여야 한다(제43조). 모두 벌칙 조항이 있다. 악덕

기업주로 인해 노동행정에 형법이 관여하는 필요성은 인정되는데, 과하지는 않은지 살펴볼 필요는 있어 보인다.

우리 사회에서는 돈을 떼인 경우에 일단 사기죄로 고소하는 경향도 있다. 사기죄는 사람을 기망하여 재물의 교부를 받거나 재산상의 이익을 취득한 때에 성립한다(형법 제347조). 그렇기 때문에 돈을 빌릴 때 사기의 고의가 있었다고 입증하면 처벌하지 못할 이유도 없다. 사기죄로 처벌은 못 하더라도 수사 과정에서 경찰의 도움으로 여러 증거들을 확보하고 민사재판에 활용하기도 하는 모양이다.

살아가면서 이런저런 일을 당했을 때 법적인 권리를 포기하는 경우도 많다. 예컨대 드라마에서 미혼모가 혼자서 자식을 힘들게 키우는 모습을 미화한다. 사랑했기 때문에, 여전히 사랑을 지키기 위해서, 또는 스스로 해낼 수 있다는 점을 증명하기 위해서. 숭고한 마음은 이해된다.

그렇지만 민법이 보장하는 대로 인지 청구(제863조)를 하고 부모로서 친권자로서 책임을 묻는 장면도 보고 싶다. 미혼부의 법적 책임에 대해서도 명확한 법을 만들 필요도 있다. 지목되는 남성을 대상으로 유전자 검사 등을 통해 친부로 확인하게 하고 확인되는 경우 부모로서 책임을 묻게 하면 된다.

당한 사람이 법이 보장한 권리를 포기하게 되면 결국 가해자를 돕는 꼴이다. 당한 사람들이 이미 있는 법을 잘 활용하고, 새로운 법을 더 만들기 위해 노력해야 한다. 최근에 좋은 사례가 있다. 갑질이다.

원래 갑과 을은 계약서를 쓸 때 편의상 쓰던 개념이다. 당연히 계약 당사자 간의 평등을 전제하는 법 원리상 갑과 을에도 우월이 없었다. 갑을(甲乙) 관계에서 상대적으로 우위에 있는 '갑'에 특정 행동을 폄하해 일컫는 '~질'이라는 접미사를 붙여 부정적인 어감이 강조된 신조어10)가 갑질이다.

다양한 유형이 문제 되었고 직장의 갑질은 근로기준법이 개정되었다. 근로기준법상 표현은 직장 내 괴롭힘이다. 직장에서의 지위 또는 관계 등의 우위를 이용하여 업무상 적정범위를 넘어 다른 근로자에게 신체적·정신적 고통을 주거나 근무환경을 악화시키는 행위로 정의한다(제76조의2).

사용자와 근로자를 모두 행위 주체로 규정하여 직장 상사도 해당한다. 직장 내 괴롭힘 발생 사실을 신고한 근로자와 피해 근로자에게 해고나 그 밖의 불리한 처우를 해서는 안 된다는 점도 명시했다.

갑질의 법제화는 법의 다른 내용들이 누군가의 피땀 눈물을 거쳤듯이 마찬가지 과정을 밟았다. 대부분은 당연하게 받아들여야 한다고 포기했다. 별나게 나선다고 오히려 핍박했던 사람들도 많았다. 지난한 투쟁의 과정을 거쳐 갑질은 직장 내 괴롭힘으로 법제화되었다.

모든 갑질을 아직 법으로 제동을 걸지 못하니 무의미하지 않느냐고 볼 수도 있다. 법은 또 누군가의 피땀 눈물을 필요로 한다.

과거 독재 시절 우리 사회는 법을 내세워 국가권력의 높은 자리를 차지한 사람들의 횡포도 많이 겪었다. 사리사욕을 채우기 위해 법을 이용하는 사회는 나쁜 사회다. 빨갱이를 잡겠다고 만든 법을 야당과 민주화운동을 탄압하는 데 쓰는 시대였다. 기업 구조조정은 경제가 제대로 돌아가는 정도로만 진행되어야 하는데 남이 일군 기업을 빼앗았다.

이미 만들어놓은 법도 제대로 알려주지 않아 권리 행사를 원천봉쇄했다. 전태일의 1970년 분신항거는 뒤늦은 근로기준법의 발견에

---

10) 위키백과. https://ko.wikipedia.org/wiki/%EA%B0%91%EC%A7%88
   검색일 2020. 3. 24.

서 비롯됐다. 1980년대 후반 노동운동은 준법투쟁을 단체행동의 수단으로 삼았다.

당하는 사람들은 누구나 민사상, 형사상 권리가 있다. 교통사고를 당하면 가해자를 형사처벌 할 수 있고 민사배상을 받을 수 있다. 교통사고는 대부분 실수(과실)로 일어난다. 실수로 당하는 경우에도 민형사 구제를 받을 수 있는데, 고의로 나쁜 짓을 하는 '놈'들에 대해서는 당연하다.

'눈에는 눈 이에는 이'처럼 그대로 갚아주지는 못하더라도 법이 보장하고 있는 권리는 행사해야 한다. 수천 년 전 인류가 남에게 해코지하는 경우 어떤 책임을 져야 하는지를 잘 보여주는 기록이 바로 고조선의 8조금법이다.

살인은 사형, 상해는 곡식으로 보상, 절도는 노예. 노예가 되지 않으려면 50만 전을 내야 했다. 지금 물가로 어느 정도인지 알기는 어렵지만, 상당히 높았으리라.

비슷한 시기 메소포타미아의 함무라비는 탈리오 법칙을 법제화했다. 눈을 다치게 했으면 가해자의 눈 이상은 책임을 묻지 말라는 혁명적인 발상이었다. 지금 생각해보면 상당히 야만적이고 가혹하게 느껴진다.

그렇지만 당시 고조선도 물건을 훔치면 노예로 만들어버리던 시대였다. 짐작건대 특히 지배층의 경우 작은 범죄에도 지나친 복수를 행했을 가능성이 있다. 이를 제한하여 함무라비에 대한 기득권의 반발도 만만치 않았으리라.

인류의 법사를 보면 나쁜 짓을 한 자에게도 잘못 이상의 과도한 책임을 묻지 못하게 하는 방향으로 발전해왔다. 수천 년이 지나 민주주의 시대가 되면 형벌은 자유를 제한하는 쪽으로 제한된다. 여전히 태형 같은 처벌을 허용하는 곳도 있지만, 대다수 선진민주국가들은 자유형(刑)을 기본으로 한다.

국가가 합법으로 사람의 목숨을 끊는 사형제는 완전 폐지하거나 실질적으로 폐지하고 있다. 우리나라도 90년대 이후 사형 집행이 전혀 없어 실질적 사형 폐지국으로 분류된다. 감옥에 가두어 자유를 제한해도 인권을 보장하고 다시 사회로 잘 복귀할 수 있도록 도와준다. 감옥의 명칭도 형무소에서 교도소로 바뀌었다.

과도한 책임을 묻지 못하는 방향은 맞지만 가해자들에게 적절한 책임을 충분히 지우지 못한 부작용이 있게 되었다. 할리우드도 그렇고 충무로도 그렇고 극악한 살인마가 법의 힘을 빌려, 예컨대 감옥에 자발적으로 잡혀들어 간다거나 하는 식으로 법을 조롱하는 스토리가 간간이 나오고 있다.

연쇄살인범이 편하게 온갖 교육을 받으며 인권이 보장되는 감방생활을 하고 있는데, 피해자의 관점에서 정의가 과연 살아 있는지 의문이 들 수밖에 없다. 감방생활을 다룬 드라마는 재소자들을 억울한 사연이 있거나 피치 못할 사정이 있거나 실수로 들어왔다는 식으로 미화한다. 그렇지만 짧은 인생을 살아본 경험을 돌아보면 진짜 나쁜 X들도 많고, 적반하장으로 나오는 갑들은 더 많았다.

앞에서 당한 후에 재기 여부는 법과 상관없이 심리적 강인함에 달려 있는지도 모르겠다고 했다. 당하는 자들이 권리를 누리기 위해 노력해야 하는 당위를 설파하고 있지만, 당하는 자들의 피땀 눈물도 심리적 강인함이 결정적 역할을 할 듯하다.

전자적 공간

정보통신이 발전하면서 먹는 일, 노는 일, 말 그대로 일하는 일 중 많은 부분이 전자적으로 이뤄지고 있다. 온라인 공간, 사이버세상 같은 말로 시작해서 요즘은 가상현실이니 증강현실이니 하여 점차 어려운 개념들이 등장했다.

이하 모두를 아우르는 개념으로 '전자적 공간'이라고 하겠다. 저축도 은행에 가지 않고 할 수 있게 되고 주식투자도 인터넷으로 할 수 있게 되었을 때 얼마나 놀라웠던가. 그런데 벌써 블록체인은 전 세계적으로 국가가 발행하는 화폐가 없는 세상을 미래의 모습으로 제시한다.

기술의 발전은 인간의 삶을 변화시킨다. 법도 따라서 바뀐다. 빨리 바뀌느냐 늦느냐 차이일 뿐 바뀌어갈 수밖에 없다. 때론 기술 발전을 선도하기도 한다. 과학 투자에 예산을 많이 투여하는 법은 기술 발전을 가속화한다. 사양산업을 지원하는 법은 기술 발전이라는 장강의 흐름에 비하면 돌멩이 몇 개로 물수제비 던지는 격이다.

한때 나들가게라 하여 동네 슈퍼들의 간판을 대부분 바꿔주었다.

대형 할인점과 편의점으로 인해 재래시장과 동네상권이 위협받는다는 명분으로 천문학적인 예산을 투여했다. 가격이 내려가지도 서비스도 달라지지 않았다. 몇 년 지나지 않아 대부분 대기업 편의점 프랜차이즈가 되었다.

나랏돈을 써서 경제성장에 기여했으니 다행일까. 영국의 산업혁명 과정에 등장하는 러다이트운동은 세계사 책에만 나오지 않고 오늘날에도 다양한 형태로 벌어진다.

전자적 공간은 편리함과 눈부심과 함께 새로운 문제와 다양한 부작용을 가져왔다. 문제와 부작용에도 불구하고 편리함과 눈부심이 더 크다.

법학에서 중요하게 다루는 법의 일반 원칙 중 비례원칙을 가져오면 비례성이 인정된다. 비례성은 깊이 들어가면 다른 내용도 있지만, 긍정적인 부분이 부정적인 부분보다 크면 정당하다고 보는 원칙으로 이해하면 된다.

혐오 표현을 처벌할 필요가 있는지에 대한 논란은 명예훼손 같은 기존의 형법의 규율만으로 다루기 힘든 전자적 공간의 특징을 잘 보여준다. 빅 데이터처럼 과연 소유권이 누구에게 있는지 하는 민사적인 문제도 있다. 플랫폼을 개설한 회사는 많은 개인과 기업의 데이터를 수집하여 관리한다.

플랫폼을 개설한 자가 없었다면 빅 데이터의 생성과 보관이 불가능하다고 보는 쪽에서는 전자의 권리를 우선시한다. 자발적 또는 어쩔 수 없이 데이터를 제공할 수밖에 없던 수많은 플랫폼 이용자의 관점에서는 반대다.

미국에서 서버를 두고 전 세계를 상대로 영업하는 구글과 유튜브 등에 대한 세금 부과도 큰일이다. 지적재산권의 침해는 워낙 일상적으로 일어나 이제는 화젯거리도 아니다.

전자적 공간의 발전에 따라 특별법은 많이 변화했다. 그렇지만 200-300년 전에 마련된 민주주의 법의 근간은 바뀌지 않았다. 계약 자유를 비롯한 근대 민법의 3원칙이라든가 죄형법정주의를 비롯한 형법의 기본 원칙들을 과연 근본적으로 바꾸는 영향을 미치게 될까?

온라인 쇼핑몰도 그렇고, 앱 스토어처럼 온전히 전자적 공간에서 모든 활동이 이루어지는 데서도 기본적인 법의 원칙은 유지되고 있다. 20세기에 자동차가 가장 기본적인 교통의 수단이 되었지만 법은 과거 마차 시대의 법리를 그대로 활용하듯이.

게임기를 구매하여 게임을 하면 상품 구매 계약으로 법적 관계는 기본으로 끝난다. A/S는 구매할 때 계약 내용이 어떻게 되는지 약관으로 정해져 있다. 온라인 게임은 다르다. 게임사와는 일종의 서비스를 이용하는 관계로 볼 수 있다.

무리한 해석을 하면 온라인 콘텐츠도 물건이기 때문에 렌트 관계로 볼 여지도 있다. 전기나 전파도 민법상 물건이기 때문이다. 민법은 유체물과 함께 전기 기타 관리할 수 있는 자연력을 물건으로 정의한다(제98조). 아마 구체적인 논의로 들어가면 특별한 계약 유형으로 보게 되지 않을까 한다.

오늘날 민주주의국가에서 일반적으로 사용하는 민법은 프랑스혁명 이후 나폴레옹법전을 통해 체계화되었다. 법학의 이론적 발전은 19세기 독일에서 큰 진전을 이루었지만, 수천 년 동안 내려온 로마법의 전면적인 재편은 나폴레옹 시대 민법전을 제정하면서 기점이 되었다.

그즈음에 자본주의도 본격적으로 발전하였지만 아직까지 전기 같은 무체물(형체가 없는 물건)에 대해서는 생각하기 어려웠으리라.

19세기 후반 전기의 사용이 일반화되고 전파도 국가적으로 또는 상업적으로 사용할 수 있게 되어 민법의 물건 개념이 추가되었으리라.

우리나라 형법의 경우 1995년에 공전자기록 위작·변작죄가 신설되었다. 사무처리를 그르치게 할 목적으로 공무원 또는 공무소의 전자기록 등 특수매체기록을 위작 또는 변작한 자를 처벌한다(제227조의 2).

제227조는 허위 공문서 작성 등의 죄다. 공무원이 행사할 목적으로 그 직무에 관하여 문서 또는 도화를 허위로 작성하거나 변개한 때 성립한다. 전자적 공간이 확장되면서 과거의 공문서 관련 죄를 적용하기 어려웠다. 문서를 전자적 공간까지 확보하는 개념으로 해석할 수도 있지만 죄형법정주의 원칙에 따라 곤란했다.

같은 시기에, 전자기록 등 특수매체기록을 기술적 수단을 이용하여 그 내용을 알아낸 자도 처벌할 수 있도록 했다(제316조 제2항). 원래 비밀침해죄는 봉함하거나 비밀장치한 편지, 문서 또는 도화(그림)를 개봉한 자를 처벌했다. 전자적 공간에서 벌어지는 해킹 행위를 기존의 법으로는 처벌할 수 없었다. 전자기록에 대한 손괴도 손괴죄가 적용되도록 관련 조문(제366조)이 개정됐다.

법원에 내는 소송서류도 특허청에 내는 특허서류도 다 전자적 공간을 활용하는 시대가 됐다. 행정법의 경우 행정을 할 때 대부분 문서가 사인에게 도달해야 행정행위의 효력이 발생했다고 본다.

전자적 공간의 활성화로 인해 과연 이메일로 보내도 되는지, 된다고 하면 언제 도달했다고 봐야 하는지 논의가 진행됐다. 문서는 여전히 오프라인 주소지로 보내야 원칙이다. 다만 동의가 있으면 이메일로 보낼 수 있도록 했다. 이때는 이메일을 받는 사람이 열어보지 않더라도 효력이 발생한다고 정리됐다. 기술 발전은 이런 식으로 이론도 변화시킨다.

회사나 정부 같은 조직체에서 기본이 되는 의사결정 메커니즘은 결재다. 이 또한 전자적으로 이루어지면서 이제 종이 없는 시대가 열린다는 예상이 많았다. 기술이 발전하면 편리한 생활을 하게 된다는 장밋빛 전망으로 기대에 부풀기도 했다. 그렇지만 열 사람이 하던 일을 한 대의 컴퓨터로 할 수 있게 되어도 아홉 사람은 다른 일을 원래 하던 만큼의 부담으로 해야 했다.

상상하지 못했던 새로운 일도 많이 생겨났다. 전자적 공간과 직접 연관되는 새로운 일은 정보공개제도와 개인정보보호제도이다. 정부나 학교 같은 공공기관들은 조직마다 담당자를 두어 국민 개개인이 요청하는 정보를 웬만하면 다 내주어야 한다.

과거에는 국회의원이 행정부 견제 차원에서 요구할 수 있었을 뿐이었다. 달라고 하면 왜 주냐고 오히려 힐난을 들었다. 시민단체 운영을 위해 후원금을 모을 때도 일일이 개인정보 제공 동의 관련 서명을 받아야 한다. 정보공개도 개인정보보호도 헌법이 보장하는 기본권이라는 이론적 뒷받침은 당연하다.

19세기 산업혁명 이후 자본주의의 근간은 공업이었다. 기술 발전에 따른 정보화는 상품을 만들어내는 제조업의 대부분을 사양산업으로 만들어버린다. 19세기 공업화가 본격적으로 진행되면서 그 이전의 농업 자본주의 또한 비슷한 궤적을 밟았다.

미국의 경우 면화 중심의 남부 농업은 노예제 유지를 필요로 했다. 그렇지만 공업 중심의 북부는 자유로운 계약을 맺을 수 있는, 나쁘게 말하면 공급 과잉으로 싼 노동력을 언제라도 쓸 수 있는, 노예제 해방을 원했다. 기득권과 새로운 흐름은 전쟁까지 불사했고, 결국은 장강의 흐름을 막을 수 없었다.

오늘날 전자적 공간의 확장이 과연 앞으로 얼마나 또 많은 변화를 가져올지 현재로선 모두 알기 어렵다. 문화예술, 여행, 휴양, 스포츠 산업의 성장은 이미 우리가 지켜봤다. 20세기 TV의 등장도 엄청난 일이었는데, 퍼스널 컴퓨터를 넘어 인터넷으로 스마트폰으로 세상은 나날이 달라지고 있다. 많은 직업이 없어진다는 예측, 기본소득이 필요하다는 제안, 많은 논의들이 이루어지고 있다.

기술이 발전하면 법도 바뀌고 이론도 달라질 수밖에 없다. 그렇지만 지켜야 할 근간은 있다. 수백만 년까지 거슬러 올라가는 인류사를 보면 개인의 인권을 최고의 가치로 하는 민주주의는 이제 겨우 몇백 년밖에 되지 않았다.

역사를 돌아보면 어느 날 갑자기 사라져버린 문명도 많고 진보하지 않고 퇴행하기도 한다. 고대 그리스의 민주주의는 2천 년이 지나서야 다시 인류사의 무대 전면에 등장했다. 전자적 공간이 앞으로 우리의 삶을 더욱 규정하게 되겠지만, 민주주의와 인권이라는 근간은 달라져서는 안 된다. 근간을 지키는 데도 결국 누군가의 피땀 눈물이 필요하다.

인권에 대해서는 그렇지 않지만 민주주의에 대해서는 회의적 시각이 많다. 수백 또는 수천 명의 소피스트들을 모두 합쳐도 철인정치를 찬양한 위대한 소크라테스와 플라톤의 학문적 업적을 능가하지 못한다.

동양도 마찬가지다. 요순시대의 이상을 기다리는 유학의 영향력은 여전하다. 세종시대에 대한 미화는 또 어떤가. 중국의 부상으로 미국 또는 유럽식 민주주의에 대한 회의는 더욱 확산될 가능성도 있다.

법은 바뀔 수밖에 없지만, 기술 발전이라는 장강의 흐름은 바다에 도달해야 한다. 바다는 민주주의이고 인권이다. 최근 2-3백 년의 인류사가 이룩한 진전을 다시 거스를 수 없는 정도로 확고하게 만들어야 한다. 법을 공부하면서 인류의 좌표에 대해서 고민해야 하는 이유다. 아무리 기술이 발전하더라도, 인간 삶의 근간이 무엇인지 성찰해야 한다.

택배

전자적 공간의 확장과 더불어 온라인 쇼핑도 일반화되었다. 택배를 통해 상품을 받는다. 민간 회사가 우체국 소포처럼 물건을 배달해주는 사업은 90년대 중반 무렵부터 본격화되었다. 나라에서 운영하는 우체국은 집배라는 말을 사용했다.

집배는 우편물이나 화물을 모으는 일을 말한다. 과거에는 문학작품이나 드라마에서 집배원에 대한 낭만적인 묘사를 자주 볼 수 있었다. 예술가들은 특히 소식을 전해주는 반가움이나 사랑을 연결하는 전령사 같은 역할에 주목했다. 과거 집배원이라는 명칭은 보내려고 하는 우편물과 화물을 모으고 다시 보내는 과정에 초점을 맞추었다. 그렇지만 택배는 집까지 전해준다는 서비스를 중시한 개념이다.

택배사업이 본격화되면서 우체국 소포도 우체국 택배로 바뀌었다. 집배원이 전해주던 소식과 사랑의 메신저도 이메일과 에스엔에스를 비롯해 전자적 매체로 대체되었다. 우체국이든 민간 택배회사든 과거와 같은 낭만은 찾아보기 어렵다. 새벽 배송이나 편의점 배송을 비롯하여 택배 서비스가 더 좋아지면서 이제는 택배기사를 볼 일도 점차 없어진다.

택배라는 말은 일본에서 들어왔다. 일본에서는 뜻이 약간 다르다. 신문, 우유, 조리된 음식(피자, 중국 요리 등) 등의 가정배달을 택배라고 한다. 우리의 택배에 해당하는 말은 일본에서는 택배편(宅配便/타쿠하이빈)이다. 택급편(宅急便/탁큐빈)이라는 말도 있다. 택배편 1위 회사인 야마토운수의 브랜드가 보통명사화 되었다.[11] 3M의 브랜드인 스카치테이프가 접착용 셀로판테이프의 보통명사로 쓰이는 이치와 비슷하다.

집에서 받는 택배는 간편하지만 법적인 문제는 복잡하다. 택배의 법률관계 자체가 상법상 복잡하고 택배기사의 근로자성 인정과 관련한 논란도 크다. 아파트의 경우 보통 경비실에서 대신 받아주는데, 재판까지 가지 않아서 그렇지, 법적으로 따져보면 이 또한 작은 문제는 아니다.

택배는 통상 집화 처리, 간선 상차, 간선 하차, 배송 출고, 배송 완료의 순서로 이루어진다.[12] 집화는 집배와 비슷한 말이다. 택배는 화물을 기본으로 하기 때문에 집화라는 말을 쓴다. 수집한 물건은 터미널로 가고 다시 목적지 터미널로 이동한다. 간선 상차와 하차는 이렇게 터미널 간에 이동을 하기 위해 대형 화물차에 싣고 내리는 절차를 의미한다. 배송 출고는 최종 목적지로 출발하는 단계다.

법적으로 깊이 들어가면 주된 택배운송사업자, 집하영업소 운영사업자, 셔틀운송사업자, 배송영업소 운영사업자처럼 각 단계를 구분하여 설명한다. 각 단계마다 각각의 법적 주체가 다르다. 통상의 택배운송거래는 각자의 운송구간에 대한 운송을 이행하여 전체 운

---

11) 나무위키. https://namu.wiki/w/%ED%83%9D%EB%B0%B0 검색일 2020년 3월 25일.
12) 네이버 지식백과. '택배 배송 과정.' 검색일 2020년 3월 25일.

송을 이행하는 방식이다. 운송물이 멸실되었을 때 법적으로 문제가 될 수 있는데, 손해배상책임을 누가 지는지가 달라진다. 상법상으로는 주된 택배운송사업자와 집하영업소 운영사업자가 함께 물건을 보내는 사람에 대해 공동운송인이라는 지위를 갖는다. 셔틀운송사업자와 배송영업소 운영사업자는 보내는 사람과는 아무런 계약관계에 있지 않다고 본다. 주된 택배운송사업자를 보조하는 지위에 있다.[13]

상법적인 이런 논의의 의미는 택배 물건이 없어졌을 때 결국 누가 배상 책임이 있는가의 문제이다. 터미널까지 오는 과정에서 없어졌을 때는 당연히 주된 택배운송사업자에게 책임을 물을 수 있다.

마지막 단계에서 택배기사의 잘못으로 없어졌을 때도 마찬가지다. 택배기사는 주된 택배운송사업자(예컨대 대한통운이나 한진택배)의 보조자이기 때문에 법적 책임은 지지 않는다는 논리 구성이다. 택배기사의 잘못이 명백할 때 주된 택배운송사업자는 구상권을 행사하면 된다. 대체로 책임보험을 가입하여 보험금으로 해결하지 않을까.

재판까지 가서 관련 판례가 나오기 전에는 반론이 많을 수 있다. 물론 판례가 나와도 학자들은 다른 견해를 언제든 제기할 수 있다. 통상 법조문의 해석과 관련하여 이론의 형성은 새로운 판례가 나오면 그에 대해 지지하거나 반박하는 논문이 나오면서 학계에서 이루어진다. 판례에 대한 학자들의 비판을 평석이라고 한다. 평석은 비평 또는 평가를 하고 주석을 달거나 해석한다는 말이다.

택배기사의 근로자성 인정과 관련한 논란은 학습지 교사나 골프장 캐디, 화물 트럭 기사 등에도 그대로 나타났다. 관련 직종들은 실적에 따라 높은 수익이 가능한 구조다. 택배 기사들도 편차가 심하

---

13) 한만수, "택배운송거래 당사자들의 민사법적 관계 및 부가가치세 과세범위", 『법학논집』 Vol.16 No.1(서울: 이화여자대학교 법학연구소, 2011), p. 291.

다. 엄청난 고수익을 얻는 사람이 있는가 하면 그렇지 않은 사람도 있다. 대부분 별도로 사업자등록을 한다. 근로자성이 인정되면 노동조합 결성도 인정되고 개별적으로 계약을 맺은 대리점(예컨대, 집하영업소 운영사업자)과 단체교섭이 가능하다.

판례를 살펴보면, 처음에는 대체로 일반적인 노동법의 논리에 따라 근로자성이 인정되지 않는다. 일반적인 노동법의 논리에 따르면 근로자는 타인과의 사용종속관계하에서 노무에 종사하고 대가로 임금 기타 수입을 받아 생활하는 자를 말한다. 독립적으로 사업자 등록을 하고 실적에 따라 수익이 달라지는 관계이기 때문에 근로자성을 인정하기 힘들다.

그렇지만 학습지 노조의 경우 2018년 대법원에서 큰 논리의 변경이 있었다. 주요 내용은 이렇다. 학습지 교사들이 겸업을 하기는 어려웠을 것이다, 학습지 회사로부터 받는 수수료가 학습지 교사들의 주된 소득원이었을 것이다, 학습지 회사가 불특정다수의 학습지교사들을 상대로 미리 마련한 정형화된 형식으로 위탁사업계약을 체결하였을 것이다.

그러므로 보수를 비롯하여 위탁사업계약의 주요 내용이 회사에 의하여 일방적으로 결정되었다고 볼 수 있다, 학습지 회사와 일반적으로 1년 단위로 위탁사업계약을 체결하고 계약기간을 자동 연장하여 왔으므로 위탁사업계약관계는 지속적이었고 회사에 상당한 정도로 전속되어 있었던 것으로 보인다.[14]

한마디로 말하면 이렇다. 형식적인 계약관계로 보면 근로자로 보기 힘든데 실질적으로 일하는 양상을 보니 근로자와 같은 법률관계로 봐야겠다는 말이다. 근로자가 아닌데 근로자라니, 도대체 무슨

---

14) 대법원 2018. 6. 15., 선고, 2014두12598, 12604, 판결.

말인지.

더 깊이 들어가면 이런 문제도 있다. 예컨대 노동조합법상 근로자로 인정되어 노동조합 결성과 단체교섭이 가능하다고 해도 근로기준법이 적용되는 근로자와는 다른 지위를 갖는다.

형식적·실질적이라는 말은 법을 처음 공부하는 사람들은 쉽게 구별하기 어렵다. 형식적 의미의 법률과 실질적 의미의 법률은 다르다. 형법을 예로 들면 '형법'이라는 명칭을 가진 법률은 형식적 의미의 형법이다. 그렇지만 도로교통법에도 형사처벌 조항이 있다. 그래서 형법이라는 형식은 갖지 않지만 실질적으로는 도로교통법도 형법이다.

삼권분립에 따라 국가의 작용이 행정, 입법, 사법으로 나뉜다. 여기에도 형식적·실질적 개념의미를 따진다. 예컨대 법원에서 하는 행정소송과 유사한 제도로 행정기관이 직접 하는 행정심판이 있다. 소송처럼 행정에 문제가 있으니 구제해달라는 제기를 하면 심판위원회에서 결정한다.

법원에서 쓰는 판결이라는 말을 쓰지 않고 재결이라는 말을 쓰지만, 실질적 성격은 재판과 같다. 행정심판은 형식을 보면 행정부에서 하니까 형식적 의미의 행정작용이다. 실질은 재판과 같기 때문에 실질적 의미의 사법작용이다.

아파트의 경우 보통 경비실에서 택배를 대신 받아준다. 경비원들은 관리회사와는 별도의 용역회사에 소속되어 있다. 대체로 청소도 다른 회사가 맡아 한다. 입주자대표회의가 결정하기 나름이다.

택배까지 대신 받아준다는 계약은 거의 하지 않는다. 계약 내용에 들어가면 법적인 책임을 져야 하기 때문이다. 경비실에서 택배를 받아주는 서비스는 그냥 관행이다. 재활용 쓰레기를 처리할 때 경비원들이 수고하는 아파트도 있는데, 이 또한 계약이 아니라 관행에 따른 경우가 많다.

아파트 단지 안으로 택배 차량을 아예 들어오지 못하게 해 크게 문제가 된 경우가 있었다. 택배 기사들은 너무 힘들어졌고 같은 시간에 많은 물량도 소화할 수 없게 됐다. 아파트 주민들은 원래 차 없는 아파트였고, 걸어와서라도 택배를 해줘야 한다고 주장했다.

택배를 통해 물건을 받겠다는 계약은 물건을 판 사람과 산 사람의 문제다. 과연 택배기사가 아파트 단지에서 카트를 끌고 걸어 들어가서라도 배달해야 할까? 법적인 의무가 인정될까? 언론에 문제는 되었지만 재판까지 가지 않았으니 법이 어떤 판단을 하는지는 아직도 미지수다.

성문법에 명확한 규정이 없으면 불문법을 따라 재판한다. 불문법에는 관습법, 판례법, 조리가 있다. 관습법은 법원이 판결로 법이라고 확인한 경우 인정된다. 엄밀히 이론적으로야 이미 관습법으로 성립된 법을 법원이 확인한다고 하지만, 실제적으로는 관습법 여부에 대해 논란이 있을 때 법원의 판결을 통해 확실하게 할 수 있다. 판례법은 판례가 쌓여 법으로 인정되는 경우다. 이도 저도 없을 때 조리에 따라 판단한다. 조리는 말하자면 일반 상식이다.

아파트 단지 안으로 택배 차량 출입을 아예 금지한 사건의 경우 재판까지 가면 조리에 따라 판결했으리라. 짐작건대 아파트 주민들의 요구가 받아들여지지 않을 가능성이 크다. 택배는 통상 차량을 통해 이루어지고, 아파트 단지 안에 특별히 택배 차량만 출입을 금하는 명분도 약하다. 저속으로 운행케 해도 된다.

개인들 간에 분쟁이 원만하게 해결되지 않을 때는 결국 법이 개입하여 원칙을 정해준다. 그런데 이때 자기 의견을 내지 않으면 목소리 큰 쪽의 입장에 기울 수밖에 없다. 만약 택배 기사들이 차량의 단지 운행 금지에 군소리 없이 그렇게라도 택배를 하겠다고 생각하고 아무 의사표시도 하지 않았다면 언론에까지 나지도 않았으리라.

　민주주의 법은 권리 위에 잠자는 자는 보호하지 않는다는 대원칙이 있다. 나의 이익이 침해되고 있는데도 가만히 있으면 불이익을 감수하겠다는 의미로 볼 수밖에 없다.

배달앱

음식 배달을 전화, 아니 말로 하지 않고 스마트폰 앱으로 하는 시대가 되었다. 관련 회사도 많아졌고 시장규모도 기하급수적으로 커졌다. 치킨을 시켜 먹을 수 있는 시절도 얼마 되지 않았는데, 이제는 고급 레스토랑 음식까지 배달한다.

수십 년 동안 음식 배달은 중국집만 가능했다. 철가방을 들고 집집마다 짜장면과 탕수육을 배달했다. 시켜 먹는 사람도 다른 종류의 음식에 대해서는 배달을 시킬 생각도, 다른 식당을 하는 분들도 배달을 할 생각을 하지 않았다.

배달앱의 일반화와 함께 음식점이 직접 배달하던 방식도 바뀌었다. 이제는 중국집도 당연히 사람을 고용해서 배달해야 한다고 생각하지 않는다. 배달을 대행하는 회사들이 부지기수로 생겼다.

금액이 많은 경우에는 따로 받지 않지만 보통은 배달료를 별도로 받는다. 식당을 하는 분들로서는 비용이 절감된 셈이다. 온라인 쇼핑이 일반화되면서 배송료를 별도로 내는 상관행이 정착되어 음식 배달 대행에 대해서도 거부감이 줄어들었다고 볼 수 있다.

과거 짜장면 배달의 경우에는 중국집이 배달까지 한다는 내용의 채무를 진다고 봐야 한다. 지금 배달 대행을 이용하는 경우에는 음식만 공급하면 된다. 거래 형태가 달라지면서 법적인 권리와 의무의 내용도 달라졌다.

간단한 음식 배달이지만 많은 계약관계가 성립한다. 음식을 시키는 사람과 파는 사람, 배달을 대행하는 회사와 배달을 의뢰하는 식당, 배달앱 서비스 사업자와 이용자. 대부분 이미 정해진 약관을 따르지만 계약이 체결되고 법적인 권리와 의무가 발생한다.

배달앱 서비스 사업자(예컨대 배민, 요기요)는 단순히 배달중개시스템을 운영하는 소프트웨어회사가 아니다. 지급결제대행, 구매대행, 배송까지 취급하는 경향을 보인다. 배달앱 서비스 사업자의 법적 지위에 대해서는 통신판매업자로 보는 견해도 있고 통신판매중개업자로 보는 견해도 있다. 배달앱 회사(배달앱 서비스 사업자)가 소비자와 배달음식사업자(가맹점)가 계약을 체결할 수 있게 돕는 역할을 한다고 보는 경우 통신판매중개업자가 된다. 그렇지만 소비자의 음식주문을 배달앱 회사가 가맹점에 전달하는 경우는 통신판매업자다.[15]

전자상거래 등에서의 소비자보호에 관한 법률에 따르면 통신판매업자와 통신판매중개업자는 다르다. 통신판매업자는 통신판매를 업(業)으로 하는 자를 의미한다. 이들과 약정을 맺고 통신판매업무를 수행하는 자도 포함한다. 통신판매중개는 사이버몰의 이용을 허락하거나 거래 당사자 간의 통신판매를 알선하는 행위다. 사이버몰은 컴퓨터 등과 정보통신설비를 이용하여 재화 등을 거래할 수 있도록 설정된 가상의 영업장이다.

---

15) 안수현, "배달앱 서비스산업을 둘러싼 법적 이슈와 과제", 『경제법연구』 제15권 2호(서울: 한국경제법학회, 2016), pp. 61-62.

배달대행은 오토바이를 주로 이용한다. 별도의 신고나 허가 규정이 없이도 오토바이나 간단한 운송 수단만을 소유하면 누구라도 쉽게 시장에 진입할 수 있다. 화물자동차운수사업법의 영업 행위 규제도 배제된다. '배달의 민족'은 배송서비스를 확대하기 위한 목적으로 화물자동차운수사업법상의 화물자동차운송사업 허가를 받았다.[16]

화물자동차운송사업과 화물자동차운수사업은 다르다. 전자가 후자에 포함된다. 화물자동차 운수사업은 화물자동차 운송사업, 화물자동차 운송주선사업, 화물자동차 운송가맹사업을 모두 아우르는 말이다. 화물자동차 운송사업은 다른 사람의 요구에 응하여 화물자동차를 사용하여 화물을 유상으로 운송하는 사업을 말한다(화물자동차 운수사업법 제2조).

화물자동차운송사업 허가는 국토교통부 소관이다(제3조). 화물자동차 1대를 사용하여 화물을 운송하는 경우 개인화물자동차운송사업 허가를 받아야 한다. 20대 이상 사용하면 일반화물자동차운송사업 허가를 받을 수 있다.

어느 경우든 운송사업자는 운임과 요금을 국토교통부에 신고해야 한다(제5조). 이 외에도 많은 의무가 명시되어 있다. 오토바이를 이용하는 배달대행은 화물자동차운송사업과는 관계가 없다.

배달앱을 이용한 음식 배달은 전자상거래법에 의한 소비자 보호 규정도 적용하지 않는다. 전자상거래 등에서의 소비자보호에 관한 법률은 소비자의 권익을 보호하기 위해 전자상거래 및 통신판매 등에 의한 재화 또는 용역의 공정한 거래에 관한 사항을 규정한다(제1조).

그렇지만 음식료 등을 인접지역에 판매하기 위한 거래에는 적용하지 않는다고 명시했다(제3조 제4항). 예컨대 일반적인 전자상거래

---

16) 안수현, 앞의 논문, pp. 66-67.

는 7일 내에 계약에 관한 청약철회가 가능하다(제17조). 그렇지만 배달앱 서비스에는 적용되지 않는다. 업종의 성질상 당연한 규정이라고 볼 수 있다.

온라인 쇼핑처럼 배달앱 서비스도 소비자의 리뷰가 미치는 영향이 크다. 다른 이용자가 올린 내용을 보고 판단하는 경우가 많기 때문이다. 때론 가맹점이 허위 정보를 올려서 문제 되는 경우도 있다. 대선 과정에서 인터넷 댓글이 크게 문제 된 바 있는데, 전자상거래에서도 같은 현상이 없다고 보기는 어렵다.

아직까지 소비자 리뷰에 대해서는 법적 논점이 제대로 정리되지 않았다. 배달앱 거래와 관련하여 정보제공의무를 마련하자는 정도의 논의가 있을 뿐이다. 허위 정보에 대해서 사기죄 같은 형법을 적용하기에는 너무 과한 느낌이다. 보기에 따라서 아무런 문제가 아닐 수 있지만 부정적인 리뷰를 올린 경우 명예훼손 등에 대해서도 마찬가지다. 소비자의 일방적인 비난에 대해 가맹점의 반론권을 보장하는 법제화도 가능하지만, 얼마나 실효성이 있을지는 의문이다.

가맹점이 지나친 수수료를 부담한다는 식의 주장이 언론에 자주 보도되곤 한다. 법적 규제의 필요성에 대해서는 찬반 논란이 있다. 개입을 인정한다 하더라도 어느 범위까지 가능한가도 사안마다 판단해야 한다. 배달앱 가맹자와 배달앱 서비스 제공자 간에 정말 일방의 횡포가 있다면 과연 법이 어디까지 개입해야 할까?

개인들 간의 계약에 공법적인 개입을 원천적으로 하지 말자는 신자유주의적 논리도 있다. 그렇지만 일반적으로는 적절히 개입한다. 근로기준법은 기업과 근로자의 고용계약에 개입한다. 최저임금까지 정한다.

아파트 분양가는 액수로 규제하지는 않지만 공공기관에서 분양한 경우 정보를 공개토록 했다. 실질적으로 분양가를 인하하려는 의도다. 이에 대해서도 찬반 논란이 분분하다. 오히려 이런 규제가 실질적으로 소비자에게 불리하다는 이론적 논거도 많다.

큰 기업의 횡포와 관련하여 여러 규제를 규정한 법을 경제법이라한다. 예컨대 독점을 막거나 관계회사에 일을 몰아주지 못하게 한다거나 하는 식이다. 주식투자의 경우에도 일반인들은 비과세가 원칙이지만 일정 규모 이상의 대기업 관계자들은 세금이 부과된다.

서구 민주주의국가에서 경제법은 19세기 후반부터 본격적으로 도입되었다. 노동법, 복지법과 함께 자본주의의 부작용을 치유하기 위한 차원이었다. 오히려 자본주의를 유지할 수 있는 유일한 대안이라는 시각도 만만치 않다.

법이 개입할지 여부, 법이 개입하는 경우 어느 정도까지 개입할지는 결국 당사자 간의 역관계에서 결정된다. 배달앱 가맹자의 경우 근로자에게 인정되는 노동조합 같은 권리를 인정하기는 어렵다.

학습지 교사처럼 원래는 자영업자로 근로자가 아니었지만 근로자성을 인정하는 쪽으로 논리가 바뀐 경우도 있지만 배달앱 가맹자에게 적용되기는 어렵다. 의사협회나 약사회처럼 이익단체를 조직해 자신들의 권리를 주장하면 된다.

노동조합은 전 세계적인 사회주의의 확산으로 인해 상당한 기간 동안 탄압받고 법적인 권리도 인정되지 않았다. 19세기 후반 많은 노동운동가들의 희생으로 근로자의 단결권은 점차 법적으로 인정되었다. 그렇지만 일반적인 사업가들은 이미 결사의 자유와 표현의 자유가 충분히 보장되어 있었다.

민주주의혁명이 애초에 목표로 했던 바는 부르주아지의 권익 실현이었다. 규모는 작지만 소상공인도 엄연히 독립된 부르주아지다.

권리는 언제든 자유롭게 행사할 수 있다. 소송을 내면 법원에서도 당연히 인정해준다.

배달앱 가맹점의 수수료 문제는 노동자의 단결권과는 다른 의미지만 단결로 해결하면 된다. 일부 배달대행업자들의 불법행위를 가맹점들이 책임져야 하는 부분에 대해서는 대안이 마련될 필요가 있다. 예컨대 배달 음식 일부를 배달 중에 먹어버린 경우, 소비자가 문제 제기를 하면 어쩔 수 없이 가맹점이 대신 물어주는 경우가 있다. 법적으로야 구상권을 행사하고 소송도 할 수 있다.

문제는 현실이다. 포장을 완전하게 한다든지 하는 식으로 예방이 상책이라는 말은 법적인 관점과는 관련이 없다. 그렇지만 현실은 현실이니까. 문제가 되는 배달대행업자와는 바로 관계를 끊을 수 있도록 계약서 내용을 잘 마련할 수밖에 없다.

올리브영식 매장17)

90년대 후반 대형 할인점이 들어설 때만 해도 엄청난 충격을 주었다. 이미 태어나서부터 장보기는 당연히 대형 할인점을 이용하는 세대는 무슨 말인가 하리라. 집에서 가까운 가게나 시장에서 사던 시대에서 집에서 한참 떨어진 곳까지 자동차로 가서 쇼핑을 한다. 80년대 후반 노태우 대통령의 노력으로 마이카 시대가 열렸다. 10여 년 후 대형 할인점의 시대가 된 배경이라고 할 수 있다.

동네에 자리 잡은 소형 생활용품 유통 매장의 명칭도 계속 바뀌었다. 80년대 초반, 구멍가게가 슈퍼가 되었다. 옛 시대를 배경으로 하는 영화를 보면 연쇄점 같은 말도 나온다. 슈퍼는 다시 마트로 바뀌었다. 시내 중심가나 대학가에서만 드문드문 나타나던 편의점이 어느덧 거의 모든 동네에까지 들어섰다. 슈퍼는 거의 편의점으로 거듭났다.

또 세월은 흘러 올리브영 같은 매장이 문을 열었다. 일각에서는

---

17) 특정 브랜드를 쓰는 이유는 이해를 쉽게 하기 위함이다. 필자가 특별한 관계도 없다. 고유명사 상표 사용에 대해 불편해하는 독자가 있을까 하는 기우에 따로 양해를 구하는 바이다. 이하 다른 특정 브랜드도 같다.

편집숍, 멀티숍, 셀렉트숍이라는 말도 쓴다. 아직 확고하게 자리 잡지는 않은 듯하다. 올리브영식 매장은 몇 가지 아이템만 집중적으로 여러 브랜드 제품을 진열한다. 이미 전자제품이나 운동화 같은 상품에서는 일반화된 방식이긴 했다.

화장품이나 패션 아이템에서 주로 시작했는데, 점차 다른 상품군으로 확산되는 추세다. 다른 회사의 제품뿐만 아니라 자체 브랜드의 제품을 함께 판매하는 경우도 있다. 이미 대형 할인점에서 성공이 확인된 방식으로 PL 제품이라고 한다. 영어 원어는 private label products이다.

전통적으로 제조기업과 유통회사는 구분되었다. 물건을 구입해서 꼼꼼히 살펴보면 대부분 제조원과 유통원을 구분하여 표시한다. 제조사가 유통회사를 계열사로 만들어 별도 법인으로 운영하는 경우가 일반적이었다. 반대로 유통회사가 제조를 OEM 주는 방식은 그렇지 않았다.

형체가 있는 상품뿐만 아니라 영상 콘텐츠도 비슷한 방식이 도입되었다. 넷플릭스가 대표적이다. 넷플릭스는 80-90년대에는 비디오 통신판매를 하던 회사였다. 전자적 공간을 상업적으로 활용하는 시대가 열리면서 스트리밍 서비스를 사업화해서 전 세계적으로 성공했다. 외부의 영화나 드라마를 공급하는 동시에 자체로 제작까지 한다. 넷플릭스의 주된 마케팅 포인트는 외부 콘텐츠보다는 자체 제작이다.

불과 20여 년 만에 급격한 유통의 변화를 겪었다. 더 놀라운 일은 온라인 쇼핑이다. 전자적으로 물건을 사고팔다니. 상품 주문을 전자적 방식으로 하고, 택배를 통해 배송한다. 좋은 물건을 사려면 발품을 팔아야 한다고 했는데, 이제는 손품이 필요해졌다.

어느덧 온라인 쇼핑은 오프라인 쇼핑을 훨씬 뛰어넘었다. 고가품은 그래도 백화점에 가겠지 했던 예상도 틀렸다. 백화점은 자체의 온라인 쇼핑 공간을 열었다.

온라인 쇼핑이 일반화되고 온라인 쇼핑몰이라고 하지만 법적 용어는 다르다. 온라인 쇼핑몰이 나오는 법은 소상공인기본법뿐이다. 소상공인이 온라인 쇼핑몰 등 디지털화 활성화에 필요한 시책을 실시하라는 내용이다(제15조). 산업통상자원부와 그 소속기관 직제 시행규칙에는 유통물류과의 업무 분장 내용으로 온라인 쇼핑 등 새로운 유통업태의 지원·육성을 포함했다(제9조).

법적 용어는 전자상거래와 사이버몰이다. 전자상거래법 제2조에 규정되어 있다. 전자상거래는 전자거래의 방법으로 상행위를 하는 경우를 의미한다. 사이버몰은 컴퓨터 등과 정보통신설비를 이용하여 재화 등을 거래할 수 있도록 설정된 가상의 영업장이다. 전자거래는 재화나 용역을 거래할 때 그 전부 또는 일부가 전자문서에 의하여 처리되는 거래이다(전자문서 및 전자거래 기본법 제2조 제5호).

일상에서 쓰는 용어는 법적인 표현과 다른 경우가 많다. 자연발생적으로 다양하게 생성되는 개념들 중에 자리 잡는 용어를 그대로 법화하기도 하지만, 다르게 하기도 한다. 다르게 해야 하는 큰 이유는 법은 추상적이고 일반적인 규범이어야 하기 때문이다. 특정한 일상 용어를 그대로 사용했을 때 관련되는 유사 현상에 두루 쓸 수 없게 된다.

예컨대 도로교통법은 내비게이션이나 DMB 등을 영상표시장치(제49조)라는 말로 아울러 표현한다. 이렇게 되면 일상에서 다른 명칭을 갖더라도 영상표시장치로 포섭하여 법을 적용할 수 있다.

대형 할인점이 들어섰을 때 기존의 시장과 백화점과 법적인 측면에서 크게 달랐다. 시장도 백화점도 큰 공간 또는 매장의 소유주가 구분된 공간에 대해 임대를 주는 방식이었다. 임대료를 정액으로 받거나 매출액 대비 퍼센트로 받거나 세부 내용은 달랐지만 임대료를 받았다.

그런데 대형 할인점은 넓은 매장에 브랜드는 구분하여 진열했지만, 일괄 구매하여 소비자에게 팔았다. 상품매매계약의 주체가 달라진 셈이다. 시장이나 백화점에서는 입점한 개별 업자들이 파는 사람이었지만, 대형 할인점은 할인점이 파는 사람이 되었다.

대형 할인점에 입점한 브랜드 중 상당수는 수시로 판촉사원이 일한다. 판촉사원은 대형 할인점에서 고용하거나 위탁하지 않는다. 예컨대 커피믹스 판촉을 하는 사람은 커피제조사에서 파견한 사람이다. 대형 할인점과 입점 브랜드 간에 약관이 있거나 그때그때 계약을 맺어서 시행하는 방식이다.

백화점과 시장의 경우는 공간을 임차해 들어온 사업자가 고용하는 사람이다. 물론 때로는 알고 보면 고용이 아니라 또 다른 회사에 위탁을 준 경우도 많다. 예컨대 율동을 하면서 노래도 부르는 내레이터 모델은 이벤트 용역회사와 사업자가 계약을 맺고 진행한다.

이렇게 겉으로 보기에는 비슷해 보이지만 법적으로는 다른 경우가 많다. 스타벅스의 경우 다른 커피숍과는 달리 모두 직영이다. 미국 본사에서 관리한다. 커피숍뿐만 아니라 대부분의 음식료 서비스업은 프랜차이즈다.

프랜차이즈는 가맹점이 법적 주체이고 해당 브랜드와 제품 등을 이용할 수 있는 권리에 대한 계약이다. 스타벅스와 다른 프랜차이즈의 차이는 가톨릭 성당과 개신교 교회의 차이와 비슷하다. 성당은 모두 바티칸 교황청에서 관할한다. 반면, 교회는 제각기 독립적이다.

독립적인 교회들이 모여서 장로회 등의 연합체를 형성한다.

넷플릭스처럼 유통(스트리밍) 회사가 자체 영상 콘텐츠를 제공하는 방식은 종이책으로도 번져갔다. 다른 출판사의 책을 유통하지만 자체로 작가를 섭외해 자기 플랫폼에서만 구매 또는 열람할 수 있게 한다. 올리브영식 매장이나 대형 할인점의 PL 제품도 비슷한 방식으로 볼 수 있다.

차이점은 가격 정도다. PL 제품은 대체로 타 제조업체의 상품보다 가격을 싸게 책정한다. 반대로 넷플릭스는 자체 제작 콘텐츠에 별도의 단가는 매기지 않지만 마케팅 유인책으로 사용한다.

IT기술이 발달하지 않았더라면 오늘날과 같은 복잡한 전자적 공간을 활용한 상품과 서비스의 유통은 생각하기 힘들었으리라. 이런 첨단 영역에서는 법의 변화는 다소 느리다. 기술의 변화를 따라가지 못한다고 해도 과언이 아니다. 일각에서는 우리나라가 전자적 공간의 활용과 관련한 법제화는 세계에서 가장 앞서 있다고 본다. 다른 나라는 더 늦다는 말이다.

마케팅과 기술의 발전에 따른 법의 변화는 대체로 비슷한 메커니즘을 갖는다. 일단 기존의 법을 적용할 수 있으면 그대로 적용한다. 문제가 되고 규율이 곤란하면 특별법을 만든다. 재판에 가서 첨예하게 붙게 되면 좀 더 가속화된다. 판례가 나오면 학자들의 논의가 더 활발해진다. 법은 대체로 정부에서 학자들에게 연구용역을 주거나 자문을 얻어 시안을 만든다.

적용할 법이 마련되거나 확인되지 않더라도 기술의 발전에 따른 새로운 상행위는 언제나 가능하다. 법이 명백히 금지하는 영역이 아니면 무엇이든 해도 된다. 마약처럼 애초에 거래가 전면 금지된 물품을 팔지 않으면 되고, 근로기준법을 잘 지키면 된다.

기존에 없던 서비스와 방식은 보통 기득권과 충돌한다. 이럴 때 우선은 당사자끼리 해결을 기다리지만, 궁극에는 국가가 관여하여 기준을 정하고 법에 담는다. 이런 과정에서도 누군가의 피땀 눈물이 담기는 일반 원리는 같다.

자율주행차

눈부신 기술 발전으로 자율주행차 시대가 열렸다. 아직 본격적이지는 않지만 곧 열리게 된다. 트럭 10여 대가 운전자도 없이 고속도로를 질주하게 된다니 놀랍다. 드라마에서도 벌써 자율주행 모드로 놓고 차 안에서 다른 일을 하는 모습을 묘사한다.

자동차는 20세기의 총아라고 해도 과언이 아니다. 가마나 마차를 타고 다니다 사람이나 말이 끌지 않아도 움직일 수 있는 저절로 움직이는 수레가 나왔다. 아마도 혁명적인 충격을 받았으리라. 비행기도 대단했지만 그래도 눈앞에서 더 많이 볼 수 있는 자동차에 관심이 갔으리라.

자동차의 등장과 대중화로 많은 새로운 인프라와 제도가 도입됐다. 당연히 법에도 반영됐다. 처음부터 운전면허가 있었을까. 알음알음 아는 사람이 가르쳐주고 타고 다녔겠지만, 결국 큰 사고가 많이 나게 되자 제한할 수밖에 없었다. 일단 모든 사람이 함부로 운전을 할 수 없게 금지하고, 일정한 자격이 확인된 사람들에게만 허용한다.

행정법에서는 이런 발상을 자연적 자유의 회복이라고 표현한다.

원래 아무나 운전을 하고 다녀도 되지만 사고를 방지하기 위해 국가가 금지를 하고, 일정한 절차를 거쳐 원래부터 가지는 자유를 돌려준다는 논리다.

길도 차도와 인도로 구분됐다. 횡단보도를 만들고 신호등도 설치한다. 기름을 넣을 수 있는 주유소를 안전하게 관리할 수 있는 행정적 개입도 필요해졌다. 보행자가 많은 곳에서는 속도도 제한한다. 보행자가 아예 다닐 수 없게 해 빠른 속도를 보장하는 곳도 구분했다. 고속도로에서 말 그대로 고속을 낼 수 있도록 해야 사람과 화물의 빠른 이동이 가능하기 때문이다.

자율주행차의 본격화로 앞으로 보험시장이 무엇보다 큰 영향을 받는다고 예상한다. 자동차보험은 자동차를 소유하면 누구나 가입하도록 의무화되어 있었다. 사고를 내고 피해자에게 물어주지 못하는 사람이 있었기 때문이다. 그래서 교통사고가 났을 때 일정 범위까지는 가해자가 경제적 능력이 없더라도 보험금으로 해결할 수 있도록 했다.

흔히 자동차보험을 책임보험이라고 한다. 책임보험이라는 말이 마치 자동차보험과 같은 뜻처럼 바뀌었다. 원래 책임보험은 배상책임보험이다. 민법상 불법행위가 있으면 손해배상책임을 진다. 가해자의 돈으로 물어줘야 하는데, 보험을 들어 있으면 보험금으로 해결할 수 있다. 자동차손해배상책임보험이 정확하다.

배상책임의 종류는 다양하다. 영업배상책임보험은 영업을 하는 과정에서 일어나는 각종 손해에 대해 배상해야 하는 책임을 보험으로 해결한다. 일상생활책임보험은 말 그대로 일상생활에서 일어나는 손해를 배상하기 위한 보험이다. 제조물배상책임보험은 제조물의 결함으로 인해 사용자가 손해를 입으면 보험금으로 배상한다. 제조물은 제품이나 상품으로 이해해도 무방하다.

자율주행차는 사고의 가능성이 현저히 줄어들어 손해배상할 일이 거의 없게 된다. 해킹 등을 통해 시스템상의 오류를 일으켜도 곧바로 멈춰버리도록 해놓으면 인명과 물건에 대한 손해는 많지 않아 보인다. 자동차보험은 보험사의 큰 수익원인데, 보험사가 영업 방향을 돌릴 수밖에 없다. 금융 전반의 변화가 오게 되고 다시 사회 곳곳에 영향을 미치게 되리라.

보험은 예상되는 위험에 공동으로 대처하기 위해 미리 각자의 돈을 모아놓는 시스템이다. 서양에서 보험제도의 본격적인 시작은 해상보험으로 보면 된다. 바닷길을 열고 무역을 통해 큰 사업을 할 수 있는 시절이 되었지만 고위험 고수익이었다. 보험제도를 통해 비록 배가 침몰하더라도 보험금을 받아 큰 위험을 방지했다. 사고가 나지 않은 배는 보험료를 떼이게 되지만, 그래도 사고가 날 수 있는 가능성을 대비한다는 점에서 감수할 만했다.

사실 서양보다 중국이 과거 국제무역은 더 활발했다. 바닷길은 물론이고 실크로드와 차마로드 같은 육로 무역도 크게 성행했다. 중국은 보험제도는 발달하지 않았는데, 이는 다른 방식으로 위험을 분담했기 때문이다. 중국은 여러 상인들이 각자의 선박에 화물을 균등하게 나눠 싣는 방식을 사용했다.[18] 해상보험은 유럽에서 14세기부터 본격화되었다.

해상보험에 이어 본격화된 보험은 화재보험이다. 17세기 중반 런던 대화재가 계기가 되었다. 생명보험은 18세기에 본격적으로 시작됐다. 사고 발생률을 예측하고 적정한 보험료를 책정하는 일을 계리라고 하는데, 이미 18세기 후반에 사망률과 관련한 제대로 된 통계

---

18) 네이버 지식백과. 표제어 "'베니스의 상인'과 해상보험의 발달." 검색일 2020년 3월 26일.

가 유럽에서 등장했다. 20세기 들어 자동차의 대중화로 자동차보험이 보험사의 큰 수익원이 되었다.

보험의 역사가 길다 보니 회사와 상행위에 관한 일반법인 상법에도 일찍부터 자리 잡았다. 상법 제4편은 보험이다. 명칭이 다양하고 세부 내용이 다름에도 보험계약에 대한 일반적인 정의가 있다.

보험계약은 당사자 일방이 약정한 보험료를 지급하고 재산 또는 생명이나 신체에 불확정한 사고가 발생할 경우에 상대방이 일정한 보험금이나 그 밖의 급여를 지급할 것을 약정함으로써 효력이 생긴다(제638조).

상법에는 화재보험, 운송보험, 해상보험, 책임보험, 자동차보험, 보증보험, 생명보험, 상해보험, 질병보험을 규정하고 있다. 화재보험부터 보증보험까지는 손해보험이고 생명보험부터 질병보험까지는 인보험이다. 손해보험은 보험사고로 생기는 재산상 손해를 보상한다(제665조). 인보험은 생명이나 신체에 관하여 보험사고가 발생할 경우에 보험금을 지급한다(제727조).

운송보험은 해상보험과 마찬가지로 화물을 담보한다. 주로 육로물류와 관련이 있다. 보증보험은 계약상 채무나 법령상 의무 이행을 보증하는 보험이다(제726조의 5). 예컨대 큰 공사를 하는 경우 계약은 했는데 정작 공사에 들어가지 않으면 낭패다. 이런 경우 대략 공사금액의 10% 정도를 따로 적립하거나 미리 내도록 한다. 계약이행보증이다. 이행보증보험을 들면 훨씬 소액의 보험료로 대신할 수 있다. 보험 가입자가 공사를 하지 않으면 보증보험사가 보험금을 지급한다.

상해보험, 질병보험은 상해를 입었을 때, 질병이 났을 때 보험금을 지급한다. 생명보험은 엄밀하게 말하면 사명보험이다. 사망했을 때 보험금을 지급하기 때문이다. 넓은 의미로는 생존하는 동안 연금을 받는 연금보험도 생명보험으로 볼 수는 있다. 상법도 생명보험을 사망, 생존, 사망과 생존에 관한 보험사고가 발생할 경우로 규정하고 있다(제730조).

보험은 삼각구조를 기본으로 한다. 보험료를 내는 자, 보험금을 받는 자, 사고. 물론 보험료를 내는 사람과 보험금을 받는 사람은 같을 수 있다. 인보험과 손해보험의 대상이 생명·신체냐 재산이냐 하는 차이는 크지만 사고의 발생이 있어야 한다는 점은 같다. 보험의 명칭을 정하는 데서도 일관된 원칙이 없이 되는대로 정해서 내용을 파악하기가 쉽지는 않다.

연금보험은 보통은 나이가 많이 들어 받는 보험이라는 의미로 쓰인다. 그렇지만 사례는 많지 않아도 연금이라는 말은 일정 기간(연, 분기 또는 월별)마다 일정액을 받을 때 모두 쓸 수 있다.

종신보험은 생명보험인데 굳이 신체를 마친다는 종신이라는 말을 썼다. 종신은 삶을 마친다는 뜻도 있지만 보통은 목숨이 끝나기까지라는 의미로 쓰기 때문에 작명이 정확하지는 않다.

정기보험은 종신보험의 기간을 따로 정해놓은(정기) 보험이다. 종신보험은 사망보험으로 사망하면 보험금을 받는다. 그런데 사망으로 보험금을 받을 수 있는 기간을 특정한다. 예컨대 10년으로 정해놓으면 앞으로 몇십 년 후에 죽을지 모르는 상황에서 책정되는 보험료보다 훨씬 싸다.

변액보험은 보험금으로 받을 수 있는 액수가 달라진다고(변액) 붙인 명칭이다. 보험은 보통 보험료를 걷어 은행저축처럼 안전한, 곧 확실히 이자가 보장되는 투자를 한다. 보험금을 정해진 금액(정액)으로 주어야 하기 때문이다.

변액보험은 보험금이 정액보험으로 가입했을 때보다 많을 수도 있고, 때로는 원금보다 못 미칠 수도 있다. 저축보험은 말 그대로 저축인데, 보험 형식으로 한다. 보험이다 보니 계산 방식이 다르고 중도에 해약하면 원금을 다 받지 못할 수가 있다. 은행에 저축을 하면 당연히 원금은 보장되고 이자를 받게 되지만 보험으로 계약하는 순간 당연히 달라진다.

보험과 관련해서는 상법에 일반적인 규정들이 있고 보험업법이 별도로 있다. 우체국에서도 보험을 예금과 함께 취급한다. 국가에서 직접 하는 금융이라 우체국예금·보험에 관한 법률이 따로 있다. 자동차 책임보험과 화재보험은 자동차손해배상 보장법과 화재로 인한 재해보상과 보험가입에 관한 법률이 또 특별법으로 제정되어 있다.

민간에서 상품으로 운용하고 개인들이 들든 말든 자율적으로 선택할 수 있는 보험과 달리 국가에서 가입을 강제하고 있는 보험도 많다. 자동차보험은 이미 다뤘는데, 민간 보험회사가 상품을 판매하는 방식이다.

고용보험, 건강보험, 산재보험은 국가에서 별도의 기구를 설립해 관리한다. 국민연금이나 공무원연금, 군인연금 같은 공적연금도 민간 회사에서 판매하는 연금보험과 본질에서 다르지는 않다. 다만 의무 가입이기에 국가 예산 또는 기업주의 돈으로 보험료를 보조하도록 했다.

고령화 시대가 되면서 노인장기요양보험도 추가되었다. 이에 따라 근래는 4대 보험 의무 가입이라고 하지 않고 5대 보험이라고 한다. 고용보험법, 국민건강보험법, 노인장기요양보험법, 국민연금법, 산업재해보상보험법이 각각 제정되어 시행되고 있다.

아직까지 완전 의무 가입은 아니지만 농어촌의 특수한 상황에 적용되는 보험관련법으로 농어업재해보험법, 풍수해보험법, 어선원 및 어선 재해보상보험법이 있다. 수출로 일어선 나라답게 무역과 해외 투자도 보험제도가 잘 되어 있다. 무역보험법으로 커버한다.

자율주행차로 인해 과연 보험이 어떻게 될까? 현재 자동차 소유자에게 부과하는 책임보험은 당연히 없어지게 된다. 자율주행 화물트럭이 고속도로를 질주하게 되면 운송보험도 상당 부분 불필요하다.

자율주행차가 운행하려면 도시 자체가 스마트시티로 거듭나야 한다. 스마트시티는 자동차뿐만 아니라 화재나 승강기 사고도 대폭 줄이게 된다. 화재보험 같은 관련 보험도 축소된다. 전반적으로 질병이 아닌 상해의 발생은 줄어들게 되니 인보험에도 결국 영향을 미칠 수밖에 없다.

모든 변화들은 당연히 보험관련 법에도 영향을 주게 된다. 자율주행차가 보편화되면 항공관제시스템에 준하는 방식이 필요하다. 각각의 운전자가 자신이 모는 자동차로 인한 사고를 예방하던 시대에서 중앙에서 전자적으로 제어하는 시대가 된다.

드론을 활용하여 공중을 나는 자율주행차까지 일반화되면 항공관제시스템은 전면화되어야 한다. 항공기의 운항과 관련해서도 많은 법이 있다. 한국공항공사법, 항공보안법, 항공사업법, 항공안전법, 항공우주산업개발촉진법, 항공철도사고조사에관한법률 등이다. 기존에 없던 완전히 새로운 내용도 많이 고안되겠지만 이미 있던 항공관련법에서 상당 부분을 차용하여 쓸 가능성이 크다.

유튜브

유튜브의 경우 처음에는 아마추어들이 그저 소소하게 만든 영상을 공유하는 정도로 시작했다. 그런데 어느 순간 TV나 영화관을 대체하는 인프라가 되었다. 드라마나 영화 같은 콘텐츠를 만드는 대형 자본이 유튜브를 활용한다.

세계적인 성공을 거둔 BTS는 유튜브를 비롯한 SNS를 잘 활용한 대표적인 케이스로 통한다. 소형 자본의 기획사여서 데뷔 초 TV 출연에서 홀대를 받았다는 시각도 많다. 아예 완전히 새로운 전자적 공간에 집중하여 대반전을 이뤄냈다는 식의 설명이다.

기술 발전으로 과거에는 대자본이 있어야만 가능했던 일들이 혼자 힘으로 개인들이 할 수 있는 시대가 됐다. 라디오도 방송도 영화도 간단한 장비만 가지고 충분히 할 수 있다. 스마트폰의 발전은 모든 일을 전화기 한 대로 해결할 수 있는 신기원을 열기도 했다. 오늘날의 스마트폰을 과연 전화라는 명칭으로 여전히 부를 수 있는지는 의문이기는 하지만.

적은 비용으로 약간의 수고만 하면 방송국에서 만드는 영상과 비숫한 화면을 만들 수 있기에 창작의 욕구를 실현하고자 했던 사람들은 물 만난 고기 같았다. 때론 대자본에 소속된 프로들보다 훨씬 퀄리티 높은 작품도 나왔다. 무엇보다 스스로 만들어 남들이 감상한다는 점은 매력적이었다. 플랫폼 방식을 채택했기에 가능했다.

유튜브는 영상물로 이런 욕구를 실현했지만, 과거에 이미 비슷한 성격의 시도가 있었다. 오마이뉴스는 세계적인 차원에서도 인터넷신문의 모범으로 꼽힌다. 당시에는 아직 일반화된 개념이 아니었지만, 플랫폼 방식을 도입했다.

애초에 기자로 선발되어 훈련받은 사람들이 아니라 모든 시민이 기자라고 표방했다. 정규직 기자가 따로 있기도 했지만 수만 명의 사람들이 다양하게 취재하고 분석하고 성찰한 글을 올렸다. 시민기자도, 새로운 글 콘텐츠를 보게 된 독자들도 열광했다.

전자적 공간에서 플랫폼의 본격화는 온라인 쇼핑을 시초로 봐야 하지 않을까? 재래시장이나 백화점도 개념적으로는 플랫폼 방식이다. 일정한 공간에 다수의 사람들을 입주시켜 각각 자기 활동을 하게 하고 수익을 버는 구조이기 때문이다. 그렇지만 온라인 쇼핑 때부터 플랫폼이라는 개념을 붙여 설명하게 됐다.

유튜브는 스트리밍 서비스도 일반화시켰다. 굳이 내가 다운로드 하지 않더라도 원할 때는 언제든 틀어서 볼 수 있게 했다. 넷플릭스는 아예 자체 콘텐츠를 대거 제작하면서 스트리밍 서비스로 돈을 벌고 있다. 유튜브는 많은 콘텐츠를 수많은 사람이 누릴 수 있게 하고 광고를 붙였다. 노래 듣기도 이제는 스트리밍 서비스가 대세가 되었다.

다운로드와 스트리밍은 법적 성격이 완전히 다르다. 콘텐츠를 감상한다는 점은 같지만 다운로드를 하면 영상물은 내 소유가 된다. 물론 복제가 쉽기 때문에 할 수 있느냐 없느냐는 원작자의 저작권 문제가 걸려 있다. 잠깐, 여기에서 불따는 논외로 하자. 불법 다운로드는 당연히 효력이 없다. 대가를 지급해야 하고 저작권 문제를 넘어 절도 같은 형법적 문제도 있을 수 있다.

다운로드를 하면 소유권이 이전된다. 스트리밍은 소유권은 그대로 서비스 제공자가 갖지만, 이용권을 얻은 셈이다.

민법에서 소유권은 사용, 수익, 처분의 권리로 설명한다. 사용은 내가 원하는 방식으로 쓸 수 있다는 말이다. 법으로 국가에서 금지하는 일만 아니라면 어떻게 사용하든 상관없다. 수익은 돈을 벌 수 있다는 말이다. 빌려주고 임대료를 받아도 되고 생기는 게 있으면(예컨대, 과일나무의 열매) 팔아도 된다. 처분은 매매나 증여를 들 수 있다. 돈을 받고 넘기든 그냥 넘기든 각자의 자유의사에 따르면 된다.

온라인 플랫폼은 전자적 공간에 대한 소유권을 이용자들이 갖지는 않는다. 백화점에서 매장을 점주들이 소유하지 않듯이. 넷플릭스 시스템은 플랫폼은 아니다. 대형 할인점과 비슷하다.

순수하게 100% 자신이 창작한 영상을 유튜브에 올린 경우 다른 사람이 무료로 볼 수 있도록 허락한 셈이다. 유튜브가 이미 제시한 약관에 따라 광고 같은 수익 배분 문제도 동의했다고 봐야 한다.

영상을 비롯한 저작물은 무한 복제가 가능해서 일반 상품의 소유권과는 다른 법적 제도를 발전시켰다. 따라서 유튜브도 넷플릭스도 엄밀하게는 저작권 또는 지적재산권의 개념으로 설명해야 한다.

소유권을 비롯한 민법의 법리는 형체가 있는 물건을 대상으로 하던 시대에 정립됐다. 지금 민법은 전기 같은 무체물도 포함하고는 있지만 적용이 곤란한 부분이 있다. 전자적 공간에 적용되는 법원칙은 계속 논쟁 중이고, 새로운 기준이 만들어지기도 한다.

저작권 같은 권리를 인간의 지적 재산을 보호한다는 의미에서 지적재산권이라 한다. 상표권, 특허권, 디자인권, 실용신안권을 공업소유권이라 하는데, 저작권과 합쳐서 모두 지적재산권으로 본다. 상표법, 특허법, 디자인보호법, 실용신안법, 저작권법이 각각 제정되어 있다. 디자인은 과거에는 의장이라고 했다.

상표권은 회사나 제품에 붙이는 브랜드를 유일하게 사용할 수 있는 권리이다. 등록이 되고 특허청에 내야 하는 돈을 내면 계속 연장해서 쓸 수 있다. 상표권은 공업소유권 중에 유일하게 돈만 내면 무한정 쓸 수 있다.

특허는 신규 발명에 대해서 독점권이 인정되는데 기간 제한이 있다. 20년이다(특허법 제88조). 실용신안은 특허만큼 거창하지는 않은 고안에 권리를 부여한다. 보호기간도 특허의 절반이다(실용신안법 제22조). 디자인권도 20년 동안 존속한다(디자인보호법 제91조).

저작권의 보호기간은 상당히 길다. 저작자가 생존하는 동안은 당연하고 사망한 후에도 70년간 존속한다(저작권법 제39조). 예외는 있다. 저작자의 이름이 표시되지 않거나 널리 알려지지 않은 다른 이름이 표시된 경우 공표된 때부터 70년간 존속할 뿐이다(제40조).

공업소유권이 저작권에 비해 상대적으로 권리기간이 짧은 이유는 무엇일까? 특허든 디자인이든 새로운 발명과 디자인을 촉진하기 위함이다. 너무 장기간 독점권을 보장하면 새로운 기술 개발 없이 이익을 계속 누릴 수 있기 때문이다.

소설처럼 글로 된 저작물은 책이 팔리는 권수만큼 인세를 매긴다. 그림처럼 미술작품은 단 한 점밖에 없기 때문에 원본이 엄청나게 고가이다. 보통 전시를 해놓고 입장하는 사람들에게 관람료를 받는다.

음악은 전축처럼 녹음할 수 있는 매체가 생긴 후 처음에는 종이책과 같은 방식에 따랐다. 레코드판이든 테이프든 CD든 팔리는 만큼 수익이 올랐다. 음악은 라디오나 TV에 방송할 때 따로 저작료를 챙기기도 했다.

스트리밍 서비스가 일반화되면서 음악의 수익은 듣는 만큼 올라가게 되었다. 책이나 음반도 미술작품처럼 원본을 수집해서 고가로 되팔기도 한다. 그렇지만 대부분은 박물관의 일이 되었다.

저작물에 따라 가격을 매기는 방식이 다양하게 발전된 점은 흥미롭다. 문화상품과 관련해서도 당사자끼리 자유롭게 거래할 수 있다. 법이 금하는 사항을 하지 않고 해야 한다고 규정한 대로만 하면 어떤 법률관계를 형성하든 무방하다.

15세기에 구텐베르크가 인쇄술을 개발한 이후 인류는 문화생활을 본격적으로 향유하게 되었다. 책도 무한복제가 가능했기에 대중화될 수 있었다. 음악은 19세기 말 전축의 발명으로 집집마다 들을 수 있는 문화상품이 되었다. 그 이전에는 아마추어의 연주와 노래가 아닌, 수준이 높은 감상은 무대에 직접 가야만 했다.

유튜브가 생기기 전 문화생활은 전문인들이 생산한 문예작품의 향유를 의미했다. 아마추어들의 창작물이 가까운 지인들의 범위를 넘어서기는 쉽지 않았다. 인터넷 세상이 되고 유튜브라는 플랫폼이 마련되어 일반인들이 창작한 작품들을 다른 일반인들도 쉽게 향유할 수 있게 되었다. 아마추어 창작자들도 상당한 수익을 거두고 있다.

저작권 침해나 명예훼손 또는 혐오 표현 같은 문제도 새롭게 많이 발생했다. 국가가 개입해서 형법적·행정법적 제재를 통해 해결할 수도 있다. 그렇지만 권익이 침해된 당사자가 민사소송을 통해 손해배상을 받기 위해 노력해야 한다. 권리 위에 잠자는 자는 법이 보호하지 않기 때문이다. 가급적 국가가 개입하는 영역이 커지지 않아야 한다는 당위도 있다.

기본소득

　기술 발전도 놀랍지만, 기본소득처럼 과거에는 생각할 수 없었던 분배방식의 현실화도 인상적이다. 일을 하지 않는데도 나라에서 돈을 일률적으로 지급하다니. 경기도는 코로나 사태 당시 이재명 지사의 주도로 전 경기도민에게 재난기본소득을 지급했다.

　개인별로 따지면 10만 원이라는 소액이었지만, 전체적으로 소요된 예산은 1조가 넘는다. 다른 광역자치단체도 따랐고, 중앙정부 예산도 일부 집행되었다. 무상급식 같은 적은(?) 돈이 드는 정책도 반발이 컸다. 기본소득은 발상에 그치지 않고 급속도로 현실 정책이 되었다.

　2010년 당선된 오세훈 서울시장은 얼마 지나지 않아 무상급식 보편복지에 반대한다며 사퇴했다. 포퓰리즘은 잘못이라고 주장했다. 포퓰리즘은 대중의 인기에 영합하는 정책을 의미한다.

　무상급식이 과연 포퓰리즘에 해당하는지는 논란이 있다. 최소한 언론은 좌우 정치세력에 대해 균형적으로 포퓰리즘의 잣대를 대지는 않는다. 2년 뒤 대선에서 박근혜 후보는 세금은 생각하지 않고 선심성 공약을 남발했다. 결국 같은 당의 원내대표를 역임한 유승민의 비판을 받았다. 유승민은 당에서 쫓겨났지만 박근혜는 대통령직에서 파면됐다.

피선거권은 누구나 정치인이 될 수 있는 권리를 보장한다. 물론 나라마다 내야 되는 돈과 선거의 룰이 달라서 쉽게 정치를 할 수 있는 곳과 그렇지 않은 곳의 차이는 크다.

일본 같은 경우에는 기호를 표기하는 방식이 아니라 후보자의 이름을 써야 돼서 의외로 제대로 투표하지 못하는 사람도 많다. 미국의 경우에는 투표를 하려면 유권자 등록을 해야 한다. 후보자들은 정치자금을 마구 모아도 되는 제도를 운영하고 있다.

정치인들이 본인들의 소신에 따라 정책을 펼 수 있다. 각자가 그리는 세상이 있어 법을 만들려고 하고 나랏돈(예산)을 쓰려고 한다. 정책을 실시하기 위해 법을 만든다. 민주주의사회에서 의회가 국민의 대표이기 때문에 다수당이 되려고 노력한다. 당연한 권리다. 정책에 대해 비판도 자유롭다. 표현의 자유든 사상의 자유든 어떤 헌법적 기본권을 들더라도 상관없다.

무상급식은 정말 포퓰리즘인가? 이런 정치적 문제에 법은 어떤 태도를 취하고 있는가? 무상급식의 경우 오세훈 시장의 사퇴로 새 시장이 당선됐고 전국적으로 거의 시행됐다. 오세훈이 소속됐던 당은 곧 무상급식과 비슷한 공약을 내놓았다.

그저 정치인들은 원래 그런 사람들이니 신경 쓰지 않고 끝내도 될 일인가? 법은 왜 이런 문제에 방관하고 있나? 아니면 법에 이미 뭔가 기준이 있는가?

정치인들은 국회를 구성한다. 국회의 보통명사는 의회다. 의회는 세계사적으로 민주주의가 확고하게 자리 잡으면서 국민의 대표로 인정되었다. 비록 대의제지만 의회가 국민의 대표다. 국민의 대표인 국회만이 국민의 권리를 제한하거나 의무를 부과할 수 있다. 현실의 정치인들이 마음에 들지 않고 형편없어 보이더라도 민주주의의 기본 관념은 국회가 국민의 대표이다.

국민의 대표인 국회가 법을 만들고 그 법에 따라 행정부가 집행한다. 법률에 근거가 없으면 위법이다. 법률에 근거가 있어도 상위법인 헌법상의 기본권은 제한하지 않는지 판별한다. 입법과 행정에 문제가 있으면 법원이 나선다. 법을 어겼는지가 기준이다.

법원이 재판을 할 때 다른 기준을 근거로 삼을 수는 없다. 국회가 국민의 대표이기 때문이다. 법원을 구성하는 법관들은 국민들이 직접 선출하지도 않았다. 그래도 법이라는 특수 분야이기 때문에 법률가의 역할을 상당히 높여놓은 셈이다.

민주주의는 국민이 직접 선출한 정치인의 역할을 더 본질적이고 규정적으로 본다. 이러한 현상을 설명하는 개념이 민주적 정당성이다. 대통령도 직접 선출하는 경우에는 국회와 마찬가지로 민주적 정당성이 있다. 그렇지만 대통령은 행정부의 수반으로 당연히 국회의 법률에 따라 행정을 해야 한다. 우리 헌법의 경우 대통령에게 국가원수의 지위도 부여했지만, 그렇다고 입법부보다 우위에 있는 지위를 인정한다는 의미는 아니다.

국회가 국민의 대표로 법을 만들기 때문에 행정부는 그대로 하면 된다. 그렇지만 행정부도 법을 만든다. 행정부가 만드는 법을 명령이라고 한다. 우리 헌법은 대통령, 국무총리, 각 부 장관이 만들 수 있다.

대통령령, 총리령, 장관령이라고 하면 편한데, 장관령이라는 말은 없다. 각 부의 장관이 만든다고 부령이라고 한다. 대통령령은 시행령이고 부령은 시행규칙이다. 총리령도 시행규칙인데, 많지 않다.

지방자치단체도 지방에 적용되는 법을 만들 수 있다. 지방의회는 지방 정치인들로 구성된다. 현실의 지방의회가 그저 지역유지들의 사랑방처럼 보이더라도 엄연히 지역 주민의 대표다. 지역주민의 대표는 조례를 만들 수 있다. 단체장은 조례의 범위 내에서 규칙이라는 법을 제정할 수 있는 권한이 있다.

비록 국민의 대표 또는 지역의 대표이긴 하지만 정치인들이 잘못 만드는 법도 있지 않을까? 당연히 많다. 행정부가 국회가 만든 법을 제대로 지키지 않았을 때는 당연히 위법이다. 각종 제재가 법에 규정되어 있고 법원에 가면 당연히 잘못을 바로잡으라거나 돈으로 물어주라고 한다.

잘못 만드는 법도 법원에서 최종 판단한다. 국회에서 자기들끼리 지지고 볶아봐야 답이 나오지 않기 때문이다. 명령과 조례, 규칙이 법률에 위반되었는지, 법률이 헌법에 위반되었는지를 법원이 판단한다. 우리나라는 법원이 대법원과 헌법재판소로 나뉘어 있다. 헌법재판소도 법원이라는 말은 쓰지 않지만 넓은 의미의 법원이다.

법원에서 입법이 잘못인지를 판단할 때 그 기준도 국회가 만든 법이다. 국민의 대표가 제정한 법을 기준으로 해야 한다는 점은 예외가 없다. 모든 법이 옳지는 않기 때문에 정당한 법에 근거해서 잘못된 법을 심판한다고 보면 된다.

법원이 입법을 판단하기는 하지만, 아무 때고 판단하지는 않는다. 법원이 알아서 국회가 만든 법을 잘못이라고 선언하지 않는다는 말이다. 국민들 중에 누군가가 잘못이라고 비판해도 법원이 위법이나 위헌을 판단하지는 않는다. 아무리 고명한 권위자가 나서서 주장해도 마찬가지다. 법원은 구체적인 사건이 있을 때 문제가 되는 법이 위법인지 위헌인지를 판단한다.

예컨대 금연구역으로 지정된 공원의 과태료를 10만 원에서 100만 원으로 올렸다고 하자. 너무 과도한 금액으로 위법이나 위헌 판결이 날 가능성이 크다. 법원에서 위법이나 위헌을 다투려면 누군가 단속이 돼서 과태료를 부과 받고 그 사람이 법원에 소송을 내야 한다. 소송을 제기하면서 법이 잘못돼 있다고 주장해야 법원에서 그제야 판단한다.

이러한 제도를 구체적 규범 통제라고 한다. 구체적인 사건이 있을 때 법, 곧 규범이 제대로 되었는지 문제가 없는지를 컨트롤하겠다는 말이다. 추상적 규범 통제를 채택하는 나라도 일부 있다. 이런 나라들은 금연구역 단속에 걸리지 않았더라도 법이 잘못이라고 문제 제기를 하면 법원에서 판단한다. 구체적 사건이 없어도 판단하기 때문에 추상적이라는 수식어를 써서 구분한다.

민주적 정당성이 없는 법원에서 입법이나 행정의 위법 또는 위헌 여부를 판단하는 시스템은 법률가에 대한 믿음이 전제되지 않으면 불가능하다. 법에 대해 가장 전문적인 지식을 가진 법률가들이 입법과 행정, 곧 민주적 정당성을 가진 정치인들이 잘못을 했을 경우 법을 기준으로 판단하라는 관념이다.

민주주의혁명 이후 각국에서 하나씩 쟁취한 민주주의와 인권의 원칙은 결국은 법에 담겨 있다. 직접 쟁취했든 다른 나라에서 쟁취한 사례를 들여왔든(계수) 마찬가지다.

법원에 대한 절대적 믿음도 곤란하다. 대혁명 이전 프랑스는 법관이 세습되는 별도의 신분이었다. 혁명 이후 기존의 법원과는 별도의 법원을 조직하여 법원이 아닌 다른 명칭을 붙인 사례도 있다.

영미법계는 재판의 판결은 배심원, 곧 일반 시민이 직접 하는 시스템을 채택하고 있기도 하다. 그렇다 하더라도 법률가의 역할은 지대하다.

입법과 행정에 대해 법원이 견제하는 역할 구분(권력 분립)으로 인해 다수 대중을 선동하는 극우 극좌 정치인들이 성공하지 못한다. 나치의 경우 극단적인 극우 정치세력의 선동으로, 공산화된 나라들의 경우 극좌 정치세력의 선동으로 극과 극을 경험했다.

모두 사법 시스템이 무력화되었고 다수결의 이름하에 법치라는 미명으로 독재자의 뜻대로 모든 일이 이루어졌다. 행정부와 독립된 사법부가 존재하고 법원을 통해서 국민들이 권리를 구제받을 수 있어야 민주주의가 제대로 작동한다고 볼 수 있다.

나치의 경험 이후 정치인들이 다수의 지지를 얻더라도 완전히 자기들 뜻대로 할 수 없는 제한이 가해졌다. 민주주의는 스스로를 지킬 수 있어야 한다는 방어적 민주주의 이론이 생겼다. 형식적 법치주의를 넘어 실질적 법치주의가 되어야 한다는 견해도 일반적으로 받아들여졌다. 다수결의 원리도 소수자 보호 또는 배려를 하지 않는 경우 절대적인 결정 기준으로 삼을 수 없게 됐다.

무상급식은 소송에 갔으면 어떻게 판결이 내려졌을까? 법원은 정책의 호불호에 대해서는 대체로 판단하지 않는다. 무상급식을 결정하는 지방의회의 의결 절차에 문제가 있었다면 당연히 위법 여부를 판단한다. 정책 내용에 대해서까지 법원에서 일일이 다 판단한다면, 국민의 대표가 아니라 법률 전문가가 정책을 결정하는 셈이 된다.

대통령의 주요 의사결정에 대해서는 법원이 관여하지 않는다는 이론도 있다. 통치행위론이다. 예컨대 남북정상회담을 할지 말지 대통령의 판단은 고도의 정치적 결단이므로 사법부가 판단하지 않는다는 식이다. 물론 정상회담을 하는데 불법적으로 북한에 돈을 보냈다거나 하면 이런 위법은 당연히 법원이 판단한다.

민주주의는 입법과 행정에 잘못이 있는 경우 법원을 통해 바로잡고 구제받는 시스템이다. 그렇지만 법원이 개입하지 않는 영역은 많다. 예컨대 올해 최고의 영화는 무엇인가 이런 물음은 법원에서 판단하는 순간 북한 같은 사회가 된다. 법원은 법률상 쟁송을 다루는 곳이다. 이 말은 법적인 권리와 의무의 문제에 대해 판단한다는 말이다.

포퓰리즘이냐 아니냐, 무상급식이 필요하냐 그렇지 않으냐의 문제는 정책적 판단에 해당된다. 국민의 대표인 의회가 어떤 결정이든 할 수 있다. 법원은 지급하는 금액이 너무 지나치지 않은가, 다른 권리를 침해하지는 않는가에 대해서는 당연히 판단한다. 기본소득도 마찬가지 영역으로 볼 수 있다. 과연 기본소득이 전면적으로 도입될까?

19세기 자본주의가 급속히 발전하면서 노동자계급은 자기 권익을 지키기 위해 활발하게 나섰다. 많은 사람들이 희생되기도 했다. 20세기로 들어와 사회국가 또는 복지국가 철학이 서구 민주주의에서는 일반적으로 받아들여지게 된다. 복지 혜택은 그나마 일을 하기 어려운 계층이나 일을 구하지 못한 사람에게 주어졌다.

이제 기본소득은 일을 하지 않더라도 모든 국민들에게 일정 금액을 지급하자고 한다. 복지국가보다도 한 단계 나아갔다. 기본소득에 대해 학계에서 현재의 헌법으로 정당화할 수 있는지, 근거를 찾을 수 있는지에 대한 논의는 이미 시작됐다. 찬반 논란이 있다. 향후에 어떻게 추이가 전개될까?

민원

민주주의에서 누구나 정치인이 될 수 있다. 그렇지만 사실 모두가 정치인이 될 수는 없다. 따라서 자신의 권익을 더 실현하기 위해서는 다른 방법을 찾아야 한다.

다행히 민주주의사회는 자유롭게 돈을 벌 수 있는 권리를 보장하고 있다. 일정한 조건을 갖추기만 하면 장사를 해도 되고 물건을 만들어 팔아도 되고 돈을 빌려주고 이자를 받아도 된다. 법으로 금지하는 일은 하지 않고 꼭 하라고 하는 일을 하기만 하면 된다.

이런 당연한 얘기는 북한처럼 당연하지 않은 곳이 있기 때문에 의미가 있다. 사회주의국가나 종교적 경건성이 강한 나라들은 민주주의사회와는 달리 못 하게 하는 일, 해도 되는 일이 다르다. 해야 하는 일은 너무 많다.

돈을 많이 벌면 아무래도 이런저런 제약이 줄어든다. 정치인이 되면 권력이 생겨서 나랏돈으로 원하는 구상을 실현할 수 있다. 돈을 많이 벌면 내 돈으로 하면 된다. 어느 경우도 국가에서 하지 못하게 한 일은 하면 안 되고 하라고 하는 일은 해야 한다는 전제가 있다.

하면 안 되는 일을 하려고 하고 해야 하는 일을 안 하려고 할 때는 문제가 된다. 독재, 갑질, 특혜, 부정부패, 사리사욕, 전횡 이런 말들이 붙는다.

직접 정치인이 되거나 많은 돈을 버는 방법 외에 쉽게 자신의 권익을 확보할 수 있는 방법은 민원이다. 민원은 민이 원하는 것을 의미한다. 민원을 낸다는 말은 원하는 것을 나라에 해달라고 요구한다는 뜻이다.

민원을 내면 민원처리에 관한 법률에 따라 처리된다. 전자적 공간을 활용하는 시대가 되어 민원24라는 정부 민원 포털이 설치된 지도 오래다. 민원은 지금 당장 받아들여지지 않더라도 일일이 기록되어 관리되기 때문에 나중에 원하는 대로 될 수도 있다. 비슷한 민원이 쌓이면 그 의견을 반영할 수밖에 없다.

민원은 보통 구체적인 행위를 해달라는 요구를 의미한다. 법을 만들고 싶을 때는 입법 청원 제도를 활용해야 한다. 국회의 경우 청원서를 낼 때 국회의원 1인 이상의 의견서를 함께 내야 한다.

국회의원이 300명 정도밖에 안 되는데 5천만 국민들 중에 몇 명이나 연결될 수 있을까? 민원 제기보다는 아무래도 쉽게 활용하기는 어렵다. 민원24처럼 국회에 입법 청원 포털을 만들어서 누구나 올리고 국회의원들이 선택할 수 있도록 하는 식으로 제도 개선이 필요하다.

일정 수 이상의 국민이 청원에 찬성하는 경우 국회에서 의무적으로 다루도록 하는 방법도 있다. 국민발안제와는 다르다. 국민발안제는 직접민주주의 제도의 하나로 국민이 직접 법안을 국회에 제출할 수 있도록 한다. 우리나라도 한때 국민발안제를 채택한 적이 있다. 제대로 운용되지 않았다. 직접민주제로 제안되는 제도의 부정적인 점도 만만치 않기 때문에 도입은 신중해야 한다.

억울한 일이 있을 때 법원을 통해 구제받는다. 민주주의사회의 기본 원칙이다. 그렇지만 현실에서 법원은 문턱이 높다. 변호사를 사지 않고 나 홀로 소송을 하는 사람도 있지만 거의 변호사가 되는 만큼의 노력이 필요하다. 비용도 비싸고, 시간도 오래 걸린다.

그렇기 때문에 원칙은 사법부로 가야 하지만 행정부에서 자체로 해결할 수 있도록 하는 제도를 많이 도입했다. 고충처리위원회, 국민권익위, 인권위원회 등을 활용할 수 있다. 또 모든 행정은 행정심판을 통해 구제받을 수도 있다.

행정심판은 법원을 통해 행정의 잘못을 바로잡는 행정소송(정확하게는 항고소송이라고 한다)과 비슷하다. 행정부 자체로 해결 보라는 제도다. 비용이 들지 않고 절차도 간편하다.

또 실무적으로 보면 대체로 행정심판을 내면 어느 정도 깎아주는 경향이 있다. 예컨대 운전면허를 취소해야 할 사안이면 몇 개월 정지 식이다. 행정심판까지 내서 시간과 노력을 들였다면 제재를 받은 셈으로 볼 수도 있다. 물론 행정심판위원회는 당연히 엄밀한 법적 논리에 따라 판단한다.

복지 혜택이 점차 강화되고 있어서 이래저래 알아보면 도움 받을 수 있는 정책도 많다. 창업을 하거나 취업을 할 때 나랏돈으로 지원받을 수 있는 제도도 있다.

어느 경우든 가만히 있는데 공무원이 와서 떠먹여 주지는 않는다. 권리 위에 잠자는 자를 보호하지 않는다는 격언은 여기에도 적용된다. 어려운 형편에도 내 힘으로 벌어 살겠다는 의지가 강한 사람에게 굳이 복지 혜택을 강제로 지울 수는 없다.

민원이든 억울하다는 호소든 도와달라는 요청이든 법에 근거가 있어야 받아들여진다. 입법청원은 결국 통과되려면 국회의원 다수를 설득할 수 있어야 한다. 법에 근거가 있어야 한다는 의미는 법이 인정하는 권리여야 한다는 뜻으로 봐도 좋다.

국민의 권리는 곧 국가의 의무다. 특정한 복지 혜택을 받을 수 있는 권리는 국가가 국민에게 복지를 시행해야 한다는 의무다. 반대도 성립한다. 세금을 내야 하는 국민의 의무는 국가가 세금을 걷을 수 있는 권리다. 이렇게 권리와 의무는 서로 쌍을 이룬다.

과거에는 권력과 돈에서 약한 일반 국민들의 민원은 무시되기 일쑤였다. 전태일은 근로기준법을 지키라는 민원을 냈지만 묵살됐다. 결국 자신의 몸을 희생해서 있는 법을 지키게 할 수 있는 시대였다.

이제는 많이 달라졌다. 90년대 이후에는 시민들이 소송도 많이 내고 입법 청원도 많이 하게 됐다. 참여연대의 활동이 대표적이다. 전태일이 법을 발견했다면, 이제는 시민이 법을 만들 수 있는 시대가 됐다고 해도 과언이 아니다.

민원을 내려고 해도 입법청원을 하려고 해도 억울하다거나 도와 달라고 하려고 해도 행정부에서 뭐가 어떻게 돌아가야 하는지 알아야 하지 않나? 그렇다. 정보공개청구제도를 활용하면 된다.

관련법에 따라서 모든 행정기관은 이미 상당한 정보들은 홈페이지에서 볼 수 있도록 해놓았다. 정보공개를 청구하면 법에 정한 절차에 따라서 정보를 받을 수 있다. 법으로 공개하지 않아도 된다고 하는 정보도 일부 있지만 대부분은 필요한 대로 볼 수 있다.

다른 사람이 정보 공개를 하는데 혹시 나와 관련된 정보가 공개되면 어떡하지? 이런 경우를 대비해서 개인정보보호법이 있다. 나와 관련된 정보를 공개해야 할 필요성이 있는 경우에는 통보가 온다. 법에 그런 절차도 규정해두었다. 당연히 거부 의사를 표시할 수 있다.

뭘 좀 하려고 하면 일일이 개인정보 동의서를 받으니 너무 번거롭다고 생각한다면? 민원을 내고 입법청원을 하면 된다. 직접 국회의 원이 돼서 법안을 내면 더 빠르다.

민원을 내고 입법 청원을 하고 소송을 하고 직접 정치인이 될 수 있고 이런 얘기는 민주주의사회에선 당연한 얘기다. 당연하지만 이 역시 당연하지 않은 나라가 있기 때문에 의미가 있다.

공기가 깨끗하고 오염되지 않은 곳에서는 공기의 소중함은커녕 존재 자체도 굳이 인지하지 않고 산다. 민주주의사회에서 법으로 규정된 많은 권리들은 공기와 같다. 없어질 때, 제한을 받을 때, 그 의미를 깨닫게 된다. 다른 나라에서 우리와는 다른 모습을 봤을 때 알게 된다.

민원 정도로는 성에 안 차는데, 근본적으로 바꿔야 해, 이런 생각이 든다면? 그래도 좋다. 마음껏 행동해도 된다. 지금 우리나라는 사회주의를 주장한다고 처벌하지 않는다. 70년대까지는 국가보안법 외에 반공법이 별도로 있었다. 마르크스가 쓴 저술들은 금서였다.

지금은 그렇지 않다. 물리적인 폭력을 행사한다든가 하여 형법을 위반하지만 않으면 헌법상의 기본권은 다 보장된다. 사상의 자유, 표현의 자유, 집회결사의 자유. 분단이라는 특수한 상황 때문에 국가보안법은 여전히 살아 있지만, 이 사회를 근본적으로 바꾸려는 구상을 금하지는 않는다.

국가보안법은 북한처럼 하자, 북한으로 대한민국을 넘기자는 행위를 금할 뿐이다. 과거 독재 시절에 야당과 민주화운동가들을 탄압하기 위해 악용했지만, 지금은 그렇지도 않다.

이 사회의 근본적인 변혁을 꿈꾸는 자유는 있지만 어렵게 확보해 온 민주주의 법원칙은 후퇴시키지 않아야 한다. 20세기에 현실이 되었고 이제는 대부분 역사 속으로 사라진 사회주의는 일리 있는 주장을 했고 많은 나라에서 다수의 동의를 얻었다.

민주주의를 말했지만 실질적으로는 부르주아지의 이익만 보장되는 시스템이라는 과학적 분석은 그야말로 과학적 분석이었다. 그렇지만 아쉽게도 숭고한 목적이 지나쳐 첫 단추부터 잘못됐다.

볼셰비키파는 선거에서 자신들의 주장이 다수의 지지를 받지 못하자 혁명을 일으켜 힘으로 권력을 쟁취했다. 볼셰비키라는 말이 소수파라는 뜻이다. 70년이라는 시간 동안 사회주의는 힘으로 유지됐지만, 결국 민주주의로 체제전환 되었다.

소련과 달리 서유럽은 여전히 의회를 통해 사회주의를 지향하는 세력이 중요한 정치세력으로 자리 잡고 있다. 사회민주주의니 페이비언 사회주의니 나라마다 개념과 논리는 다르지만 사회주의는 굳건하다.

민주주의 기반 위에서 사회주의의 이상을 향해 계속 가고 있다. 당연히 사회주의의 이상에 반대하고 비판하는 정치세력과 경쟁한다. 때로는 우파가 승리하고 때로는 사회주의자들이 집권한다. 사회주의는 끝났다고 일각에서 얘기하지만, 서유럽의 사회주의는 건재하다. 민주주의 기반 위에서 민주주의가 획득한 법원칙 위에서 이상을 지향하기 때문이다.

소련은 동유럽과 아시아, 아프리카의 많은 나라들에도 힘으로 사회주의를 강제했다. 북한도 소련의 지원으로 김일성이 정권을 잡았다. 그 뒤 자체의 힘으로 아들, 손자까지 정권을 유지하고 있다. 그 나름의 자신들의 정당화 논리를 갖고 있지만, 그리 오래지 않아 결국 민주주의로 체제전환의 길을 걷게 될 것이다.

독일의 통일은 소련의 개혁개방을 주도한 고르바초프 시대에 더 이상 개입하지 않겠다는 외교적 선언이 있어서 가능했다. 20-30년 전에는 소련은 체코나 폴란드에 직접 탱크를 몰고 가 정권을 좌지우지했다. 그야말로 소련의 위성국이었다.

종교적 이상을 실현하고 싶은 분들도 마찬가지다. 우리나라는 정치에 미치는 종교적 영향력은 크지 않다. 미국이나 서유럽은 개신교나 가톨릭의 영향력이 압도적이다. 종교적 이상에 따라 정책을 추진해도 당연히 된다. 여기에서도 지난 수백 년간 민주주의가 쟁취해온 민주와 인권의 법원칙 위에서 자신들의 이상을 구현해야 한다.

오늘날 법이 보장하고 있는 많은 원칙들은 인류의 피땀 눈물의 결과다. 민원제도 하나는 우습게 보이지만 우리나라가 아니더라도 누군가의 희생과 노력으로 얻은 열매다.

20세기 현실사회주의는 숭고한 이상을 갖고 있었지만 민주주의를 짓밟아서 결국 역사의 뒤안길로 사라졌다. 현실사회주의국가에서 부르주아지의 세상을 비판하면서 내놓은 대안은 대안이 아닌 경우가 많았다. 민주주의혁명 이전 앙시앵레짐 체제의 제도와 원칙들을 껍데기만 그럴듯하게 포장한 경우가 많다.

피땀 눈물을 여러 번 말했지만, 굳이 내가 오늘 피땀 눈물을 쏟아야 할 필요도 없다. 이 또한 각자의 선택이다. 민주주의에서 특정한 목적을 위해 개인들을 움직이게 하려면 국민의 대표가 직접 제정한 근거가 있어야 한다. 민주주의가 발전할수록 그 범위는 작다. 개인들이 알아서 할 수 있게 하는 범위가 더 넓다.

민원을 낼 건이 있는가? 민원을 내는 행위는 나의 권익을 지키는 일이지만, 그 자체로 민주주의사회를 더욱 굳건히 하는 의미가 있다. 공무원들은 좀 피곤하겠지만, 그 대가로 급여를 받고 안정적인 생활을 하지 않나. 이 또한 공무원들의 당연한 의무이자 권리다.

공유경제

공유경제가 유행이다. 공유자동차, 공유사무실, 공유자전거, … 개념은 하버드대 로런스 레식 교수가 처음 사용했다. 협력소비라고도 한다. 하나의 제품을 여럿이 협력하여 공유한다는 인식이다. 민간회사도 많이 생겼고, 서울시 같은 경우에 공유자전거를 이용할 수 있는 곳이 나날이 확대되고 있다.

영어 sharing이 번역되면서 공유라고 쓰는데, 사실 어감의 차이가 크다. share는 여럿이 함께 소유한다, 사용한다, 점한다가 모두 포함된다. 그렇지만 한자어 공유는 소유를 공동으로 한다는 뜻이다. 그래서 사실 다른 말로 번역했어야 한다. 통상 공유경제라고 했을 때 함께 사용한다는 뜻이기 때문이다.

엄밀하게는 초단기 렌트가 정확하다. 소유자가 따로 있고 다른 사람들이 비용을 내고 사용하게 한다. 예컨대 쏘카의 경우 1-2시간만 차를 이용해도 된다. 과거에 렌터카는 1박 2일을 기본으로 했다. 서울시의 공유자전거도 소유는 서울시지만 서울 시민들이 일정 비용으로 누구나 사용할 수 있다.

공유는 민법상 개념이기도 하다. 각자 지분을 갖고 여러 명이 소유할 때 공유라고 한다(제262조). 예컨대 아파트 소유가 대표적이다. 아파트의 경우 땅은 공동 소유다. 부동산 등기부를 떼보면 분수로 각자의 대지 지분이 표시되어 있다. 빌라도 마찬가지다. 다른 공유자들이 동의하지 않으면 공유물 전체를 처분하거나 변경하지는 못하지만(제264조), 자기 지분은 마음대로 처분하거나 사용, 수익할 수 있다(제263조).

공유 말고도 민법상 공동소유 제도는 더 있다. 합유와 총유다. 합유는 여러 사람이 조합체를 구성하여 물건을 소유할 때다(제271조). 총유는 법인이 아닌 사단에 소유권을 인정하는 제도다(제275조).

주식회사가 빌딩을 소유한다고 할 때 공유도 합유도 총유도 아니다. 주식회사라는 법인이 단독으로 소유한다. 주주들은 회사의 주식을 지분별로 갖고 있다. 주주는 회사를 공유한다고 볼 수 있다.

협동조합을 구성하여 땅을 사면 조합원들이 합유하는 셈이다. 엄밀하게 말하면 민법상 조합과 협동조합은 다르다. 협동조합은 특별법상 법인이기 때문이다. 그렇지만 합유 제도는 그대로 준용된다.

공유와 합유의 가장 큰 차이는 자기 지분을 따로 처분할 수 없다는 점이다. 아파트는 언제든 매매할 수 있다. 자기 지분을 언제든 마음대로 처분할 수 있기 때문이다. 그렇지만 협동조합 주택에 입주했다고 가정하면 마음대로 처분할 수 없다. 다른 조합원들의 동의가 있어야 한다(제273조).

총유는 법인으로 등록하지 않은 종중이나 교회의 경우에 해당한다. 개인 소유도 아니고 그렇다고 법이 인정하는 사람인 법인으로 등록하지 않았지만 종중이나 교회 소유의 재산을 별도로 인정할 필요가 있다.

합유와도 다르다. 합유는 조합을 구성한 사람들을 명확히 알 수 있고 지분도 구분 가능하다. 그렇지만 종중이나 교회 같은 곳은 분명 단체라는 실체는 있지만 구성원이 불명확하다.

합유는 조합원마다 지분이 명확하지만 법으로 따로 처분하지 못하도록 했다. 그렇지만 총유는 애초에 구성원 자체도 불명확하고 지분도 얼마씩 가지는지 알 수 없다. 나중에 자기 지분을 돌려달라고 하기도 어렵다. 교회에 기부한 재산은 기부하면 끝이다. 협동조합은 그래도 조합원을 탈퇴할 때 출자금을 돌려받을 수 있다.

학교 같은 곳은 어떨까? 사립학교는 학교법인의 소유물이다. 단독 소유다. 학교에 재직하는 동안 펀드레이징을 열심히 하여 기증을 받으면 학교법인의 소유가 된다. 국가 또는 지자체에서 설립한 학교는 당연히 국가 또는 지자체 소유다.

국가가 설립한 국립학교, 지자체가 설립한 공립학교는 행정법상 영조물이라 한다. 영조물은 인적 요소와 물적 시설이 결합된 것을 뜻하는 말이다.

법인은 재단법인도 있고 사단법인도 있다. 사단법인의 경우 법인을 구성하는 사원이 많다. 그렇지만 사원들의 공유가 아니라 사단법인 단독 소유다. 재단법인은 법인을 구성하는 사원이 없다. 재산을 법인으로 인정하는 제도이기 때문이다.

이사장이나 이사나 직원이나 모두 법인의 구성원이 아니고 고용된 사람이다. 재단법인에 재산을 출연하면 재단법인의 소유가 된다. 이사진 개인의 소유가 되지는 않는다. 법적으로는 그렇다.

중국이나 유럽, 미국은 민간 회사의 공유경제가 활발하다. 우리나라는 승차공유서비스의 경우 택시업계 등의 로비로 많이 늦어지고 있다. 소카의 경우 결국 자기 소유 차량으로 초단기 렌트카 시스템으로 운용하고 있다.

강력한 로비의 힘이기도 하지만, 행정법상의 법리로 인해 승차공유서비스가 쉽게 허용되기 어려운 이유도 있다.

중국집도 한의사도 택시운전도 광산업도 다 허가를 받아야 하다. 국가 차원이든 지자체 차원이든, 명칭이 어떻든 허가를 준다. 그런데 업종에 따라 성격이 다소 다르다. 중국집이나 한의사의 경우 자격만 갖추면 누구나 허가를 준다. 그런데 택시나 광산은 그렇지 않다. 일정한 규모로 관리한다. 행정법상으로 전자는 허가라 하고 후자는 특허라 한다.

여기서 특허는 지적재산권 중 발명에 주어지는 특허를 의미하지 않는다. 행정법상 행정청이 하는 행위의 성격을 의미한다. 중국집 영업 허가나 한의사 면허는 행정법상 허가로 본다. 그렇지만 택시운전 면허와 광산업 허가는 행정법상 특허로 본다.

양자는 법적 취급이 다르다. 행정법상 허가는 자연적 자유를 회복하는 성격이라고 본다. 누구나 영업을 할 자유가 있지만 안전 등의 이유로 인해 자격을 갖춘 자에게 권리를 회복시켜 준다고 본다. 행정법적 특허는 자연적 자유가 있다고 보지 않고 국가가 특별히 권리를 부여하는 개념으로 본다.

이렇게 구분하다 보니 대개 특허의 경우는 일정한 규모로 관리한다. 적정한 이익이 보장될 수밖에 없는데, 이렇게 보장되는 이익도 법률상 보호되는 이익이다. 중국집이나 한의사의 허가는 처음에 거의 독점했더라도 나중에 추가로 다른 허가자가 생겨나서 잃게 되는 이익은 법률상 보호되는 이익으로 보지 않는다.

특허가 보호하는 법률상 이익은 법적 권리로 보고 소송에 가면 판사들도 손을 들어준다. 그렇지만 운 좋게 동네에 개업한 짜장면 집이 하나밖에 없어서 엄청난 이익을 얻었더라도 반사적 이익에 불과했을 뿐, 법률상 이익은 아니라는 논리 구성이다.

승차공유서비스에 대한 허용이 이루어지려면 택시업계 등의 로비도 약해져야겠지만, 행정법상 논리도 바뀌어야 한다.

과거에는 목욕탕이나 주유소도 특허에 해당된다고 보았다. 목욕탕이나 주유소의 경우 일정 거리 이내에는 허가할 수 없도록 했고, 해당 공간 범위 내에서는 기존에 허가를 받은 업자에게 법률상 권리를 인정한다고 보았다. 지금은 거리 제한 규정이 다 없어졌다. 법적으로도 특허가 아니라 허가로 본다.

향후에 승차공유서비스에 대한 법적인 논리가 바뀌더라도 민법상 공유 개념과 헷갈리지 않도록 다른 개념을 고안할 필요가 있다. 영어 그대로 승차셰어링서비스로 하면 어떨까?

제대로 공유경제를 원한다면 자동차를 처음부터 여러 사람이 한 대를 공동으로 구입하게 하고 여기에 특혜를 부여하면 된다. 각자 한 대씩 사서 쓸 때보다 여럿이 한 대를 구입할 때 혜택이 많다면 저절로 소유방식을 바꾸게 된다. 지금은 누군가 이미 소유한 자동차를 초단기로 렌트하는 방식에 공유라는 말을 붙인 엉터리 공유경제다.

국가 또는 지자체가 소유한 건물이나 토지, 차량이나 시설을 저렴하게 이용하게 하면 공유인가? 공동소유의 공유는 함께 소유한다는 共有다. 국가 또는 지자체의 소유를 공유라고 할 때는 공적인 소유라는 公有다.

법적 소유권자가 국가 또는 지자체라는 점에서 공유(公有)는 공유(共有)가 아니다. 국가 또는 지자체의 단독 소유다. 따라서 국가 또는 는 지자체 소유의 시설을 대상으로 임대사업을 하자는 뜻이 된다.

공유경제와 같은 맥락에 있지만 다른 말로 시민자산화가 있다. 열심히 하는 분들은 서로 다르다고 주장하겠지만, 법적으로 큰 차이는 없다.

시민 또는 공동체의 자산이라고 하는데, 법적으로는 누군가의 소유물이다. 시민이든 공동체든 협동조합이나 기타 법적 형태로 소유권을 등기해야 한다. 그렇지 않으면 국가 또는 지자체 소유의 땅이나 건물에 대한 이용권을 일정한 범위에서 부여한다는 의미다.

정보화

제4차 산업혁명의 시대라 하지만 결국 정보화의 연장선에 있다. 농업혁명, 산업혁명에 이어 정보화혁명으로 인류역사를 구분한 지 얼마 되지 않았는데, 벌써 더 세분화하여 제4차 산업혁명이라 한다.

중간에 전기혁명을 넣기도 하고 학자들마다 설이 분분하다. 혁명 단계의 구분이 향후에 어떻게 될지는 역사학자나 사회학자들의 세밀한 논의를 기다려야 하리라.

현재 우리나라는 정보화와 관련해서는 많은 법이 제정되어 있다. 국가정보화기본법은 이미 1996년에 정보화촉진기본법이라는 명칭으로 제정되었다. 당시 법은 정보와 정보화를 이렇게 정의했다.

정보는 자연인 또는 법인이 특정 목적을 위하여 광 또는 전자적 방식으로 처리하여 부호·문자·음성·음향 및 영상 등으로 표현한 모든 종류의 자료 또는 지식을 말한다. 정보화는 정보를 생산·유통 또는 활용하여 사회 각 분야의 활동을 가능하게 하거나 효율화를 도모하는 것을 말한다(제2조). 이 정의는 지금도 그대로 쓰고 있다.

지식정보사회, 지식정보자원, 정보격차, 정보통신 윤리 같은 말의 정의는 사반세기 전에는 없었다. 정보와 정보화 정도의 개념으로 시작하여 온 사회를 지식정보사회로 만들자는 논의로 발전한 흐름을 법도 그대로 보여준다.

정보는 어느덧 자원이 되었고 복지 관점의 정보격차, 일탈자들에 대한 대응의 필요성으로 정보통신 윤리가 추가되었다. 이렇듯 어떤 분야든 법은 사회적 논의의 진전을 반영한다. 관련 지식과 인프라의 변화에 따라 법의 내용도 바뀌게 된다.

기본법 이외에도 정보화와 관련하여 많은 법이 만들어졌다. 정보통신산업 진흥법이 2009년에, 국방정보화 기반조성 및 국방정보자원관리에 관한 법률은 2011년에 제정됐다. 무역 분야는 정보화라는 말이 일반화되기 전인 1992년에 이미 무역업무 자동화 촉진에 관한 법률이 있었다. 지금은 전자무역 촉진에 관한 법률이다.

정보화 관련법은 처음 제정될 때 그 명칭에 '촉진'을 담고 있다. 정보화를 촉진하고 정보통신산업의 기반을 조성하며 정보통신기반의 고도화를 실현함으로써 국민생활의 질을 향상하고 국민경제의 발전에 이바지함을 목적으로 한다고 명시했다(제1조).

특정 분야를 육성하는 법은 산업정책의 시행과 관련이 있다. 경제개발을 위해 법을 적극적으로 활용하는 방식이다. 익히 알다시피 20세기 후반 우리나라는 놀라운 경제성장을 보였다. 이에 따라 외국 학계에서도 많은 연구를 진행했는데 그중에 법의 역할에 대한 주제도 있다.

과연 어떻게 법을 만들면 경제를 발전시킬 수 있는가 하는 연구다. '촉진' 또는 '진흥'이 들어가는 법을 살펴보면 우리나라에서 그동안 경제발전을 어떻게 해왔는가를 잘 알 수 있다.

반세기 전으로 거슬러 가면 농어촌전화촉진법(농어촌전기법, 1965),

원자력진흥법(1958, 당시 명칭 원자력법), 관광사업법(1976, 현 관광진흥법) 등을 들 수 있다. 사반세기 전에는 신에너지 및 재생에너지 개발·이용·보급 촉진법(1988, 당시 명칭 '대체에너지개발촉진법'), 항공우주산업개발 촉진법(1988), 뇌 연구 촉진법(1998) 같은 법이 제정됐다.

21세기로 넘어오면 지능형 로봇 개발 및 보급 촉진법(2008), 기상산업진흥법(2009), 스마트도시 조성 및 산업진흥 등에 관한 법률(2008, 당시 명칭 '유비쿼터스 도시의 건설 등에 관한 법률'), 게임산업 진흥에 관한 법률(2006), 나노기술개발 촉진법(2002) 등을 찾을 수 있다.

최근 논의되는 제4차 산업혁명과 관련한 법도 하나씩 시행되고 있다. 드론 활용의 촉진 및 기반조성에 관한 법률(2020), 자율주행자동차 상용화 촉진 및 지원에 관한 법률(2020) 등이다.

무형의 상품과 서비스를 진흥 또는 촉진하는 법도 많다. 만화진흥에 관한 법률(2012), 문학진흥법(2016), 바둑진흥법(2018) 등이다. 박물관 및 미술관 진흥법은 이미 1992년에 제정되어 시행되고 있다.

특정 주제의 교육을 진흥하는 법도 있다. 경제교육지원법(2009), 국민안전교육진흥기본법(2017), 문화예술교육지원법(2006), 법교육지원법(2008), 인성교육진흥법(2015), 통일교육지원법(1999) 등이다.

법을 통해 적극적으로 산업정책을 쓰는 사례는 다른 나라에서는 그리 일반적이지 않다. 아직도 미국은 산업정책을 쓰지 않는다고 보는 평가가 일반적이다. 과거 제1, 2차 세계대전 이전의 독일과 일본이 산업정책을 활용해 크게 성장했다. 현실사회주의국가들은 대놓고 계획경제를 표방했기에 산업정책이 당연했다. 미국은 주로 금융을 활용하여 간접 개입한다. 독점 규제 등 지나치게 몇몇 기업이 특정

산업 분야를 좌지우지할 때는 당연히 개입한다.

우리나라의 성공사례로 인해 경제개발과 법의 연관성에 대한 연구가 많이 진행되고 제3세계 나라들에도 확산되고 있다. 1983년에는 국제개발법기구도 설립되었다. 영어 명칭은 International Development Law Organization이고, 줄여서 IDLO라고 한다. 로마에 본부가 있다.

경제개발에 법이 미친 긍정적인 영향에 대해 주로 우리나라의 성공사례를 두고 연구한다는 말은 과거 그 이전의 선진국들은 다른 경로를 밟았다는 의미다. 민주주의혁명을 통해 부르주아지의 세상이 된 이후 산업혁명을 거치면서 법은 관여하지 않았다.

민주주의혁명은 시민의 권리를 확보하고 자유로운 경제활동이 가능하도록 했을 뿐이다. 엄청난 경제발전을 이룩했지만, 법과 제도의 힘이 아니라 민간기업 역량이 성장의 원동력이었다.

이 시기 서구에서 자본주의는 급속히 발전했다. 주식회사 같은 새로운 제도도 민간에서 먼저 고안되고 나중에 법적인 제도로 반영되는 과정을 거쳤다. 국가에서 먼저 고안해 법을 만들지 않았다.

이즈음 법과 제도는 야경국가 철학에 바탕을 두었다. 야경은 밤에 경비를 선다는 말이다. 국가는 그저 민간기업들이, 자본가들이 자유롭게 경제활동을 할 수 있도록 치안이나 국방 정도만 담당하면 된다는 뜻이었다. 특히 이러한 자유주의 사상은 미국에서는 철저했다. 철도도 항공도 석유도 엄청난 대규모 경제활동을 모두 민간기업들이 일으켰다.

우리나라는 반대다. 국가에서 그러니까 정부의 엘리트 공무원들이 시기별로 어떤 산업을 일으킬지를 결정하고 법을 만들어서 금융이나 세금 혜택을 부여한다. 민간에서 은행을 통해 빌리면 이자가 높지만 정부가 정책자금을 조성하여 아주 낮은 이자로 빌려주었다.

해당 기업이 떼먹으면 정부가 지급을 보증한다고 약속하여 외국 은행으로부터도 많은 돈을 유치할 수 있게 했다.

우리나라 주요 산업은 이렇게 국책사업으로 시작해서 자리를 잡으면 민영화의 과정을 거쳤다. 유공(대한석유공사)이니, 한국이동통신이니, 대한항공공사니 하는 공기업들은 이제는 역사 속의 명칭이 되었다. 포항제철도 마찬가지다.

철도의 경우에는 지금은 공기업이지만 처음에는 아예 정부 부처의 하나였다. 어떻게 보면 현재 공사 또는 공단의 명칭이 붙은 공기업은 언젠가는 민간으로 넘어갈 수 있다고 볼 수 있다.

19세기 중반, 후반을 거치면서 서구의 야경국가 철학은 점차 후퇴한다. 복지의 필요성, 노동운동의 성장, 일부 대기업의 지나친 성장으로 인한 자본주의의 위기, 다양한 원인으로 법은 바뀌게 된다.

복지법, 노동법, 경제법이라는 새로운 법이 많이 제정되었다. 유럽은 특히 복지법과 노동법에서, 미국은 경제법에서 엄청난 발전이 있었다. 이러한 과정에서 국가가 민간의 경제활동에 적절하게 개입할 수 있다는 인식을 넘어 당연히 개입해야 한다는 관념으로 바뀌게 되었다.

20세기 초중반 현실사회주의국가들은 소련을 필두로 국가가 모든 경제를 지배하는 완전계획경제를 시도했다. 20세기 후반 지나친 계획경제는 오히려 비효율적임을 깨닫게 되어 대부분 완전시장경제 또는 부분적으로라도 시장을 활용하는 경제로 돌아섰다. 1970년대 말 개혁개방 이후의 중국에 대해서는 정치는 사회주의지만 경제는 자본주의라는 평가가 일반적으로 뒤따랐다.

제4차 산업혁명으로 계획경제에 대한 새로운 관점의 논의도 제기되고 있다. 중국의 대자본가인 마윈은 빅데이터의 활용으로 명실상

부하게 계획경제가 가능한 시대가 됐다는 취지의 언급을 하기도 했다.

중국 정부의 입맛에 맞춰서 한 발언일 수도 있는데, 일고의 가치는 있는 듯하다. 중국 경제의 부상에 따라 향후에는 중국식 계획경제의 유용성에 대해 더욱 높게 평가하게 될 가능성도 있다.

우리나라는 국가가 주도하여 법을 통해 경제개발을 일군 이후 일정한 궤도에 오르면 민영화하는 방식을 취해왔다. 민주주의를 사회 운영의 기본 원리로 삼고 있기에 점차 민간으로 넘기는 수순은 어쩌면 당연하다.

중국은 개혁개방을 통해 자본가를 육성하고 자본가를 공산당에 받아들이는 모순적인 조치를 취했다. 등소평의 흑묘백묘론으로 정당화했는데, 향후에 과연 어떻게 될지 궁금하다.

중국이 과연 서양의 근대국가처럼 부르주아지가 성장하여 민주화를 쟁취하게 될까? 아니면 향후 몇십 년 동안 자본가들을 통해 나라의 부를 증진시킨 다음 이제 제대로 사회주의를 한다며 자본가들을 배척하게 될까? 그러면 과연 자본가들이 가만히 있을까?

아니면 정말 자본가까지 받아들인 사회주의라는 모순적인 결합이 자본주의와 사회주의를 잇는 인류의 새로운 미래일까? 중국이 어떤 길을 걷는지에 따라 법의 미래도 달라진다는 점에서 중요한 관전 포인트라 하지 않을 수 없다.

종교생활

　세상은 급속도로 발전하고 있지만, 한편으로 기본은 변하지 않기도 한다. 시장에 가지 않고 택배와 배달앱으로 먹을거리를 구할 수 있지만 먹기는 먹어야 한다. 아직은 알약 하나로 영양을 대체할 수 있는 시대는 아니다.

　옷도 입어야 한다. 벌거벗고 놀고 싶다면 외국의 누드 해변을 가야 한다. 돈을 받고 벌거벗고 놀 수 있는 서비스를 제공했다가 동네 사람들한테 쫓겨난 사례도 있다.

　아무리 세상이 급속도로 변해도 우리는 때론 살아가는 이유에 대한 근본적 성찰을 한다. 어디서 나서 어디로 가는가? 죽은 후에는 어떻게 되는가? 인생의 의미는 무엇인가? 종교나 철학은 나름의 해답을 주려고 한다.

　법은 이런 성찰적 문제에는 사실 별로 관여하지 않는다. 종교적으로나 철학적으로 성스러운 죽음은 법률가에게는 상속의 의미일 뿐이라지 않는가. 정치적으로나 사회적으로 숭고한 죽음도 법적으로는 숭고하지 않다.

법은 권리와 의무의 영역에 관여한다. 소송까지 갔을 때 법관이 판결할 수 있는 기준이 법이다. 다른 일상의 많은 삶은 법이 관여하지 않는다. 흔히 법은 사람이 살아가면서 지켜야 할 최소한의 규칙이라고 한다. 이 말은 대부분의 법학개론서 앞부분에 나온다. 법이란 무엇이라는 정의를 할 때다. 법은 도덕의 최소한이라는 말은 독일 법학계에서 나왔다.

종교를 가진 사람들은 해당 종교에서 정하는 여러 가지 규칙들이 있다. 기독교의 십계명은 대표적이다. 특정 조직에 속해 있으면 그 조직이 갖는 여러 가지 규칙들이 있다. 법도 일종의 규칙이다.

많은 규칙들 중에 나라가 정해놓은 규칙이다. 국가가 정한 법률과 명령이 있고, 지방이 정한 조례와 규칙도 있다. 지방자치단체장이 만든 법을 규칙이라고 하는데, 보통명사를 고유명사로 써서 초심자들은 많이 헷갈린다.

여러 가지 많은 규칙들 중에서 법은 강제성을 가진다. 국가가 규칙의 준수를 강제한다. 그렇기 때문에 많은 내용을 법으로 정해놓으면 국민들이 피곤하다. 법을 최소한의 규칙이라고 설명할 때 강제성과 관련지어 이해하면 된다. 사회를 살아가면서 지켜야 되는 여러 규칙들 중에서 국가에서 강제력을, 권력을 발동해서 지키도록 하는 장치로 법을 이해하면 된다.

물론 현실이 그러한가는 또 다른 문제다. 법이 최소한의 규칙이라는 정의는 민주주의사회에서나 해당하는 말이기 때문이다. 세계사적으로 민주주의 세상이 확립되면서 법이 최소한의 규칙이라는 정의에 대해 전반적으로 합의가 이루어졌다. 종교적 경건성이 강하거나 도덕적 기준이 높거나 독재를 하는 나라는 그렇지 않다. 우리나라의 60-70년대를 생각해보더라도 쉽게 알 수 있다.

민주주의가 사회 운영 원리가 되기 전 종교의 자유는 없었다. 서유럽은 가톨릭의 세계였고 조선은 성리학이 지배했다. 오늘날 큰 규모로 남아 있는 대부분의 종교는 한때 특정 지역의 국교였다. 유대교는 고대 이스라엘, 힌두교는 인도 고대 왕국, 기독교는 로마, 이런 식이다. 불교도 그렇고 유교도 그렇다. 기독교가 가톨릭과 개신교로 분리된 이후에도 개신교를 국교로 하는 나라가 있었다.

다행히 민주주의가 세계사적으로 일빈적인 사회 운영 원리로 자리 잡고 나서 대부분의 나라에서는 종교의 자유가 확립됐다. 영국 같은 곳은 여전히 여왕이 성공회의 수장으로서 국교 같은 역할을 하지만, 과거처럼 타 종교를 배척하거나 탄압하지 않는다.

다행한 일이다. 미국의 경우 국교를 인정하지 않는데도 대통령 취임 선서 등에서 성경에 손을 얹고 선서한다. 실질적인 종교국가 같은 현상이다. 그런 관습도 종교의 자유를 침해한다고 보고 무교의 권리를 주장하는 캠페인을 벌이기도 한다.

종교에서 정한 종교규범은 종교공동체에서만 지키면 된다. 물론 국가가 모든 규칙을 허용하지는 않는다. 형법에 저촉되면 당연히 국가가 개입한다.

종교공동체가 고용을 했다면 노동법이 적용된다. 수혈을 거부하는 교리를 갖고 있는 종교에 대해 국가가 개입해야 한다는 논의가 많다. 미성년 자녀에 대한 부모의 수혈 거부에 대해 강제로 치료를 해야 한다고 보는 식이다.

도덕규범은 특정 종교는 아니지만 대체로 전 사회적으로 통용되는 규칙이다. 범위가 아주 넓다. 예를 들어서 거짓말을 하면 안 된다는 규칙은 모든 종교에서도 가르친다. 도덕적으로도 당연히 가르치는 규범이지만 거짓말을 했다고 해서 모든 거짓말에 대해 국가가 처벌하지는 않는다.

거짓말과 함께 다른 무언가가 합쳐지면 처벌하는 경우가 있다. 사기죄의 경우 거짓말을 해서 누군가를 속이고 속임을 당한 사람이 그 거짓말로 인해 돈을 잃어야 한다. 국가가 개입을 한다.

거짓말을 하는 사람은 모두 법으로 처벌해야 한다는 생각을 가질 수도 있다. 한편 법으로 처벌하지 않으면 해도 괜찮다고 생각하는 사람도 많다. 그렇지만 법으로 규정하지 않았다고 해서 옳다고 할 수는 없다.

거짓말은 옳지 않다. 명백하다. 도덕적으로 옳지 않은지, 법적으로 옳지 않은지는 차이가 있다. 우리나라도 드디어 간통죄가 폐지되었 는데, 형사처벌을 하지 않을 뿐이지 도덕적으로 나쁘지 않다는 뜻은 아니다. 국가에서 관여하여 형법으로 해결할 문제가 아니라는 의미 다. 도덕적으로 간통을 옳다고 보는 X들은 나쁜 X들이다.

법으로 정한 규칙 중에 상당수는 옳고 그름의 문제와는 관련이 없 다. 도로교통법의 경우가 대표적이다. 도로는 차도와 보도로 구분되 고 횡단보도를 이용해 차도를 건너갈 수 있도록 한다. 마차나 가마 시절과 달리 자동차가 많아지고 사고가 많아지니까 새로운 법제도 가 만들어졌다. 길을 구분하고, 보험도 의무가입 하게 했다. 신호등 시스템도 고안했다. 임의의 구분이다.

차도 없는데 횡단보도에 빨간불이 켜져 있을 때 어떻게 하는가? 급한 일이 있어서 그냥 건널 때도 마음이 찜찜하다. 나라에서 법으 로 금지하고 있기 때문이다. 옳고 그름의 문제와는 상관없이 생활의 편리 또는 효율을 위해 정한 법이다. 이런 규칙을 사회규범이라고 한다.

요즘 현대사회에서는 법으로 굳이 정하지 않아도 되는 내용까지

법으로 정하고 있다. 법학에서 얘기하는 법이란 최소한의 규칙을 의미하는데, 현실에서는 국회의원들이 너무 많은 법을 만든다.

어떻게 보면 국회의원들이 뭐라도 해야 하니까, 법을 만들고 예산을 통과시키는 사람들이니까, 이해는 된다. 그렇지만 불필요하다고 생각되는 법들도 많다. 법이 정말 사람이 살아가면서 지켜야 할 최소한의 규칙이라고 말을 할 수 있는가 하는 의문이 든다.

교회 다니는 분들, 성당 다니는 분들은 잘 알겠지만 십계명은 현재까지 남아 있는 인류 역사에 기록된 정말 오래된 규칙이다. 나라에서 정한 법은 아니지만 기독교인들에게는 큰 영향을 미친다.

십계명에 나오는 규칙 중에는 법과 일치하는 내용도 있고 그렇지 않은 부분도 있다. 살인이나 도둑질은 법으로도 금지되어 있다. 우상을 섬기지 말라 같은 규칙은 종교에만 해당되는 규칙이다. 도덕규범에도 해당되지 않는다. 해당 종교 공동체의 구성원이 아니면 별로 신경 쓰지 않는다.

십계명 중에 효도와 관련된 내용도 있다. 네 부모를 공경하라고 표현되어 있다. 효도는 법으로 규정하고 있지 않다. 그렇다면 과연 효도를 해야 한다는 규칙은 도덕규범일까, 사회규범일까, 종교규범일까?

십계명을 따르는 기독교 공동체에서는 당연히 종교규범이다. 우리나라는 도덕규범에 해당한다고 볼 수 있다. 유교에서 비롯된 룰로 보면 종교규범으로 봐야겠지. 어느 쪽이든 서양은 우리나라의 효 문화에 상당히 놀란다.

조선시대에 효도는 어떻게 보면 법보다 위에 있는 근본적인 규칙이었다. 그 시대에는 살인죄를 저질러도 부모를 살해한 원수를 죽인 경우에는 용서받기도 했다. 공자가 관련된 언급을 교시로 남겼기 때문이다.

국가에서 효도를 법으로 정한 경우는 거의 없다. 국가권력을 발동해서 효를 안 한다고 해서 처벌하지는 않는다. 나라마다 다르긴 하지만 일반적으로는 이런 부분은 국가가 직접 법을 만들어서 개입하지 않는다. 자연적으로 형성되어 온 도덕규범으로 한다든가, 아니면 종교 공동체에서 구성원들이 지키도록 하는 규범을 따로 정해놓는다.

현재 우리나라 법 중에 효행을 장려하는 법은 있다. 벌써 2008년부터 제정되어 시행되고 있다. 효를 아름다운 전통문화유산으로 규정했고, 효를 국가 차원에서 장려함으로써 효행을 통하여 고령사회가 처하는 문제를 해결할 뿐만 아니라 국가가 발전할 수 있는 원동력을 얻는 외에 세계문화의 발전에 이바지한다는 거창한 목적을 갖고 있다(효행 장려 및 지원에 관한 법률 제1조). 효란 자녀가 부모 등을 성실하게 부양하고 이에 수반되는 봉사를 하는 것이고, 효행이란 효를 실천하는 것이다(제2조).

도덕규범이나 종교규범을 위반한다고 해서 국가가 하듯이 처벌을 할 수는 없다. 예컨대 거짓말이 비도덕적 행동이기 때문에 어떤 종교공동체에서 거짓말을 한 사람에게 벌금을 내게 한다고 해보자. 구성원들이 자발적으로 모두 복종하면 큰 문제는 되지 않겠지만, 형사처벌로 규정한 벌금과는 당연히 성격이 다르다.

도덕규범을 어겼을 때는 보통 비난을 받게 된다. 사람들이 피하기도 한다. 이렇게 국가의 처벌과는 다른 제재를 받게 된다. 종교규범을 심각하게 위반하게 되면 해당 종교 공동체에서 계속 버티기 어렵다. 스스로 탈퇴하기 전에 쫓겨나게 되는 경우 가장 큰 제재를 받는 셈이다.

사회규범은 도덕적 비난도 특정 공동체로부터의 이탈도 없다. 법으로 정해진 사회규범은 물론 제재를 받는다. 예컨대 무단횡단의 경우, 행정법상 규정이 있다. 법을 어겼다는 비난도 가능하다.

그렇지만 거짓말과 같은 그야말로 도덕적 문제와는 달리, 차도 없는데 뭐 어떠냐는 항변을 하는 사람도 상당히 많다. 실제로 차량 통행량에 따라 심야라든가 별문제가 없을 때에는 무단횡단을 허용하는 식으로 법을 만들 수도 있다. 제4차 산업혁명에 따라 사물인터넷이 발달하고 있기 때문에 앞으로는 빅 데이터에 기반해서 그때그때 다르게 법을 적용할 수도 있다.

법과 다른 규칙들은 많이 섞여 있다. 법은 국가 안에 살아가는 사람들은 누구나 적용을 받을 수밖에 없기 때문에 최소한의 규칙만 정해야 한다. 이제는 법이 많아져서 법이 최소한의 규칙이라는 말은 당위적인 표현이다.

우리는 살아가면서 법 말고도 수많은 규칙을 지켜야 한다. 작은 학교에도 규칙이 있고 가정에도 부모가 정해놓은 규칙들이 있다. 종교생활을 하면 종교마다 다른 규칙을 지켜야 한다.

도덕과 종교의 영역에는 나라에서 관여하지 않아야 한다. 그런데 그렇지 않은 나라도 있다. 집 안에서 지켜야 될 규칙까지 국가에서 정하고 강제력을 동원해서 처벌한다. 개인의 사생활까지 국가적으로 관여하고, 어떤 경우에는 생각까지도 법으로 강제한다.

법이 최소한의 규칙이 아니라 최대한의 규칙인 사회는 민주적이라고 보기 어렵다. 민주주의 세상이 되기 전 종교가 지배하던 시대와는 달라졌다. 어떻게 보면 오늘의 종교생활이 더 신앙의 본질에 가까운지도 모른다.

우측통행

사회규범의 좋은 예는 우측통행이다. 2000년대 들어 오른쪽으로 걸으라는 캠페인은 국가적 차원에서 진행되고 있다. 법도 있다. 도로교통법 제3항은 보행자는 보도에서는 우측통행을 원칙으로 한다고 되어 있다. 처벌 조항은 없다. 'ㅇㅇ 한다'는 표현으로 되어 있어 의무라고 할 수 있지만, 과태료를 물지 않으니 안 지켜도 그만이다.

처벌 조항은 행정법으로는 실효성 확보 방안 또는 의무 이행 확보 방안이라고 한다. 국민에게 의무를 지워도 안 지키면 그만이기 때문에 제재를 한다. 불법허가 건축물을 철거하라고 한 명령을 지키지 않으면 대신 부순다. 법을 만들 때도 신중해야 하지만, 법을 만들었으면 잘 지켜야 한다. 위법행위에 대한 처벌도 처벌을 받지 않기 위해 의무를 이행하라는 뜻이다.

우측통행은 사회규범을 법규범으로 규정한 예다. 법규범과 도덕규범, 종교규범, 사회규범은 서로 일치하기도 하고, 일치하지 않기도 한다. 예를 들어 차도에서 차가 오른쪽으로 다니게 할 지, 왼쪽으로 다니게 할지는 도덕적인 옳고 그름과는 관계가 없다. 오른쪽이 운전석인지 왼쪽이 운전석인지도 마찬가지다. 누군가 기준을 정했고 그 대로 지금까지 따르고 있을 뿐이다.

기업들이 채택하는 상품도 표준도 비슷한 원리다. 신문물이 생겨 날 때는 여러 회사가 다양하게 만든다. 적당한 때가 되면 관련 업체 들이 모이거나 정부가 나서서 표준을 정한다. 표준이 되었다고 해서 더 우수하다는 보장은 없다.

발명 특허도 마찬가지다. 특허를 냈노라 광고하지만 품질과는 관 련이 없다. 특허를 받아도 기존에 그 같은 물건이 없었다는 뜻일 뿐 이다. 지적재산권법에서는 신규성이라는 개념으로 설명한다.

사회규범은 세상의 편리와 효율을 높이기 위한 규범이다. 어긴다 고 해서 뭔가 처벌을 한다거나 벌금을 낸다거나 감옥에 가지는 않는 다. 서로의 편리와 효율을 높이기 위해 국가가 기준을 정한다.

국가와 상관없이 지키는 사회규범도 많다. 요즘 젊은 사람들에게 는 해당하지 않을 수 있는데, 윗사람부터 술을 권해야 한다거나, 사 무실 쓰레기는 막내가 치운다거나. 어른에게 술을 따를 때는 두 손으 로 해야 한다는 법은 없지만, 우리 사회에서는 일반적으로 통용된다.

법으로 정해지지 않은 사회규범은 무척 많다. 에스컬레이터 두 줄 타기는 지하철 회사에서 지속적으로 캠페인을 벌이고 있다. 한동안 은 에스컬레이터를 한 줄로 타자고 했다.

법학에서 사회규범이라고 할 때는 지키도록 정해져 있기는 하지 만 도덕적인 기준에 따라서 옳고 그름의 문제는 아니라고 생각하면 된다. 국가가 법으로 처벌할지 그렇지 않을지는 정하기 나름이다. 반면, 대부분의 도덕규범은 옳고 그름에 대한 문제다.

법은 강제의 규범이다. 법은 국가 권력의 제재를 바탕으로 한다. 이 말도 법학개론서의 앞부분에서 법을 정의할 때 나온다. '거짓말하지 마라', '우측통행을 합시다' 같은 규칙을 어겼을 때 법적 제재가 들어오진 않지만 사람들의 규탄과 질시는 받을 수 있다.

'나는 우측통행을 받아들이지 못하겠다' 이런 사람들도 있다. 이때는 사실 어쩔 수 없다. 도덕적으로 잘못도 아니고 법으로도 정해지지 않았으니 자발적으로 지키기를 기다리고 설득할 수밖에 없다.

사회규범의 경우 내용도 자주 바뀐다. 에스컬레이터를 어떨 때는 한 줄로 서자 했다가 얼마 뒤부터는 두 줄로 서자고 한다. 옳고 그름의 문제는 아니기 때문에 수시로 바꿔도 무방하다. 다수의 동의를 얻으면 그뿐이다.

자꾸 규칙이 바뀌면 사람들이 불편하긴 하지만 큰 문제는 아니다. 교통수단을 편리하게 이용하기 위해서 기준을 정하기 때문에 더 편리하다는 과학적 근거가 있다면 설득력을 얻기는 더 쉽다.

언제부턴가 지하철마다 임산부를 보호, 배려하는 자리가 추가로 생겼다. 노약자석에도 언제부턴가 장애인 이모티콘이 같이 포함되었다. 임산부와 장애인을 보호하는 문제는 도덕적인 문제인가? 아니면 그저 사회규범의 문제인가?

약자 보호는 우측보행과는 달리 좀 더 도덕적인 영역에 가깝다고 생각된다. 물론 임산부 보호를 반드시 법으로 해야 한다고 하는 견해와는 다른 말이다.

국가에서 의무적으로 정할 수도 있다. 그렇지만 국가에서 법으로 정하느냐, 사회규범 차원에서 어겼을 때 처벌까지는 하지 않고 자율적으로 지키도록 하느냐, 이 결정은 아주 중요한 문제다. 국가가 법으로 강제하는 규칙이 많아지면 민주주의사회의 원칙과 거리가 있다. 이런 기준에 따르면 교육과 캠페인을 통해 자발적인 준수를 하도록 해야 바람직하다.

민주주의 세상이 되고 국민의 인권을 보장해야 한다는 대원칙을 세웠다. 왕이나 귀족이나 성직자가 함부로 국민의 생명도 신체도 재산도 건드리지 못하게 했다. 국민의 대표인 의회가 제정한 법률에 따라서만 가능하도록 했다. 왕의 권한을 추상적인 국가에 부여하면서, 국가의 권한을 최소화했다. 밤에 경비를 서듯이 질서 유지와 외적의 침입만 막으면 된다고 봤다. 야경국가론이다. 나머지는 국민들이 알아서 자유롭게 하도록 했다.

그렇지만 자본주의의 폐해가 드러나고 사회적 약자를 보호할 필요성이 생겼다. 자유롭게 계약하게 됐더니 어린애들도 공장에서 일을 시키고 지나친 장시간에 저임금 노동으로 문제가 됐다. 대기업이 너무 커져서 특정 산업 분야를 좌지우지하기도 했다. 환경오염도 심해져서 그냥 둘 수도 없었다.

점차 야경국가론의 논리는 퇴조했다. 국가가 적정하게 개입해야 한다는 논리로 바뀌게 된다. 20세기에는 복지국가론이 서구를 지배했다. 행정법에서는 복리국가로 표현한다.

정부가 바뀔 때마다 지나친 규제를 철폐해야 한다고 한다. 한편에서는 계속 새로운 규제를 만들어서 법을 만든다. 모든 규제가 잘못은 아니다. 어느 정도까지 개입할지 논의가 계속 필요하다. 대중교통에서 임산부를 보호하는 문제를 '거짓말을 하지 말아야 한다'처럼 도덕적인 문제로 봐야 할까? 법으로 처벌 같은 강제적인 제재를 둬야 하는 문제로 볼 수도 있다.

사실 이러한 문제는 국가의 결단에 달려 있다. 어느 정도까지 국가가 지키도록 국민들한테 강제할 수 있는가? 학계에서 언론에서 시민사회에서 자유롭게 논의가 이루어져서 사회적 합의를 형성해야 한다. 어디까지 처벌을 하며 처벌을 하지 않을까 하는 문제들을 국가가 잘 결정할 수 있도록 하기 위해서 학자들이 이론을 만든다. 언론인들과 법조인들이 토론을 한다.

우리나라는 일반적인 서구 국가들보다 간통죄가 늦게 폐지됐다. 간통이 도덕적으로 잘못이라는 데 대해 이의를 제기하는 사람은 거의 없다. 그렇지만 간통은 국가가 법으로 처벌할 문제가 아니라 도덕의 영역에 두어야 한다는 학자들의 주장이 많았다. 법으로 처벌하지 않는다고 해서 국가가 도덕적으로 옳다고 승인했다고 볼 수는 없다. 법규범과 도덕규범은 엄밀히 구분되는 규칙이기 때문이다

법을 도덕이라고 생각하는 사람도 있다. 일부는 맞고 일부는 맞지 않다. 사회질서를 유지하기 위해서는 사람들이 지켜야 하는 행동 기준이 필요다. 대표적으로 법과 도덕이 있다. 도덕책에 나올 만한 많은 내용들이 법과 관련되어 있다. 그렇지만 앞에서 살폈듯이 법은 최소한의 규칙이다. 도덕은 범위가 더 넓다.

살인하지 말라는 규범은 도덕적으로도 당연하게 받아들여지는 내용이다. 살인죄는 처벌된다. 십계명처럼 대부분의 종교규범도 마찬가지다. 그렇지만 민주주의사회에서도 살인을 합법화하는 경우가 있다. 많은 나라에서 아직도 살인죄를 유지하고 있다. 우리나라는 90년대 말 이후 사형 집행이 없어서 실질적인 사형폐지국으로 분류되고 있다. 현대사회에 와서 존엄사가 필요하다는 논의가 점차 지지를 넓혀가고 있다. 일부 국가에서는 엄격한 요건을 정해서 법적으로 허용한다.

존엄사의 경우 살인인가? 존엄사의 경우 살인인데 예외적으로 인정되는 경우로 볼지, 애초부터 살인으로 보지 않을지 치열하게 논쟁한다. 왜냐하면 유사한 다른 경우에 비슷한 논리를 적용하여 일관된 원칙을 세우기 위해서다.

의사의 수술도, 상해인데 괜찮은 행위로 볼지, 처음부터 상해에 해당하지 않는지 논쟁한다. 이렇듯 법학은 엄밀한 논리를 중시한다. 중요하지 않은 논쟁 같지만, 법학자들은 자부심이다. 결론이 달라지면 한 사람의 운명이 달라진다. 해당 사안에서는 결론이 같더라도 일관된 논리를 다른 사안에 적용하게 되면 결국 누군가의 운명을 결정한다. 민주주의 세상이 되면서 법학은 인권 보호를 근본 사명으로 삼게 됐고, 중요성이 더해졌다.

법규범이나 도덕규범이나 사회규범이나 종교규범 같은 규칙이 개입하지 않고도 인간이 도덕적이고 선해져서 인간세상이 아름답다면 얼마나 좋을까? 많은 종교의 선각자들과 철학자들이 이런 문제를 논했다. 아직도 가야 할 길이라고 할 수 있는데, 완전히 목적지에 도달하기까지는 법을 비롯해서 각종 규칙이 필요하다.

내 탓, 네 탓!

훌륭한 종교인들이 가끔 '내 탓이오' 캠페인을 한다. 오래전에 가톨릭은 같은 명칭으로 대대적으로 캠페인을 했다. 기독교나 불교에서도 명칭은 달라도 비슷한 주문을 할 때가 있다. 심지어 주사파 운동권에도 비슷한 표현이 있다. 문제는 객관에서 찾되 주체가 해결해야 한다고 했던가? 스스로에게서 문제를 찾아 먼저 나서서 해결하자는 뜻으로 들린다.

종교 공동체에 참여하지 않더라도 이런 유의 심리적 해결책은 자주 제시된다. 때론 겸양의 표현이기도 하고 공감의 표현이기도 하리라.

정신과나 상담 분야는 사회문제를 다룰 때 결국 심리적 문제에 초점을 맞춘다. 예컨대 범죄가 발생하면 법은 어떻게 처벌하지를 고민한다. 과연 범죄가 일어났는가도 중요하다. 증거가 있어야 한다. 더 근본을 따지면 형법에 범죄로 규정되어 있는지를 살피기도 한다.

그런데 심리학적 접근은 심리적으로 어떤 문제가 있었는지를 밝히고 범죄의 배경이나 원인을 찾는 데 집중한다. 개인적인 심리의 차원이든 사회심리학적 차원이든. 때로는 심리적 질환을 이유로 해서 처벌할 수 없거나 처벌이 줄어들기도 한다. 형벌로 제재할 문제가 아니라 치료가 필요하다는 심리학적인 관점은 법학에서도 상당히 일반적으로 받아들여지고 있다.

어떤 현상이 일어났을 때 왜 그런가를 따져본다. 이유로 제시되는 내용이 타당할 때도 있고 그렇지 않을 때도 있다. 특정한 원인으로 인해 특정한 결과가 발생하면 인과관계가 있다고 한다.

법학에서는 인과관계를 중요하게 생각한다. 어떤 결과가 있으면 당연히 어떤 원인이 있기 마련이다. 그 원인이 맞는지 그렇지 않은지를 알아내야 누군가에게 책임을 지울 수 있다. 인과관계를 규명한다고 한다.

예를 들어 갑이라는 사람이 죽는 살인이라는 결과가 발생했다고 하자. 그런데 A가 죽였는지, B가 죽였는지, C가 죽였는지 모르는 상황이다. 예를 들어, B는 평소 행실이 좋지 않았고, C는 전과가 있었다고 하자. 많은 사람들이 B나 C를 범인으로 지목한다. 근거는? 과거의 행동 때문이다. 과연 타당한 판단일까?

범행에 사용된 흉기가 A가 평소 갖고 있었다고 해보자. 그렇다면 범인이 A라고 사람들이 쉽게 생각할 수 있다. 다른 동네 사람 D가 이렇게 증언한다. A는 살인 발생 시간으로 추정되는 때에는 다른 동네에 가 있었고, 갑이 그 전날 A에게 칼을 빌렸다. 과연 누가 범인일까? 다른 동네에 가서 확인해보니 그 시간에 A를 만난 사람이 있다. 갑은 자살인가? 다른 누군가인가?

과거에는 지문이 중요한 증거였는데, 요즘은 DNA가 매우 중요하다. 웬만한 데는 CCTV와 휴대폰이나 카드 사용 기록으로 동선을 파악한다. 법에서, 특히 형사 재판에서는 이런 증거가 매우 중요하다. 어떤 결과에 대한 책임을 묻기 위해 원인을 찾아가는데 그 과정에서 증거가 큰 역할을 한다.

살인이 발생한 사례의 경우 흉기가 A의 것이 아니더라도 지문을 본다든지 유전자 검사를 통해 증거들을 찾아갈 수 있다. 정확하고 객관적인, 합리적인 인과관계를 찾지 못하면 엉뚱한 사람이 감옥에 가게 된다. 사람의 운명이 바뀔 수 있기 때문에 매우 중요하다.

돈을 빌려준 경우, 민법의 영역도 마찬가지다. A는 B에게 돈을 빌려줬는데 못 받았다고 주장을 하고 B는 돈을 빌린 적이 없다고 주장한다. 그러면 문제를 해결하기 위해 누구의 말이 맞는지를 알아내야 한다.

하지만 B는 평소 돈 문제에 대해 행실이 좋지 않았다. 그렇다면 사람들은 B가 거짓말을 한다고 생각할 가능성이 높다. 그렇지만 이런 결론은 법적인 사고와는 관계가 없다. 인과관계가 정확하지 않기 때문이다. 돈을 빌려준 경우에도 A가 돈을 빌려줬다는 증거가 있어야 한다. 차용증이나 녹음파일이 증거가 될 수 있다.

법학 교과서에서 자주 나오는 내용이다. A가 B를 죽이고 싶을 때 그냥 죽이면 살인죄가 된다. 그래서 벼락이 치는 날 B를 밖으로 심부름을 보냈다. 그런데 B가 정말 벼락을 맞아 죽어버렸다. 이 상황에서 A는 과연 살인죄가 성립되는가를 묻는다.

이 사안에서 대부분은 살인의 결과와 벼락이라는 원인은 관계가 없다고 생각할 가능성이 크다. 우연의 일치. 하지만 역사적으로 봤을 때 과거에는 제대로 된 인과관계에 따르지 않고 판단을 내리는 경우가 많았다. 중세 서양에서 자행된 마녀재판을 보면 오늘의 시각으로는 이해하기 어렵다. 조선시대에도 나뭇잎에 글씨가 파여 있다고 역모로 몰리기도 했다.

객관적인 인과관계를 찾아가는 절차가 법에서는 굉장히 중요하다.

형사소송법은 위법하게 수집한 증거밖에 없으면 유죄를 선고할 수 없도록 하고 있다. 미국에서 일반화되어 우리나라를 비롯해 퍼진 미란다 원칙이 대표적이다. 미란다는 극악한 강간을 저질렀는데, 변호사 선임권이 있다거나 묵비권이 있다거나 알려야 하는 절차를 지키지 않았다고 무죄 선고를 받았다.

누구의 책임인지를 밝히는 문제도 중요하지만, 민주주의사회가 되면서 지나친 처벌도 문제라고 생각하게 되었다. 비록 책임이 있더라도 적정한 수준에서 제재를 가해야 한다. 지금 대부분의 민주국가에서는 징역처럼 자유형이 일반적이다. 자유를 제한하더라도 교도를 해야 한다. 과거처럼 그저 형무라고 생각하거나 감옥이 되면 안 되는 시대가 되었다.

민주주의 시대 초기에, 과연 어떤 행위를 처벌해야 하는가, 적당한 선의 처벌은 어느 정도인가에 대한 심각한 논쟁들이 일어났다. 어떤 범죄를 국가가 어느 정도 처벌해야 하는가 기준을 정하는 일이 중요해졌다. 처벌을 할 때 어떤 과정을 통해서 해야 하는지도 중요하고, 논리적으로 어떻게 정당화하는가 하는 문제도 중요하게 다루게 되었다.

살아가면서 이런 법적인 사고와는 전혀 상관없이 원인과 결과를 판단하는 경우가 많다. 강릉에서 다섯 명의 대학생이 바다에 빠져 죽는 사고가 있었다. 학생들이 앞으로 차를 빌려서 개별적으로 가는 여행을 다 금지한다고 하면 합리적일까? 아예 어떤 문제가 발생할 가능성을 없애버리면 예방은 되겠지만, 엉뚱한 사람에 대한 자유의 침해, 인권의 제약이 될 수 있다.

국가를 운영하는 입장에서 안전 대책을 당연히 세워야 한다. 과연 수학여행을 가지 않는 대책이 합리적이고 과학적인가 우리는 판단할 수 있다. 다른 사람의 행동뿐만 아니라 정부의 정책도 우리는 법적인 사고를 통해 객관적으로 인과관계에 맞는지를 확인할 필요가 있다.

그렇게 되면 지금의 여러 정책들이 과연 옳은가에 대해 판단할 수 있는 하나의 기준을 가지게 된다. 내가 부당한 처지에 처했을 때 저항할 수 있는 근거도 갖출 수 있게 된다. 강자로부터 부당한 피해를 입거나, 잘못된 행정으로 손해를 보게 된 경우, 법적인 사고로 반격해나가면 된다.

법 공부는 이렇게 실용적이다. 법적 사고를 훈련하여 스스로의 권익을 지킬 수 있게 된다. 그런데 법적인 사고로 인과관계를 잘 밝히는 일도 결국은 내가 피땀 눈물을 쏟아야 한다. 그런 점에서 훌륭한 종교인들의 '내 탓이오'는 정말 진리적이다.

인과관계와 구분해야 하는 개념이 있다. 사실관계, 상관관계. 사실관계는 그야말로 여러 사실들을 확정하는 문제다. 예를 들어 A가 B의 돈을 과연 훔쳤는가에 대해 알아본다면 인과관계의 문제다. 그런데 돈을 훔친 일이 없었을 수도 있다. 한 사람은 도둑맞았다고 하고 다른 사람은 그렇지 않다고 한다. B가 원래 돈을 도둑맞지 않았다고 볼 수도 있는데, 이런 경우가 사실관계에 해당한다.

법적인 판단을 할 때 과연 어떤 사건이 있었느냐 하는 문제와 어떤 원인 때문에 그 결과가 일어났는가 하는 문제는 구분해야 한다. 결과의 원인을 찾아 누구에게 책임을 물어야겠느냐 하는 물음은 인과관계의 문제다. 도둑맞은 일이 없는데, 즉 절도라는 행위는 발생도 하지 않았다면, B가 거짓말을 한 행위가 오히려 사실관계로 확정되어야 한다. 인과관계와 사실관계의 개념을 구분해서 이해할 수 있으면 법적인 사고훈련이 됐다고 볼 수 있다.

상관관계는 인과관계와 비슷해 보이지만 다른 개념이다. 상관관계는 사회과학 공부를 할 때 많이 나온다. 상관관계를 설명하는 데는 프로야구가 좋다. 프로야구 선수들은 징크스가 많이 있다.

예컨대 아침에 머리를 감으면 삼진아웃 될 가능성이 커져서 시합 때마다 머리를 감지 않는 선수가 있다고 하자. 확률적으로 보면 그럴 수 있다. 하지만 인과관계로 인정하기는 힘든 문제다. 과연 오늘 머리를 감아서 삼진아웃을 당했을까?

징크스처럼 어떤 행동을 했을 때 우연히 또는 확률적으로 어떤 결과가 더 많이 나오는 경우, 상관관계가 있다고 한다. 미역국을 먹으면 시험에 미끄러지고 엿을 먹으면 달라붙는다는 속설도 대표적인 상관관계다. 시험 결과는 공부의 양과 질에 달린 것이 아닐까?

사회과학은 통계 조사를 바탕으로 해서 상관관계가 있다거나 없다는 결론을 주로 내린다. 왜냐하면 인과관계를 정확히 밝히기 어려운 경우가 많기 때문이다. 과연 가난과 범죄가 어떤 관계가 있을까? 부자도 범죄를 저지르고 빈자도 범죄를 저지른다. 양적으로 어느 정도 데이터가 나오기 때문에 추세를 볼 뿐 원인과 결과의 관계는 아니다. 사회과학의 결론은 대부분 인과관계가 아니라 상관관계다.

자연과학은 다르다. 사과가 나무에서 떨어지는 이유는 만유인력 때문이다. 과학적 인과관계다. 자연과학은 대부분 실험을 통해 증명할 수 있다. 증명이 되지 않으면 인과관계를 인정하지 않는다.

아주 엄밀하게 깊이 들어가면 과연 만유인력이 있는지 따져봐야 한다. 뉴턴 이후 물리학의 법칙이 만유인력을 설명하는 데 적절하기 때문에 근본적으로 뒤집히기 전까지는 과학적이다. 동어반복으로 볼 수도 있다. 사과가 나무에서 떨어진다, 그런 현상이 만유인력이다, 이런 식으로. 언어철학이나 과학철학까지 깊이 들어가야 하는 문제다. 불교나 신학에서 쓰는 논리학은 또 다른 관점에서 세상을 바라본다.

훌륭한 종교인들의 '내 탓이오'는 네 탓 타령보다는 훌륭하다. 그렇지만 법적 책임을 물어야 할 때는 적절하지 않은 경우가 많다. 피해를 당한 사람이 앞으로 조심하자며 고소를 하지 않거나 손해배상을 내지 않으면 가해자는 아무런 책임을 지지 않는다. 이럴 때는 법적인 사고에 따라 누구 탓인지 확실히 가려내야 정의 관념에 부합한다.

사회 탓

개인들끼리 네 탓 타령을 하기도 하지만, 사회 탓이라고 보는 경우도 많다. 예컨대 층간소음의 해결책은 과연 무엇인가? 남의 집에 시끄럽게 하는 당사자를 건드려야 한다. 개인 탓이다. 우리 사회에 배려의 문화가 부족하다고 원인을 분석하는 시각도 있다. 사회 탓이다.

서로 네 탓 타령을 할 때는 객관적인 제3자가 나서서 데시벨을 측정해야 한다. 어느 한쪽이 참고 포기하면 끝나지만, 그렇지 않으면 어떻게 하겠나? 법으로 기준도 다 정해놓았다. 층간소음이 무엇인지, 데시벨이 어느 정도 되면 층간소음인지, 배상은 얼마나 받을 수 있는지, 절차는 어떻게 되는지, 등등.

사회 탓으로 볼 때 해결책은? 배려의 문화를 증진해야 한다. 어떻게? 교육을 하거나 캠페인을 해야겠지. 근본적으로 자본주의의 문제이기 때문에 체제를 변혁해야 한다는 주장으로 연결되기도 한다. 사회주의자들은 지금도 많은 문제를 사회의 문제로 본다. 사회구조적인 문제 같은 표현을 쓴다.

전혀 일리 없다고 할 수는 없다. 층간소음은 가해자가 타인에 대한 배려의 마음이 있었다면 일어나지 않는다. 맞는 말이다. 층간소음 피해를 주장하는 사람이 예민한 경우도 있다. 이런 경우라면 배려의 마음으로 어느 정도는 이웃집의 소음을 감수해야 하리라.

정말 사회 전체가 배려의 마음이 높아져서 해결할 수 있다면 좋겠다. 가해자는 더 이상 쿵쿵거리며 다니지 않고, 피해자는 저 정도는 하고 넘어가고. 어떻게 보면 종교는 사회주의와는 다르지만 사회 전반을 개선하려는 시도로 볼 수 있다.

그렇지만 법에 따른 해결이 효율적이다. 법이 정한 기준에 따라 해결해야만 한다는 주장을 하려고 하지는 않는다. 법은 분쟁이 발생했을 때 법관들이 판단할 수 있는 기준을 제시할 뿐이다.

이런 비유를 생각할 수 있다. 지금은 은행마다 번호표를 뽑아서 순서를 기다린다. 조만간 오프라인 은행이 없어지는 세상이 올 수도 있어서 시대착오적으로 보이기도 하지만, 법의 역할에 대해서 이해하기는 좋다.

옛날에 번호표 시스템이 없을 때는 마구잡이로 들이밀었다. 서로 먼저 왔다고 옥신각신하면 대책이 없다. 목소리 큰 사람이 이길 때가 많다. 이 문제를 어떻게 해결해야 할까?

사람들이 모두 줄을 잘 서도록 질서의식을 갖게 하자는 해결책이 가능하다. 교육도 하고 표어도 붙여놓는다. 반복되는 캠페인에 자기 생각을 바꾸는 사람들도 있다. 아예, 힘센 사람이 먼저 하게 하는 방식은 어떨까? 옛날 계급사회, 신분제 시절에는 당연히 높은 사람이 먼저 하지 않았을까? 독재 시절에도 높은 사람과 줄이 닿거나, 뒤로 뇌물을 먹인다거나.

번호표 시스템은 일을 처리하는 순서를 번호가 적힌 종이를 뽑은 차례대로 정하는 방식이다. 먼저 오는 사람은 먼저 처리하겠다는 원칙을 확실히 한다. 번호표 시스템 이후에 옥신각신할 필요가 없어졌다.

사람들의 의식이 모두 변화하면 당연히 더 좋다. 사람들이 다들 다른 사람을 배려하고, 더 사정이 급한 사람을 먼저 하게 해준다면 얼마나 아름다우랴. 종교의 많은 선각자들과 철학자들의 목표는 결국 이런 사람의 변화였는지도 모른다.

그런데 쉽지 않다. 은행의 번호표 시스템을 사회로 확대하면 법이 된다. 처음부터 국가가 제정한 법은 물론 아니었다. 한 동네 단위로 촌장을 중심으로 움직일 때는 그 공동체에 맞는 규칙이면 충분했다. 점차 인류가 국가라는 조직체로 모이게 되고, 국가의 규칙을 법이라고 부르게 됐다.

법은 사회 전체에 시선을 두고 있다. 국가의 목적이 무엇인지를 헌법부터 개별법마다 밝혀놓았다. 그렇지만 기본은 당사자 간에 분쟁이 발생했을 때 기준을 제시한다. 전 사회적으로 필요한 일을 위해 필요한 일들과 절차도 규정한다.

국방을 하려면 군대도 보내야 되고 치안이나 복지를 하기 위해서는 세금이 필요하다. 국가가 어떤 일을 국민들에게 의무 지울 수 있는지, 국민들은 어떤 권리가 있는지를 정한다. 기준을 정해놓고 어기면 제재를 가한다.

세계에는 많은 국가가 있다. 여러 민족이 섞이기도 하고, 한 민족이 여러 나라를 성립하기도 한다. 역사와 지역에 따라 모두 법이 다르다. 그렇지만 어디든 공통되는 요소는 있다. 헌법과 형법과 민법은 법의 3대 축이다. 모든 법은 3가지 중 하나다.

우리는 흔히 법에 대한 인식이 거의 형법에만 맞추어져 있다. 하지만 법학에서 형법은 일부분에 불과하다. 잘못된 것을 처벌한다, 사회의 안정과 질서를 유지한다, 사람들을 보호하고 가두는 울타리 같은 말은 형법을 의미한다. 법 없이도 살 사람이라는 말은 우리 사회에서는 칭찬이다. 이때도 굳이 경찰서까지 갈 일 없는 사람이라는 뜻이다. 형법이다.

사실 다른 법들은 우리가 별로 인식할 기회가 없다. 헌법은 최근 몇 년간 대통령의 탄핵사건과 같은 일들이 뉴스에 나와서 조금 익숙해졌다. 실질적으로 헌법에 규정되어 있는 탄핵절차가 어떤지 경험할 수 있는 사람은 극히 소수다. 그렇기 때문에 우리 생활과의 관련성을 전혀 느끼지 못하는 경우가 많다. 우리는 헌법 질서 아래서 살아가고 있기 때문에 헌법을 알고 있으면 도움이 된다.

민법은 더더욱 겪어보기 힘들다. 겪고 있지만 주관적으로 인식하지 않는다는 말이 더 적절하다. 집을 산다거나 개인 사업을 하거나 부동산을 소유하고 있어야 민법이 적용되는 여러 일들을 겪게 된다.

직접 의식하지 못해도 이미 민법을 경험하고 있다. 휴대폰을 샀거나 아르바이트를 하고 급여를 받았다거나 하는 경험이 있다면 모두 계약을 하고 계약에 따른 의무 이행을 한 셈이다. 계약서를 쓰지 않아도 계약은 성립되고 법적인 의무도 생긴다. 그런데 민법의 내용에 대해서까지 알지는 못한다. 굳이 알려고도 하지 않는다.

헌법, 형법, 민법 외에도 다른 법들이 많이 있다. 저작권법, 도로교통법 등을 예로 들 수 있다. 한 나라의 범위를 벗어나면 국제법도 있다. 법은 무척 많지만 이런 법들도 모두 크게 형법과 헌법, 민법의 범주 안에 속하게 된다.

저작권법의 경우에는 창작물에 대한 권리를 보장하는 법이다. 눈에 보이는 재산은 물론 보이지 않는 재산까지 소유권을 인정한다. 다른 사람이 사용할 경우 창작물에 대한 권리의 값을 계산한다. 저작권협회를 통해 창작자에게 몫이 돌아간다.

법의 명칭은 전혀 다르지만 저작권은 민법의 영역이다. 민법은 개인이 소유할 수 있는 재산의 범위가 어디까지인가에 대해 규정하는 법이다.

저작권을 침해한 사람은 처벌하는데, 이때는 형법이다. 도로교통법은 기본적으로 형법의 영역이다. 형법은 사회의 유지에 필요한 여러 가지 질서를 정해두고 벗어나는 사람들을 처벌한다.

혹시 공무원시험을 준비하려고 하는 사람이 있다면 헌법의 영역이다. 공무원의 채용, 권한 등에 대한 내용은 행정법으로 보는데, 행정법은 헌법의 구체화라고 할 수 있다. 헌법은 국가를 어떻게 조직하고 운영할지에 대해 다루는 법이다. 정부조직의 일을 맡아 하는 공무원은 당연히 국가 구성의 문제가 된다.

법은 잘못을 처벌한다, 사회의 안정과 질서를 유지한다, 사람들을 보호하고 가두는 울타리다, 모두 맞는 말이다. 법이 없으면 사회의 안정과 질서가 유지되지 않기 때문이다. 하지만 법에는 다른 영역도 있다. 따라서 그때그때 다양한 법에 호소하여 도움을 받아야 한다. 형법을 위주로 생각하면 고소해서 처벌하는 일만 생각한다. 그렇지만 민사소송을 제기해서 손해배상을 받을 수 있다.

법은 나라마다 그 내용이 다르다. 형법에 규정하여 처벌할지 아니면 민법의 영역에 맡길지, 결정하는 기준이 나라마다 다르다. 법은 시대마다 다르기도 하다. 하지만 시간이 흐름에 따라 발전하는 부분이 있다. 세계사적으로 민주주의가 발전하면서 법의 내용은 엄청나게 달라졌다.

헌법의 경우 국가의 조직과 운영에 대한 내용뿐 아니라 개인의 인권을 보호해야 한다는 사상이 반영되었다. 과거에는 없었던 권리에 대한 조항이 생겼다. 인권의 보호가 국가보다 더 중요하게 되었다.

형법에서도 피의자의 인권이 강화되었다. 사회의 질서를 어긴 일탈자를 처벌하더라도 절차를 지켜야 하고 지나친 형벌도 제한된다.

종교적 경건성이 강하고 독재를 하는 나라는 좀 다르지만 민주주의국가의 법은 사회 탓으로 돌리는 일은 거의 없다. 누구의 책임인지를 인과관계에 따라 밝히고 적절한 형사적·민사적·행정법적 책임을 묻는다.

사회 탓을 하고 사회를 바꿔나가는 일도 결국은 법을 통해서 정책으로 나타나는 경우가 많다. 배우고 공부하는 일은 버겁고, 변호사의 도움을 받기에는 돈이 많이 들긴 한다. 그렇지만 법은 활용하는 자의 무기다. 사회구조를 바꾸려는 노력, 사람 자체를 변화시키려는 노력은 법의 활용과 함께 갈 필요가 있다는 뜻이다.

처벌을 못 해?

우리나라를 비롯해 아시아에선 법이라 하면 형법을 주로 생각한다. 일탈자들에 대해서도 처벌을 강화하는 쪽으로 법적 해결의 방향을 잡는다. 2020년 n번방이라는 미성년자 성 착취 사건이 이슈가 되었다. 가해자들을 당연히 강력히 처벌해야 한다. 공소시효를 폐지한다든지 향후 유사 범죄에 대한 처벌 강화도 동의한다.

여기에 더해 피해자들이 민사소송을 통해 손해배상을 받을 수 있도록 도울 필요가 있다. 피해 당사자들도 적극적으로 소송을 제기해야 한다. 정부 차원에서 적은 비용으로 소송을 진행할 수 있도록 도와야 함은 물론이다. 법조인들은 적극적으로 민사소송의 논리를 개발해야 한다. 이를 통해 민주주의사회의 형법의 필연적 귀결인 솜방망이 처벌을 넘어설 수 있다.

민주주의가 사회 운영 원리의 기본으로 자리 잡으면서 형법의 영역에서는 크게 두 가지 방향에서 진전이 있었다. 죄형법정주의 원칙을 확고히 한 위에서 피의자의 인권도 보장하자가 첫째다. 죄를 저질렀더라도 지나친 형벌을 과하지 말고 교도하자가 둘째다. 그러다 보니 사실 극악무도한 범죄를 저질러도 솜방망이 처벌에 그치는 경우도 많다.

영화 '노예 12년'처럼 수많은 흑인을 불법적으로 노예화했던 가해자들을 제대로 처벌하려면 어떻게 해야 하겠는가? '눈에는 눈, 이에는 이' 정도로 처벌해야 일반인인 정의 관념에 부합하겠지만, 그렇게 처벌하기는 어렵다. 형법을 통한 대처와 함께 민법상의 손해배상 제도를 통해 가해자들을 금전적으로 최대한 응징해야 하는 이유다.

형법 말고도 민법과 헌법까지 있다는 법의 세 기둥에 대해서 이해하고 있으면, 처벌은 할 수 없는 경우에도 법의 도움을 받을 수 있다. 간통죄의 경우 형법으로 처벌하지는 않게 되었지만 나쁜 짓이라는 점은 달라지지 않았다.

민법으로 적극 대응하면 된다. 오히려 국가가 형사처벌을 통한 개입을 하지 않으니 민사적 대응을 더욱 적극화해야 한다. 가족법상 이혼 사유가 됨은 당연하고 정신적인 손해배상을 포함하여 금전적인 손해배상을 받아내야 한다. 철저히, 최대한.

돈 뜯어내려고 그랬다는 매도가 예상된다. 이런 악의적 비난은 결국은 가해자를 편드는 논리다. 민주주의사회에서 일탈행위에 대한 금전 배상은 당연한 권리다. 피해자의 마인드도 사회적인 인식도 바뀌어야 한다.

불법행위에 대해 돈으로 배상하라는 요구는 배금주의나 황금만능 풍조와는 전혀 관련이 없다. 돈이 아니면 어떻게 배상을 받겠는가? 어떻게 보면 민주주의 세상이 되면서 가장 합리적인 방법으로 고안한 결과다.

물론 가장 이상적인 해결은 가해자가 진정으로 반성하고 용서를 구하는 데 있다는 주장에 원론적으로는 동의가 된다. 피해자 가해자

대화 모임처럼 이러한 이상을 제도화하고 이론화하는 노력도 다양하다.

금전 손해배상에 대한 악용 가능성도 있다. 드라마나 영화에서 "얼마면 되니?"식의 대사로 나왔다. 그렇지만 이상적인 지향도 언제나 악용될 수 있다. 거짓으로 반성하는 척하는 사람을 어떻게 가려낼 수 있겠는가? 반성을 진정으로 하더라도 적정한 물질적 책임을 지게 해야 정의에 부합한다.

민사소송은 개인 간의 다툼을 법원이 해결하는 절차다. 돈을 빌렸는데 제때 갚지 않은 경우가 대표적이다. 돈을 떼였는데 '할 수 없지!' 하고 포기하면 국가가 나서지 않는다. 국가가 개입한다고 하여 처벌하지는 않는다.

물론 나라마다 다르다. 돈을 빌려주어 이자를 받는 행위를 처벌하는 곳도 있다. 북한 같은 곳이 그렇다. 과거 서양에도 교황이 이자를 금지한 바 있다. 지금도 이슬람은 이자가 금지되어 다른 방법으로 실질적인 이자를 받는다.

빌려준 돈을 못 받은 경우 우리나라는 형법이 아니라 민법으로 규율한다. 직접 받는 행위는 금지한다. 자력 구제 금지 원칙이라 한다. 국가는 재판을 통해 확실히 돈을 받을 권리가 있음을 인정하고, 돈을 받을 수 있도록 도와준다. 강제집행 제도다.

이런 절차를 거치지 않고, 돈을 자력으로 받으려고 하면, 비록 내 돈이지만, 자칫 하면 절도나 폭력 등의 형법에 저촉되기 십상이다. 드라마에서 자주 나오는, 집기를 부수거나 협박하거나 드러눕는 행동은 다 형사처벌 감이다.

민사소송은 돈과 관련된 때가 많다. 빌려준 돈을 떼인 경우도 있고, 상품이나 서비스를 제공했는데 돈을 받지 못한 경우도 민사 문제다. 돈과 관련된 민사소송은 대부분 회사 차원에서 제기한다.

돈과 상관없이 특정한 행위를 요구하는 때도 있다. 전두환 전 대통령이 5·18에 대한 자신의 생각을 쓴 회고록은 재판으로 판매 금지가 되었다. 민법은 크게 재산법과 가족법으로 구성된다. 따라서 이혼 같은 가족법상 재판도 민사소송이다.

원고와 피고는 민사소송을 진행하는 당사자다. 소송을 제기한 쪽을 원고, 소송을 당한 쪽을 피고라고 한다. 소송을 하려면 소장을 제기하면 된다. 법원은 소장이 접수되면 피고에게 사본을 전달한다. 법원이 전달하는 일을 송달이라고 한다. 물론 송달 전에 심사를 한다. 소장에 흠결(부족하거나 잘못된 점)이 있으면 원고에게 고치도록 한다. 보정이라고 한다.

소장 사본을 송달 받은 피고는 답변서를 제출해야 한다. 원고의 소송 제기에 이의가 없으면 답변서를 제출하지 않아도 된다. 그러면 법원은 원고의 청구대로 승소 판결을 한다. 답변서에 원고의 청구를 인정한다는 취지의 내용을 써서 제출해도 마찬가지다. 이 경우 굳이 법원이 나서서 굳이 어느 쪽이 거짓말을 하는지 진실을 가리지 않는다. 민사소송은 당사자 간에 다툼이 있는 경우에 법원이 개입하지, 진실을 굳이 가릴 필요는 없다.

피고가 원고의 주장과는 다른 주장을 하게 되면 본격적으로 재판이 진행된다. 원고와 피고가 법원에서 서로 만나 진행되는 절차를 변론이라 한다. 변론이 열리는 날이 변론기일이다. 재판부는 변론기일을 통보하고 원고와 피고가 그때 나오도록 한다. 변호사를 선임했으면 변호사가 나가면 된다. 짧게는 2-3번의 변론기일로 재판이 끝나기도 하지만 길게는 몇 년을 끌기도 한다.

소장을 제기하고 바로 재판을 하지는 않는다. 변론기일 전에 준비할 시간이 필요하기 때문이다. 각자 입증자료를 챙기는 시간이다. 변론기일 전에 변론준비기일을 따로 정하는 경우도 있다. 쟁점이 복잡하여 재판을 시작하기 전에 법관이 쟁점을 파악하는 기일을 따로 잡는다.

변론기일을 마무리하면 재판부는 판결을 선고한다. 판결문은 원고와 피고에게 송달되고, 항소를 하려면 2주 이내에 해야 한다. 항소는 지방법원에서 그대로 진행하는 경우도 있고 고등법원에 하는 경우도 있다.

처음 소송 제기는 모두 지방법원에 한다. 작은 사안은 단독판사라고 해서 판사 1인이 판결한다. 이때 항소는 지방법원 합의부에서 담당한다. 큰 사안은 애초에 합의부에서 담당하기 때문에, 항소는 고등법원에 내야 한다.

항소도 승복하지 못하는 경우에는 상고를 한다. 상고는 대법원에 하는데, 2심(항소심)과는 재판의 성격이 다르다. 2심은 사실관계를 추가로 제출할 수 있다. 그렇지만 3심은 2심까지 제출한 사실관계에 대한 법 적용이나 해석에 문제가 없었는지에 대해서만 가린다.

이런 차이로 인해 1, 2심을 사실심이라 하고, 3심을 법률심이라 한다. 대법원에서 법률심을 통해 잘못되었다고 판결이 나면 2심 법원에서 대법원의 판결 취지에 따라 다시 판결한다.

소송을 낼 때는 돈이 든다. 법원에 내는 돈은 인지대와 송달료다. 인지는 우표처럼 생겼다. 국가에 내야 하는 돈을 인지를 사서 붙이도록 한다. 전자소송 제도도 도입되었기 때문에 이때는 다른 절차를 거친다. 송달료는 송달에 필요한 실비를 내야 한다. 인지대는 소송을 통해 청구하는 금액이 크면 그만큼 커진다. 돈을 달라고 하지 않는 경우에는 규정에 따라 해당되는 인지대를 내야 한다.

법원에 내는 돈도 돈이지만 변호사 비용이 만만치 않아서 사실 개인이 민사소송을 하기는 쉽지 않다. 변호사 비용은 보통 착수금과 성공사례금으로 구성된다. 착수금은 소송 의뢰를 받을 때 일을 착수한다는 뜻으로 낸다. 승소하면 성공에 대한 사례로 추가적인 변호사 비용이 나간다. 재판으로 받아낸 금액 중 일정 비율의 돈을 변호 비용으로 지급하도록 계약하는 경우가 많다. 10억을 달라고 하는 소송을 낸 경우 30%나 50%를 가지는 식이다.

소장을 낼 때는 요구하는 바를 명확히 써야 한다. 청구의 취지라고 한다. 민사소송에서는 원고가 주장하는 바가 아닌 내용은 전혀 관여하지 않는다. 소장에 쓰인 청구의 취지에 따라 Yes나 No를 가려 법원의 판결이 나온다. 판결문에 쓰인 Yes 또는 No의 판단을 주문이라고 한다. 직역하면 주된 문장이라는 뜻이나 재판에 대한 최종 결론을 의미한다.

형사소송

형사소송은 민사소송과는 많이 다르다. 국가의 공무원인 검사가 범죄자를 처벌해달라고 요구한다. 일부 범죄를 제외하면 피해자가 처벌을 해달라거나 말라거나 하는 주관적 의사는 고려하지 않는다. 처벌을 원치 않는다고 하면 정상 참작은 될 수 있겠지만, 검사는 스스로 판단해도 된다.

피해자의 의사에 따르도록 한 범죄에는 반의사불벌죄와 친고죄가 있다. 친고죄는 친히(몸소) 고소를 해야 검사는 공소를 제기할 수 있다. 공소(公訴)는 공적인 소송 정도의 뜻이다. 검사가 형사재판을 해달라고 하는 행위를 공소라고 한다. 과거에는 성폭력범죄를 친고죄로 규정하고 있었지만, 2013년 친고죄 조항이 삭제되었다.

반의사불벌죄는 피해자가 처벌을 원치 않는다는 의사를 표시하면 처벌하지 않는다는 뜻이다. 검사가 공소는 제기할 수 있다. 명예훼손죄는 대표적인 반의사불벌죄이다.

재판을 받는 범죄자를 피고인이라 한다. 엄밀하게는 공소가 제기된 사람을 피고인이라 한다. 피의자는 수사기관에서 수사는 받고 있지만, 공소가 제기되지 않은 사람을 의미한다. 수사가 끝나면 공소를 제기한다.

우리나라는 검사만 공소를 제기할 수 있다. 기소독점주의라고 한다. 검사의 공소 제기는 국가의 소추를 의미한다. 소추는 형사재판을 요구한다는 뜻이다. 탄핵을 발의할 때도 사용하는 개념이다.

기소편의주의는 검사가 공소를 제기할지 말지를 결정할 수 있다는 의미다. 범죄 혐의가 충분해도 검사는 공소를 제기하지 않을 수 있다. 기소편의주의를 찬성하는 주된 논리적 근거는 불필요한 기소를 피하기 위함이다. 반대되는 개념은 기소법정주의다. 일정한 경우에는 무조건 공소를 제기하도록 하여 검사의 재량을 인정하지 않는다.

검사가 공소 제기를 할지 하지 않을지 재량권이 있기 때문에 공소를 제기했다가도 취소할 수 있다. 1심판결이 선고되면 취소할 수 없다. 공소를 취소했다고 해도 다른 증거가 있으면 다시 공소를 제기해도 무방하다. 물론 중요한 증거가 발생된 때로 제한을 둔다.

기소(공소 제기)는 공소장을 법원에 제출하는 방식으로 진행한다. 공소장에는 죄명, 공소사실, 적용 법조문을 기재해야 한다. 공소사실은 범죄가 일어난 시간, 장소와 방법을 의미한다. 형사소송법 제254조 제4항은 공소사실의 기재는 범죄의 시일, 장소와 방법을 명시하여 사실을 특정할 수 있도록 하여야 한다고 규정하고 있다.

형사소송은 민사소송과 달리 실체적 진실(발견) 주의를 채택한다. 민사소송은 실제 사실 여부와 상관없이 당사자가 서로 다투지 않으면 재판을 하지 않는다. 그렇지만 범죄자를 처벌하려고 하는 국가는 실체적 진실에 따라 형벌권을 행사한다. 따라서 범죄 피해자나 가해자가 소송을 진행할지 여부를 결정할 수 없다.

민사소송은 원고가 소송을 제기하지 않은 경우에는 국가가 먼저 나서지 않는다. 예컨대 돈을 빌려주고 억울하게 받지 못하고 있는 경우 판사나 검사가 나서서 돈을 받을 수 있도록 도와주지 않는다. 도와주지 않는 정도가 아니라 개입하면 위법이다. 민사소송의 이런 원칙을 실체적 진실주의에 맞서서 처분권주의 또는 변론주의라고 한다.

처분권주의는 소송을 하느냐 마느냐를 당사자의 처분에 따라 결정한다는 뜻이다. 변론주의는 민사소송이 진행되는 절차인 변론에서 주장된 내용과 제출한 증거만 가지고 판결해야 한다는 뜻이다. 실혹 판사가 원고가 주장하지 않는 내용을 알고 있더라도 재판의 근거로 삼아서는 안 된다.

형사소송은 범죄자도 재판을 받을 권리를 보장해야 한다는 원칙의 반영이다. 대부분의 형사소송은 검사가 범죄를 입증하기 위해 진행된다. 그렇지만 이미 증거가 명백하더라도 재판 과정을 거쳐 유죄 판결을 내리고 형을 집행하여야 한다. 재판 받을 권리는 민주주의 형법에서 기본이다.

민주주의 형법 원칙으로 가장 중요한 내용은 죄형법정주의이다. 범죄와 형벌을 법으로 정해야 한다는 뜻이다. 국민의 대표인 국회가 제정한 법률에 규정해야 한다. 아무리 극악한 행위라도 죄형이 법정되어 있지 않으면 처벌할 수 없다. 비슷한 죄목이 있어도 유추 적용도 금지된다. 소급 입법도 당연히 금지된다. 행위가 있고 나서 그 행위를 처벌하기 위해 만든 법은 인정되지 않는다.

민주주의 법원칙으로 죄형법정주의가 확고히 자리 잡기 전에는 죄형전단주의였다. 전단(專斷)은 전제군주 시대에 통치자가 마음대로 결단한다는 뜻이다. 죄형전단주의가 죄형법정주의로 바뀌는 데는 이탈리아의 법학자 체사레 베카리아가 큰 역할을 하였다.

18세기 후반 '범죄와 형벌'이라는 저서에서 형벌은 법률로 규정해야 한다는 주장을 했다. 범죄뿐만 아니라 형벌도 법률로 정해야 한다는 사상은 범죄의 무겁고 가벼움과 균형을 이루어 형벌이 가해져야 한다는 사상에서 비롯되었다.

검사가 공소를 제기하면 사건은 법원으로 넘어간다. 송치라고 한다. 재판은 구속 상태에서 이루어지는 경우도 있고 그렇지 않은 경우도 있다. 구속 기소된 경우에도 일정 보증금을 내면 석방되어 불구속 상태에서 재판을 받을 수 있는 제도가 있다. 보석이다.

재판은 모두진술, 증인신문, 피고인신문 등의 차례로 진행된다. 재판의 앞머리(모두)에 검사가 기소 요지를 낭독하는데 이를 모두진술이라 한다. 신문(訊問)의 신 자도 묻는다는 뜻이다.

절차가 다 끝나면 검사는 구형한다. 얼마만큼의 처벌을 내려달라는 뜻을 밝힌다. 구형했다고 해서 판사가 그대로 판결하지는 않는다. 유무죄 여부와 형량은 판사들이 선고한다. 형사재판에서 구형과 선고가 나뉘어 있는데, 권력분립 원칙과 연관 지어 생각해야 한다. 곧, 국가의 형벌권을 공소 제기(기소)는 행정부가 하고 최종 결정은 법원에서 하도록 나누어놓았다.

형사재판이 끝나면 민사소송과 마찬가지로 항소할 수 있다. 민사소송과 달리 1주일 안에 해야 한다. 우리나라 형사소송은 유죄판결, 무죄판결 외에 면소판결과 공소기각이 있다.

면소는 소송에서 면한다는 의미다. 형사소송법 이론에서는 실체적 소송조건이 결여된 경우라고 한다. 예컨대 사면이 있었다거나 범죄 후 재판 중에 법이 바뀌어 죄가 되지 않거나 공소시효가 완성되었거나 공소 기각은 형식적 소송조건이 결여된 경우다. 예컨대 재판 중에 피고인이 사망한 경우, 더 이상 형사소송을 할 수가 없다. 유죄 선고가 나도 형을 받을 사람이 없기 때문이다. 조선시대처럼 부관참시 같은 사망한 자에 대한 처벌은 허용되지 않는다. 친고죄의 경우에도 재판 도중에 피해자가 고소를 취소하면 공소 기각 결정을 한다.

유죄라고 하더라도 모두 실형을 살지는 않는다. 법원은 선고를 유예해도 되고, 선고 후 집행을 유예해도 된다. 유예(猶豫)는 망설이고 머뭇거린다는 뜻이다. 선고유예와 집행유예는 법원이 하지만 검사가 기소를 유예하는 경우도 있다.

선고유예는 일정 기간이 지나면 면소와 같은 효력을 갖는다. 집행유예는 해당 기간이 경과하면 형 선고의 효력을 상실케 한다. 기소유예는 일정한 기간이 지나면 수사경력 자료를 삭제하거나 폐기한다.

민주주의 형법 원칙에서 중요한 또 다른 원칙은 일사부재리다. 한가지 일을 다시 처리(처벌)하지 않는다는 뜻이다. 일사부재리 원칙은 근대 민주주의 형법에서 새롭게 추가되지는 않았다. 이미 로마법에서부터 인정된 제도인데, 민주주의혁명 이후 본격적으로 형법 원칙으로 중요성이 재확인되고 제도로 정착하였다.

무죄추정원칙도 중요하다. 유죄 판결이 확정되기 전에는 무죄로 추정해야 한다는 원칙이다. 피의자, 피고인 신분일 때는 범죄인이 아니라는 의미다. 미국 영화를 보면 형사재판 때 양복 같은 평상복을 입히는데, 무죄추정원칙의 반영이다.

과거에는 우리나라가 무죄추정원칙의 철저한 실행이 부족하다는 비판이 있었다. 1999년 헌법재판소는 수사나 재판을 받는 동안 재소자용 의류 착용은 무죄추정원칙에 반한다고 결정했다(헌재결 1999.5.27., 97헌마137).

검사가 공소를 제기하기 전에 수사를 한다. 흔히 피해자의 신고가 있어야 수사가 시작되는 줄 알지만 꼭 그렇지는 않다. 피해자의 신고와 상관없이 경찰이나 검찰 등 수사기관은 범죄사실을 알게 되면 수사를 개시할 수 있다. 이를 수사기관의 범죄사실 인지라고 한다.

피해자의 신고는 고소라고 하고, 피해자가 아닌 자의 신고를 고발이라 하여 구분한다. 수사기관이 수사를 개시하면 입건되었다는 말을 쓴다. 입건되면 피의자 신분이 된다.

수사를 받더라도 무죄 추정 원칙에 따라 당연히 무죄로 추정된다. 기소되면 피고인으로 명칭이 바뀐다. 형사재판을 받는다. 여전히 무죄 추정 원칙이다. 구형을 하면 검사가 얼마나 처벌(형)을 원하는지 알 수 있다. 당연히 아직 무죄다.

선고가 있으면 얼마나 처벌을 받을지 알 수 있다. 그렇지만 항소할지 며칠 더 기다려야 한다. 항소가 없으면 유죄가 확정된다. 이제 범죄자다. 무죄추정원칙에 따르면 이렇게 된다.

그렇지만 입건되는 순간부터 실질적인 범죄자 취급을 받는 경우가 많다. 민주주의 형법 원칙이 제대로 지켜지게 하기 위해서도 많은 사람의 피땀 눈물이 필요하다. 학자도 정치인도 공무원도. 그렇지만 무엇보다, 입건되어 피의자, 피고인의 신분이 되었어도 법이 보장한 인권을 보장받으려면 당사자의 노력이 관건이다.

우리나라는 80년대 초중반까지도 광범위하게 고문이 자행됐다. 당연히 고문을 허용하는 법은 없었다. 박종철 같은 무수한 희생자와 김근태, 권인숙을 비롯한 용기 있는 분들의 노력으로 고문은 사라졌다. 법대로. 법은 어느 분야든 있는 법은 지키도록 해야 하고, 없는 법은 새로 만들어야 한다. 또한 있는 법은 더 좋게 만들어야 한다. 피땀 눈물이 없이 저절로 이루어진 법이 없다고 해도 과언이 아니다.

헌법재판

헌법소송이라는 말은 잘 쓰지 않는다. 87년 민주화가 되고 나서 우리나라도 헌법재판 제도가 본격적으로 시행됐다. 헌법재판소라는 별도의 헌법기관이 설립되었다. 과거에도 헌법재판 제도는 있었다. 대법원이나 헌법위원회에서 하도록 했지만 유명무실했다. 탄핵심판 위원회가 설치된 때도 있었는데, 유명무실하기는 마찬가지였다.

현재 우리나라의 헌법재판은 모두 5가지가 있다. 우선, 위헌법률 심판이다. 법률이 헌법에 위반되는지 여부를 심판한다. 법원이 제청할 때만 가능하다. 보통은 다른 소송을 진행하는 당사자가 관련 법률이 위헌임을 주장하여 담당 재판부가 일리 있다고 판단할 때 헌재에 제기 또는 청구한다.

법률이 위헌인지 여부를 심판하는 일을 규범통제라고 한다. 우리나라는 추상적 규범통제가 아닌 구체적 규범통제 제도를 채택했다. 추상적 규범은 법이 아직 실제 사례에 적용되지 않고 있는 상태를 의미한다. 구체적 규범은 법이 적용되어 실제 사건이 발생한 경우다.

예컨대 음주운전 단속에 걸려 운전면허가 취소되는 처분을 받은 경우를 생각해보자. 도로교통법에 규정이 있지만 실제 단속을 하지 않으면 추상적 규범 상태다. 그렇지만 단속에 걸려 처분을 받고 소송을 제기하면, 법률의 위헌도 주장할 수 있다. 이때를 구체적 규범 상태라고 한다.

다음으로 탄핵 심판과 정당 해산 심판이다. 양자는 오랫동안 법조문과 법학 교과서에 이론으로만 존재했다. 2000년대 들어 실제 사건이 진행되었다. 노무현 대통령에 대한 탄핵 시도도 있었고 박근혜 대통령은 탄핵 심판을 받고 파면되었다. 통합진보당은 2014년 강제 해산되었다.

탄핵은 특별한 지위에 있는 공무원을 처벌하거나 파면하기 위한 제도다. 한자어 뜻 그대로는 꾸짖는다는 뜻이다. 국회의 탄핵 관련 권한은 소추다. 소추(訴追)는 소송을 구한다는 뜻이다. 국회가 탄핵을 소추하면 심판은 헌법재판소가 하는 시스템이다. 미국은 하원이 소추하고 상원이 심판한다. 법원은 관여하지 않는다.

정당해산심판은 정당이 민주적 기본질서에 어긋날 때 강제로 해산하는 제도다. 정부가 청구하고, 헌법재판소가 심판한다. 정부를 대표하여 법무부장관이 정부대리인을 맡는다. 공산당과 나치당을 비롯한 극좌, 극우 정당의 활동을 방치하지 않기 위해 독일에서 주로 발전했다. 정당의 목적이나 활동이 민주적 기본질서에 위배될 때 국무회의 심의를 거쳐 청구한다(헌법재판소법 제55조).

마지막으로 권한 쟁의 심판과 헌법소원이다. 권한 쟁의 심판은 국가기관 상호 간, 국가기관과 지방자치단체 간, 지방자치단체 상호 간에 권한의 유무 또는 범위에 관하여 다툼이 있을 때 청구한다(제61조). 청구인은 해당 국가기관 또는 지방자치단체다.

헌법 소원은 국민 누구나 청구할 수 있다. 공권력의 행사 또는 불

행사로 인하여 헌법상 보장된 기본권을 침해받은 자가 요건이다(제68조). 법원의 재판은 제외된다. 헌법소원심판을 청구할 수 없다. 또 다른 법률에 구제 방법이 있는 경우에도 절차를 모두 거쳐야 한다.

헌법은 명칭은 달랐을지라도 국가라는 관념이 생성될 때부터 존재했다. 나라를 어떻게 구성하고 운영할까라는 필요성에서 생겨났다. 그렇지만 헌법이 다른 모든 법보다 우위에 있다는 원칙은 그리 오래되지 않았다. 국민의 대표인 의회가 법을 만든다는 권력분립이 확고히 정착된 이후 일반 법률의 정당성을 헌법에 비추어 판단하는 일이 상식으로 정착되게 된다.

노무현 정부 때 관습헌법이 큰 이슈가 되었다. 헌법에 명문으로 규정되어 있지는 않지만, 서울이 수도라는 점은 헌법 사항이라는 결정이었다.

관습법은 성문법이 없을 때 법으로 인정된다. 헌법도 관습법을 인정할 수 있다는 헌법재판소의 결정이었다. 성문헌법에 명문의 표현은 없어도 관습헌법을 어겨도 위헌이 된다. 당시 행정수도 이전을 위한 특별법을 위헌으로 결정했다. 이후에 정부에서 수도 이전을 위한 개헌을 추진하지 않아서 중단되었다.

헌법은 국가의 조직과 운영에서 기본적인 원칙들을 정하고 있다. 구체적인 내용은 법률로 정한다. 헌법과 구분하여 행정법이라 한다. 양자를 합쳐서 공법이라 한다. 물론 형법도 공법이긴 하다.

행정법은 크게 3영역으로 나뉜다. 행정조직법, 행정작용법, 행정구제법이다. 예컨대 정부조직법이나 지방자치법처럼 행정조직에 관한 법이 행정조직법이다. 행정조직에서 일하는 공무원에 관한 법도 행정조직법이라 할 수 있다.

행정작용은 행정부에서 하는 모든 일 또는 활동을 뜻한다. 대통령과 각 부 장관이 법을 만드는 일(행정입법), 군대를 보내거나 세금을 걷거나 음주단속을 하는 일(행정행위), 장기적인 목표를 설정하는 일(행정계획), 국민에게 협조를 요청하는 일(행정지도)이 모두 행정작용이다.

행정부가 하는 일이 행정작용이고, 입법부에서 하는 일을 입법작용, 사법부에서 하는 일을 사법작용이라고 한다. 통틀어 국가작용이다.

행정조직과 행정작용에서 문제가 있으면 국민을 구제해야 한다. 기본은 법원을 통해 구제하지만 행정부 자체에서 구제할 수 있는 제도도 있다. 통틀어 행정구제법이라 한다. 행정소송, 국가배상, 손실보상, 행정심판 등이 모두 결국 행정을 하는 과정에서 잘못이 있을 때 국민을 구제하는 제도들이다.

모든 나라가 우리나라처럼 헌법재판소를 두고 있지는 않다. 미국은 탄핵 심판은 상원에서 하고 위헌 법률 심판은 대법원에서 한다. 프랑스는 conseil constirufrmee라는 기관에서 담당하는데, 법원도 헌법재판소도 아닌 특별한 기관으로 분류한다. 프랑스는 민주주의 혁명과정에서 판사계급을 청산하는 역사가 있어서 다른 나라와 구별되는 사법제도를 운영한다.

우리나라 헌법재판소는 헌법에 별도의 챕터가 있어 법원과 다른 헌법기관이다. 그렇지만 3권분립으로 보면 사법부라는 점은 같다. 법관의 자격이 있는 사람 중에 헌법재판관을 임명한다.

모두 9명이고 국회, 대법원, 대통령이 각각 3명을 지명한다. 재판관 임기는 6년이다. 국회는 선출을 하는데 보통 다수당이 원하는 사람이 2명이다. 대법원의 대법관도 임기는 6년으로 같다. 대법관이 아닌 다른 법관은 임기는 10년으로 정해져 있는데, 대부분 연임된다.

대부분의 헌법재판은 9명 중 6명의 찬성이 있어야 한다. 특정 법률에 대해 헌법재판관 9명 중 과반수인 5명이 위헌이라고 하여도 위헌 결정이 선고되지 않는다. 탄핵 심판, 정당해산 심판, 헌법소원도 마찬가지다. 6명 이상이 찬성하여 법률이 위헌이라고 해도 모두 위헌 결정을 하지는 않는다. 변형 결정이 5가지 유형이 있다.

헌법 불합치는 법률이 헌법에 합치되지는 않지만 국회가 법을 개정하도록 기다린다. 위헌 결정을 하면 곧바로 법률이 무효가 되어버린다. 입법 촉구 결정은 헌법재판소가 결정하는 당시에는 위헌으로 선언하지 않는다. 그렇지만 향후 위헌 소지가 있어 보일 때 국회가 법을 개정하도록 하는 의견 표명이다. 헌법 불합치와 입법 촉구를 구분하지 않는 학자도 있다.

위헌 결정은 대상이 된 법률 조문 전체를 위헌이라고 선언한다. 그렇지만 일부 위헌은 해당 조문에서 일부 구절에 대해서만 위헌을 선언한다. 국가보안법은 구속기간을 연장하는 경우를 규정하고 있다(제19조). 조문은 '3조부터 10조의 죄'에 해당하는 경우라고 명시했는데, 헌법재판소는 제7조(찬양고무죄), 제10조(불고지죄)에 대해서만 구속기간 연장이 위헌이라고 결정했다.

한정합헌은 법조문을 여러 가지로 해석할 수 있을 때 헌법에 합치되는 방향에서 해석하는 경우에는 괜찮다는 의미다. 국가보안법상 반국가단체 찬양·고무·동조죄와 이적표현물 제작·소지·반포죄가 위헌은 아니지만, 국가의 존립·안전이나 자유민주적 기본질서에 실질적인 해악을 미칠 경우에만 적용해야 한다고 결정했다.

한정 위헌은 법률 조문은 합헌이라 그대로 두는데, 적용 범위를 제한한다. 민법 제764조는 타인의 명예를 훼손한 자에 대하여는 법원은 피해자의 청구에 의하여 손해배상에 갈음하거나 손해배상과 함께 명예회복에 적당한 처분을 명할 수 있다고 규정했다. 헌법재판소는 이 조문 자체는 합헌이지만, 만약 사죄광고를 하도록 처분하면 위헌이라고 결정했다.

5가지 변형 결정 유형인 한정합헌, 한정위헌, 일부위헌, 헌법불합치, 입법촉구는 법을 전공하지 않은 사람들이 엄밀하게 각각을 구분하기는 어렵다. 법학자들 사이에도 논란이 있다. 헌법재판 중 위헌 법률 심판에서 곧바로 위헌이라고 하기는 어려운 사정이 있는 경우라고 생각하면 적절하다. 내용이 어려운 만큼 일반인이 활용하기가 쉽지는 않다.

행정소송

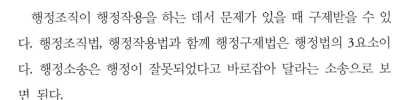

행정조직이 행정작용을 하는 데서 문제가 있을 때 구제받을 수 있다. 행정조직법, 행정작용법과 함께 행정구제법은 행정법의 3요소이다. 행정소송은 행정이 잘못되었다고 바로잡아 달라는 소송으로 보면 된다.

국가나 지자체가 법을 어겼을 때 바로잡아 달라는 소송도 가능하고, 돈으로 물어내라는 소송을 내도 된다. 돈으로 물어내라는 소송은 행정기관이 관여하고 있지만 행정소송이 아니라 민사소송이다. 행정소송으로 보자고 주장하는 학자들이 많지만, 실무상 행정소송으로 보지 않는다. 법에도 행정소송으로 규정하고 있지 않다.

행정이 잘못되었으니 바로잡아 달라는 소송을 엄밀하게는 항고소송이라 한다. 행정소송에는 이 외에도 3종류가 더 있다. 민중소송, 기관소송, 당사자소송이다. 잘못을 바로잡아 달라는 소송을 왜 항고소송이라고 하는지 행정법 교과서에 별로 설명이 없다. 짐작건대 법조계에서 민사소송이나 형사소송처럼 일반적이지 않아서 붙인 명칭이 아닌가 한다.

항고의 개념을 이해하려면 우선, 항소, 상고, 상소와 구분할 수 있어야 한다. 법원에서 재판을 하면 판결을 한다. 판결에 불복하면 항소, 상고를 한다. 2심으로 올라갈 때 항소, 3심으로 갈 때 상고라고 한다.

그런데 법원은 판결 말고도 결정이나 명령도 한다. 예컨대 가압류 결정이다. 돈을 갚으라는 민사소송을 하면 대개 강제집행을 하게 된다. 그런데 미리 재산을 빼돌려 버리면 소송에서 이겨도 강제집행을 할 수가 없다. 그래서 일정한 재산을 강제집행 할 수 있도록 피고가 처분을 못 하게 결정을 하는 경우가 있다. 이런 결정에 대해서도 불복할 수 있다. 항고다. 항소, 상고, 항고를 모두 통틀어 상소라고 한다.

판결이 아닌 결정에 대해 불복할 때 항고라고 하듯이, 민형사처럼 일반적이지 않은 소송이라 항고소송이라는 말을 붙여 구분한 듯하다. 항고소송은 또 3가지로 나뉜다. 취소소송, 무효등확인소송, 부작위위법확인소송이다.

취소소송은 행정이 잘못되었으니 취소해달라는 소송이다. 음주운전 단속으로 인해 운전면허 정지 처분을 받은 경우 위법이 있으면 취소소송을 내서 바로잡을 수 있다. 운전면허 취소를 몇 개월 정지로 변경해달라는 소송도 취소소송으로 본다.

무효등확인소송은 잘못이 더 커서 취소해달라는 정도가 아니라 애초에 효력이 없다는 주장을 할 때 활용하는 소송이다. 실제 있는 예는 아니지만, 쉽게 예를 들면, 구청에서 음주운전단속을 하고 면허를 정지했다고 하면 권한 없는 기관에서 했기에 무효다.

무효인데도 행정기관에서 계속 집행을 하면 소송으로 무효를 확인받는다. '등' 자가 붙은 이유는 처음에는 유효했지만 나중에 실효된 경우나 애초에 처분이 없었다는 확인을 받는 경우도 모두 포함하기 때문이다.

부작위위법확인소송은 행정기관에 뭘 해달라고 요구했는데, Yes 다 No다 답이 없을 때 내는 소송이다. 건축허가를 신청하면 해도 된 다든지 하면 안 된다든지 답이 있어야 하는데, 그렇지 않은 경우 위 법 여부를 따지게 된다.

민중소송은 선거소송이나 주민투표소송을 의미한다. 일반적인 소 송은 국민 개개인이 가진 권리를 실현하기 위한 목적이다. 그런데 선거소송이나 주민투표소송은 국민 개개인의 권리 실현이 아니라 선거 또는 주민투표라는 행정이 잘못되었으니 바로잡자는 공익 목 적으로 하는 소송이다.

민중소송 외에 민중이라는 말은 법에서 별로 쓰지 않는다. 사회학 이나 정치학에서 쓰는 민중의 개념과도 의미가 다르다.

기관소송은 행정기관 상호 간에 권한 다툼이 있을 때 하는 소송이 다. 헌법재판제도 중 권한 쟁의 심판과 개념상으로는 비슷하지만, 엄밀하게 들어가면 구분된다. 일반인이 소송을 제기할 일은 없다.

당사자소송을 이해하려면 행정청과 행정기관, 행정주체, 행정조직 의 개념을 먼저 구분할 수 있어야 한다. 행정조직은 가장 넓은 개념 이고 두루 갖다 붙일 수 있다. 중앙정부를 중앙행정조직이라고 하고 지방자치단체를 지방행정조직이라고 한다. 말 그대로 조직이다. 중 앙정부나 구청의 한 부서도 행정조직이다. 국가도 행정조직이다. 이 렇게 전체 조직과 부분 조직으로 나눠서도 쓸 수 있다.

행정조직 중에 국가와 지방자치단체는 행정주체라고 한다. 행정 주체는 법적인 권리와 의무의 주체가 되는 행정조직이라는 말이다. 사람은 권리능력을 갖는다. 또 법이 인정한 사람, 법인도 권리와 의 무의 주체가 된다. 국가와 지방자치단체도 법인으로 보아 권리능력을 부여해두었다. 예컨대 서울지방경찰청 소속 성북경찰서 경찰 공무원들이 사용하는 경찰차는 국가라는 행정주체 소유다. 소유권은 서울지방경찰청도 성북경찰서도 경찰 공무원도 갖지 않는다.

서울지방경찰청과 성북경찰서는 행정조직이다. 행정조직을 구성하는 사람, 공무원이 맡고 있는 직책을 행정기관이라고 한다. 장관도 구청장도 행정기관이고, 차관, 국장, 실장, 과장도 모두 행정기관이다. 기관은 큰 조직을 구성하는 일부 조직을 의미한다고 보면 된다. 인체에서도 호흡기관, 소화기관처럼 기관이란 개념을 사용한다.

행정기관 중에 자기 명의로 행정을 하는 곳을 행정청이라고 한다. 예컨대 서울지방경찰청은 행정청이다. 음주운전 단속의 경우 일선 교통경찰이 일을 하지만, 지방경찰청장이 운전면허를 취소하거나 정지하는 권한이 있다. 지방경찰청장 명의로 문서를 보낸다.

항고소송은 행정청을 대상으로 한다. 음주운전 단속에 걸려서 행정소송, 곧 항고소송을 하려면 지방경찰청장을 대상으로 해야 한다.

당사자소송은 행정조직 중에 법적인 권리능력을 가진 대상을 상대로 하는 소송이다. 예컨대 대구시립합창단원이 급여를 제때 못 받았다고 하면, 대구시를 상대로 소송을 내야 한다. 민사소송과 유사하지만, 행정소송으로 분류하고 있다.

행정법은 행정조직법, 행정작용법, 행정구제법으로 구성된다고 했다. 행정작용법에서 중요하게 다루는 내용 중 하나가 항고소송 대상이 되는 행정작용이냐 아니냐의 구분이다. 행정작용은 행정부에서 하는 모든 일이나 활동이라고 했다. 따라서 행정부에서 잘못을 했다 하더라도 모든 일에 대해서 법원에서 항고소송으로 받아들이지는 않는다는 말이다.

이런 예를 들 수 있다. 여름에 전력 수요가 너무 많아서 시청이나 구청에서 에어컨 사용을 자제해달라고 상가나 학원에 요청했다고 하자. 에어컨 사용을 금지하는 의무를 부여하는 명령을 했다면 위법이 있는 경우 당연히 항고소송으로 다루게 된다. 잘못이 있는지를 법원이 심사한다.

그런데 요청은 협조해달라는 의미이다. 의무를 부과하지는 않았다. 따라서 이럴 때는 행정이 잘못되었는지를 법원에서 아예 판단하지 않는다. 에어컨 사용 자제 요청이 위법이라고 보는 상가 주인이나 학원장은 억울하겠지만, 에어컨을 쓰고 안 쓰고는 본인의 판단이기 때문이다. 행정작용법에서 이렇게 법원에서 위법 여부를 따지는 행정작용은 행정행위라고 해서 따로 구분한다.

군대를 보내거나 세금을 걷거나 공무원을 임용하거나 음주단속을 하거나 운전면허를 주거나 건축 허가를 안 주거나, 다 행정행위다. 행정작용은 훨씬 넓은 개념이고 그중에서 항고소송의 대상이 되는 것을 행정행위라고 한다. 깊이 들어가면 더 복잡한 논의가 있지만, 행정작용 중에 잘못되었으니 바로잡아 달라는 소송을 하면 법원에서 아예 다루지 않는 영역과 다루는 영역으로 나뉜다는 정도만 이해하면 된다.

법원에서 소송으로 다룰 일은 아니라고 판단할 때 각하한다. 각하는 아래로 내친다는 말이다. 소송이라는 링에 올라가지도 못하는 일이다. 행정소송이 아닌 민형사소송과 헌법재판에도 각하제도가 있다.

작년 한 해 동안 가장 인기가 있었던 영화가 무엇인지 판결해달라는 소송을 냈다고 하자. 법원에서는 판사들이 그런 문제까지 에너지를 쓸 수는 없다고 내친다.

그렇다고 소송까지?

소송의 종류는 무척 많다. 권리 구제의 다양한 필요성으로 인해 다양한 유형의 소송제도가 마련되었다. 제도는 여러 가지가 있지만, 개인이 이용하기 쉽지는 않다. 수험에 대비하여 법 공부를 좀 한 사람도 큰 그림을 이해하기도 어렵다.

변호사 같은 자격증을 갖고 있더라도 실무와 이론은 다르다. 또 많은 경우 법적인 절차를 이용하는 사람은 억울함을 들어줄 사람이 필요하다. 법적으로 방법이 없을 때, 누군가 '너 정말 힘들었겠구나!' 한마디 위로로 다시 힘을 낼 수 있게 된다.

대부분의 사람들은 크고 작은 부당한 일을 겪으며 참고 살아간다. 층간소음도 몇 날 며칠을 참다가 겨우 어렵게 항의를 하러 간다. 그나마 조심하겠다고 하면 다행인데, 적반하장으로 나오기라도 하면 낭패다. 자칫하면, 참을 만하고 문제가 안 되니까 그동안 참지 않았느냐는 소리까지 듣게 된다.

지하철에서 이어폰을 끼지 않고 시끄럽게 음악을 듣고 있는 사람에게 얘기를 하면 왜 나만 그러냐는 시선이 돌아온다. 식당에서 밥

한 그릇 시켜놓고 죽치고 앉아 있으면 웬만해서는 나가라는 얘기를 못 한다. 기껏해야 출입을 금지한다는 게시를 붙여놓고 스스로 오지 않기를 바랄 수밖에 없다.

아파트 입주자 대표회의의 공식 의결이 없어도 자기 동 바로 앞 화단은 마음대로 해도 된다고 생각하는 사람도 많다. 여럿이 공유하고 있으므로 당연히 미리 정해놓은 공동의 의사 결정 절차를 밟아야 하는데, 상식이 아니다. 공적인 시설과 예산을 사리사욕을 위해 쓰려다가 국민들에게 피해를 끼치는 정치인들이 얼마나 많은가?

화단을 왜 마음대로 쓰냐고 문제를 제기하면 대체로 이런 답이 돌아온다. 예쁜데 왜 그러냐? 정말 꽃을 예쁘게 심어놓은 경우에는 내 편을 얻기가 어렵다. 니가 뭔데 그러냐? 물론 못 하게 할 권한은 없다. 어르신들이 소일거리 할 데도 필요하다. 그렇다고 공적 공간을 누군가 마음대로 사용해도 된다고 할 수는 없다. 입주자 대표회에 건의해서 일부 화단을 각자 사용할 수 있도록 승인을 받는 절차를 거쳐야 한다.

수많은 구호와 선전물들이 도로를 점거하고 있다. 사람은 없는데 농성텐트만 몇 달간 유지되는 경우도 많다. 좌와 우가 따로 없다. 독재 시절에는 너무 지나치게 표현의 자유를 억압해서 문제였다. 그렇지만 지금은 너무 지나치게 방치해서 문제다.

엄격하게 법을 집행하면 오히려 문제가 된다. 질서를 유지하기 위해 법에 정해진 대로 곧바로 집행하는 분야는 불법주차 단속 정도다. 때론 견인까지 한다. 아파트의 경우 떼기 힘든 접착 스티커를 붙이는 방식으로 단속한다. 사실 후자의 경우 손괴죄 같은 형법을 적용할 수 있다. 그렇지만 아직까지 아파트 주차 단속 스티커로 소송에 간 경우는 들어보지 못했다.

길거리에 엄청나게 많은 박스를 쌓아놓은 분을 오히려 도와줘야 한다는 캠페인을 지자체 차원에서 진행하기도 한다. 동네에서 장사하는 분들은 대부분 상품 박스나 오토바이 등을 당연하다는 듯이 가게 앞에 놓아 인도를 점거하고 있다. 간판은 또 얼마나 큰가? 한 개도 아니고 사방 돌아가며 걸고 유리로 된 창과 출입문에도 큼직하게 새겨놓는다. 그뿐만 아니라 온갖 거치 선전물을 늘어놓고 인도를 점용한다.

주차 단속 외에는 법은 있어도 제대로 단속하지 않는다. 민원이 들어가면 공무원들이 나서지만, 당사자들이 버티고 있으면 방법이 없다. 오히려 누군가 나서서 치우면 재산권 침해가 된다. 절도가 될 수도 있고 손괴가 될 수도 있다. 그렇지만 깨진 유리창 이론을 참고하여 작은 일탈부터 제때 바로잡을 필요가 있다.

깨진 유리창 이론은 제임스 윌슨과 조지 켈링이 주장했다. 미국의 범죄학자다. 만약 자동차의 유리창이 깨진 채로 도로에 방치되고 있다면, 그 지역에 범죄와 무질서가 가중된다는 이론이다.

생활에서 많이 경험할 수 있다. 예컨대, 아파트 화단을 보자. 처음 조성한 화단은 깨끗하다. 담배꽁초나 쓰레기를 버리려고 하다가도 쭈뼛하게 된다. 한두 개가 이미 버려져 있으면 큰 부담감을 가지지 않고 동참한다.

1960년대 후반 심리학계에서 이미 깨진 유리창 이론을 입증하는 실험이 있었다. 자동차 두 대를 모두 보닛을 열어놓고 방치한다. 한 대만 유리가 깨져 있다. 어떻게 되었을까? 예상대로 유리창이 깨진 자동차는 부속품이 없어졌고, 나중에는 파손까지 되었다.

뉴욕 시는 깨진 유리창 이론을 적용해 1990년대에 낙서 지우기 프로젝트를 실시했다. 지하철 낙서를 지우고 철저히 경범죄를 단속

했다. 범죄율이 50% 이상 줄어들었다.

장사하는 사람들은 이렇게 항변할 수 있다. 오토바이 세워두고 박스 놔둘 데가 없다. 그 정도도 못 하면서 하는 사업이 어떻게 정당화될 수 있을까? 결국 많은 사람들이 가만히 있기 때문에 일탈자들은 적반하장의 마인드를 갖게 된다.

당연하다고 받아들이지 않고 계속 민원이라도 내면 달라진다. 그렇지만 사실 민원을 내기 위해 전화 한 통도 내 돈과 노력과 시간이 들어간다. 그렇다 보니 X이 무서워서 피하나 더러워서 피하지 하는 심리로 회피한다.

작은 일탈은 모여 결국 오랫동안 쌓이면 큰 일탈로 이어진다. 많은 사람들의 희생이 이미 일어났고 회복하려면 엄청난 사회적 비용이 들어간다. 어떻게 보면 내가 할 수 있는 작은 일탈을 오히려 보란 듯이 여기는 측면도 있다. 높은 자리에서는 많이 해먹고 낮은 곳에서는 조금 해먹고.

문제 제기를 하는 사람이 오히려 별나다는 소리를 들어야 한다. 너만 왜 그러냐? 1980년대 후반 전교조를 결성하고 학교에서 촌지를 추방하기 위해 노력한 교사들은 오히려 이런 욕을 들었다. 너만 깨끗하냐?

경찰을 부르면 어떻게 경찰을 불렀냐고 되레 큰소리다. 우리 사회에서는 경찰이 중립적인 제3자로서 시시비비를 가려주는 위치에 있다고 인식하는 사람이 거의 없다. 소송을 내면 '어떻게 소송까지?' 이렇게 나온다.

민주와 개혁을 추진하는 사람들은 법기관에 대한 인식이 더욱 좋지 못하다. 직간접으로 과거 독재정권 시절에 정당한 표현의 자유, 집회의 자유, 결사의 자유가 제약된 경험 때문이리라.

주먹이 나가면 경찰이 와도 당연하게 여긴다. 폭행 같은 형법적 문제이기 때문이다. 그렇지만 말싸움에도 경찰이 개입할 필요가 있다. 경찰이 아니면 다툼이 발생했을 경우 법적인 권리, 의무 관계는 어떻게 되는지 알려주는 자격증이 필요하다. 경찰이 업무 영역으로 추가하면 가장 효율적이다. 일선 파출소는 동네마다 있기 때문이다.

시군법원을 도시에도 확대하여 동을 단위로 하여 1명씩 전담 판사를 두는 방안도 가능하다. 어떤 방법으로 하든 국가기관이 중립적인 제3자의 위치에서 분쟁 해결을 도와주는 역할을 해야 한다.

아직도 우리나라는 법 없이도 살 사람이라는 말이 칭찬으로 통한다. 법을 형법 위주로 생각하기에 경찰서 같은 법기관은 평생에 거치지 않아야 한다. 그렇지만 법은 헌법도 있고 민법도 있다. 권리 실현을 위해서도 부당한 의무의 부담을 하지 않기 위해서도 법은 필요하다. 국가기관의 도움이 필요하다.

마르크스주의의 영향으로 법과 국가에 대해 가진 자의 수단으로 보는 인식도 상당하다. 마르크스는 19세기 영국을 분석해 자본주의 법과 국가에 대한 명제를 정립했다. 2세기 가까운 세월이 흐른 지금 과연 법을 강자의 편으로 일방적으로 보는 시각이 타당한지 검토가 필요하다.

인도 같은 경우에는 국가가 대학 진학이나 취업에서 계급별로 할당제를 실시한다. 법은 벌써 카스트 제도를 철폐했지만 관습적인 계급이 강고하게 유지되기 때문이다. 상층 계급 출신의 대학생들이 계급별 할당을 반대하는 시위를 반대한다. 과연 법은 누구의 편인가?

법은 결국 활용하는 자의 편이다. 강자들이 많이 활용하기 때문에 강자의 편으로 보일 뿐이다. 국가는 사회적 약자들이 법을 쉽게 잘 활용할 수 있도록 돕는 제도를 고안해서 시행해야 한다.

비싸서, 복잡해서, 몰라서 법을 통한 권리 구제를 받지 못하는 경우가 많다. 결국 전태일이 답이다. 참여연대가 답이다. 법을 발견하고 법대로 하라고 요구하고, 새로운 법을 만드는 길밖에 없다.

어떻게 소송까지 하냐? 이런 인식부터 바꾸어야 한다. 결국 일탈자의 편을 들어주는 셈이다. 경찰을 불렀다고 관계를 끝내자는 뜻이냐고 큰소리를 내는 사람에게는 더 용기 있게 맞서야 한다. 시시비비를 가려야 똑같은 억울한 일을 다시 당하지 않는다. 지난 수백 년 동안 민주주의 법은 계속 발전해왔다. 활용하면 활용할수록, 법은 내 편이 된다.

소송 말고 이용할 수 있는
권리의 실현 방법

소송은 아무래도 부담이 된다. 비싸서, 복잡해서, 몰라서. 무료로 도움을 받을 수 있는 곳이 있다. 대한법률구조공단은 법률 상담은 누구나 무료로 해준다. 경제형편이 어려운 사람에게는 소송까지 도와준다. 이미 1987년에 정부에서 설립했다. 같은 해 법률구조법이 시행되었고 이 법에 따라 설립되었다.

경제적으로 어렵거나 법을 몰라서 법의 보호를 충분히 받지 못하는 자에게 법률구조를 함으로써 기본적 인권을 옹호하고 나아가 법률 복지를 증진하는 데에 이바지함을 목적으로 하는 법(제1조)이다. 변호사나 공익 법무관이 도와준다. 공익법무관은 변호사 자격을 취득하고 군복무를 대신하는 대체 복무다.

의외로 무료 법률 상담을 해주는 곳은 많다. 서울시에서는 마을변호사 제도가 있다. 시간을 맞춰야 돼서 원하는 때 바로바로 도움을 받기는 어렵지만 쓸 만하다. 지자체나 정부부처마다 홈페이지를 잘 뒤져보면 무료 상담이 가능한 곳을 찾을 수 있다. 노동문제의 경우 서울노동권익센터 같은 공공기관도 있고, 민주노총처럼 노동운동 관련 단체의 상담도 가능하다.

말만 잘 하면 일반 변호사 사무실이나 법무사 사무실에서도 무료로 도움을 받을 수 있다. 사무실마다 돈을 받는 경우와 비용이 다르다. 블로그 같은 데를 잘 살펴 활용할 수 있을 만큼 활용하면 된다.

돈을 내고 상담할 때는 미리 쟁점을 추려 한눈에 알아볼 수 있도록 정리하면 좋다. 증거가 될 만한 자료도 챙겨야 상담 시간을 줄일 수 있다. 변호사 사무실은 일반적으로 소요한 시간과 비례하여 비용을 청구한다.

소송 말고 다른 도움을 받을 수 있는 곳도 많다. 문재인 정부는 청와대 홈페이지에 국민소통 광장 메뉴를 열어서 국민 청원을 받았다. 30일 동안 20만 명 이상이 추천하는 청원에 대해서는 높은 사람이 답변하겠다는 메시지를 걸어두었다. 각 부처나 기관의 장, 청와대 비서관이나 보좌관이 응답하겠다는 소통의 수준은 높이 평가할 만하다.

정부 부처나 지자체들은 모두 홈페이지에 다양하게 민원을 제기하거나 의견을 수렴하는 메뉴가 있다. 특별기구로는 국가인권위원회와 국민권익위원회를 활용하면 좋다. 국민권익위원회는 고충민원 처리와 함께 불합리한 행정제도 개선, 부패 발생 예방과 규제를 목적으로 하는 기구다(제1조). 국민권익위원회는 중앙행정심판위원회도 운영한다.

행정심판은 행정소송과 비슷한 제도인데, 법원까지 가지 않고 행정부 내에서 해결해보라는 취지다. 중앙행정심판위원회 외에 시도별로 행정심판위원회를 별도로 운영한다. 행정심판의 대상은 행정소송과 거의 유사하다. 비용은 받지 않고 시간도 소송보다 짧다. 행정심판을 통해 행정에 잘못이 있었다는 판단을 받지 못하더라도 다시 행정소송을 제기해도 된다.

민주주의는 법원을 통해 구제하는 시스템이지만, 행정부 자체로 해결해보라는 추가적인 구제제도로 이해하면 된다. 법원에서 판사들이 판단을 하지 않기에 소송 대신 심판이라는 용어를 쓴다. 판결도 재결이라고 한다. 굳이 변호사의 도움을 받지 않더라도 법무사나 행정사 등에게 서류를 써달라고 해서 적은 비용으로 할 수 있다.

정보화 시대가 되면서 행정조직에서 인터넷을 활용하여 국민 의견을 수렴한다. 의견을 수렴한다고 해서 해당 조직에서 국민의 의견을 그대로 따를 필요는 없다. 결정 권한 자체가 넘어간 경우는 많지 않다. 정치학이나 행정학, 사회학에서는 거버넌스 이론이 많이 부상했다. 민간인들을 참여시켜 의사결정에 활용하는 틀로 이해하면 크게 틀리지는 않는다.

거버넌스가 확대되어도 결정 권한 자체는 대체로 건드리지 않다 보니, 어떤 경우에는 국민 의견 수렴을 해당 조직에서 의사결정을 정당화하는 논리나 수단으로 활용한다. 여러 의견 중에 기관에서 원하는 대로 의사를 결정하고 주민의 의견을 받아서 행정을 했다는 논리를 펴는 식이다. 서울시장은 시장 위에 시민이 있다며 결재란을 따로 만들었다. 법적인 의미는 없다.

국민 참여 확대에 대해서 부정적으로 보는 시각은 그리 많지 않다. 그렇지만 포퓰리즘으로 전락할 가능성과 침묵하는 다수의 존재 가능성에 대해서는 경계해야 한다. 포퓰리즘은 원래 뜻은 나쁘지 않다. 대중의 의사를 반영하는 정치활동을 뜻한다.

문자 그대로의 뜻과 달리 선동에 휩쓸려 민주 원칙에 상관없이 국정을 운영하는 경우 포퓰리즘으로 큰 문제가 된다. 선심성 정책을 펴면서 국민 지지를 받았노라고 정당화하는 경우 포퓰리즘으로 변질될 수 있다.

침묵하는 다수는 자기 의견을 공개적으로 내놓지 않는 절대다수의 사람을 의미한다. 국민 참여의 장에 많은 사람이 참여하듯 보이지만 전체 인구 또는 유권자 수를 기준으로 하면 소수다. 심지어 선거를 하지 않는 사람도 몇십 퍼센트나 된다.

인터넷 공간을 활용해 참여의 장을 열어놓으면 아무래도 손품을 열심히 파는 사람 소수의 뜻이 정책에 반영될 가능성이 있다. 과연 진정으로 다수 국민의 뜻인지 확인할 길은 없다.

민주주의가 보편적인 사회운영원리로 자리 잡으면서 간접민주제, 곧 대의민주제가 기본 방식이 된 사정도 비슷하다. 인구가 많아서 직접민주제를 하기 어려운 사정도 있지만, 국민의 대표로 선출된 사람에게 임기에 있는 동안은 소신껏 결정하도록 한 데는 철학적인 논거가 있다.

과거 계급사회에서는 귀족계급, 성직자계급, 부르주아계급을 대표해서 의회에 나갔기 때문에 언제든 해당 계급에서 소환하면 의회에서 내려와야 했던 시스템이다. 그렇지만 민주주의사회가 되면서 계급 자체가 소멸되었기 때문에 간접민주제가 되었다.

4년의 임기가 너무 길다고 해서 국민소환제 같은 정책의 도입을 주장하는 사람이 있지만, 과연 대의민주주의보다 발전된 제도인지는 의문이다.

IT의 발전으로 전자적 방식으로 직접민주제가 가능해졌기 때문에 도입하자는 주장도 있다. 기술적으로는 그렇다 하더라도 과연 철학적으로 바람직한지에 대해서는 늘 성찰해야 한다. 대의제는 실현 가능성과 효율성 면뿐만 아니라 다수의 결정이 잘못되는 경우도 있다는 인식이 깔려 있다. 나치의 집권을 돌아봐도 그렇고, 군부독재정권 시절 남용된 국민투표를 보더라도 그렇다.

다수의 결정이 늘 옳다고 본다면 사법부에서 위헌법률을 심판하게 하는 시스템은 당연히 허용될 수 없다. 국회의원과 대통령처럼 직접 선출하지 않기 때문에 법원은 민주적 정당성이 없다고 한다. 그렇지만 민주적 정당성이 없는 법원에 사법적 판단을 맡기는 데는 일정한 타당성이 있다. 권력분립사상과 견제와 균형의 조화로운 운영을 통해 민주주의의 발전, 결국 인권의 보장을 꾀하기 때문이다.

오늘날 민주주의사회에서는 법치주의를 일반적으로 채택한다. 왕이 다스리던 시절, 군주의 의사가 곧 법이었다. 상층계급은 법의 적용이 배제되는 특권도 누렸다.

민주주의사회로 와서 법이 최상위의 기준이 되었다. 이에 따라 법을 만들어 법대로 독재를 하는 자들도 생겨났다. 제2차 세계대전 이후에는 실질적 법치주의라는 개념을 도입해 법대로 했다고 해서 무조건 옳다고 보지는 않게 되었다. 실질적으로 인권을 보장하고 민주주의 원칙을 준수하는지를 일일이 따진다.

기술적으로 IT를 활용한 투표가 가능해졌기 때문에 지역을 중심으로 한 대표 선출 방식은 재고할 필요가 있다. 교통과 통신이 발달하지 않았을 때는 지역을 갈라 선거구를 책정하는 외에 다른 방식은 채택하기 힘들었으리라.

그렇지만 이제는 유권자 등록을 다른 지역에 하든, 직능별로 하든, 매번 선거구를 조정해도 문제가 없다. 정보통신을 활용하면 당장 도입할 수도 있다. 서울에 살더라도 대구에 사는 후보를 지지할 수 있게 하는 방식이다. 이렇게 되면 비록 자영업자지만 노동계에 유리한 정책을 내는 후보에게 투표할 수도 있다.

소송을 내야겠어

태어날 때부터 주어지는 법적 지위(권리능력)도 있고, 각자가 자신의 의사에 따라 형성하는 권리와 의무도 있다. 권리능력은 누구에게나 주어지지만, 그 행사는 같지 않다. 예컨대 미성년자의 경우 모든 권리와 의무를 다 누릴 수 없다. 선거권은 일정한 연령에 도달해야 하고, 재산권 행사도 용돈 범위 내에서만 가능하다.

치매 어르신의 경우에도 집을 파는 계약을 하면 되돌릴 수 있는 권리를 자녀들에게 부여하고 있다. 권리능력과 구분하여 행위능력이라는 개념으로 설명한다. 미성년자와 치매 어르신의 경우 권리능력은 일반 성인과 동일하지만 행위능력이 제한된다.

또 구분해야 하는 개념이 있는데, 의사능력이다. 말 그대로 스스로 판단해서 결정할 수 있는 능력이다. 식물인간이나 술에 너무 취해 몸을 가누지 못할 때는 의사능력이 없다고 한다. 갓난아기도 그렇다. 의사능력이 없는 사람이 결정을 할 수는 없다.

그렇지만 신생아의 주식도 사고판다. 치매 어르신도 마찬가지다. 법으로 정한 대리인이 있고, 법률관계를 맺을 수 있다.

범죄 피의자를 형사처벌 하기 위해서도 의사능력을 요구했다. 책임무능력상태라는 개념을 사용한다. 예컨대 만취한 상태에서 사람을 다치게 한 경우, 범죄를 판정하는 데 반드시 필요한 고의나 과실을 인정할 수 없다는 식이다. 술 취한 사람의 경우에는 문제가 많다는 비판에 법이 개정되었다. 오히려 위험 발생을 예견하고 심신장애를 야기한 경우는 당연히 처벌하도록 바뀌었다.

소송법에서는 권리능력을 당사자능력이라 한다. 소송의 당사자가 유효하게 소송을 할 수 있다는 의미다. 행위능력은 소송능력으로 부른다. 지금은 민주주의 원칙에 따라 사람이라면 당연히 권리능력을 갖고 따라서 소송법상 당사자능력도 보유한다.

앙시앵레짐 시절에는 사람이라고 다 같은 사람이 아니었다. 신분에 따라 권리능력이 달랐다. 노예 또는 노비는 사람으로서 권리능력이 인정되지 않았다. 물건이었다. 노예는 소송을 낼 수 있는 권리도 당연히 인정되지 않았다.

지금도 동물은 소송을 내면 받아들여지지 않는다. 우리나라 환경운동에서 도롱뇽소송은 유명하다. 터널 공사에 반대하는 환경운동가들과 종교인들이 도롱뇽의 권리를 주장하며 소송을 냈다. 소송은 각하되었다. 각하는 아래로 내친다는 말이다.

고양이에게 재산을 상속하겠다는 유언도 법적으로는 효력이 없다. 다만 다른 사람 또는 법인이 재산을 맡아 해당 고양이를 보살피는 데 쓰게 할 수는 있다. 엎어치나 메치나라고 할 수 있는 문제는 아니다.

우리는 보통 법과 상관없이 인간관계(생활관계)를 당연히 누릴 수 있다. 법은 인간이 맺는 다양한 관계 중 법률관계에 기준을 제공한다. 권리와 의무의 문제다. 법으로 인정되는 권리는 결국 소송을 통해 국가의 도움을 받을 수 있다. 법에 규정된 의무는 자율적으로 이행하지 않으면 국가가 강제로 관철한다.

법원의 판사들이 들어오는 소송을 모두 판결하지는 않는다. 법적인 문제인가 아닌가를 미리 따져본다. 권투시합을 하려면 일단 링 위에 올라가야 하는데, 링에 올라가지도 못하게 하는 경우가 있다. 링 위에 올리지 못할 문제는 무엇인지 법학자들이 연구한다.

예컨대 올해 최고의 영화는 무엇인가? 판사들이 판결할 문제는 아니라고 본다. 판사들도 개인적인 차원에서 견해는 당연히 있다. 그렇지만 법원에서 판결하는 순간 다른 견해를 말하는 사람은 위법이 된다. 판결은 과연 법이 무엇인지를 판단하고 결정하는 과정이기 때문이다.

친구끼리 영화를 보기로 했는데, 오지 않은 경우 분명 나는 시간의 손해를 입었다. 내 돈으로 예약했는데 무르지 못했다면 금전적 손해도 입었다. 그렇지만 이런 경우에도 소송을 내면 인정되지 않는다.

해마다 몇 번씩 가서 풍경과 햇볕을 누리던 바닷가에 어느 날 군사기지가 들어온다. 너무 화가 나서 소송을 내도 각하된다. 법률상 이익이라고 보지 않기 때문이다. 군사기지가 만들어지는 근처에 사는 사람은 재산권에 큰 영향을 받게 된다. 이들은 소송을 내면 과연 잘못이 있는지 없는지 판사들이 따져본다.

대통령의 중요한 결정도 법원에서는 가급적 관여하지 않으려고 한다. 예컨대 남북관계에서 정상회담 같은 중요한 결단을 했을 때 법원은 소송의 대상이 아니라고 본다. 헌법학과 행정법학에서는 통치행위라는 개념으로 설명한다.

소송을 내서 법원에서 판결을 받을 수 있어도 대부분 소송을 내지 않는다. 주변을 돌아보면 법정에서 재판을 받은 사람은 거의 찾아보기 어렵다. 형사재판을 받고 교도소에 있는 사람도 5만에서 10만 규모라 인구 전체로 보면 많지 않다.

사실 판사들은 격무에 시달린다. 통계를 보면 소송은 너무 많다. 민사소송의 대부분은 돈을 빌려준 은행 같은 금융기관이나 상품을 판매하고 떼인 회사에서 낸다. 보험도 들고 안전장치를 마련하지만 결국 소송을 제기한다.

북한 같은 사회주의 나라들은 기업 설립도 국영 차원에서만 허용되고 돈을 자유롭게 빌려줄 수도 없다. 그렇기 때문에 재산권을 다투는 민사소송이 거의 없다. 이혼재판 같은 가족법상의 소송은 있지만, 이마저도 판사들이 당사자들을 교양하여 가급적 이혼하지 않도록 유도한다.

민주주의 시스템과는 법률가의 역할이 완전히 다르기 때문이다. 미국은 또 다르다. 소송천국이다. 수년 전 어떤 판사가 한국계 교포가 하는 세탁소를 상대로 천문학적인 액수의 소송을 걸었다. 논리구성에 따라 망친 바지는 얼마 하지 않더라도 정신적인 위자료 배상은 가능할 수 있다.

우리나라는 구한말 서구의 법제도를 도입했다. 일제강점기에는 당연히 일본법을 그대로 썼다. 일부 다른 조항이 있는 정도였다. 예컨대 일본 본토에는 태형이 없었지만 조선에는 법적인 처벌로 존재했다.

해방되고 나서도 상당한 기간 일본법을 그대로 썼다. 우리 국회에서 제정한 민법은 1960년에야 시행됐다. 직접 만든 법을 적용해도 이론은 일본 법학계의 논의를 거의 그대로 따랐다. 70-80년대 독일로 많은 학자들이 유학을 가서 직접 대륙법을 공부했다. 90년대 이후에는 미국법도 많이 도입되었다.

법은 서구법이지만 인식과 관행은 전통에 머물러 괴리가 상당하다. 소송을 낼 수 있는데도 소송을 내지 않는 큰 이유도 여기에 있다. 법을 형법 위주로 생각하기 때문이기도 하다. 잘못을 저질렀을 때 법이 개입한다는 발상이다. 감옥과 경찰서는 당연히 멀면 좋겠지만 법은 다양하게 활용할 수 있다.

1970년 전태일은 자신의 몸을 불살라 조문으로만 존재하던 법을 세상에서 살아서 작동할 수 있도록 끄집어냈다. 1990년대 중반부터 참여연대 같은 시민단체들은 직접 법을 만들기 시작했다. 이미 있었고, 가진 자들만 활용하던 입법청원제도를 적극적으로 활용했다. 소송도 많이 냈다. 혼자서 소송을 내기는 쉽지 않지만, 전문가들이 시민운동 차원에서 도와주니 법이 시민의 무기로 점차 바뀌어갔다.

인권의식이 높아지고 각자의 이익에 민감해지는 만큼 법은 개선된다. 또한 법이 강자의 수단에 머무르지 않고 약자의 무기가 된다. 민주화 이후 많은 분들의 노력으로 소송까지 가지 않더라도 권리를 실현할 수 있는 많은 제도가 생겼다. 무료로 법률 상담을 해주는 기구도 많아졌다.

행정심판은 대표적이다. 이의신청제도, 민원, 고충처리. 명칭은 다양하지만 법원에서 담당하는 권리 구제를 간편한 형식으로 더 싼 비용으로 시간도 오래 걸리지 않는 선에서 돕는다.

소송은 크게 형사소송과 민사소송, 행정소송이 있다. 민주화 이후 제정된 현행 헌법은 헌법소송도 있다. 형사소송은 형법을 어긴 범죄자를 처벌한다. 검사가 국가의 대표자로 국가가 정한 규칙을 심각하게 위반했기 때문에 처벌해야 한다고 주장한다.

대부분은 개인의 법익(법이 보호하는 권리와 이익의 형법적 표현)을 침해한 경우이다. 국가적 법익과 사회적 법익을 해쳐도 처벌한다. 내란죄, 간첩죄 등이 국가의 이익을 건드린 국가적 법익에 대한 문제이다. 도박죄 같은 경우 당사자들이 자기 돈을 잃고 따지만 사회적으로 금지한다.

민사소송은 국가가 관여하지 않은 개인(엄밀한 개념으로는 사인. 자연인과 법인을 포함한다) 간에 발생하는 법률관계에 대한 소송이다. 개인들 간에는 권리의 침해가 있어도, 예컨대 돈을 빌려주거나 물건을 팔았는데 돈을 받지 못했다고 해보자. 이 경우에도 자기 힘으로 구제하면 안 된다. 자력구제 금지 원칙이다. 소송을 통해 법원의 판결을 받아서 강제집행 하는 방식으로 권리를 행사해야 한다.

민사소송을 낼 수 있는 사안에 대해서도 법원까지 가지 않고 해결할 수 있는 제도가 많이 있다. 예컨대 물건을 구매하고 문제가 있다면 소비자보호원 같은 기구를 활용할 수 있다. 아파트 층간소음으로 인한 갈등도 원칙은 사인들 간의 문제이다. 그렇지만 행정적으로 도움을 주는 기구가 있다.

변호사 같은 전문 자격을 소지한 사람이 아닌 경우 법을 공부해도 시험 문제 이상을 벗어나지 못하는 경우도 많다. 법을 몸으로 이해해보려면 소송을 내보기를 권한다. 형사 피의자는 당연히 되지 않아야 한다. 민사소송은 돈이 꽤 들긴 하지만, 법을 약자의 무기로 활용하기 위해서도 필요하다. 툭하면 소송을 내겠다고 윽박지르고 실제로도 마구 소송을 내는 사람들도 있지 않은가.

반려동물 키우기

나라의 경제형편이 좋아지면서 애완산업이 커졌다. 선진국적 현상이라고 해도 과언이 아니다. 언제부턴가 애완이라는 말도 반려동물로 바꾸어야 한다는 주장이 주류가 되었다. 개든 고양이든 가족으로 생각하는 사람도 많다.

수십 년 전에는 집에서 키우던 개는 때가 되면 당연히 잡아먹었다. 아끼던 강아지가 어느 날 없어진, 어린 시절의 아픈 기억을 가진 이들도 상당하다. 과거보다 보신탕을 야만적으로 보는 시각이 상당히 늘어났다.

프랑스의 한 배우는 공개적으로 우리나라의 보신탕 문화를 비난했다. 대응 논리는 대체로 문화상대주의 관점에서 잘못된 주장이라고 한다. 일각에서는 개를 가축으로 보는 법 개정을 해야 한다고 주장했다.

가축의 정의는 축산법에 규정되어 있다. 소, 돼지, 닭, 오리 같은 우리가 아는 가축들이 나열되어 있다. 시행령과 농림축산식품부 고시까지 들어가면 기러기, 오소리, 곤충, 지렁이도 들어 있다. 지금은 시행령에 개가 가축으로 들어갔다.

법적으로 가축이 되면 축사시설의 운영을 비롯해서 축산업에 필요한 각종 규제를 받게 된다. 축산법 이외에도 가축 및 축산물 이력 관리에 관한 법, 가축분뇨의 관리 및 이용에 관한 법률, 가축전염병 예방법 같은 별도의 법률도 많다.

특정 동물을 먹게 하거나 먹지 못하게 법으로 정하는 일은 종교적 경건성이 강한 나라가 아니면 거의 인정하지 않는다. 이슬람이나 힌두 쪽은 돼지와 소에 대한 특별한 종교적 의미가 있기 때문에 예외적이다. 기본 교리로 살생을 금하는 불교도 스님들과 열성 신도들은 고기를 안 먹기도 하지만 법적인 차원은 아니다.

법적으로 금지하는 문제와 그렇지 않은 문제는 다르다. 미국은 20세기 초에 술을 헌법으로 금지한 적도 있었는데, 부작용이 더 컸다는 평가다. 마피아를 비롯해서 음성적인 술 제조와 유통이 성행해 사회문제가 되었다. 그 시절을 다룬 영화는 무척 많다.

동물은 과연 어떤 법적 지위를 가지는가? 반려동물을 가족이라고 생각해도, 말도 안 된다고 비판해도 법은 개입하지 않는다. 아직까지 법은 동물에 대해서 물건으로 취급한다.

형법은 동물도 재물로 본다. 형법상 손괴죄는 타인의 재물, 문서 또는 전자기록 등 특수매체기록을 손괴 또는 은닉 기타 방법으로 기 효용을 해한 자를 처벌한다(제366조). 자기 소유의 동물에 대한 손괴죄는 개념상 성립하지 않는다.

동물을 물건으로 보는 법적 견해에 대해 문제 제기가 있었다. 우리말의 뉘앙스로는 물건과 사람 사이에 생명체가 존재해야 마땅하다. 그런데 법에서 물건은 영어로 thing 정도의 의미다. 서양 언어의 뉘앙스로는 사람이 아닌 존재를 모두 포괄한다.

동물에 대한 학대행위를 방지하는 법은 있다. 동물보호법이다. 동물학대와 관련하여 많은 처벌 조항이 있다. 이 법은 동물학대 방지와 함께 국가가 동물복지에 관한 종합계획을 수립하도록 규정했다(제4조).

복지라는 말을 사람에게만 쓰는 개념이 아닌 시대가 되었다. 반려동물이라는 개념도 법에서 그대로 쓴다. 2020년 8월부터 조문이 추가되었다. 반려(伴侶) 목적으로 기르는 개, 고양이 등을 의미한다(제2조 1의 3). 사람에게 쓰는 반려자처럼 반려동물은 법적 개념이 되었다.

동물자유연대 같은 단체가 대중교통에 광고하는 일도 과거에는 상상하기 힘들었다. 이런 활동도 당연히 자유다. 채식주의자들은 가까운 주변 식당에서 채식을 선택할 수 없다고 비판한다. 때론 채식주의자가 아닌 사람들을 싸잡아 비인권적 또는 비생태적이라는 식의 주장도 한다. 야만인 취급이다.

채식을 하든 고기를 함께 먹든 법은 개입하지 않는다. 과도한 비난에 대해서도 웬만해서는 당사자들끼리 치고받아야 한다. 물론, 형법상 폭행까지 가지 않는 한도에서 그렇다.

생태 가치를 중요하게 생각하는 사람들은 아예 동물을 사람과 똑같이 권리가 보장되어야 한다는 주장도 한다. 견권 같은 말을 쓴다. 대부분은 법적인 권리능력이나 이런 차원에서 하는 말은 아니다.

단순히 동물을 소중히 아끼고 보호하자는 뜻이라면 상관없지만, 법적인 차원에서 정말로 사람과 동일한 권리와 의무를 말한다면 받아들이기 어렵다. 동물이 상속을 받고 동물이 소송을 하고 동물이 물건을 사고팔고. '둘리틀 선생의 항해기' 같은 상상의 세계에서는 가능하지만 사람과 동일한 법률관계를 형성할 수는 없다.

법에서 동물을 물건이라고 하니까 상당히 비정하게 들릴 수 있다. 그렇지만 법적 개념은 엄밀한 논리적 개념이다. 비록 물건이라는 뉘앙스는 동물보다 하등하게 들리지만, 법적인 의미는 그렇지 않다.

범죄의 대상 또는 객체로서 학문적 개념이기 때문에 굳이 비정한 느낌을 가질 필요는 없다. 민주주의 이전 앙시앵레짐 시대에는 사람도 물건으로 취급했다. 노예는 재산이었기 때문에 사고팔 수 있었다.

동물을 기타 물건과 구분하여 사람과 물건 사이에 중간적 지위를 가지는 식으로 이론 구성을 할 수는 있다. 그렇다 하더라도 동물보호법 이상의 지위를 부여하기는 쉽지 않다.

동물보호법이라는 특별법을 통해서 동물학대에 대해서는 국가적 관여가 가능하게 되었다. 동물학대죄도 재물손괴도 최대 징역 3년까지 때릴 수 있다. 야생동물도 야생생물 보호 및 관리에 관한 법률에 따라 함부로 할 수 없다. 사람의 생명이나 재산에 피해를 주는 유해 야생동물은 그렇지 않지만 기본적으로 모든 야생생물은 사람과 공존하는 건전한 자연환경을 확보해야 한다(제1조).

반려동물로 인해 나타나는 현상 중에 동물의 본성과 어긋난다는 비판도 상당하다. 예컨대 옷을 입힌다거나 신을 신긴다거나 하는 행위가 과연 바람직한가 하는 주장이다. 학대에 해당한다고 보기는 어렵겠지만, 진정으로 동물복지를 생각한다면 열린 자세로 경청할 만하다.

또 어떤 이들은 반려동물을 좋아하는 사람들은 인간관계에는 약하다는 주장도 한다. 사람 사이에는 많은 노력이 필요하지만 동물은 마음대로 할 수 있기 때문이라고 설명한다. 반면, 동물애호가들은 동물을 좋아하는 사람치고 나쁜 사람 없다고 한다. 과학적 근거를 확인하기는 어렵지만, 서로를 배타적으로 보는 시각은 만만치 않다.

동물로 인해 일어나는 타인의 불편은 형법이 개입할 정도가 아니면 당사자끼리 해결해야 한다. 예컨대 특수폭행은 단체 또는 다중의 위력을 보이거나 위험한 물건을 휴대하여 폭행죄를 범한 때에 성립한다(제261조). 동물은 물건으로 보기 때문에 사나운 개를 동원한 경우 해당할 수 있다. 특수상해, 특수협박 등의 규정도 마찬가지다.

반려견의 식당 출입 금지는 일종의 계약 내용이다. 계약은 청약과 승낙으로 이루어진다. 먼저 팔겠다는 사람이 있으면 사겠다는 사람이 있어야 한다. 식당에서 음식을 파는 계약을 위해 청약을 하면서 반려동물을 수반하는 사람은 제외하는 정도로 볼 수 있다. 계약은 각자가 자유롭게 그 내용을 형성할 수 있다.

사회적으로 문제 되는 경우는 있다. 동물의 경우는 아니었지만 예전에 한 호텔에서 한복을 입은 경우 출입을 금지시킨다고 했다가 미디어의 이슈가 되었다. 서양 레스토랑의 드레스 코드 관습을 따랐다고 볼 수 있다. 그런데도 한복의 금지라는 민족 감정 차원의 문제가 되어버렸다. 법적으로는 문제 삼기 어렵다.

국가나 지자체에서 운영하는 공원에 반려동물을 금지할 수 있을까? 정책 결정의 문제이다. 반려동물을 데리고 산책할 수 있는 권리를 인간 존엄이나 행복추구권으로 논리 구성을 하면 공원에 반려동물을 금지하기 어렵다.

이 정도까지 법률상의 이익으로 인정하기는 쉽지 않아 보인다. 헌법적으로 그렇게 논리 구성을 하더라도 법률로 구체적으로 규정되어야 한다. 법률상의 이익으로 보게 되면 소송을 내서 권리를 누릴 수 있다.

정책으로 결정할 수 있더라도 반려동물 출입을 아예 금지하기는 사실 상당한 부담이 된다. 현행 도시공원 및 녹지 등에 관한 법률은 배설물을 수거하지 않는 경우와 통제할 수 있는 줄을 착용시키지 않는 경우만 금지하고 있다(제49조). 배설물은 모든 동반한 애완동물에게 적용하고, 통제할 수 있는 줄은 애완견에게만 적용한다. 배설물도 소변은 의자 위의 것만 해당한다고 괄호를 쳐서 구분하고 있다.

지자체에는 꽤 많은 반려동물 조례가 제정되어 있다. 화성시의 경우 중증장애인의 반려동물 진료비도 지원한다. 용인시의 조례는 반려동물 애호가들의 관점에서는 가장 앞서 나가고 있다고 할 수 있다. 이 조례는 동물의 생명 보호와 복지 증진을 넘어, 사람과 동물이 평화롭게 공존하는 반려문화 확산과 생명존중 의식 함양에 이바지함을 목적으로 한다(제1조).

외국에서 애완용 동물을 휴대 반입할 경우 검역을 하고 관세를 납부하여 통관시키도록 관세청예규로 정하고 있다. 동물에 대하여 어떤 법적 태도를 취할지는 결국 사람이 정하기 나름이다.

장기적인 경향성으로 보면 동물의 권리를 인정하는 방향, 동물과 사람이 공존하는 방향으로 예상된다. 이때가 되면 관세청예규의 검역과 통관이라는 개념도 바뀔 수 있다. 동물을 물건으로 취급하지 않고 사람과 가까운 쪽으로 다루게 되기 때문이다.

문화생활

　정보화와 제4차 산업혁명이 진행됨에 따라 게임을 비롯한 새로운 미디어를 통한 문화생활이 늘어났다. 각자 개인을 기준으로 했을 때 문화생활을 더 많이 하는지는 확인하기 어렵지만, 사회 전체의 통계를 보면 확실히 달라졌다. 세탁기나 청소기처럼 집안일을 쉽게 해주는 전자제품도 많아져서 아무래도 문화생활 시간은 늘어났으리라.

　이미 80년대부터 책과 라디오가 아닌 TV, 영상의 시대로 전환되었다는 평가가 있었다. 유튜브와 SNS를 비롯하여 개인이 제작한 영상이 방송국이나 기획사처럼 큰 회사가 만든 영상과 경쟁을 하는 시대가 되었다. 세계적인 성공을 거둔 BTS는 SNS를 잘 활용한 대표적인 케이스로 꼽힌다.

　블로그가 처음 활성화되었을 때 개인이 독립된 매체를 발간한다는 의미가 있었다. 큰 언론사에 소속된 기자처럼 기사를 써서 누구에게나 소식을 전하고 의견을 공표할 수 있게 되었다. 일각에서는 제대로 훈련되지 않은 아마추어들이 언론의 질을 떨어뜨린다는 지적도 한다. 그렇지만 민주주의 법원칙 중 표현의 자유가 신장되었다는 점에서는 큰 진전이다.

텍스트 위주의 블로그에서 어느덧 영상의 시대로 넘어왔다. 촬영과 편집이 쉬워지면서 유튜브를 필두로 바야흐로 크리에이터의 시대다. 블로그 시절에 파워 블로거가 있었듯이 유튜브 시대가 되고 나서 엄청나게 고수익을 올리는 크리에이터가 나왔다. 텍스트뿐만 아니라 영상으로 더 효율적으로 표현할 수 있게 되었으니 역시 표현의 자유는 크게 신장된 셈이다.

명이 있으면 암이 있기 마련. 저작권 침해, 혐오 표현 또는 가짜 뉴스, 화장실 낙서 수준의 댓글, 댓글 조작, etc. 많은 사람들이 법을 어겼고 대책을 세우기 위해 다양한 노력이 진행 중이다.

표현의 자유는 어쩌면 쓰레기 더미 위에서 피어나는 꽃인지도 모르겠다. 미국의 경우 포르노 매체를 발간하는 업자들이 표현의 자유를 내세우며 소송을 제기하여 이론이 발전했다는 평가가 일반적이다.

민주주의 세상이 되면서 인권을 보장하기 위해 기본권 이론을 발전시켜 왔다. 많은 자유는 최대한 보장되어야 한다. 그렇지만 당연히 타인의 권리를 침해해서는 안 된다. 타인의 생명, 신체, 재산, 명예 그 어떤 권리도 함부로 다룰 수 있는 자유는 인정할 수 없다.

내가 원하지 않는 바는 남에게도 하면 안 된다. 동양이든 서양이든 이런 원리는 고대에서부터 확립되어 있다.

문화생활에서도 마찬가지다. 이른바 불따, 곧 불법 다운로드는 저작권 침해다. 영화나 드라마처럼 큰 회사에서 만든 콘텐츠뿐만 아니라 개인이 블로그나 유튜브에 올린 소소한 글이나 영상도 모두 보호 대상이다.

불따에 무단으로 올린 사람은 당연히 형사처벌을 받고, 손해배상 책임을 진다. 본 사람은 내 돈 내고 봤는데 왜 그러냐 싶겠지만, 본인의 콘텐츠를 타인이 함부로 유포하고 돈을 번다면 용납할 수 없으리라.

학문의 세계에선 철저하게 표절을 검증한다. 남의 글이나 자료를 참고할 수밖에 없는데, 각주로 달고 논문 뒤에는 참고문헌의 목록을 명기하도록 했다. 과거에 저작권 개념이 명확하지 않았던 시절, 똑같은 논문인데 버젓이 다른 사람의 이름이 올라간 경우도 있었다.

유튜브 콘텐츠의 경우 일부 화면을 가리면 저작권 침해가 아니라는 황당한 낭설도 떠돌고 있다. 저작권법상 당연히 위법이다. 다만, 유튜브를 운영하는 구글이 자체로 정한 기준에 따라 자동으로 저작권 침해로 걸리지 않을 뿐이다.

입장 바꿔서 생각해보라. 내가 만든 영상을 누군가 일부분만 가려서 마음대로 뿌리고 있다면 용납할 수 있을지. 법은 내로남불을 용납하지 않는다. 나는 괜찮고 너는 안 된다는 기준은 있을 수 없다. 특별한 경우에만 허용된다.

예컨대 국회의원의 특권에 대해서 비판이 많다. 능력이 안 되고 공적자원을 사리사욕을 채우는 데 이용하는 허접한 정치인들 때문이다. 그렇지만 국회의원이 회기 중에 한 발언에 대해 형사책임을 묻지 않게 한 데는 권력자에 대한 날선 비판을 하라는 뜻이다.

과거 독재정권 시절에 반공이 아니라 통일이 국시라고 했다가 구속되었던 국회의원이 있었다. 민주주의 원칙에 어긋난다. 그 시절을 독재라고 하는 이유다.

저작권뿐만 아니다. 화장실 낙서 수준에 불과한 댓글을 다는 사람들은 입장 바꿔 생각할 줄 모르는 저열한 자들이다. 명예훼손은 반의사불벌죄로 피해자가 원치 않으면 처벌하지 않는다. 개정할 필요가 있다. 가짜뉴스나 혐오표현은 처벌 규정을 조속히 만들어야 한다. 피해 당사자들이 손쉽게 민사배상을 청구할 수 있도록 국가가 나설 필요도 있다.

내가 원하지 않는 바는 남에게도 하면 안 된다 같은 말을 조리라고 하다. 조리는 일상에서는 잘 쓰지 않는 한자말인데, 상식이라는 뜻 정도로 보면 된다. 형법은 죄형법정주의에 따라 법률에 규정되지 않으면 처벌할 수 없지만, 민법은 그렇지 않다. 성문법에 명시되지 않았더라도 불문법에 따라 재판할 수 있다. 가짜뉴스나 혐오표현도 형법으로 처벌하지는 못하더라도 피해자들이 손해배상은 받을 수 있다.

여러 요인으로 인해 문화생활을 향유할 수 있는 기회는 더 많아지고 있다. 기껏해야 독서나 음악 감상 정도를 취미로 적어 내던 시절도 있었는데, 이제는 창작의 시대다. 스포츠, 여행, 힐링, 휴양, 패션 같은 분야도 문화생활이라고 해도 과언이 아니다. 해당 분야를 진로로 택하는 이들도 많다. 직업의 자유는 헌법이 보장하는 기본권의 하나다.

이미 데뷔한 아이돌 가수들도 많은데 데뷔를 준비하는 연습생들은 더 많다. 어느 분야든 그렇지 않은 데는 없다. 누구나 변호사가 될 수는 없고 아무나 교수가 되지도 않는다. 공무원 시험 경쟁률이 몇십 대 1이 된다고 해서 우려하는 목소리도 있지만, 안정적인 직업에 대한 선호는 당연하다. 경제학의 기준으로 보면 자원의 희소성에서 비롯되는 경쟁이다.

원하는 직업을 갖기 위해 절박한 상황을 이용해 열정페이를 강제하는 경우가 있었다. 정말 노동력을 착취하려는 잘못은 안 되겠지만, 교육훈련의 과정, 경험의 과정도 의미가 있다. 때론 세대적 인식 차이로 인한 오해도 있어 보인다.

마크 트웨인은 일과 놀이는 마음먹기 나름이라는 취지의 명언을 남겼다. 톰 소오여의 모험에서 페인트칠을 어떻게 봐야 할까? 일을 해야 했던 톰은 친구들이 간절히 원하도록 만들었다. 톰은 열정페이를 강요했나?

누군가에게 일을 시켜놓고 나는 문화생활을 하면 좋겠다. 누구나 비슷한 바람을 갖지 않을까? 누구는 부리는 사람, 누구는 부림을 당하는 사람으로 구분된 세상을 끝내자는 세계사적인 캠페인이 진행됐다.

19세기 마르크스는 사회주의를 체계적으로 정립하고 20세기에 많은 나라들이 현실의 사회주의를 지향했다. 그런데 독재를 통해 사회주의를 실현하려고 했던 나라들은 모두 국가라는 단일한 고용주에게 부림을 받는 처지로 전락했다.

현실사회주의국가들은 마르크스가 꿈꿨던 세상의 문턱에도 가지 못했다. 능력만큼 일하고 필요에 따라 분배 받는 세상은 인간의 이기적 본성으로 인해 달성하기 어렵다는 평가가 일반적이다.

인격의 수준이 최고조로 발전하여 내가 남보다 더 갖지 않으려고 할 때는 가능해 보인다. 그렇게 되면 누구나 열심히 일하니 의식주는 풍요로울 테고, 덜 가져가니 남는 시간을 문화생활로 돌릴 수 있으리라.

그렇지만 현대 심리학의 연구 결과들을 보면 인간의 본성에 대한 부정적 인식이 더 진실에 가깝다는 점을 보여준다. 수천 년 동안 종교는 인간을 개조하기 위해 노력했지만, 과연 가능한가? 기독교는 사랑으로 불교는 자비로 세상을 설명한다. 유교도 누구나 성인군자 같은 인격을 갖게 되는 사회를 지향한다. 그렇지만 위대한 선각자들의 노력은 오늘도 미완이다.

민주주의 시대가 되면서 법은 사회계약론을 내놓았다. 인간을 개조하지 않더라도 분쟁을 해결하고 공동의 목적을 위해 노력할 수 있는 시스템을 설계했다.

민주주의 철학은 기본적으로 인간을 불신한다. 특히 권력을 가진 자를 불신하기 때문에 견제와 균형의 원리를 도입했다. 권력자들은 임기를 제한했고, 종신직 공무원들은 선출직 정치인들의 지시에 따라 일해야 한다. 상당수의 일탈자들은 세금을 제때 안 내고 군대에도 자발적으로 가지 않기 때문에 각종 의무 이행 방안을 마련했다.

앞으로 인공지능을 비롯해서 엄청난 수준의 기술 진보가 이루어지면, 과연 사람이 일을 하지 않고도 각자 좋아하는 문화생활을 향유하며 살 수 있는 세상이 올까? 종교가 아니라 기술이 인류의 이상사회를 만들 수 있을지도 모른다.

일각에서는 벌써 기본소득을 지급하고 누구나 문화생활을 하며 사는 세상을 만들자고 주장한다. 기본소득을 줄 수 있는 재원은 누가 만들어야 하나? 소수 몇 사람만 의식주에 필요한 생산을 하면 온 인류가 살 수 있는 시대라는 발상이 기본소득론의 전제가 아닐까? 그렇다면 결국 일종의 배급제 시스템으로 볼 수도 있어 보인다.

새로운 시대적 과제가 제기되면 법은 다양하게 변형되고 새롭게 만들어진다. 지난 역사가 그래왔고, 앞으로의 역사도 다르지 않다. 현재의 법은 문화생활을 국가적으로 지원할 수 있는 예산을 편성하는 정도만 내용으로 하고 있다. 박물관 및 미술관 진흥법, 문화예술교육 지원법이 대표적인 예다.

농업혁명과 산업혁명을 통해 인류의 대부분은 사냥을 하다가 농업으로, 다시 공업에 종사하는 방향으로 세계사는 발전해왔다. 현재 진행되고 있는 정보화혁명, 제4차 산업혁명은 인류의 대부분이 문화생활에 종사하며 살 수 있는 시대를 열어가고 있다. 문화생활의 범위를 너무 넓게 잡는다는 비판도 예상되지만, 이미 법도 그런 시대로 나아가고 있다.

무서운데,

내가 원하지 않는 바는 남에게도 하면 안 된다. 인류의 오랜 지혜이고 민주주의 법에서도 조리라는 개념으로 일반적인 법원칙으로 인정된다. 나는 당연히 안 하는데, 나에 대해 예상되는 해코지를 원천적으로 봉쇄할 수는 없을까? 예컨대, 성폭력 전과자가 우리 아파트 단지에는 살 수 없게 하면 무서워할 필요가 없으리라.

2019년에 울산에서 있었던 일이다. 월세로 2달 정도 살았는데 성폭력 전과자라고 해서 나가라고 했다. 앙심을 품고 집주인을 때리고 성폭력을 하려고 해서 다시 유죄 판결을 받았다.[19] 성폭력 전과자가 무서워서 내가 세를 안 주겠다는데, 왜 안 되냐? 이런 생각이 들 수 있다. 분명 전과자니까 나가라고 했다고 해서 범죄를 저지른 X은 나쁜 X이다. 분명하다.

성폭력 전과자의 신상을 공개하고 집집마다 통보해주기까지 많은 논란이 있었다. 민주화 이전 시절에는 모든 전과자에 대해서 취업도

---

19) 한국일보. 검색일 2020년 4월 8일. https://www.hankookilbo.com/News/Read/2020021314
23396853?did=NA&dtype=&dtypecode=&prnewsid=

어려웠고 사회적 배척이 심했다. 일반 민간기업도 신원조사를 할 수 있었다. 인권 침해라는 비판이 점차 확산되어 지금은 전과자인지 확인할 길은 거의 없다. 선거에 출마하는 경우를 비롯해서 특별히 법으로 정한 경우에만 전과 사실을 밝히도록 하고 있다.

과거에는 호적에 빨간 줄 간다는 말이 있었다. 지금은 가족관계등록부로 바뀐 신분 관련 기록에 전과 사실을 표시하던 시절의 일이다. 성폭력 전과자의 신상공개에 대해서 전과자 일반에 대한 인권 보호 원칙과 재범 방지의 필요성은 충돌했다. 이웃집에 통보해주는 데까지 사회적 합의가 이뤄졌다. 새로운 피해자 발생을 막는 공익 요구가 성폭력 전과자의 인권 보호보다 더 크다는 논리다.

법은 권리 또는 의무와 관계된다. 국가가 개입하여 권리를 보호하거나 의무를 부과한다. 국민의 권리를 제한하거나 의무를 부과할 때는 공익 목적 또는 타인의 권리를 보호하는 더 큰 이유가 있어야 한다. 군대를 보내고 세금을 내게 하는 데는 국가를 유지하고 다양한 국가작용을 해야 하는 목적이 분명하기 때문이다.

징병제를 직업군인제로 바꾸려면 징병제로 침해되는 국민의 권리가 국가를 유지하는 공익 목적보다 더 크다는 주장이 다수에게 받아들여져야 한다. 이때 다수는 법조인 또는 법학자 대다수를 의미한다. 서구 민주주의 선진국의 많은 나라들은 필요한 때만 일부 징병제를 하면서 국방을 유지하고 있다. 계속 피땀 눈물을 쏟는 수밖에 없다.

성폭력 전과자를 아예 내가 사는 아파트에 이사 오지 못하게 하는 공익 목적은 인정할 수 있다. 그렇지만 헌법상 거주이전의 자유는 기본권의 하나다. 재산권이 보장되기 때문에 내 소유의 영역에는 들어오지 못하게 할 수는 있지만, 아파트는 공유다. 자기 지분을 언제든 처분할 수 있다. 따라서 현재로선 성폭력 전과자가 아파트를 구입해서 이사 오지 못하게 할 방법은 없다. 신상공개제도를 힘들게 도입했듯이 논리를 가다듬어 다수를 설득하면 가능하지만 현재로선 안 된다.

아파트를 파는 사람에게 성폭력 전과자에게 팔지 말라고 하면 안 되나? 제안이나 설득은 할 수 있지만, 강제할 수는 없다. 그 누가 무슨 권한으로 특정인에게 아파트를 팔아라, 말라 할 수 있겠나? 만약 이런 논리가 통용될 수 있다면, 성폭력 전과자뿐만 아니라 다양한 이유를 들어 내가 원하지 않는 사람을 못 오게 막게 된다. 제안이나 설득을 넘어 협박이나 강요가 되면 형법이 개입한다.

해외여행을 하려고 여권을 신청했는데, 지방세를 안 냈으니 못 준다고 했다고 하자. 세금을 안 냈으면 당연하지 않냐고 생각하는 사람은 공무원을 하면 안 된다. 행정법은 이런 경우 부당결부 원칙이라고 해서 안 된다고 한다. 출국 금지 조치가 취해지는 경우가 있는데, 법이 규정한 엄격한 요건에 맞아야 하고, 또 법이 규정한 절차도 지켜야 한다. 모든 일이 마찬가지다.

과거에는 아파트 단지에 누구나 외부인도 들어갈 수 있었다. 그런데 담장을 치고 출입문으로 엄격하게 통제하여 문제가 되는 경우가 발생했다. 사유재산권 보장이라는 헌법상 기본권을 중시하면 문제되지 않고 오히려 당연한 권리다. 아파트 입주자 대표회의라는 아파트 주민의 의사를 공식으로 결정하였다고 볼 수 있기 때문이다.

그렇지만 지나친 위화감 조성은 곤란하다는 원칙도 중요하다. 그런 법이 어딨냐고 묻겠지만, 헌법은 열거되지 않았더라도 경시되지 않는다는 대원칙이 있다(제37조). 아니, 그러면 모든 일이 기본권으로 인정되지 않겠냐는 의문이 든다면, 맞다.

지금 헌법에 열거된 기본권은 민주주의가 진행되어 오면서 그 중요성이 확인되어 명시적으로 기록되었다. 따라서 기술이나 철학의 발전에 따른 새로운 상황의 전개는 당연히 새로운 기본권을 계속 추가한다.

과연 헌법이 보장하는 기본권의 범위가 어떻게 되는가? 다른 개별 법이 보장하는 권리와 의무도 마찬가지다. 결국 국민 다수의 사회적 합의에 따라 결정될 수밖에 없다. 물론 다수의 의사는 판사들의 판결로, 학자들의 논문으로 표시된다.

세월이 흐르면 인식도 달라진다. 과거에 형법으로 처벌했던 간통, 낙태는 이제 모두 민사적으로 해결하도록 바뀌었다. 같은 분단 상태인 서독에서는 벌써 수십 년 전에 인정되었던 양심적 병역 거부도 우리나라에선 최근에야 인정되었다.

사회적 합의 내용은 바뀐다. 여기에도 누군가의 피땀 눈물이 필요하다. 법의 발전은 결국 누군가의 피땀 눈물이다. 다른 나라 법을 받아들이는 일을 계수라고 한다. 우리나라는 독일법학을 일본을 거쳐 계수했다. 한때 우리는 일본법을 그대로 쓰기도 했다. 계수한 법은 또 그 나라에서 누군가의 피땀 눈물을 거쳐 탄생했다. 오늘 우리가 누리는 권리는 모두 누군가의 피땀 눈물이다. 나의 피땀 눈물은 나와 앞으로 우리 후손들의 권리가 된다.

성폭력 전과자가 무섭다는 마음은 충분히 공감할 수 있다. 이런 마음이 사회적 합의에도 반영되어 신상공개 제도가 합헌이라는 결정도 났다. 법은 많은 권리를 보장하고 때론 상충하기 때문에 100% 내가 원하는 대로 모든 일을 정할 수는 없다.

따라서 스스로를 지키기 위한 책임은 기본적으로 자신에게 있다. 국가가 도와주는 데는 한계가 있기 때문이다. 법을 바꿔서 나를 지키려는 노력은 하되, 남이 나에게 하기를 원하지 않는 정도까지 요구해서는 안 된다.

몰지각한 정치인들이 문제가 되는 이유는 내로남불로 법을 악용하기 때문이다. 사리사욕을 챙기기 위해 국가의 공적 자원을 마음대로 써도 된다고 착각하기 때문이다. 이런 부족한 정치인들에 대한 심판 또한 결국은 국민의 피땀 눈물로만 가능하다.

지난 2-3세기에 걸친 민주주의의 역사를 돌아보면, 법은 누군가의 피땀 눈물의 기록이라는 점을 잘 알 수 있다. 역사에 이름을 남긴 사람은 많지 않지만, 훨씬 많은 사람들의 고뇌와 희생, 아이디어 위에서 이름이 남았다. 미국의 킹 목사는 민권운동의 상징이다. 인종차별에 맞선 대표적인 지도자다. 미국에서 국경일로까지 기리고 있다. 그러나 킹 목사가 있기까지 인종차별에 반대하는 무수한 사람들이 있었다.

작가 스토는 엉클 톰스 캐빈을 남겼다. 작가는 그래도 많은 사람들이 이름까지 기억한다. 킹 목사가 흑인인권운동에 본격적으로 나서게 된 계기는 로자 파크스라는 사람으로부터 비롯됐다. 체포되어 그냥 참지 않고 항의하고 흑인사회를 움직이게 됐다. 검색해서 그나마 이름을 확인할 수 있다. 이 정도도 대단하다.

그냥 KKK에게 죽임을 당한 희생자, 시위대열에 참여했다가 두들겨 맞은 사람, 킹 목사에게 돈을 낸 사람, 언론에 알린 사람, 일일이 열거할 수 없다. 그렇지만 결코 노력은 헛되지 않다. 법원에서는 과거와 다른 진보적 판결이 나왔고, 정치인들도 마음을 달리 먹고 새로운 법을 만들었다.

어디까지가 내 권리를 지키기 위한 피땀 눈물이고, 어디부터 남이 내게 하기를 원치 않는데도 하는 나쁜 짓이 될까? 바로 알기는 어렵다. 결국 사회적 합의 과정을 거쳐서 나중에 확인된다.

언론에 보도되었다고 해서 모두 나쁜 짓이라고 단정할 수도 없다. 지금 법으로는 가능하지 않은 일도 사회 전반을 움직여서 법을 아예 바꾸는 경우도 있다. 결국 내가 지금 진정으로 절실히 원하는 일을 마음이 가는 대로 하면 된다. 다만, 남들이 나에게 하기를 원치 않는 짓은 빼고 해야 된다.

아, 햇볕 좋아!

먹고살 만하고, 당장 걱정 되는 일도 없으면, 따스한 햇볕을 맞는 산책이 행복하다. 집 바로 앞에 도서관도 있었으면 좋겠고, 전시관도 가까이에 두고 싶다. 예술의 전당이나 블루스퀘어는 너무 멀다. 10분 안에 갈 수 있으면 좋겠는데. 아, 잠깐! 그런 시설이 들어오면 교통이 혼잡해지겠네.

90년대까지 외국을 다녀온 분들 중에 이런 말을 하는 분들이 있었다. "확실히 선진국이야. 동네마다 도서관이 있고 체육관이 있어." 우리나라에서 해외여행 자유화의 시행은 1980년대 후반이다. 해외여행을 하는 사람이 많지 않아 다른 나라는 어떻게 돌아가는지 알기가 힘들었다. 언론에 출판에 TV에 편집되어 나오는 정보뿐이었다.

지방자치단체가 본격적으로 시작된 이후 우리나라도 동네마다 도서관과 체육관이 생겼다. 서울의 경우 구립도서관이 하나씩 생기기 시작하더니 2010년대 이후로는 한 구 안에도 여러 도서관이 설립됐다. 종류도 다양하고 특색도 있다.

행정구역이 달라도 이용하는 데는 별 제한이 없기 때문에 구 경계

부근에 사는 사람은 오히려 다른 구의 도서관이 가깝기도 했다. 체육관도 마찬가지다. 수영장이 딸린 공공체육시설이 많이 생겼다. 민간 회사나 자영업으로 하기에는 꽤 큰 규모다 보니, 공공체육시설은 경쟁이 치열하다.

우리나라 과거 역사에도 오늘날 도서관과 같은 형태로 책을 보관하고 열람할 수 있는 시설은 있었다. 멀리 고구려의 경당까지 올라가는 시각도 있다. 규장각은 아직도 연구가 다 되지 않은 도서관 중의 도서관이라고 할 만하다.

그렇지만 과거 역사 속의 도서관은 오늘날 동네마다 있는 도서관과는 다르다. 왕과 보좌하는 신하들이 통치를 위해 자료를 보관하는 수단의 성격이 강했다.

현재 공공도서관은 공중의 정보이용・독서활동・문화활동 및 평생교육을 위하여 설립・운영하는 도서관을 말한다(도서관법 제2조). 설립 주체는 국가, 지방자치단체, 교육감이다. 사립이더라도 공공도서관의 범주에 포함되는 경우도 있다.

이런 의미의 공공도서관은 미국 건국 이후 본격화되었다. 프랭클린을 비롯한 이른바 미국 건국의 아버지들이 일반 대중이 누구나 쉽게 정보를 접할 수 있어야 민주주의가 가능하다는 인식을 갖고 있었던 듯하다.

미국의 의회도서관은 1897년에 개관했다. 여전히 세계 최대 도서관으로 통한다. 세계가 완전히 무너져도 미국 의회도서관만 있으면 언제든 복구할 수 있다는 말이 있을 정도로 자신감에 차 있다.

미국 의회도서관은 자신의 위상을 권력분립과 관련하여 설명한다. 행정부와 독립적으로 정보를 수집하고 보관하여 의원들이 행정부의 영향에 좌우되지 않고 독자적으로 의사결정을 할 수 있어야 한다는 뜻이다.

우리나라 국회도서관도 같은 성격을 갖는다고 볼 수 있다. 아쉽게도 관련법에는 이런 의미는 뚜렷하지 않다. 의회 및 법률 정보의 조사·회답·제공, 그 밖에 의정활동 지원을 수행하는 데 필요한 사무 등으로 평이하게 되어 있다(국회도서관법 제2조).

국회 의정활동 관련 기록물을 수집·정리·보존·평가·활용하는 기록관의 역할, 입법 활동에 관한 국가 서지의 작성 및 표준화하는 역할도 국회도서관에 부여되어 있다.

80년대 학생운동을 비롯해 민주와 인권과 평화를 위한 다양한 운동이 태동했다. 그즈음 전국 각지에서 다양한 형태로 민간도서관이 만들어졌다. 진보적 사상을 대중화한다, 누구라도 책을 쉽게 볼 수 있게 한다, 같은 철학이 바탕이 됐다.

대표적으로 고려대학교 생활도서관과 대구의 새벗도서관을 들 수 있다. 90년대 이후 과거와는 위상이 달라질 수밖에 없었지만, 오늘과 같은 공공도서관 시스템의 등장에 기여한 공로에 감사하지 않을 수 없다.

도서관 같은 시설도 누구나 자유롭게 설립할 수 있다. 어떤 책을 갖다 놓든 어떤 활동을 하든 특별한 제약은 없다. 도서의 경우 국가보안법상 이적표현물 등의 문제는 있을 수 있다. 북한 책은 통일부에서 운영하는 북한자료센터에서 특별히 관리한다. 민주화 이후에는 그래도 북한자료센터에 가면 누구나 제약 없이 북한 책을 볼 수 있다.

저작권 침해 같은 일만 없으면 마음껏 도서관을 세워도 된다. 자비로 운영이 쉽지 않을 뿐이다. 일정한 기준에 충족되면 정부예산 같은 지원을 받을 수도 있다. 법은 스스로 돕는 자에게 손을 내밀기 때문에 도서관을 세우고 여럿이 뜻을 합쳐 도와달라는 입법 청원을 해도 그 누구도 뭐라 할 수 없다.

엎어지면 코 닿을 데에 도서관이 있으면 좋겠는데, 어떻게 방법이 없을까? 서울지역 자치구의 경우 대략 구마다 30-40만 명 정도의 인구가 있다. 10개의 공공도서관이 있다 해도 3-4만 명당 1개꼴이다.

민원을 내고 정치인을 움직여 도서관이 내 집 앞에 올 수 있도록 얼마든지 해도 된다. 지금 당장 설립한다는 긍정의 답변은 장담할 수 없지만, 잦은 의사표현은 어떤 형태로든 영향을 준다. 공공기관들은 민원도 체계적으로 관리하여 정기적으로 정책 시행에 반영한다.

소송을 내서 공공도서관을 내 집 앞으로 유치할 수는 없을까? 행정소송 중에 부작위위법확인소송이 있다. 엄밀하게는 행정소송 중 항고소송이다. 국민이나 주민이 원하는 바에 대해서 Yes다 No다 답이 없을 때 위법이 있으면 잘못이라고 판결한다. 행정소송을 행정부에서 자체로 해결하게 한 행정심판제도에는 의무이행심판이 있다. 국민 또는 주민이 원하는 바를 해달라고 요구하면 판결과 유사한 재결을 해준다.

이런 소송은 있지만, 아쉽게도 소송으로 공공도서관을 내 집 바로 앞으로 유치하기는 어렵다. 현재 행정법 이론에서는 인정하지 않는다. 법원에 소송을 내면 각하한다. 법원에서 다룰 만한 일이 아니라는 뜻이다. 일단 링 위에 올라가야 하는데, 그럴 수가 없다. 행정법에서는 법률상 이익이라는 말로 설명한다.

내 집 바로 앞으로 도서관을 세워달라는 요구는 법률상 이익이라고 인정하지 않는다. 각자가 누리고자 하는 바가 법률상 이익인지 아닌지 어떻게 판단하지? 한마디로 쉽게 말하기는 어렵고, 개별 사안마다 행정법 이론으로 체계화되어 있다. 일부 분야는 학자들 간에도 첨예하게 갈리기도 한다.

집 앞에 바로 도서관이 있어서 누리는 혜택은 법률상 이익으로 보지 않고 반사적 이익이라고 한다. 같은 메뉴를 취급하는 식당이 바로 옆에 허가를 받아서 매출이 줄어들었다고 하자. 이럴 때도 반사적 이익이 줄어들었다고 한다. 이럴 때도 새로 허가를 내준 잘못을 법원에 소송을 내면 판사들이 나설 일이 아니라고 한다.

해마다 한 번씩 내려가서 바닷바람을 쐬던 해변에 어느 날 대대적인 공사가 진행된다고 하자. 항구가 들어설 수도 있고 군사기지가 들어설 수도 있다. 조용하던 바닷가가 대대적인 관광지로 변할 수도 있다.

나는 손해다. 분명히 혼자 조용하게 가끔 가서 누리던 바닷바람과 햇볕을 이제는 누릴 수 없거나 북적대야 한다. 이런 때도 반사적 이익이라고 한다. 바닷가 근처에 살다가 땅을 강제로 내놓아야 하거나 장사를 하다가 옮겨가야 하는 사람은 법률상 이익이 인정될 수 있다. 누가 법률상 이익이 인정되는지는 일률적으로 말하기는 어렵고 일일이 개별 법 규정을 찾아봐야 한다.

헌법상 규정된 권리들도 개념은 다르지만 위상에 다소 차이가 있다. 예컨대 환경권의 경우 법률로 제정되지 않으면 법률상 이익으로 거의 인정되지 않는다. 신체의 자유 같은 권리는 다르다.

이미 형사소송법에 구체적인 규정이 있지만, 만약 없다고 하더라도 헌법을 근거로 수사기관의 위법을 주장하면 법원에서 받아들여 준다. 대체로 자유권에 해당하는 권리는 후자다.

민주주의의 발전사를 보면 헌법상 기본권은 자유권이 먼저 확립되고 사회권이 나중에 발달했다. 과거 신분제 사회에서 모든 국민의 자유를 확보함이 우선이었기 때문이다. 이런 사정이 헌법의 기본권에도 반영되어 있다.

사회권 관련 조문은 대체로 국가를 주어로 한다. 국가는 ○○한다는 식으로 표현한다. 국가목적규정이라는 개념으로 따로 구분하여 설명한다.

아직까지는 법 이론상 소송을 통해 쟁취할 수 있는 권리는 인정되지 않고 있지만, 마음껏 주장해도 좋다. 소송 말고도 헌법은 다양한 방법으로 권리 실현을 보장한다. 따뜻한 햇볕을 쬐고 싶고 도서관과 공연장이 가까이 있으면 좋겠다는 요구는 남에게 해코지하는 일도 아니다.

산업화와 민주화의 시대를 지나서 삶의 질을 제고하는 방향으로 사회가 나아가고 있다. 예산의 제약만 아니면 비록 법적으로는 반사적 이익이더라도 점차 정책에 반영된다. 정치인도 표를 얻기 위해서 다양한 선심성 공약들을 내놓지 않는가? 선심성 공약에 대해 포퓰리즘이나 불필요한 낭비로 가지 않도록 지켜보는 시선은 물론 필요하다.

나는 내 집 앞에 공연장 싫은데? 이 또한 당연한 요구다. 법원에 소송을 내면 이 또한 링에 올라가기는 어렵다. 그렇지만 민원을 내고 반대한다는 의사표시는 언제든 자유롭게 해도 된다.

교통영향평가나 환경영향평가처럼 이미 법에 규정된 제도들을 활용해 원하지 않는 일이 진행되지 않도록 노력해도 된다. 가만히 있으면 그 누구도 신경 쓰지 않는다. 법은 권리 위에 잠자는 자는 보호하지 않는다.

우리 동네는 안 돼

도서관이나 공연장은 그래도 내 집 앞에 절대 안 된다는 의사표시는 많지 않다. 오히려 서로 해달라고 한다. 문제는 이른바 혐오시설이다. 쓰레기 적환장 같은 곳은 냄새가 심하기 때문에 당연히 혐오시설로 봐도 무리가 없다. 그렇지만 장애인학교, 노인복지시설 등은 대상에 대한 편견에서 거부한다.

장례식장도 마찬가지다. 장례라는 숭고한 행위가 진행되는 공간이 내 집 앞에 있다? 뒷간과 무덤은 집에서 멀리 있어야 한다는 옛인식이 여전히 유효하기 때문일까? 서구식으로 거주 방식이 바뀌면서 집 뒤에 있어야 했던 화장실이 거실로, 안방으로 들어온 지 오래다. 그런데 아직도 장례식장은 그렇지 않다.

화장이 일반화된 오늘날도 별도의 납골당에 유골을 모신다. 외국처럼 집에서 모시는 경우는 거의 없다. 조선시대에 양반집들은 집에 사당은 있었지만 무덤 자체는 밖에 있었다. 명당을 찾아 소송도 불사했다. 산을 둘러싼 소송, 산송이라고 한다. 유럽은 성당 밑에 묘를 조성한 곳도 많은데, 정말 문화가 많이 다르다.

전통적인 인식이나 관행이 법에도 반영된다. 지금은 성문법이 제정되어 더 이상 허용되지 않지만, 수십 년 동안 분묘기지권이 관습법으로 인정되었다. 민법이나 다른 성문법에 명문의 규정이 없는데도 불문법의 근거를 들어 일관된 판례가 나왔다. 남의 땅에 묘를 쓴 경우에 땅 주인이 소송을 내도 묘를 쓴 사람들이 자발적으로 이장하지 않으면 손댈 수가 없었다. 조상 묘역을 중시하는 전통 마인드가 법에 그대로 반영된 예다.

대한제국 시절부터 잡으면, 서구법이 들어온 지 이제 갓 한 세기를 넘겼다. 조상의 제사를 지내는 종중의 경우 여성은 당연히(?) 구성원이 될 수 없었다. 이제야 겨우 헌법상 평등권 같은 근거를 들어 과거의 관행이 법적으로 잘못이라고 판결이 나오고 있다. 이런 예는 상당히 많다.

우리말의 어감이 서양 언어와 달라서 오는 문제도 있다. 법은 사람이 아닌 존재를 다 물건으로 본다. 영어로 하면 thing 정도이다. 2020년경부터 동물권 또는 반려동물과 관련된 단체들이 동물을 물건으로 보지 말자는 캠페인을 본격적으로 벌이기 시작했다. 서양의 sharing이 소유와 이용에서 공동의 의미지만 우리말의 공유는 다소 다른 뜻이라는 점도 이미 살핀 바 있다.

간호원은 간호사로 바뀌었고, 장애인은 장애우로 써야 한다는 주장이 있다. 법이 어떤 개념을 채택하는가 하는 이슈도 정치적 올바름(political correctness)의 차원에서 상당히 미묘한 문제다.

간호원은 훨씬 과거에는 간호부라고 하여 더 천대받는 뉘앙스였다. 이미 나이팅게일은 유럽에서 19세기에 간호학을 정립했고, 이론은 우리나라에도 들어왔다. 개념을 바꾸고 법을 바꾸어도 인식의 진전은 상당한 시간이 소요된다.

북한이탈주민이라는 말은 탈북자도 새터민도 마음에 들지 않는다는 논란의 산물이다. 탈북이라는 말이 자유를 찾아 탈출한 뉘앙스가 있어 새로운 터에 정착했다는 의미로 새로운 개념을 고안했다.

그렇지만 이 또한 마음에 들어 하지 않는 사람들이 많다. 국적 이탈처럼 법에서 '이탈'이라는 말을 쓰지만 일상의 뉘앙스와는 다소 거리가 있다. 과거 소수만 남쪽으로 넘어왔을 때는 귀순용사라고 한 시절도 있었다.

법을 바꾸는 일은 필요하지만 모든 일이 한꺼번에 완성되지는 않는다. 법이 바뀌지 않더라도 인식이 개선되기도 하고 법을 바꿔서 훨씬 빠른 진전을 가져오기도 한다. 결국 누군가의 피땀 눈물이 변화를 일군다.

단적인 예가 종군 위안부 문제다. 전국 곳곳에 소녀상이 놓이고, 상업영화도 나올 정도로 종군 위안부 문제는 대중화되었다. 이렇게 되기까지 1992년 1월부터 시작된 수요시위의 힘이 있다.

수요시위는 여전히 계속되고 있다. 한 세대에 걸치는 시간 동안 매주 한 번씩 시위를 조직한다는 일을 과연 누가 해낼 수 있겠는가? 일제하 일본군 위안부에 대한 생활 안정 지원법은 1993년에 제정되어 시행되었다. 법은 위안부 피해자들에게 약간의 도움은 되었을지 모른다. 실질적으로 그분들의 아픔이 널리 알려지고 공감의 눈길과 도움의 손길은 비가 오나 눈이 오나 수요시위를 계속한 피땀 눈물로 인해 가능했다.

종군 위안부들도 처음에는 편견에서 자유롭지 못했다. 질시와 혐오의 시선을 피할 수 없어 당사자들은 대부분 숨기고 살았다. 이미 고려시대에도 몽고군에 끌려갔다가 고향으로 돌아왔다는 환향녀라는 말이 화냥년이 되었겠는가? 오히려 국가가 보호해주지 못한 피해자에게 공감과 도움의 손길이 필요한데도 그렇지 못한 시절을 살아왔다.

국가가 보호하지 못한 피해자를 보호하고 도와야 한다는 사상은 민주주의 세상이 열리고 나서야 보편적인 원리로 받아들여지기 시작했다. 과거에는 당연히 적군은 하나라도 더 죽여 없애야 한다고 생각했다. 그렇지만 19세기 나이팅게일과 앙리 뒤낭 같은 선구자들의 헌신적인 노력으로 포로도 인권을 보장해야 하고 적군도 부상자는 치료해야 한다는 철학이 확산되었다.

전쟁을 하더라도 민간인은 보호하자는 생각도 그렇다. 이런 민주와 인권과 평화의 인식이 받아들여지지 않는 곳은 후진 사회다. 과거 우리 사회를 독재 시절이라고 하고 아직도 독재의 잔재가 남아 있다고 하는 주장은 이런 이유에서다.

민주주의사회에서 법은 누구나 권리를 누릴 수 있도록 보장한다. 내 집 앞에 혐오시설이 오지 않았으면 하는 마음은 인지상정이다. 그렇지만 과연 혐오시설인지 따져봐야 한다. 편견에서 오는 인식의 문제일 수가 있기 때문이다.

쓰레기 적환장 같은 문제는 명백하다. 가급적 사람이 없는 곳을 이용할 수 있으면 그렇게 하고, 기술의 힘을 빌려 악취 같은 문제점을 해결해야 한다. 소송까지 가면 반사적 이익이라 하여 승소하기는 힘들겠지만, 안 좋은 냄새를 계속 맡아가며 살아갈 이유는 없다.

참고 살아가야 하는 경우 행정법상 수인 의무라고 한다. 그렇지만 수인 의무는 감염병 예방과 같은 아주 예외적인 경우에만 부과할 수 있다. 이마저도 법률로 명확한 근거가 있어야 필요하다.

내 집 앞은 절대 안 된다는 사고를 님비라 한다. Not In My Back Yard다. 반대말은 핌피다. Please In My Front Yard. 님비든 핌피든 법으로 어떻게 할 수는 없다. 좋은 시설은 유치하려고 하고 안 좋은 시설은 반대한다.

원자력발전소나 핵폐기물처리장 같은 거대 시설은 주민들 간에도 의견이 팽팽하게 갈리기도 한다. 안전하게 처리하고 오히려 경제적 혜택을 많이 누릴 수 있기 때문에 찬성하는 의견도 만만치 않다.

이런 사안들은 어쩌면 법으로 해결할 수 없는 문제일지도 모른다. 주민 의견 수렴 같은 절차를 정해놓고 절차를 잘 지켰으면 정당하다고 봐야 되는 경우도 있다. 모든 일을 당연히 법으로 해결할 수는 없다.

그렇지만 법을 활용할 수 있으면 법의 도움을 받아야 한다. 오늘날 민주주의 법은 지난 몇 세기에 걸친 인류의 민주, 인권, 평화를 위한 피땀 눈물의 반영이기 때문이다.

아주 먼 옛날의 역사를 공부하다 보면 오늘날의 기준으로는 정말 이해하기 힘든 일이 많다. 향, 소, 부곡처럼 해당 지역에 사는 사람은 모두 신분이 다른 시대가 있었다. 왕건은 특정 지역은 관리로 등용하지 말라고 했다. 오늘의 행정구역상으로는 전라도 지역에 대해 후백제의 고려 투항에 원한을 품고 반역을 할 가능성이 있다는 이유였다.

세월이 흘러 여러 세대가 바뀌어도 과거의 역사적 인식에 근거해서 정치적 행위가 일어나는 일이 아직도 실재한다. 민주주의 법은 과거와 같은 특정 지역에 대한 불평등한 취급은 용인하지 않는다.

오늘날에도 국가를 단위로 나뉘어서 해당 나라 사람을 통으로 묶어 보는 시각이 여전히 존재한다. 이런 현상에 문제의식을 가지는 사람들은 아나키즘에 관심을 갖거나 무국적의 권리를 주장하기도 한다.

인간의 본성은 어쩌면 편견인지도 모른다. 우리 현대사에서 전라도에 대한 오랜 차별이 어느 정도 극복되자 다른 마이너리티 층에 대한 차별로 옮아갔다. 그렇지만 명백한 잘못이다.

법이 편견의 인식을 따라가서도 안 된다. 인간의 본성이 편견일 수 있다는 많은 증거에도 불구하고 인간의 본성은 선하고 정의롭다는 믿음에 따라 우리의 피땀 눈물을 계속해갈 필요가 있다. 법은 궁극에는 정의의 편이기 때문이다.

에필로그

life & law의 집필을 여기에서 마무리한다. 일생과 법, 일상과 법으로 나누어 우리 삶의 제반 국면을 법과 관련지어 설명하였다.

법학은 어려운 과목이다. 본격적인 공부를 하더라도 기초적인 개념의 틀을 잡기까지 상당히 오랜 시간이 소요된다. 법과 삶의 연관성에 대해서도 수년의 공부 기간이 소요된 다음에야 조금씩 깨닫게 된다.

수학공식만 봐서는 무슨 내용인지 알기 어렵다. 마찬가지로 민주주의 법 이론은 추상화 수준이 높아 초심자에게 문턱이 높다. 법학을 처음 공부하려고 하는 사람들에게 내 삶과 법이 과연 어떤 관련을 갖는지에 대해 쉽게 풀어주는 책이 필요하다.

생활법률 서적들도 취지는 비슷하다고 할 수 있다. 시중에 상당히 많이 출판되어 있기도 하다. 그렇지만 방대한 법학에서 단편적인 몇 가지 사례들을 뽑았을 뿐이다. 법과 삶의 연관성에 대한 총체적인 인식을 주기는 부족하다.

삶과 법의 연관성을 총체적으로 풀어내면서도 법학의 기본적인 개념과 주요 이론을 전반적으로 담아내려고 했다. 향후 본격적인 법 공부, 수험 준비에도 도움이 될 수 있어야 하기 때문이다.

이 책은 그리 어렵지 않게 집필하여 초심자도 죽 읽을 수 있다. 법의 기본 개념들에 대한 감도 충분히 잡을 수 있다. 특히 행정법 총론의 주요 내용은 대부분 포함하였다. 그러면서도 시민교육, 인권교육의 관점까지 담아내려는 욕심을 부렸다.

life의 의미는 일생과 일상 두 가지로 구분했다. 일생과 법은 출생부터 사망까지 각 국면에서 법과의 연관성을 담아냈다. 일상과 법은 생활의 각 국면에서 겪게 되는 법과의 연관성을 풀어냈다. 제4차 산업혁명이나 기본소득처럼 최신 이슈들도 일부 포함했다.

로스쿨과 법학과에 재학하는 1학년 학생들에게 큰 도움이 되리라 믿는다. 법과목이 포함된 공무원시험, 자격시험을 준비하는 수험생도 인강을 수강하기 전에 읽어보면 도움이 된다고 자부한다. 인문학적 차원에서 법에 대한 교양지식을 탐구하고자 하는 사람들도 활용해주시길 바란다.

집필의 수위는 미국의 'Street law : a course in practical law'(Arbetman, Lee, West Educational Publishing, 1999)에 맞췄다. 편재는 다르다. street law는 일반적인 법학개론 교과서 편재를 따르고 있다. 이 책은 일반적인 법학개론서에 들어가는 내용을 삶의 각 국면에 따라 재구성했다.

법 없이도 살 사람이 여전히 칭찬으로 통하지만 법 없이 살 수 있는 사람은 없다. 부지불식간에 누구나 법의 적용을 받으며 산다. 법은 어디에나 있다. 잘 활용하면 법은 태어나서 죽을 때까지 나의 권리를 지킨다. 내가 권리 위에 잠자면 나쁜 X들이 법을 이용해 치고 들어온다.

권영태

고려대 법과대학 졸업
북한학 박사, 정치학 석사
세명대, 동국대 강사
고려대 법학연구원 전임연구원
소셜혁신연구소 사회적협동조합 수석연구원
한국NGO학회 이사

주요 저서
남도 북도 모르는 북한법 이야기, 북한의 법교육, 통일교육 에센스

Life & Law
일생과 법, 일상과 법

초판인쇄 2020년 7월 31일
초판발행 2020년 7월 31일

지은이 권영태
펴낸이 채종준
펴낸곳 한국학술정보㈜
주소 경기도 파주시 회동길 230(문발동)
전화 031) 908-3181(대표)
팩스 031) 908-3189
홈페이지 http://ebook.kstudy.com
전자우편 출판사업부 publish@kstudy.com
등록 제일산-115호(2000. 6. 19)

ISBN 979-11-6603-037-6 03360